MICHEL SERRES

LES CINQ SENS

HACHETTE
Littératures

Collection fondée par Georges Liébert
et dirigée par Joël Roman

Pour Jacques Axel,
mon modèle de sapience et de sagacité.

VOILES

NAISSANCE – TATOUAGE – TOILE, VOILE, PEAU – HERMÈS ET LE PAON – SUBTIL – VARIATION – VAIR – BRUMES – LE SENS COMMUN – MÉLANGE, DÉVOILEMENT

NAISSANCE

Dangereux sur un vaisseau, le feu vous en expulse. Brûle, pique, mord, crépite, éclate, pue, éblouit, incandescent, et se multiplie vite pour rester maître à bord. Une voie d'eau met moins en péril, on a vu des vaisseaux éventrés revenus au port, pleins de mer jusqu'aux œuvres mortes. Fait pour aimer les eaux, en dehors ou dedans même, un navire a horreur du feu : surtout quand les soutes regorgent de torpilles ou d'obus. Il n'est de bon marin que pompier convenable.

L'entraînement à l'incendie exige plus de lui, plus dur, plus implacable, que tout ce qui se fait pour l'amariner. J'ai encore en mémoire quelques supplices qui apprennent, pour vivre ou survivre, un certain rapport aux sens. On nous faisait descendre dans des puits verticaux et noirs par des échelles interminables, ramper le long de sapes humides, jusqu'à de basses salles souterraines où brûlait une nappe d'huile. Nous devions rester là longtemps, couchés sous la fumée âcre, le nez au sol, immobiles pour ne pas ébranler le nuage épais qui pesait sur nous. Il fallait sortir lentement à l'appel de son nom, posément, pour ne pas étouffer son voisin par un geste brutal qui aurait fait baisser le seuil des volutes.

L'espace respirable fait une couche mince à ras de terre, stable assez longtemps. Savoir tenir son haleine, estimer la distance au brasier ou la proximité mortelle, compter le temps qui reste encore, pouvoir marcher, se diriger, aveugle, essayer de ne pas céder au dieu universel de la panique, aller en se retenant vers le pertuis de sortie follement désiré, voilà deux ou trois choses que je sais du corps. Ne lisez là aucun apologue, nul ne voit d'ombres dansantes dans le fond de la caverne quand y brûle un feu. La fumée pique les yeux, elle occupe le volume, elle étouffe, il faut vous coucher, aveuglé. On ne peut sortir qu'à tâtons, il ne reste que le toucher pour se diriger.

Savoir vain tant que n'est pas venu le vrai jour de colère ; arrivé, sans avertir, un jour d'hiver, en mer. Le feu ronflait comme un tonnerre, terrifiant, en un moment furent fermées les cloisons étanches. J'admirai ceux qui se jetaient, sans penser, dans les trous d'homme, le long des échelles. J'entendis beaucoup de bruit et n'ai plus de souvenir.

Tout à coup, me voici seul. Que s'est-il passé ? Dans le compartiment clos, la chaleur insoutenable pousse à s'évanouir. Il faut sortir. La porte, derrière, est bloquée à jamais, volants et leviers en position d'étanchéité, souqués de l'autre côté. J'étouffe sous l'épaisse fumée, couché sur le plancher mouvant, secoué par les coups de mer. Alors, le hublot, il n'y a plus que le petit hublot. Se lever sans respirer, essayer de desserrer, vite, les taquets rouillés qui le condamnent. Ils résistent, ils ont peu servi, une ou deux fois sans doute, depuis le lancement de la coque. Ils ne cèdent pas. Se coucher à nouveau pour prendre, au ras du sol, sa respiration. Le temps se fait plus rude, comme si la houle se raccourcissait. Se lever à nouveau, en état d'apnée, tenter encore de desserrer le verrouillage, qui paraît céder lentement. Trois, quatre fois, il ne m'en souvient plus, je reviens à terre ; autant de fois, mâchoires crispées, muscles tétanisés, je travaille, travaille, la fenêtre close. Brusquement, elle s'ouvre.

La lumière entre et l'air surtout, le vent furieux qui brasse la fumée, qui étouffe plus encore ; vite, je passe la tête par le pertuis ouvert. Temps exécrable, le froid saisit avec brutalité, je ne peux pas ouvrir les yeux dans la furie des embruns glacés, les oreilles, blessées par le passage, paraissent s'arracher ; soudain mon corps se recroqueville, exigeant de rester encore dans le réduit chaud. Je rentre la tête, mais j'étouffe, dedans, et entends, déjà, de petites explosions, le feu a dû gagner le dépôt des munitions ; il faut sortir, sortir au plus vite. Passer la tête, glisser un bras, pas encore l'épaule, mais la main, le poignet – l'angle du coude fait obstacle – dans l'intervalle petit entre le cou et le col de cuivre qui borde le hublot. Je ne peux pas sortir, il faut que je sorte. Tout brûle et ma tête gèle.

Je suis resté assez longtemps là, immobile, vibrant, cloué, gesticulant autour du collier fixe qui me serrait, pour avoir réfléchi, non, pour que mon corps ait appris pour toujours à dire « je » en toute vérité. En vérité, sans pouvoir se tromper jamais. Sans erreur assurément puisque cette méditation noire et lente, foudroyante, décidait, simplement, de la vie.

Je suis dedans, brûlé, carbonisé, la tête seule est dehors, glacée, frissonnante, aveuglée. Je suis dedans, expulsé, exclu, la tête et le bras, l'épaule seule, gauche d'abord, se trouvent dehors, dans la tempête déchaînée. Dedans, parmi le feu fou qui jette dehors, la tête et la deuxième épaule, à peine dégagée, le tout serré dans un collier d'angoisse, sortent, livrées à la tourmente. Je ne suis pas sauvé, ni sorti encore, encore emprisonné, tout entier d'un seul côté de la fenêtre, le cerceau rond de cuivre ouvert dans la hanche du vaisseau incendié n'est pas de la grandeur du cercle compressé du thorax. Encore dedans même si tête et deux épaules émergent dans l'hiver. Le hublot serre la poitrine aux limites de l'écrasement. Voilà, je vais mourir. Je ne puis appuyer mon pied nulle part, derrière, dans l'enfer du brûlé où je suis encore, les bras collés au corps ne servent de rien, brin de paille enfilé dans un trou, sans pouvoir avancer, sans espoir de jamais revenir en arrière, je vais périr d'étouffement. Ou ne pas respirer dans la fumée, ou ne pas respirer face au vent glacé, ou ne pas respirer au milieu du carcan rouillé, je ne peux même pas décider.

Alors, un coup de mer violent, plus oblique et sec, fait passer le collier vers mes côtes flottantes. Oui, Dieu soit loué, je suis dehors. J'inspire l'air froid jusqu'à m'évanouir. Horreur, la mer, plus dure, livre le cul du bateau à un ressac désordonné. Il se déséquilibre de l'autre bord, et me voici enfoncé de nouveau jusqu'au sein dans le cercle de fer, je suis dedans, toujours. On aurait dit que la coque passait sur des monceaux de pierres. Le choc d'un bord me délivrait, un choc, de l'autre bord, me réemprisonnait.

J'étais dedans, j'étais dehors.

Qui, je?

Tout le monde comprend cela, sans drame ni épouvante. Il suffit de passer un petit pertuis, un couloir étranglé, de se balancer au-dessus d'une rampe, sur un balcon assez vertigineux pour que le corps soit alerté. Le corps sait dire je tout seul. Il sait jusqu'à quel point je suis en deçà de la barre, il sait quand je suis dehors. Il estime les écarts à l'équilibre, en règle immédiatement les intervalles, sait jusqu'où ne pas aller trop loin. La cénesthésie dit je toute seule. Elle sait que je suis dedans, elle sait que je me délivre. Le sens interne clame, appelle, annonce, hurle parfois le je. Le sens commun est la chose du monde qui partage au mieux le corps.

Passant la jambe, je suis encore à l'intérieur, la jambe, la cuisse, le genou se livrent à l'extérieur. Ils deviennent presque noirs pour moi. Le bassin passe, le sexe même, les fesses, le nombril sont dehors sûrement, je demeure dedans. Je sais ce qu'est un homme-tronc, je crois savoir, pour un instant, comment se ressentent les membres fantômes. A un moment précis, le moment, justement, où tout le corps divisé crie *ego* dans un basculement général, je passe à l'extérieur, je peux du corps tirer le reste, retirer les morceaux qui sont restés dedans, oui, les morceaux épars subitement noircis par le renversement brutal de l'iceberg.

Les coups désordonnés du vaisseau à la cape jettent le je à gauche et à droite de la fenêtre d'espérance. J'habite dedans, j'habite dehors; le je, intérieur au bateau, vient à l'extérieur, dans les rafales glaciales du vent. Les coups de mer poussent ou tirent le thorax de quelques millimètres, écart très petit. Le corps connaît cet intervalle, il sait apprécier les mouvements alentour. Je suis délivré ou forclos, respirant ou asphyxié, brûlant du feu interne ou décapé par la bise rapide, mort ou vif. Je sombre ou j'existe. Il existe un lieu quasi ponctuel que le corps tout entier annonce, dans l'expérience spatiale du passage. Le je saute globalement du côté de ce point local, il passe décidément d'une moitié à l'autre dans le moment où ce point glisse, au voisinage de la cloison, de sa face interne à sa face externe.

J'ai coutume, depuis mon quasi-naufrage, de nommer âme cet endroit. L'âme gît au point où le je se décide.

Nous sommes tous doués d'une âme, depuis que nous avons risqué, sauvé notre existence, au premier passage.

J'ai compris, le soir du jour de colère, le sens du cri : sauvez nos âmes. Il suffit de sauver ce point. Je fus dehors, dans le froid horrifiant, quand le point passa le seuil du collier de force, je fus dedans toujours avant. Descartes n'a pas tort de dire que l'âme touche au corps en un lieu presque ponctuel, mais il a mal placé la glande pinéale. Elle rôde autour du plexus solaire. De là elle illumine ou obscurcit le corps, par éclats et occultations, elle le fait translucide ou épiphanique, elle le transmute en corps noir. Chacun la place, autour de là, où le corps le lui dit. Chacun la tient marquée, définitive, où le jour de sa naissance la fixa. Nous l'oublions le plus souvent, nous la laissons dans l'ombre du sens interne, jusqu'au jour où la brusque colère du temps nous fait naître, hasard, douleur, angoisse, chance, une deuxième fois. Il n'est pas mauvais que ce jour de jeunesse-là nous ayons été pilote en un navire pour vérifier, contre Descartes encore, qu'un pilote dit je pour son vaisseau entier, du fond de la quille à la pomme du mât et de la hanche au bout-dehors, que l'âme de son corps descend dans l'âme du bateau, vers le centre de turbination, au cœur des œuvres vives. Pour se délivrer de ce vaisseau-là, il faut aller chercher son âme dans la soute, au lieu où le feu est vraiment dangereux, un jour de détresse.

TATOUAGE

L'âme habite un quasi-point où le *je* se décide.

Les gymnastes éduquent leur âme, pour se mouvoir ou s'enrouler tout autour d'elle. Les athlètes n'en ont pas, ils courent ou lancent ; mais les sauteurs en ont une qu'ils jettent au-dessus de la barre ou au-delà d'elle ; ils lovent doucement leur corps autour du lieu où elle se jette. La différence entre l'athlétisme et la gymnastique, les sauts exceptés, tient à la pratique de l'âme. La barre fixe, le saut périlleux, les anneaux, le travail au sol, le trampoline, les plongeons valent pour des exercices de métaphysique expérimentale, comme le passage du petit hublot, où le corps part à la recherche de son âme, où l'un et l'autre jouent, comme des amoureux, à se perdre et à se reprendre, à se quitter parfois, puis à se retrouver, dans le risque et le plaisir. A certains jeux collectifs, les joueurs ont perdu leur âme pour l'avoir tous confiée à un objet commun, la balle : ils s'organisent, s'équilibrent, s'enroulent autour d'elle, devenue collective. L'exercice de métaphysique se transforme là en manœuvre de sociologie appliquée.

Perds ton âme pour la sauver, donne-la pour la retrouver.

L'âme, quasi-point, se découvre dans le volume, exactement dans un vaisseau, par l'espace de déplacements extraordinaires ; peut-on la chercher de manière superficielle, maintenant : étude plus difficile.

Je me coupe les ongles.

Où le sujet se décide-t-il ? Gaucher, je prends l'outil de la main gauche et présente les lames ouvertes au bout de l'ongle de l'index droit. Je me place aux poignées des ciseaux, le je se situe maintenant là, et non au haut du doigt droit. L'ongle : maladroit au long du fil d'acier ; la main : fine et astucieuse au maniement de la coupure. Le sujet main gauche travaille l'objet doigt droit. La main gauche participe de moi, inondée de subjectivité, le doigt droit du monde. Si les ciseaux changent de main, tout change, ou rien ne change. Le je hante mon index gauche, dont l'ongle caresse avec finesse et sans vergogne le fil fin au plus près voisinage, la poignée de l'outil qu'a saisie la main droite est désertée par moi. Un moteur étranger actionne la machine et mon index dessine, en s'offrant, la limite exacte de la morsure. D'un côté, je coupe un ongle, de l'autre, mon ongle se coupe. La présentation du doigt à la lame, sa souplesse ou sa raideur de tour au moment de la taille, la précision du traitement suffisent à l'observateur extérieur pour déterminer proprement l'état d'âme, le lieu où elle se trouve, maintenant, comme en équilibre. Le gaucher a l'âme à gauche, à droite il est un corps noir, métis quand on l'a contrarié.

Or cela change et varie. Pour les ongles des pieds, le renversement n'a pas lieu. Si loin, c'est encore le corps, ou toujours le monde. Si loin, l'âme s'absente. Nul orteil ne touche la lame, comme la touche l'âme de mon majeur à gauche. Laissons là les outils.

Du majeur, je me touche une lèvre. En ce contact gît la conscience. J'en commence l'examen. Elle se tapit souvent dans un repli, lèvre posée sur lèvre, palais collé à la langue, dents sur dents, paupières baissées, sphincters serrés, main fermée en poing, doigts pressés les uns contre les autres, face postérieure de cuisse croisée sur la face antérieure de l'autre, ou pied posé sur l'autre pied. Je parie que l'homunculus, petit et monstrueux, dont chaque part est proportionnelle à la grandeur des sensations, grandit, se gonfle aux endroits des automorphismes, quand le tissu de peau se plie sur soi. La peau sur elle-même prend conscience, ainsi sur la muqueuse et la muqueuse sur soi-même. Sans repli, sans contact de soi-même sur soi, il n'y aurait pas vraiment de sens interne, pas de corps propre, moins de cénesthésie, pas vraiment de schéma corporel, nous vivrions sans conscience ; lisses, prêts à nous évanouir. La bouteille de Klein ou les bonnets croisés aident à notre identité. Nous portons des surfaces gauches quasi planes sans doubles, déserts où passe la conscience, fugitivement, sans laisser de mémoire. Elle demeure sur les singularités contingentes où le corps est tangent à soi.

Je touche mes lèvres de mon doigt, mes lèvres conscientes d'elles-mêmes, déjà. Je puis, alors, baiser mon doigt et, presque indifféremment, toucher mes lèvres de mon doigt. Le je vibre de part et d'autre du contact, alternatif, et renvoie tout à coup l'autre paroi au monde, ou, passant soudain sur le voisinage immédiat, il laisse derrière lui un objet seulement. Dans le geste de faire taire, le corps, localement, joue avec l'âme à la balle. Ceux qui ne savent pas où se trouve leur âme se touchent la bouche, et là, ils ne l'apprennent pas. La bouche qui se touche elle-même fait son âme et elle sait la donner à la main, la main qui se serre d'elle-même sait former son âme pâle, elle peut la donner, à loisir, à la bouche, qui l'a déjà. Contingences toutes pures.

Le corps ne sait pas toujours ni partout jouer à la balle. Il existe des lieux où cette contingence ne joue pas. Je touche mon épaule de ma main, et je ne peux pas faire que de l'épaule je touche ma main. Par rapport à la main, à la bouche, l'épaule reste un objet du monde. Il lui faut un objet brut, rocher, tronc d'arbre, cascade, pour qu'elle redevienne sujet. L'épaule n'a pas d'âme, sauf par rapport à ce qui a lieu hors du corps. Décidez maintenant où se trouve l'âme, en mettant les coudes sur les genoux, en posant une partie du corps sur une autre.

Cela n'a pas de fin, ou n'a de bornes que votre souplesse.

La gymnastique commence et conditionne la métaphysique.

Il reste maintenant à dessiner, ou à peindre. Isolez, si possible, les petites zones secrètes où l'âme, à l'évidence, réside toujours, coins ou replis de contingence, isolez encore, si possible aussi, les zones instables qui savent jouer à l'âme avec une autre comme à la balle, entourez les boules ou pavés, qui ne deviennent sujets qu'en face des objets, les régions denses ou compactes qui demeurent objets, toujours, seules ou face à celles qui les objectivent, déserts qui manquent d'âme, noirs; le dessin n'entoure que rarement des zones compactes, celles-ci explosent, fusent et fuient en couloirs étroits, forment des cols, des cheminées, des parcours, passages, flammes, zigzags et labyrinthes, voici, sur la peau, en surface, l'âme changeante, ondoyante et fugace, l'âme striée, nuée, tigrée, zébrée, bariolée, chinée, troublée, constellée, chamarrée, diaprée, torrentueuse et tourbillonnaire, incendiée. Une idée sauvage, la première après la conscience, consisterait à tracer finement et à colorier ces zones et passages, comme une carte.

Voilà le tatouage : mon âme constamment présente, blanche, flamboie et se diffuse dans les rouges qui s'échangent, instables, avec les autres rouges, les déserts à manque d'âme sont noirs, vertes les prairies où l'âme, rarement, mais cependant parfois, se pose, ocre, mauve, bleu froid, orangée, turquoise... Telle, complexe et un peu effrayante, apparaît notre carte d'identité. Chacun porte la sienne, originale, comme l'empreinte de son pouce ou la marque de ses mâchoires, nulle carte ne ressemble à aucune autre, chacune change avec le temps; j'ai fait tant de progrès depuis ma jeunesse triste et porte sur la peau la trace et les chemins frayés par celles qui m'ont aidé à chercher mon âme diffuse.

Ceux qui ont besoin de voir pour savoir ou croire dessinent ou peignent et fixent le lac de peau changeant et ocellé, rendent visible, par couleurs et formes, le pur tactile. Mais il faudrait pour chaque épiderme un tatouage différent, il faudrait qu'il évolue avec le temps : chaque visage demande un masque tactile original. La peau historiée porte et montre l'histoire propre; ou visible : usures, cicatrices des blessures, plaques durcies par le travail, rides et sillons des anciennes espérances, taches, boutons eczémas, psoriasis, envies, là s'imprime la mémoire, pourquoi la chercher ailleurs; ou invisible : traces fluctuantes des caresses, souvenirs de soie, de laine, velours, fourrures, grains de roche, écorces rugueuses, surfaces râpeuses, cristaux de glace, flammes, timidités du tact subtil, audaces du contact pugnace. A un dessin ou coloriage abstrait correspondrait un tatouage fidèle et loyal où le sensible s'exprimerait; s'il imite des vignettes, icônes ou lettres, tout s'effondre dans le social. La peau se fait porte-drapeau, alors qu'elle porte des empreintes.

Naissance du dessin changeant parmi les caresses : nue, allongée, lovée à mes côtés, tigre, cougouar, tatou, tu cherches à deviner ma peau historiée, liquide et moirée. Notre âme se répand de sorte que nous ne sommes pas unis.

Ame globale : petit lieu profond, non loin de l'espace de l'émotion. Ame locale et de surface : lac visqueux prêt à prendre, où la lumière joue, multiple, irisée, lentement changeante, sujette à des orages. Pointe dure et plumes de paon, elle nous pique et se pavane.

Là, vraiment, l'histoire commence. Comment deux labyrinthes aussi compliqués peuvent-ils se rencontrer, se superposer, se complémenter? Ariane se perd dans celui de Thésée, Thésée ne se retrouve pas sur les avenues et ronds-points dessinés sur le mont d'Ariane. Il faudrait concevoir le rapport de deux espèces, deux genres, deux règnes, tigre et paon, zèbre et jaguar, coccinelle et coquelicot, mille-pattes et calcédoine, un caméléon sur du marbre. Il arrive des miracles, quelques ligres ou tigrons, peu nombreux, qui survivent à peine. Ou bien, il faut qu'Ariane se fasse blanche, que Thésée sur sa quenouille réenroule tous les fils qui encombrent et partagent le corps chamarré d'Ariane. Notre âme de surface, sauf miracle, fait obstacle à nos amours, comme si nous portions une cuirasse à tatouages. Soit à déposer la cuirasse, faire fondre la carte des chemins et des carrefours, redéployer son âme ou la faire flamber autrement, pour que les flammes se mélangent.

Quand l'âme vient sur un organe, il prend conscience et il la perd. Si le doigt touche la lèvre et s'il dit je, la bouche devient objet, mais en vérité le doigt se perd. Dès que l'âme s'y pose, elle le vole. Soulevant ces briques, ces pierres, ces parpaings, je suis tout entier dans mes mains et mes bras, mon âme s'y retrouve, dense, mais, du coup, ma main se perd dans le corps grenu des cailloux. L'objet se réduit à un corps noir et l'âme à un vide blanc. L'âme transparente comme un ange, rarement là, blanchit les lieux où elle descend ; la peau, historiée ailleurs de couleurs variées, devient d'autant plus claire, ici, qu'elle s'anime, lumineuse jusqu'à la blancheur. Vois : la peau de son visage brillait. Vois : il se transfigura devant eux, blanc comme la neige. L'âme, par flaques, forme le tatouage, l'ensemble de ces lignes croisées dessinant un champ de forces : l'espace de la poussée formidable de l'âme pour effacer doucement les ombres du corps et les retranchements majeurs du corps pour résister à cet effort. Sur la peau, l'âme et l'objet voisinent, avancent, gagnent ou perdent la place, mêlée longue et floue du je et du corps noir, d'où s'ensuit la queue de paon de couleurs mêlées, à un moment donné. La lutte s'achève par le corps mystique blanc d'albâtre. Je ne suis plus rien. Ou par le corps cybernétique, boîte noire, autre néant.

La transfiguration extatique, perte du corps dans l'âme, lève le tatouage. L'écorché réussi, l'automate parfait le lèvent aussi pour la boîte noire totale. Ainsi le corps, mêlé, se trouve, au milieu, entre ciel et enfer : dans l'espace quotidien.

Le dualisme ne fait connaître qu'un spectre en face d'un squelette. Tous les corps réels sont moirés, mélanges flous et en surface de corps et d'âme. Autant il paraît simple, quoique pervers ou dérisoire, de dire les amours d'une larve et d'un automate, d'un fantôme et d'une boîte noire, autant les amours du composite et du bigarré se consomment sans se dire.

Je n'ai décrit le tatouage que pour montrer les traces de l'âme et celles du monde. Nous croyons toujours mieux connaître quand nous avons vu, ou faire mieux comprendre en déployant des formes et en exhibant des couleurs. Certes les tatouages vus et visibles, imprimés à la pointe de feu, trouvent leur origine dans ce bariolage d'âme, labyrinthe complexe du sens qui ne sait décider sa tension vers l'interne ou l'externe et qui vibre à ces limites. Mais je ne les ai dessinés, coloriés ou peints que pour faire voir le tangible : tableau abstrait du tact. Abstrait pour abandonner le visible et rejoindre le tactile. La carte d'identité moirée, un peu fluente et comme élastique, suit la carte tendre du tact. Elle oublie la géométrie pour la topologie; oublie la géométrie pour la géographie; oublie le point de vue, la représentation, pour les monts, les détroits, pavés, bonnets croisés, bords qui viennent au contact, à la contingence. Elle fait de la peau un pouce généralisé. La peau sait explorer les voisinages, les limites, les adhérences, boules et nœuds, côtes ou caps, les lacs, promontoires et plis. La carte sur l'épiderme exprime certes plus que le toucher, elle plonge profondément dans le sens interne, mais elle part du tact. Ainsi le visible dit plus que le visible. Il n'y a pas de mot de l'ordre du contact pour désigner un intouchable, un intangible, dans un sens voisin de cet invisible présent ou absent dans le vu et complémentaire de lui, abstrait de lui, incarné dans sa chair. Pourtant l'esprit de la finesse habite le tact. L'âme est intacte, dans ce sens. L'âme intacte enchante le tact comme l'invisible de topologie hante et illumine le visible de l'expérience, de l'intérieur. Dans le fastueux luxe de la sensation tactile, il me semble toucher à un abstrait nouveau, de deux côtés au moins, du côté du mélange et de la bigarrure, du côté où le géomètre abandonne la mesure pour estimer les formes singulières, les arêtes et les couloirs.

Beaucoup de philosophies se réfèrent à la vue; peu à l'ouïe; moins encore donnent leur confiance au tactile, comme à l'odorat. L'abstraction découpe le corps sentant, retranche le goût, l'odorat et le tact, ne garde que la vue et l'ouïe, intuition et entendement. Abstraire signifie moins quitter le corps que le déchirer en morceaux : analyse.

Je recule devant la difficulté en élevant un palais d'abstractions. Je bronche devant l'obstacle, comme tant ont peur de l'autre et de sa peau. Comme tant ont peur de leurs sens et réduisent à rien, à la table rase de l'immangeable, la somptueuse queue de paon virtuelle et pliée du goûter. L'empirisme plonge dans le bariolage qui exige beaucoup de patience et une intense puissance d'abstraction. Qu'attendre dès lors que sont passés l'événement de la naissance et la reconnaissance de soi ?

L'âme et le corps ne se séparent point mais se mélangent, inextricablement, même sur la peau. Ainsi deux corps mêlés ne font pas un sujet séparé d'un objet.

Je caresse ta peau, je baise ta bouche. Qui, je? Qui, toi? Quand je touche ma main de mes lèvres, je sens l'âme qui passe comme une balle de part et d'autre du contact, l'âme s'ébroue tout autour de la contingence. Peut-être sais-je qui je suis en jouant ainsi à mon âme, multipliant les filets fins de l'autocontact au-dessus desquels l'âme vole dans tous les sens. Je t'embrasse. Nous n'avions jamais appris que le duel, le dualisme, que la perversité, amants dérisoires, cruels et pressés. Je t'embrasse. Non, mon âme ne vole pas autour de ce filet ténu que nous tendons tous deux tout autour du contact. Non, ce n'est pas mon âme, ni la tienne. Non, ce n'est pas si simple, ni si cruel. Non, je ne t'objective pas, ni ne te gèle, ni ne t'englue, ni ne te viole, ni ne te traite comme l'ennuyeux marquis. Ni n'attends que tu en prennes la relève. Il faudrait pour cela que je devienne spectre et que tu te fasses automate. Il faudrait pour cela que tu deviennes larve ou lémure, que je me change en boîte noire. De fait, par maladie ou fatigue, cette situation limite arrive. Dans tous les autres cas, presque toujours, j'appuie un couloir brun sur ta zone opaline, ou une région claire sur un département violet. Tout dépend du lieu, tout dépend du temps, de la circonstance. Commence la patience. Et l'exploration infinie. Nous tâtonnons, dans le taillis des circonstances, comme un aveugle-né qui déchiffre le braille, comme nous choisirions des laines, dans la nuit. L'inquiétude, l'attention tremblent, nouvelles et raffinées. Noir sur noir, clair sur confus, obscur sur fondu, arc-en-ciel sur spectre étalé de tout le chromatisme, images nécessaires à ceux qui manquent de tact, col sur plaine, mont sur vallée, promontoire sur golfe ou détroit, figures, l'âme pâle fuit et se cache, se retire, prend des masques et des apparences, se fait voir de loin et se réfugie, laisse dans son sillage un nuage d'encre ou un flot de parfum, construit des bosquets, des vasques et des promenades de marbre, s'enhardit, avance, attaque doucement, sourit et se fait revoir, attend, reconnaît les brisées, s'impose, s'annule, crie ou se tait, murmure longuement, et tout à coup, au coin du bois, le long du couloir, de la cheminée, dans une courbe ronde ou sur la pointe d'un zigzag, inattendue longtemps sur le parcours du labyrinthe indéchiffrable, Ariane blanche, Ariane paraît, voici ton âme blanche rayonnante venue, transfigurée sur la montagne, enveloppée d'une aube immaculée.

La mort sur le cadavre fait aussi cet engramme plat.

La variété des couleurs, des formes, des tons, la variété des plis, des fronces, des sillons, des contacts, monts et cols, des pénéplaines, la variété topologique singulière qu'est la peau se décrit le plus pauvrement possible par un mélange composite, graduel et flou, de corps et d'âme. Chaque lieu singulier, même banal, en forme un mixte original. On dirait que ces mélanges, quand ils viennent au contact, s'analysent ou font surgir, de leur composition, les éléments simples. Comme si, tout à coup, un pôle attirait l'âme, comme si l'autre prenait en charge l'objet. A l'état libre, ils sont des mixtes, main et front, coude et cuisse, à l'état de contact ou de contingence, ils réagissent l'un par l'autre et suscitent ces simplicités que nous avons coutume de penser par zéro et un, âme et corps, sujet face à l'objet. Ces simples se voient peu dans la nature, on ne trouve jamais que le spectre indéfini de leurs composés, on ne connaît les simples que par les nuances et leurs réactions réciproques.

Nul n'a vu la grande bataille des simples, nous n'expérimentons jamais que les mélanges, nous ne rencontrons que des réunions. Le corps pur est plus qu'improbable, corps noir ou âme candide. Miracle : albâtre ou jais.

Je t'embrasse, notre contingence fait, ici, maintenant, nuance sur nuance, mélange sur mélange. Brun sur gris ou pourpre sur or. Carte sur carte, ou cartes sur table. Deux alliages changent d'aloi, les cartes sont battues, brouillées, redistribuées. Un orage éclate sur les deux champs. Les lignes de force, courbes de niveau, pentes, vallées, se redessinent. Les chaînes changent de trame. Quand un jaune descend dans un bleu, il en vient un vert. Les titres des mélanges changent, les titres des alliances. Je t'embrasse Arlequin, je te quitte Pierrot ; tu me touches duchesse et te retires marquise. Arlequin de la zone et marquise du lieu. Ou : je t'embrasse airain et je te quitte bronze, tu m'embrasses argenton, tu me laisses vermeil. Peut-être jouons-nous à la bénite pierre qui transforme les alliages ou transmute les titres. Rien n'est plus abstrait, ni plus savant, ni plus profond que cette immédiate méditation sur les mixtes, plus fin ni plus difficile à saisir que cette refonte locale et complexe, que cette conversion bouleversée ou ces revirements instables ; sans doute n'avons-nous jamais rien dit du changement, de la transformation en général, qui n'ait lieu là, au voisinage fin de notre contingence. Nul ne peut penser le changement que sur mélanges : à tenter de le penser sur des simples, on n'aboutit qu'à des miracles, sauts, mutations, résurrections, jusqu'à la transsubstantiation. Voici le changement sur titres, sur alliages, sur tissus et cartes, voici le changement par dessins et réactions, moire sur moire, métissage.

Un jour quelque barbare saura nous dire quelle prodigieuse chimie s'agite en cette conjoncture, un sous-barbare en vendra les pommades. Horreur, nous reverrons ces tatouages, en artificiel. Oui, le simple se déplace là, son mouvement brownien produit les variations du bariolage, notre émotion en marque le signe exact. Nous fûmes si émus que nous changeâmes de couleur, queue de paon sur arc-en-ciel, spectres soudain devenus instables. Tu m'embrasses chinée, je te quitte moirée ; je t'embrasse réseau, tu me quittes faisceau. Nous nous caressons selon les courbes de niveau, nous nous laissons à nœuds variés, dans des enlacements qui ont changé de place.

Si tu veux te sauver, risque ta peau, si tu veux sauver ton âme, n'hésite pas, ici, maintenant, à la livrer à l'orage variable. Une aurore boréale éclate dans la nuit, inconstante. Elle se propage comme ces rampes qui n'en finissent pas de clignoter, allumées ou éteintes, par éclats ou pertes, cela passe ou ne passe pas, mais ailleurs cela coule, irisé. Tu ne changeras pas si tu ne t'adonnes à ces inconstances ni à ces écarts. Surtout, tu ne connaîtras pas.

Dans ce fastueux renouvellement, ondoiements, fluctuations, caprices versatiles par mille mues et volte-face, il arrive parfois de brusques simplifications, une saturation, une plénitude, il arrive que toutes les couleurs, sur tous les tons, conviennent en blanc, que toutes les lignes possibles, passant partout, forment le plan, que le nœud fasse un point. Il arrive, parfois, la somme, la totalisation. Carte blanche, tissu lisse, lueur d'aube. La méditation immédiate culmine en un apex, sur ce lieu, dans l'apparition aveuglante du simple par saturation de présence, transfiguration du tatouage bariolé en âme pure. Le je se manifeste peu en dehors de ces circonstances. Je suis, j'existe en cette contingence mélangée qui change, change, par l'orage de l'autre, par sa possibilité d'exister. Nous nous plaçons l'un l'autre en écart au stable, risqué.

Au sommet saturé du mélange, l'extase d'existence est une somme rendue possible par la contingence de l'autre. Ma contingence rend possible la même rencontre pour lui. Somme blanche de toutes couleurs, centre étoilé des fils.

Au bas, vide et nul, de ce même mélange, la mort, aussi, blanche par soustraction ou abstraction, est plate.

Sans l'expérience des corps mêlés, sans ces bariolages tangibles et ces multiplicités mitigées, on les avait longtemps confondues. Cette méprise où la mort ressemble à la gloire, où la vie bienheureuse a lieu dans la tombe, avait fait de la métaphysique une préparation au meurtre.

Alors qu'elle est un art d'aimer.

TOILE, VOILE, PEAU

Dans les années dix-huit cent quatre-vingt-dix, Pierre Bonnard a peint un peignoir; il a peint une toile qui fait voir un peignoir et une femme au milieu de feuilles.

Cette femme, brune, vue de dos, esquisse un mouvement de torsion vers sa droite, comme si elle se cachait, enveloppée d'une très longue étoffe jaune-orange, très ample, qui la recouvre toute, debout, de la nuque aux pieds, à peine aperçoit-on le nez, un haut d'oreille, un œil fermé, le front, les cheveux, une sorte de chignon. Le peignoir voile la femme, le tissu voile la toile. Constellée de lunes ou demi-lunes, granitée de croissants plus foncés qu'elle, l'étoffe vibre de lumières et de parties sombres, parsemées les unes sur les autres. Les demi-lunes, posées en tous sens, mais disposées à distances régulières, font un effet monotone. L'ensemencement a été recherché plus que la vibration, l'impression du tissu imprimé l'emporte sur l'effet optique : l'œil est volé. Robe de nuit, paupière baissée comme ensommeillée, lumière de lunes.

L'habit, un peu flottant, occupe l'espace, la toile monte le long du corps, verticale comme un rouleau chinois. Du feuillage règne au fond, envahit un peu l'étoffe, si peu qu'à la limite le tableau se réduit au tissu. Pourquoi Bonnard n'a-t-il pas peint directement sur le peignoir, pourquoi n'a-t-il pas exposé la toile du peignoir, son étoffe en place de la toile? Pourquoi ne peint-il plus sur tissu mais sur une autre contexture?

Otez les feuilles, ôtez le peignoir : toucherez-vous la peau de la femme brune ou la toile du tableau? Pierre

Bonnard donne moins à voir qu'à sentir sous les doigts pellicules et couches fines, feuillage, étoffe, toile, à-plat, effeuillage, déshabillage, dévoilements raffinés, rideaux minces, caressants : son art plein de tact ne fait pas de la peau un objet vulgaire à voir, mais le sujet sentant, sujet actif toujours dessous. La toile se recouvre de toiles, les voiles s'entassent et ne voilent que des voiles, les feuilles se chevauchent dans le feuillage. Feuilles qui gisent sous les pages. Sans doute lisez-vous du regard ces pages où j'écris au sujet de Bonnard, ôtez les feuilles, tournez les pages, derrière l'autre, une autre encore, encore couverte de taches à l'effet monotone, l'œil enfin ne trouvera plus rien. Reste à toucher la feuille imprimée, pellicule fine, support de sens, la feuille, la page, tissu-étoffe, peau, la toile même de la femme de Bonnard. Je feuillette le peignoir.

Il recouvre la peau pour recueillir les pellicules.

L'Enfant au seau, peint cinq ans plus tard, fait partie d'un paravent, la troisième de ses quatre feuilles. L'enfant joue sur le tissu flottant d'un de ces panneaux disposés en ligne brisée pour cacher, il apparaît sur l'une des feuilles. Abri posé pour se déshabiller, bâti dressé pour y pouvoir jeter son peignoir, toile tendue comme un habit loin de la peau, nouveau voile.

Habillé d'un tablier à tissu imprimé croisé, l'enfant flotte sur l'étoffe du paravent, sur la toile de Bonnard, dans le tissu de sa robe ou enveloppe et se voile d'autant de peaux. Accroupi sur le sable, tout rond, il paraît remplir son seau sous un oranger rond, plein de feuilles : petit arbre dans un pot, petit d'homme auprès du seau, tous deux issus de sable ou de terre, entourés tous deux de ces variétés souples qui les recouvrent, feuilles entrecroisées, tissu en treillis, la toile de Bonnard s'imprime de toiles, elle exprime des voiles.

Quel vent fera voler ce tablier, frémir ce feuillage, frissonner ce paravent, quel vent sur votre peau ?

Trente-cinq ans plus tard, le même Bonnard donne un *Nu au miroir,* dit encore *la Toilette.* Une femme nue, en souliers à talons, vue de trois quarts arrière, se regarde à la glace. Nous ne voyons pas son image, de face.

Les deux miroirs et la nudité, la face cachée ou l'image volée, la deuxième glace aussi vide que la première, tout nous pousse à ressentir les prestiges de l'optique, à discourir d'érotisme et de représentation, encore. Non.

Elle est nue, voyez sa peau : couverte de tatouages, chinée, tigrée, granitée, ocellée, piquetée, niellée, tiquetée, constellée plus encore que le vieux peignoir, ensemencée de taches moins monotones, moirée. Son épiderme est peint de manière bien singulière. Elle a ôté sa robe de chambre, on dirait que les imprimés du tissu sont restés sur sa peau. Mais les demi-lunes du peignoir se distribuaient sur lui de façon régulière, mécanique, reproductible; sur la robe cutanée, vivantes, les impressions s'ensemencent au hasard, de manière inimitable. On pourrait reconnaître le modèle. La dernière pelure, celle qu'on peigne, ne s'imprime pas lisse, homogène ni monotone, elle s'étale et brille comme un chaos de couleurs, de formes et de tons. Nulle autre n'a la peau de cette femme, spécifique. Vous l'avez reconnue.

Au mélange des nuances, au chaos des marques et touches, vous avez reconnu la Belle Noiseuse que Balzac disait inimaginable : de fait, elle n'a pas d'image, aux miroirs et ne se représente pas. Là se lève le corps au-dessus du désordre, là se lève Aphrodite au-dessus des eaux, encore plus complexe en sa peau que le bruit nautique en son déferlement. Non, le vieux peintre du *Chef-d'œuvre inconnu* ne sombrait pas dans la folie, mais anticipait plus d'un siècle de peinture. Balzac rêvait de Bonnard, la vue projetait le tact, la raison et l'ordre méditaient le chaos de la singularité.

Or le reflet dans le miroir, en face, miroir qu'on ne voit qu'à demi, or l'image de la femme dans la glace sont réduits à une sorte de rideau, une tenture de la salle de bains, elle-même ocellée, moirée, chinée, constellée, ensemencée de couleurs et de tons, tatouée. Mélange pour mélange et chaos pour chaos, la peau a pour image le rideau, a pour reflet une toile, pour fantôme un drap.

Mais la toile, en tout, fenêtre, mur, assiette, table, fruits, draperies, serviettes éparses, la toile pourrait servir de paravent ou d'affiche ou de feuille ou de voile : rideau parsemé, tatouage, semblable à la peau.

La femme au corps chamarré face au reflet chamarré du rideau tient, à la main, une écharpe : un morceau du rideau, un bout de toile, un coin de sa peau ? Guenille en continuité avec le haillon à elle collé.

Le *Nu au miroir* de Pierre Bonnard tient dans l'équivalence ou dans l'équation de la toile, des voiles et de la peau. La nudité se couvre de tatouages, la peau s'imprime, impressionnée. Le nu enfile son peignoir ou l'enfant son tablier, tissus imprimés, sévères ou chatoyants, qui expriment mal, avec raideur ou convention, nos impressions singulières. Le peintre tache la toile pour exprimer, dit-on, ses impressions : la tatoue, expose sa peau fragile, privée, chaotique.

Telle exhibe sa peau, telle expose ses toiles, telle autre étale ses voiles luxueux.

La femme nue au miroir se tient à sa toilette comme le peintre à sa palette et dispose souvent d'autant de pots : tubes, flacons, pinceaux, vaporisateurs, savons et fards, vernis ou crèmes, laits, rimmels, tout l'appareil cosmétique. Elle se lave, elle se pare et se peint. Elle grime sa peau, fond de teint et ton de surface, comme le peintre enduit une toile. La peau s'identifie à la toile comme tout à l'heure la toile s'identifiait à la peau. Le modèle fait sur elle ce que l'artiste fait d'elle ; certes, ils ont en commun la virtuosité des effets d'optique, mais ils travaillent aussi sur une variété commune sur laquelle ils passent leur tact. Leur main gainée de peau traîne sur une peau.

On dit équivalemment cosmétique ou art de la parure. Les Grecs ont eu la sagesse exquise de fondre dans un même mot l'ordre et l'ornement, l'art d'orner avec celui d'ordonner. Le cosmos désigne l'arrangement, l'harmonie et la loi, la convenance : voici le monde, terre et ciel, mais aussi le décor, l'embellissement ou l'apprêt. Rien ne va aussi profond que la parure, rien ne va aussi loin que la peau, l'ornement a les dimensions du monde. Cosmique et cosmétique, l'apparence et l'essence sortent d'une même source. La parure égale l'ordre et l'embellissement équivaut à la loi, le monde apparaît ordonné, à quelque niveau qu'on prenne les phénomènes. Tout voile se présente toujours magnifiquement historié.

La femme nue au miroir imite le démiurge, supérieure au physicien. Elle construit l'ordre d'un voile, apprête sa peau, orne une couche, une variété de monde, la soumet à une loi. Le peintre fait apparaître l'ordre du monde dans l'ordre du paraître, elle aussi. Tout cela se dit toujours dans le discours des effets trompeurs ou superbes de la vue et de l'éblouissement, dans l'oubli de la variété travaillée : toile, voile, peau que les mains tissent ou enduisent, assouplissent, fortifient.

Objectivent. La femme nue à la toilette, devant les deux miroirs, s'occupe à son autoportrait : artiste dans son atelier. Peint son visage, son cou, fardait ses seins autrefois, manucure doigts et ongles, arrache les jarres trop longs de sa fourrure, façonne un masque, à la manière indienne ou nègre, se donne une identité. Peint la peau de son visage, peint un masque ou sur un masque, sa peau devient voile, puis toile, comme si le tissu cosmétique avait reçu l'empreinte de la face, comme si l'apprêt si fait, si parfait pouvait s'arracher, comme si la fresque, encore fraîche, pouvait se détacher, toile mobile, aussi loin du corps que le peignoir, que le tablier, que la feuille du paravent, objet flottant, objet volant. Impression ou empreinte sur la taie formée de parfums, de laits ou de fards. La peau du sujet s'objective, on pourrait l'exposer au musée. De même que le pouce marque sa trace sur la page, empreinte digitale chaotique ou ordonnée, en tout cas singulière, de même le visage imprime sur ce masque, si fin qu'il pourrait flotter dans l'air léger, son relief indélébile, sa personnalité. La femme nue au cosmétique prépare, en mélangeant les tons et les pâtes, le moule de ses impressions.

Entrons dans les fêtes galantes où tourbillonnent et dansent tant de masques et de déguisements fantasques : ils se montrent, s'étalent, cachent, tombent, s'échangent, à un moment la peau se perd, la personne s'égare, les mues volent dans l'air. Aux kermesses amoureuses, les danseurs muent. Les dépouilles qui passent, vives, lestes, délicates, dans l'air ténu, comme spirituelles, ne sont visibles que dans l'instantané, Watteau et Verlaine les ont notées. Petit éclat de joie dangereuse où la cosmétique, parure préparée pour la soirée, à peine, se détache vers la beauté, pour l'éternité.

La cosmétique va vers l'esthétique au sens de la théorie des Beaux-Arts, nous avons pu voir aussi beau que Bonnard, dans les rues de Paris, aussi beau que Boucher ou que Fragonard, la parure des femmes s'adapte parfois si bien à leur nature qu'on en perd le souffle, comme devant le monde; mais la cosmétique passe à l'esthétique au sens de la sensation, par cette harmonie même : la femme nue au miroir tatoue sa peau, dans le bon ordre et selon des lois, suit des chemins très précis : force l'œil et le regard, rehausse de couleur le lieu du baiser, couronne la zone de la parole et du goût, souligne l'ouïe par un pendentif, une boucle d'oreille, trace des ponts ou liens de teint entre les puits ou les monts des sens, dessine la carte de sa propre réceptivité. Par la cosmétique la vraie peau devient visible, telle qu'elle est vécue par soi; par la parure la loi singulière du corps apparaît, comme par les hachures, couleurs ou courbes sur la mappemonde le monde en son ordre donne à voir ses paysages. Le nu tatoué, chaotique et noiseux porte sur lui le lieu commun et instantané de son sensorium propre, plaines et reliefs où se mêlent les flux venus des organes de l'ouïe, de la vue, du goût, de l'odorat ou attirés par eux, peau moirée où le tact somme le sensible. La cosmétique reproduit cette somme ou ce mélange, cherche à les peindre, en variant sur les conventions sociales, suit instinctivement ce tatouage temporaire. Comprenez ainsi les masques laissés aux musées : à chacun sa cartographie sensitive, à chacun sa cosmétographie, si j'ose ainsi écrire, à chacun son empreinte faciale, ou, très précisément, ses impressions personnelles, autre manière, dans nos langues latines, de dire son masque imprimé. Nous ne portons pas d'anneau pendu au nez, comme d'autres, sans doute, parce que nous avons oublié l'odorat.

Non, la femme ne pose pas sur elle un masque menteur comme disent les moralistes, ni ne répare l'irréparable comme prétendent les jeunes gens, elle trace la Carte de Tendre du tact, et ses rivières d'ouïe, fleuves de goût et lacs d'écoute, eaux mêlées frissonnantes d'où se lève sa beauté, loyale. Rend visible son invisible carte d'identité, ou corps impressionnable. Son monde sensible se recouvre d'un plan, à l'échelle exacte de sa surface : trait pour trait, œil pour œil.

Qui n'a jamais rêvé d'une semblable carte pour le monde lui-même, levée à l'identique, mesure pour mesure, rêve impossible d'une taie ultrafine épousant tout le détail fractal du paysage, rêve cosmique d'une cosmétique exquise sur la peau de chaque chose, qu'on enlèverait, qu'on étalerait, exposerait après l'avoir déroulée ou dépliée pour rendre visible la mer vineuse et ses risées plus fines que des rides dans le coin d'un œil qui rit, le mauve pastel de ce lilas, ce coin de ciel, cette corolle, inclinée, humide, le cosmos en son ordre et dans sa parure ?

Le Jardin tire, dérobe, aplanit cette taie transparente, infiniment invaginée sur chaque objet. Il objective le visage du paysage, la membrane de son masque.

Avant toute forme, avant la couleur et le ton, il faut

bien toucher le support. La peau, la taie, le voile ou la toile. L'image se forme sur une variété déployée, la carte se dessine sur une page, s'imprime sur elle.

Bonnard aimait toutes sortes de supports : les décors, les affiches, papiers, tissus, éventails, vélins de livres, cartons de couvertures, feuilles ou panneaux de paravents, il a mis la main aux masques d'Ubu roi. Avant tout regard, le grain de la toile. L'œil ne pèse pas sur le lieu, n'y imprime rien. Aux avant-postes du sujet, la peau. Toute chose s'enveloppe d'une taie. Au commencement, le tact ; à l'origine, le support.

Le peintre, du bout des doigts, caresse ou attaque la toile, l'écrivain scarifie ou marque le papier, appuie sur lui, le presse, moment où le regard se perd, le nez dessus, vue annulée par le contact : deux aveugles qui ne voient que par la canne ou le bâton. L'artiste ou l'artisan, par la brosse ou le pinceau, par le marteau ou la plume, à l'instant décisif, se livre à un peau à peau. Nul n'a jamais pétri, n'a jamais lutté, s'il a refusé la prise de contact, nul n'a jamais aimé ni connu.

L'œil, à distance, paresse, passif. Pas d'impressionnisme sans une force imprimante, sans les pressions du tact.

De ses doigts de peau, Bonnard nous fait toucher la peau des choses.

Le *Jardin* de 1936 trace, presque en diagonale, la voie vers le paradis. Aucune perspective, aucune profondeur, nul relief restitué ne laissent penser que fut organisée la mise en scène du regard. Bonnard nous lance un bouquet sur le visage. La femme brune se couvrait du peignoir, le paravent cachait je ne sais quoi, les miroirs ne réfléchissaient que des rideaux devant la nudité, l'œil était volé. Ici le paradis fuit, hors de vue, dissimulé par un rideau de feuillages ou d'arbres, faisant partie du paradis. Et il s'offre, plein de mansuétude. Qui a décoré cette robe jardinière, ce voile imprimé, cette feuille, a dû plonger, nu, dans la flore, se baigner longuement dans les couleurs et les tons.

La même année, le *Nu à la baignoire* paraît. Plongement. Je ne peux pas dire avoir vu ce nu, je ne puis prétendre le connaître, j'essaie d'écrire que je sais, que je vis ce que Bonnard a voulu faire. Le plongement révèle, au voisinage de la peau, sensitive, au voisinage des apparitions ou impressions qui l'enveloppent ou la baignent, une sorte de membrane, une pellicule fine qui se glisse ou naît entre le milieu ou le mélange et le baigneur ou la baigneuse, une variété commune au sentant et au senti, un tissu arachnéen qui leur sert de bord commun, de frontière, d'interface, un film de transition qui sépare et qui unit l'impressionnant et l'impressionné, l'imprimant et l'imprimé, mince étoffe à impressions, le bain révèle ce voile.

La toile au plongement ouvre le secret de Bonnard et, au bout du compte, de l'impressionnisme. Le bain fait l'essai de la sensation, essai au sens du laboratoire. Voici l'expérience de la sensation, ou plutôt : voici l'expérience ou la sensation. Bonnard se jette, nu, dans la piscine du jardin, au milieu du bain de monde. Les nudités exposées par des siècles de peinture ne se destinent pas aux voyeurs, mais montrent le sensible, toutes baigneuses. Non pas des modèles à peindre, mais des modèles de ce qu'il faut faire pour pouvoir peindre ou penser quelque jour : se lancer nu dans l'océan du monde. Sentir se former autour de soi cette membrane, ce tissu, ce voile invisible.

Et le retirer doucement, avec tact et délicatesse, de ce couloir laminé entre peau et choses, le déplier, l'étaler, l'exposer, l'aplanir, lisser lentement ce voile ténu, cosmique au jardin, cosmétique sur la peau de la Belle Noiseuse sortie du bain, surtout ne pas déchirer ce voile, voici la toile.

Le Jardin peint une sortie de bain. Je ne puis décider s'il fait voir le tissu des choses mêmes ou l'épiderme écorché de Pierre Bonnard, le sujet de l'impression ou l'objet imprimé. Le bain les réunit, où se plonge le sujet imprimé de feuillages et de fleurs.

On appelle suaire un linge conçu pour essuyer la sueur, linceul quand il a reçu la sueur d'agonie. La peau se revêt de transpiration, exsude et se marbre, perlée, nuée comme celle du nu féminin. Le suaire matérialise le voile liquide, le masque ruisselant de sueur ou de sang : le tissu ressemble au fluide, un peu souple comme lui, solide pourtant par les dépôts laissés, quasi aérien par l'évaporation. Le film entre peau et bain reçoit les transitions de phase, les échanges. Le peignoir, à la salle de bains, au milieu des vapeurs, pourrait s'appeler suaire.

On peut visiter, à Turin, le suaire qui, dans son tombeau, enveloppa le corps du Christ, le voile de son visage. Plongé vif dans les tortures les plus dures, couvert de sueur, de sang, de crachats, de poussière, scarifié par la flagellation, troué de clous, percé du fer de lance, son cadavre fut roulé dans ce tissu de lin, glissé lui-même entre le monde atroce et la peau imprimée, il fut enterré sous ce voile. Retiré doucement, étiré, déplié, aplani, exposé, le voile devient toile, donne à voir les traces du corps, du visage, voici l'homme.

La tradition appelle Véronique la sainte femme qui essuya la sainte face du crucifié, couverte d'un masque liquide, ruisselant de sueur et de sang, et ce nom signifie, dans les langues antiques, la vraie icône, l'image fidèle. Vraie, fidèle parce que imprimée, impressionniste.

Véronique devient la patronne des peintres : les yeux pleins de larmes, aveuglée de chagrin et de pitié, elle prit de ses mains l'empreinte de la peau, le masque de douleur, sainte femme de contact et de caresse, mains ouvertes sans regard.

Le *Jardin* de Bonnard ressemble au peignoir, le monde a plus de luxe et un plus grand bonheur que le voile tissé imprimé régulier ; le jardin agrandit à l'échelle du paysage la peau piquetée du nu à la toilette, avec plus de richesse dans les tons et dans les taches, avec plus d'exubérance ; voici le suaire de l'artiste sorti ruisselant de son bain dans le monde, vraie image du jardin.

Ceux-ci regardent, contemplent, voient ; ceux-là caressent le monde ou se laissent caresser par lui, se jettent en lui, s'y roulent, s'y baignent, s'y plongent et, quelquefois, s'écorchent. Les premiers ne savent pas le poids des choses, peau lisse et plate où s'enchâssent de gros yeux, les autres s'abandonnent sous leur pesanteur, leur épiderme en reçoit la pression, localement, dans le détail, comme un bombardement, leur peau, donc, se tatoue, zébrée, tigrée, nuée, perlée, constellée, ensemencée chaotiquement de tons et nuances, de plaies ou bosses.

Leur peau voit, comme une queue de paon.

Elle voit, elle est vue, elle varie, se déploie et s'expose. Pierre Bonnard nous donna, un demi-siècle durant, ses mues successives, tuniques écorchées. Nous croyons à des images, non, les miroirs se vident, voici des peaux, fines et sensitives. Exposition de trophées ou de scalps, pendus au mur.

Le jardin-paradis déploie une dépouille heureuse.

Le peignoir de Bonnard, les nus de Bonnard, les jardins de Bonnard montrent des fleurs de peau.

L'œil perd sa prééminence dans le domaine même de sa domination, la peinture. A l'extrême de son effort, l'impressionnisme en vient à son vrai sens d'origine, au contact. Le nu, ocellé comme un paon, nous rappelle au poids, à la pression des choses, à la pesanteur de la colonne d'air au-dessus de nous et à ses variations. Les tuniques, rideaux, écharpes, feuilles, peignoirs s'impriment comme des livres, par l'énergie d'une pression. La peau, cire dure et douce, reçoit ces pesanteurs variables selon la force des choses et la tendresse de la région, d'où ces tatouages, traces et marques, notre mémoire et notre histoire, parchemin de nos expériences. Notre robe cutanée porte et expose nos souvenirs, non pas ceux de l'espèce, comme il arrive aux tigres ou jaguars, mais ceux de la personne, à chacun son masque, sa mémoire extériorisée. Nous nous couvrons de capes ou manteaux par pudeur ou vergogne de montrer notre passé, notre passivité, pour cacher notre peau historiée, message privatif, message chaotique, langage indicible, trop désordonné pour être compris, pour le remplacer par l'impression conventionnelle ou échangeable des habits, par l'ordre simplifié du cosmétique. Nous ne vivons jamais nus, à la rigueur, ni jamais vraiment habillés, jamais voilés, jamais dévoilés, exactement comme le monde. La loi se présente toujours en même temps qu'un voile ornemental. Exactement comme il arrive aux phénomènes. Voiles sur voiles ou mues sur mues, variétés impressionnées.

Les anciens épicuriens appelaient simulacres des membranes fragiles qui volent par l'air, émises partout, reçues par tous, chargées de faire signe et sens. Les toiles de Bonnard, et d'autres peut-être, remplissent la fonction de simulacres. Certes, elles font semblant. Mais surtout : partant de la peau du peintre et de la fine enveloppe des choses, le voile de l'un rencontre les voiles des autres, la toile saisit la jonction instantanée des mues. Simulacre simultané.

Les peintres vendent leur peau, les modèles louent la leur, le monde donne les siennes, je n'ai pas sauvé la mienne, la voici. Ecorchée, imprimée, ruisselante de sens, suaire souvent, heureuse quelquefois.

HERMÈS ET LE PAON

Parlons du paon, oiseau deux fois monstrueux, qui porte tant de plumes, et si longues, qu'il ne peut voler, comme si l'évolution s'était trompée, par excès, qui fait voir cent yeux dont on rêve qu'ils voient, dont on sait qu'ils ne voient pas. Quand il se pavane, il montre une queue ocellée, où il expose des yeux de plumes ou de peau.

Il passa un jour sur le chemin d'Hermès, volatile de sa geste. Argus, homme à tout voir, portait, dit-on, deux paires d'yeux, l'une à l'avant du visage, comme chacun, l'autre en arrière de la tête. Pas d'angle mort. D'autres disent qu'il en avait cent, cinquante devant et autant sur la nuque, d'autres qu'il en portait une infinité ensemencée sur la peau. Clairvoyant au commencement de la tradition, devenu pur regard, globe oculaire d'yeux, peau tatouée d'ocelles, à la fin de la croissance fantastique. La croissance et le fantasme s'accompagnent souvent. Argus voit partout et regarde toujours : il ne dort que d'une paire d'yeux ou que de la moitié des paupières closes; à moitié endormi, veille à demi; le meilleur des veilleurs de la terre et de l'air mérite son surnom de Panoptès, le panoptique.

Exemple excellent de la vue parfaite et de la peau lucide, comme le peintre, tout à l'heure, donnait celui de la vision et du tatouage perspicace.

Panoptès eût eu du prix, de nos jours, dans l'examen du monde et l'expérimentation, il eût occupé le tout premier rang dans les laboratoires et les observatoires ou sur le terrain; il eût tenu le quart à merveille. Nous avons toujours besoin d'une attention constante aux choses, en science, ou dans nos voyages.

Or, en ces temps-là, en ces temps mythiques, Argus fut employé à la surveillance. Panoptès va devenir l'espion des amours marginales de Zeus, suscité par Héra, l'épouse jalouse, qui va le placer à la fois au milieu de la relation maritale des dieux et dans l'aventure galante de Jupiter avec une nymphe.

Observer les choses ou surveiller les relations, immense différence : deux mondes, peut-être, s'opposent là, deux temps, celui du mythe et celui de notre histoire.

L'examen attentif des objets n'intéresse pas le mythe, Argus va devenir détective privé. Doué de cent yeux ouverts quand les cent autres se reposent, le voici policier, maton, garde-chiourme : toutes filatures.

La culture s'affine quand elle déplace les regards des relations entre les hommes vers les objets innocents. La morale s'améliore, souplesse aimable dans la vie collective allégée, quand elle détourne l'attention des amours inquiètes mal vécues par nos voisins ou de leurs opinions vers la trajectoire d'une comète. La société où domine la surveillance vieillit vite, surannée, abusivement archaïque, le passé y demeure, monstrueux, elle accuse l'âge du mythe.

Surveiller, observer. Les sciences humaines surveillent, les sciences exactes observent. Les premières ont l'âge des mythes, les autres, neuves, sont nées avec nous, elles ont celui de l'histoire. Le mythe, le théâtre, la représentation, la politique n'enseignent pas à observer, ils engagent à surveiller.

Panoptès voit tout et toujours et partout : à quelle tâche les dieux l'emploient-ils : à la surveillance ou à l'observation ?

Au sens grec du verbe voir, il incarne l'homme théorique, boule omnidirectionnelle d'yeux ouverts. A quoi sert la théorie ? A veiller aux relations ou à examiner les objets ?

Je dirai pauvre qui manque d'objet. Le mythe manque d'objet, comme le théâtre ou la politique.

Nous disposions de peu d'objets autrefois, jadis, naguère. L'humanité aux choses rares n'a pas quitté notre mémoire. Pauvres de choses, notre richesse ne consistait qu'en hommes. Nous ne parlions que d'eux et de leurs relations. Nous vivions dans et de nos relations. Je dirai donc pauvre le mythe, sans objet aucun, je dirai pauvre le théâtre, privé de choses, pauvres les théories et les politiques, pauvres ou misérables nos philosophies, misérables nos sciences humaines.

Nous nous souvenons si précisément d'une telle misère que nous ne pouvons pas ne pas la reconnaître quand nous la trouvons, ici ou là, dans les nations du monde, les récits ou les discours abstraits. Nous sortons à peine de lieux, de familles, de collectifs privés de choses où nous fûmes longtemps acculés aux relations, condamnés à un donné réduit au dire. Le dénuement porte à la surveillance et au mouchardage, les villages de mon enfance bruissaient d'Argus lucides et bavards. Tout le monde savait tout sur tout le monde comme si, au milieu de tous, une tour panoptique veillait, contrat social indiscret ou inévitable constat de police. Nul ne s'occupait aux choses, ou si peu, chacun contrôlait le rapport de chacun à chacun. J'ai connu des sociétés composées uniquement de sociologues. Ils avaient un talent fou, dans la veille et le récit. Nous sortons à peine de cette Antiquité, nous ne sommes pas tous sortis de cette pauvreté qui a duré des âges mythiques jusqu'à naguère. Je me souviens de sociétés mythiques tout entières saisies dans la représentation, endormies dans le langage. La pauvreté ne se mesure pas seulement au pain mais à la Parole, pas seulement au manque de pain mais à l'excès, à l'exclusivité, à la prison des paroles. La langue croît quand manque le pain. Quand le pain vient, la bouche, longtemps affamée, a trop de travail pour, en plus, s'occuper de parler. Nous avons appris à aimer les objets.

Nulle chose ne circule sur les planches d'un théâtre, on donne spectacles et mots à ceux qui n'ont que des mots. Nos théories sont vides d'objets, elles veillent aux relations. Demandez donc du pain à la philosophie, elle paie de bonnes paroles et de représentations. Demandez-lui du pain, elle n'a que du cirque. Elle vit de relations, de sciences humaines, dans le mythe et l'Antiquité, sans quitter le village de notre enfance ; n'a pas de monde, ne produit pas de choses, ne fournit pas de pain.

Depuis combien de temps peut-on la dire pauvre, pauvre et affamée, comme le fut notre jeunesse ?

Une philosophie prospère et productrice donnerait du pain jusqu'à satiété à quiconque passe là.

La croissance des objets, le déluge exponentiel des choses nous ont fait oublier le temps de leur absence. Et ce temps nous paraît, maintenant, si vieux ! Archaïque, antédiluvien, oui, mythique. Les mythes et la philosophie nous racontent ce temps-là. Souvenirs des lieux où l'on surveillait les amoureux, en les poursuivant jusqu'au Bosphore, dans un espace sonore et vide, sans que nul pense à manger. Ainsi les philosophies sans objet – presque toutes –, ainsi les philosophies qui ne prennent leurs valeurs que dans les sciences humaines – presque toutes –, vieillies et pauvres, nous paraissent si anciennes que nous les lisons comme des mythes. On dirait de la politique, du théâtre, de la magie. Dès qu'elles rencontrent, par chance, un objet, elles le changent, par un tour de passe-passe, en relation, en langage, en représentation.

Elles nous tirent en arrière. A tout prendre, mieux vaut l'observant que le surveillant, détective ou policier, l'astronome qui tombe au fond du puits que la femme qui, dans son dos, en fait des gorges chaudes, parmi ses compagnes. Qui est présent au réel, celui qui baye aux astres ou celle qui se cache derrière, pour organiser la scène ridicule ? Les lavandières savent-elles qu'un puits fait une excellente longue-vue et que, du fond de ce cylindre vertical, seul télescope connu de l'Antiquité, on peut voir, en plein jour, les étoiles ? Qu'ont-elles à rire, elles ne savent pas que le savant descend sciemment dans le gouffre. Les fabulistes qui nous font rire encore le savaient-ils ? Et les philosophes ? Mieux vaut passer des relations aux choses, invention exigeante, que revenir des objets aux relations, pratique facile : de la science au théâtre, du travail à la politique, de la description au mythe, de la chose-étoile à la représentation comique. Les sciences exactes sont venues après qu'eut émergé l'objet, elles aident à son émergence. Le retour en arrière fait peur : quand les objets redeviennent des relations, des enjeux, des fétiches, des marchandises. Régressions. Quelque naïveté fait un progrès sur le soupçon.

Inondés d'objets, nous rêvons aux relations comme au paradis perdu. Ce paradis faisait un enfer très ordinaire, peuplé de voyeurs et de policiers volontaires, gluant de soupçon, où la paresse le disputait à la politique. La philosophie du soupçon fait le plus vieux métier du monde. Les collectivités encore privées d'objets, par leur propre volonté ou par la cruauté des autres, s'adonnent aux délices de la police, à la geôle politique, se condamnent à l'enfer des relations. Inversement, leurs maîtres ne veulent pas d'objets. Preuve que les choses délivrent de la surveillance, que l'observation libère du soupçon.

Les sciences qui ne connaissent pas d'objets n'ont de méthodes que détectives ou policières, elles participent du mythe. Le savoir objectif fait l'histoire présente, les sciences humaines, anciennes, ramènent à la mythologie. L'observateur tisse à la clarté du jour ce que le surveillant défait pendant la nuit. De qui aurons-nous peur ?

Hermès va tuer Panoptès, le porteur de messages va l'emporter sur le veilleur, surveillant ou observateur. La communication, l'information tuent la théorie. Comment ?

Zeus, prince des dieux, aime Io, belle nymphe ; Héra, princesse, souffre de jalousie. Le jaloux habite un lieu d'épines où la surveillance commence : lieu ou regard par où l'on voit. Zeus trompe Héra et triche : transforme la nymphe en génisse. Quoi, moi, aimer un animal ? Elle brille, pourtant, d'une blancheur merveilleuse, pelage lisse.

Héra suspecte, Héra soupçonne le taureau qui tourne

autour de la vache. Comme elle sait ou peut métamorphoser les êtres aussi génialement que Zeus, elle envoie un taon, sa propre envie épineuse, qui pique la femelle et l'affole, et qui la force à partir. Io, errante, galope en Europe, donne son nom à la mer Ionienne, en courant sur la plage, passe, fuyante, en Asie, par le lieu dit, depuis, Bosphore ou pas de la Vache, vagabonde, elle souffre et se plaint, malheureuse d'être aimée d'un dieu, aussi douloureuse dans l'errance et l'amour que Prométhée, crucifié, dans la vengeance et l'immobilité.

Héra devinait juste, Zeus se cachait, en effet, sous l'apparence du taureau.

La reine, en échec, appelle Argus, à qui rien n'échappe. Panoptès garde la vache, même Zeus n'y peut rien. Le roi se trouve en échec à son tour.

La théorie, panoptique, voit tout, du haut de sa tour, jalouse.

La méthode, dans les sciences humaines, qui ne traitent que de relations, suit le soupçon, policière ou inquisitoriale. Elle espionne, elle file, sonde les reins et les cœurs. Elle pose les questions et suspecte les réponses, ne se pose jamais à soi-même la question du droit qu'elle a d'agir ainsi.

Dieu n'est pas trompeur, dans les sciences exactes, dit-on, où l'objet, innocent, reste loyal et fiable. Dieu ne trompe pas, il demeure dans les règles du jeu qu'il a fixées. L'homme trompe, dans les sciences humaines, pis encore, il triche. En sciences exactes, si Dieu ne trompe point, à plus forte raison, il ne triche point. L'homme, en sciences humaines, trompe et triche. Non seulement subtil, comme le Dieu des sciences exactes, non seulement complexe et raffiné, mais cachant son jeu, tromperie, mais feignant une autre stratégie et changeant brusquement de règle, tricherie, hors jeu. L'homme triche dans les sciences sociales où l'abus fait loi. Où fait loi le changement de règles.

Les sciences exactes construisent des théories subtiles,

mais loyales, fines et stables. Un chat y reste un chat, principe d'identité. Les sciences humaines et sociales décrivent des théories plus déloyales encore que la fraude, plus tricheuses que la triche, pour déjouer leur objet. Ici tout devient possible, une vache est une femme ou un dieu un taureau, même le principe d'identité varie. Raison qui veille quand la raison dort, raison qui dort quand elle veille, enfer des relations où la stabilité même fluctue.

Les sciences humaines doivent doubler par en dessous les pires pratiques, ou par-derrière. Le terme hypocrisie dit ce mouvement assez bien : en arrière de l'objet ou de la relation, ou en dessous, la méthode est critique, hypocrite. Elle filoute les filous, trompe les trompeurs, se cache dans le dos de qui triche – or qui triche le fait dans le dos des joueurs –, elle vole les voleurs, fait la police chez les gendarmes, en remontre aux plus fameux détectives, perquisitionne chez le grand inquisiteur, surveille les voyeurs, trahit les menteurs, étudie les faibles et les misérables, les exploite en leur prenant de l'information, leurs petits secrets, leurs derniers biens.

La méthode hypocrite consiste à se placer toujours derrière et produit une queue aussitôt. Il faut donc sauter vite derrière le dernier de la queue, se situer dans le dos du dernier qui laisse encore voir son dos, puis effacer le sien propre de peur d'être pris à son tour par qui a compris le manège. D'où les règles de la méthode : à menteur, menteur et demi ; à pervers, plus que pervers, comme on disait plus-que-parfait ; à voyeur, théoricien.

Le mouvement n'a pas de terme et construit de longues chaînes de raison, monotones et difficiles, qui cherchent à se clore. Autrement dit, les philosophies qui prennent leurs appuis dans les sciences humaines tentent de mettre la main sur des sites qui échapperaient enfin à toute critique, de trouver la limite de la chaîne ou le bout de la queue. Elles s'adonnent donc à des raisonnements par *extrema,* de même qu'à l'âge classique les philosophies qui prenaient leurs appuis sur les sciences exactes commençantes avaient porté la main sur le site limite divin, sur le Dieu non trompeur des philosophes et des savants. Dieu ne peut ni se tromper ni nous tromper, voilà le point extrême. Ici le lieu limite serait, à l'extrême inverse, de tant tricher ou tromper que toute triche imaginable serait toujours déjà prévue. Le panoptique a toujours déjà tout vu, extralucide et incontournable.

La théologie traditionnelle de la connaissance et du mal avait-elle prévu ces fermetures aux limites ? Voici le Diable et le Bon Dieu.

Au Dieu des philosophes et des savants dominant l'âge classique et l'émergence des sciences modernes, notre âge des sciences sociales oppose-t-il le Diable, nouveau site maximal ?

Dieu ne trompe ni ne triche, les objets, dans les sciences exactes, demeurent stables. L'homme trompe et triche, tant et tant qu'il disparaît, parfois, comme Zeus sous la peau du taureau, comme Héra sous l'aiguille du taon.

Or celui qui triche et trompe le fait parce qu'il veut gagner. Donc le premier des attributs de Dieu consiste à se moquer de gagner.

Détachez-vous des enjeux, moquez-vous de la victoire ou de la perte, vous entrerez en science, en observation, en découverte, en pensée.

Ici se définissent exactement deux sites maxima : un apex, stable, de confiance; un extremum dans la défiance. A la stabilité de l'objet répond une labilité des relations.

Dieu garde les sciences exactes, dès l'âge classique. Certains disent qu'il les prend, d'autres disent qu'il les favorise. Le Diable domine les sciences humaines, pessimalement trompeur et tricheur. Celui-ci déploie des ruses extrêmes, exquises, pour mettre en échec la puissance et la bonté de Dieu, pour gagner ou regagner la place de Dieu, dit-on. Dieu ne déploie nulle ruse, il laisse toute lutte. La guerre du Diable et du Bon Dieu n'a jamais eu lieu, l'un veut vaincre, l'autre non.

Indifférent au gain et à la défaite, hors l'échelle des victoires et des pertes, hors le podium scalaire, hors la métrique, Dieu est infini. Voilà défini l'infini par l'indifférence à la bataille de tous les diables.

Libre de l'enfer des relations, il se consacre à l'objet, donc il crée le monde, intégrale des objets. Tout dérive donc de sa sortie du jeu.

Héra et Zeus jouent aux échecs, à se tromper ou à gagner, diable contre diable, pessimalement tricheurs. Le Diable est le dieu des mythes, ou des sciences humaines, le nôtre. Nous pensons sous son règne régressif.

Peut-on concevoir un homme nouveau qui n'aurait cure de tricher ni de tromper, libéré du podium animal où la victoire court la marche ?

Panoptès, en un site extrémal, voit tout, sait tout, rien ne lui échappe. Le mythe dit excellemment, par images faussement naïves, les concepts que nous avons de la peine à former. Il s'agit, dans le jeu, de trouver des coups imparables. D'où la construction de sites extrémaux : Dieu, le Diable, Panoptès soi-même, Héra la reine et Zeus le roi. Les plus forts défient les plus forts, comme au rut des wapitis.

Zeus veut tromper sa femme qui veut l'attraper, donc triche : là où tu vois une vache, passe une femme. Héra triche : le taon vole et pique par sa volonté. La déesse se place en arrière du dieu qui se place en arrière d'elle ; il joue en dessous de celle qui joue au-dessous de lui. Jeu indéfini, chacun des deux a un dos et offre à l'autre une plage faible et aveugle.

Cherchons donc un troisième homme, incontournable. Imaginons quelqu'un qui n'aurait pas de dos : insomniaque, sans angle mort ni tache aveugle, sans inattention ni inconscience, intensément présent, une intégrale de faces, une boule omnidirectionnelle d'yeux, un géométral de facettes vivaces, veillant et dormant par éclats et occultations, comme un phare sur la côte, mieux, comme un ensemble de feux et signaux régnant sur une zone et peuplant la nuit, regards ou appels clignotant aléatoirement : Argus. Voilà enfin la théorie totale, la méthode imprenable qui peut tout prendre, on ne contourne pas le corps d'Argus. Voilà enfin la bonne position, pour ceux qui désirent la première ou la dernière place, critique et jamais critiquable; présence observante sans opacité observable, sujet toujours, objet jamais. Nul ne prend Panoptès par-derrière, il n'a ni dessous ni arrière, sphère de scrutation.

Ceux qui s'occupent des hommes et qui donc règnent sur eux se tiennent toujours dans un angle mort, sur la tache noire, aveugle, impotente, du sujet actif ou présent, dans son dos. La maladie prend une partie faible, ou le sommeil, ou la misère, la pauvreté langagière, l'inconnu résiduel des relations collectives, ou l'enfantine espérance. Le médecin des corps ou des âmes, le politique, les rhéteurs habitent dans cet angle, se tiennent derrière la tache faible, à l'abri des aveuglements, dans le noir de l'inconscience ou sur le tremblé des larmes. Ils voient sans être vus, chacun trouvant son miroir sans tain ou sa jalousie. Le philosophe qui les somme ou les résume, les intègre et les réfléchit, se fait panoptique : incontournable, imprenable comme Argus.

Vous qui regardez tout de vos yeux toujours ouverts, votre lucidité ne se baigne-t-elle jamais de larmes ?

Voici l'état du jeu : Zeus soi-même en échec. La reine bat le roi par la tour panoptique. Zeus alors fait appel à son cavalier, Hermès passe. Le roi fait donner son ange, il lui ordonne de tuer Panoptès.

Impossible de l'approcher ni de le surprendre. Pas de surprise pour un surveillant, considérez les préfixes qui marquent la stratégie du toujours plus. Le cavalier doit contourner la tour incontournable. Comment ?

Hermès endort Panoptès et le plonge en un sommeil magique, en jouant de la syrinx, comme d'autres enjôlent les serpents aux lunettes de fascination. Hermès invente la syrinx ou la flûte de Pan pour cette bataille.

Nouveau combat entre sites extrémaux : Panoptès a l'intégrale des regards, il ne laisse aucune chance à aucun adversaire dans l'ordre de la vue. Hermès donc sort du terrain où Argus reste imprenable et passe à l'ordre des sons en prenant leur intégrale : d'où le nom de la flûte de Pan. Pan contre Panoptès, considérez les préfixes qui marquent la stratégie d'une guerre totale. Ecoute face au regard, étrange conflit des facultés sensibles; ouïe contre vue ou oreille contre œil, intégrale opposée à une intégrale, panoplie pour panoplie, somme des ondes balançant la somme des évidences. Géométral des messages contre ichnographie des intuitions, lutte fabuleuse dans un espace inconcevable, le système de l'harmonie enveloppe la théorie des représentations.

Soudain, ces gigantomachies fantastiques, tout-puissants contre tout-puissants, Diable et Dieu, Jupiter et Junon, Pan et Panoptès, se réduisent à une confrontation apparemment simple. La syrinx endort Argus, le naja se tord, inoffensif, à l'écoute de la flûte indienne. D'où viennent ces magies de fascination? L'enchantement vient du chant. Que peut l'oreille sur les yeux, que peut le son sur la vue, l'écoute sur le regard?

Un événement visible se localise, repérable en distance et angle, coordonné aux événements visibles alentour; nous occupons un point de vue, percevons des profils, la vue définit un lieu. Le mythe panoptique cherche à forcer ce lieu, à excéder ses définitions. De même que Leibniz sommait les scénographies d'une chose pour en obtenir l'ichnographie ou le géométral, de même Panoptès intègre les points de vue d'un corps, somme les sites d'où il voit. Dieu seul, chez le premier, découvre tous les profils d'une chose d'un coup, Argus seul, boule ronde, se présente comme un œil d'yeux – vue à facettes comme celle des mouches. Bénéfice réel, mais faible, ou limité, car le meilleur des veilleurs, géométral-sujet, voit l'espace somme des lieux, mais encore chaque chose sous son profil, bien loin de percevoir un géométral-objet. Son corps, encore lié à un lieu, fait le phare, rond comme sa lanterne, diffusant alentour les pinceaux lumineux, recevant l'éclat des choses en tout point de sa sphère.

Un événement sonore n'a pas lieu, mais occupe l'espace. Si la source reste souvent vague, la réception se diffuse, large et générale. La vue livre une présence, non le son. La vue distancie, la musique touche, le bruit assiège. Absente, ubiquiste, omniprésente, la rumeur enveloppe les corps. L'ennemi peut intercepter la radio, mais ne peut entrer dans nos sémaphores : la vue reste discrète, les ondes nous échappent. Le regard nous laisse libres, l'écoute nous enferme ; tel se délivre d'une scène, en baissant les paupières ou les poings sur les yeux, en tournant le dos et en prenant la fuite, qui ne peut se libérer d'une clameur. Nulle cloison, aucune boule de cire ne suffisent à l'arrêter, toute matière, à la rigueur, vibre et conduit le son, surtout la chair. Le voile noir aveugle, hermétique à la lumière, d'autres corps obstruent d'autres passages, Hermès connaît le support qui ne connaît pas de parois hermétiques. Vue locale, écoute globale : plus que l'ichnographie, géométral pour le sujet ou l'objet, l'ouïe sait l'ubiquité, pouvoir quasi divin de tenir l'universel. Optique singulière, acoustique totale. Hermès passe-partout se fait musicien car le son ne connaît pas d'obstacle : début de l'emprise totale du verbe.

Nous parlons à la fois de magie, de philosophie, du sens commun et du monde tel quel. Pan fascine Panoptès en bouleversant sa chair conductrice, le son strident fait frissonner sa peau couverte d'yeux, trembler ses muscles, couler ses larmes, vibrer sa charpente osseuse. La boule clairvoyante se couvre d'un lac lacrymal, Argus s'écroule d'émotion. Le global vainc la somme des sites. L'intégrale, vainement recherchée par l'addition des lieux ou des points de vue, par la juxtaposition des yeux, l'onde y accède sans peine, immédiatement : avez-vous rencontré une œuvre qui réussisse sans effort, au premier geste, ce que cent mille travaux supportés par tout le temps de votre vie ont essayé, n'avez-vous pas pleuré ? Argus s'effondre. Aussi panoptique et lucide que se présente cette sphère claire, elle reste différentielle et pointilliste, analytique de petits états ou de scènes naines. Aussi grossier que se lance un son, il parvient aussitôt à s'imposer alentour. Magique, si l'on veut, cette victoire tombe sous le sens. Le son fait perdre la vue ou il la fascine : elle se fixe à la pointe extrême d'un faisceau ténu ; mais que fait ordinairement le regard sinon fixer ce faisceau ? Le son ramène la vue à sa place.

Ainsi Leibniz, courant infiniment derrière la sommation inintégrable des ichnographies, a pu fermer son système par l'Harmonie universelle. La représentation, même panoptique, s'endort quand retentit l'Harmonie. Mieux, si nous pouvons former l'idée d'un monde, ou de Dieu, ou d'un système même, si nous accédons à des totalités, nous n'y sommes jamais conduits par des représentations partielles ou interminables, nous n'y parvenons que par l'harmonie, musique de Pan métaphysique.

Magie marginale, sens ordinaire ou haute philosophie, nous obtenons le même résultat, que Pan renverse Panoptès. Le mythe résume en actes simples, parfaitement sommés ou intégrés ce que nous dispersons en discours et disciplines. Mais le monde, autour de nous, vocifère ce résultat, j'entends l'environnement que nous avons préparé ou construit et qui nous plonge dans un vacarme inextinguible. Voici beau temps que nous dormons, drogués de bruits et de musiques, à ne plus rien voir, à ne plus penser. Hermès a pris le pouvoir mondial, notre monde technique n'existe que par l'intégrale du tohu bohu, vous ne trouverez plus rien sur la terre, ni pierre ni sillon ni petit insecte ni creux, qui ne soit recouvert par les eaux diluviennes du tintamarre. Le grand Pan a gagné, il a chassé tout silence de l'espace, si vous avez pitié de moi, enseignez-moi où penser.

La flûte de Pan troue et inquiète. Un soir de juin, j'attendais une éclipse totale de soleil, sur une terrasse face à un jardin, devant le feuillage d'un érable, dans les années perdues où les fins de journée s'enfonçaient sous le silence. L'obscurité se fit bientôt, le vent d'éclipse, comme une onde passait là quand éclata chez les voisins une sorte de danse sauvage, au son mordant, astringent, étrange de la flûte de Pan. Des jeunes gens célébraient quelque fête, ils avaient confondu l'ombre avec le crépuscule et jouaient à l'entrée de la nuit. Quoi qu'on sache, le voile de la lumière solaire trouble jusqu'au malaise et transporte dans un autre monde. Pan m'y emmenait, je savais qu'il avait aveuglé le soleil et ma vue, balayé l'espace sous la vague de vent, couvert les apparences de tons orange, pourpre et vert à grincer des dents, j'entendis venir, horrifié, des sortes de dieux aztèques, cruels et compliqués.

Voici le deuxième état du jeu : Héra elle-même en échec. Le roi enlève la tour de la reine par le mouvement du cavalier. Nul ne parle plus d'Io, pleurant, vers le Caucase, auprès de Prométhée enchaîné, vierge debout au pied de la croix, nul n'en parle sauf ceux qui pleurent le malheur du monde. Hermès a endormi et tué Panoptès : tout le monde parle du meurtre.

Argus n'a de site que local aussi loin que sa vue porte. Il intègre l'information d'un lieu, sans faille ni faute, analyste raffiné. Hermès intercepte toutes les informations en tous les lieux, transports et traductions, interférences et distributions, il occupe les passages. Argus tient un point tactique. Hermès envahit les sites stratégiques. L'un vaincra dans une bataille, l'autre gagnera la guerre. Argus, présent intensément, détecte toute présence ; mais qui est partout n'a que faire de la présence, absent par ubiquité. La police bloque les voies, elle n'assure plus les filatures. Elle n'a plus besoin de veilleur, ici et maintenant. Tout change quand la présence ne se tient plus au commencement.

Panoptès, de la lumière, tient le côté clarté, Hermès s'empare de la flèche de sa vitesse. La philosophie classique jusqu'à récemment se confiait à l'illumination, la philosophie contemporaine découvre la rapidité de la foudre. La vitesse de la lueur l'emporte sur sa pureté. Considérez la nouveauté de cette victoire : la principale qualité d'une théorie ou d'une idée, sa plus vieille valeur, la clarté, se trouve dépassée par le régime de son passage. Pan ou Hermès tue Panoptès : la célérité d'un message vaut mieux que la lucidité d'une pensée. Nous parlons du nouvel état de la connaissance.

Nous parlons de sens commun et de philosophie, nous disons en même temps notre monde. Le réseau de communication rend inutile la présence, il n'a pas de centre; il rend désuète la surveillance. Les circuits audiovisuels ou informatisés font rire des miradors de la dernière guerre, empruntés aux camps romains. Les marins passent sans regarder les phares, toutes protections assurées dans les chambres d'écoute et sur les écrans traçants. Qui règle à sa guise les codes et leur circulation dans l'espace peut laisser reposer les veilleurs : ils s'endorment sur les ailerons des navires en écoutant la musique. Le passage bruissant des messages engourdit le chien, le mouchard, anesthésie le garde-chiourme. L'espace mieux tenu, la prison plus close, par téléphone, télévision et télécommunications, mettent en vacances tous ces avatars de Panoptès, toutes ces figures de qui reste présent à la présence, oui, toutes ces figures successives de la phénoménologie. Hermès, l'esprit, partout présent, descend d'un coup dans l'espace.

Hermès, le réseau, remplace toutes les stations locales, tours de veille juxtaposées dans l'espace ou figures successives dans le temps : son géométral disqualifie toute phénoménologie.

Nous parlons à la fois du sens commun, écoute et ouïe, et bientôt du verbe et du code ; de la musique et du chant ; de drogue et d'anesthésie, par oubli de la présence ou perte de l'intuition ; nous parlons des journaux, des revues, police ou politique, la lutte de Pan contre Panoptès s'y livre tous les jours ; du nouvel état de la connaissance. Nous parlons des relations et des objets, savoir et surveillance, concurrence et société. Le monde informationnel prend la place du monde observé ; les choses connues parce que vues laissent la place aux codes échangés. Tout change, tout découle de la victoire remportée par la table d'harmonie sur le tableau des regards. La gnoséologie change, et l'épistémologie, mais aussi la vie quotidienne, la niche mobile où se plonge le corps, mais aussi la conduite, donc la morale et l'éducation.

Nous tenions encore par des amarres, attaches ou ancrages, aux choses mêmes par l'observation, par l'idée de la clarté ou la fonction de l'intuition. La théorie, de son propre aveu, se marquait de l'acte de voir et la phénoménologie des apparences livrées à l'optique. Les amarres lâchent. Le message devient l'objet même. Le code dit le donné, la banque a pris la place du monde.

Ou plutôt : le message redevient le donné, comme au cours de ce que j'ai nommé l'Antiquité, où le collectif se nourrissait de ses relations et de ses messages, dans le mépris ou l'oubli des objets. Reviennent les relations, entraînant avec elles la charge formidable et régressive des enjeux et des fétiches, toute la mythologie. La science, devant, court à ses prémisses. La richesse ramène à la pauvreté. La productivité accrue reproduit l'état de misère. Pan tue Panoptès : l'âge du message tue l'ère théorique. Les sciences humaines vont-elles réabsorber les sciences exactes, comme elles l'avaient fait dans l'Antiquité ? Comme elles le disent par le mythe ?

La guerre aura donc lieu toujours plus dur, dans les sciences, nous verrons refleurir les secrets ou les ruses, la jalousie grandir jusqu'au ciel, où les dieux, vieux amants devenus gâteux avec l'âge, se livrent toujours leur vieille lutte à mort.

Multiplié par la rigueur et l'efficacité, l'enfer des relations revient-il ?

Fatigués de ces jeux trompeurs, de ces triches, dans le rêve que notre vie brève échappe à ce temps monotone de sang et de mort, nous espérons revenir à une instance de confiance qui ne trompe ni ne triche, pour une théorie de la connaissance qui réunisse les sciences exactes et les sciences humaines. Nouveau savoir, nouvelle épistémologie, homme neuf, éducation neuve, nous n'échapperons à la mort collective qu'à cette condition.

Héra, échec, joue encore et cependant. Elle dépouille Argus mort, prend du veilleur la peau panoptique, haillon flottant déchiré de paupières fermées, pour la déposer sur le plumage de son oiseau favori, le paon. Il ne reste de la boule omnidirectionnelle d'yeux intenses que la double couleur des ocelles et leur ensemencement miroitant, éventail fascinant et soyeux. Le volatile immobile, pépiant rauque et faux quand Hermès joue sur la flûte, boitant bas quand Hermès passe et vole, affiche, s'il se pavane, la théorie morte. La vue regarde à vide un monde d'où l'information a déjà fui. Une espèce en voie de disparition, ornementale, fait admirer dans les parcs et les jardins publics, où s'attroupent les badauds, la représentation.

Le toucher voit un peu, il a ouï.

Dans les villes nos semblables seuls nous voient ; ils nous considèrent sans doute comme nous les considérons, la taille, le poids, l'épaisseur variant peu. Les œils-de-bœuf, les jalousies ou les vitres ont des regards vides.

Dans le paysage passent des paons à queue ocellée, des vaches, des mouches, chiens, lièvres et vers luisants, portant de gros yeux glauques ou de petits appareils visuels à facettes multiples qui nous représentent géants, minuscules, détaillés, incolores, éclatés, de mille façons diverses, striés, zébrés, moirés.

Nous considérons le paysage, dans l'ensemble et ses détails, il nous considère comme un paysage.

Nous voici fondus en lui et dans sa variété.

Notre peau varie comme une queue de paon, même si nous ne portons pas de plumes, à croire qu'elle voit. Elle aperçoit confusément sur toute la surface de sa plage, voit, clair et distinct, par la singularité suraiguë des yeux. Partout ailleurs, elle porte des sortes d'ocelles vagues. La peau fait des poches et des plis, dans ce germe elle s'affine, voici l'œil, partout ailleurs elle délaie les évidences ici concentrées, seulement ocellée. Elle fait un creux, un éventail ourlé, plissé, creusé, à demi ovale, voici l'oreille où l'ouïe se condense, partout ailleurs, tympan, tambour, elle entend largement et moins, mais entend toujours, vibrante, comme auriculaire. Notre peau ressemble à celle des jaguars et des panthères, des zèbres, même si nous ne portons pas de fourrure. Le dessin des sens s'y déploie, ensemencé de centres sourds, constellé de marques; la peau forme une variété de nos sens mêlés.

La peau, tissu commun à ses concentrations singulières, déploie la sensibilité. Elle frissonne, exprime, respire, écoute, voit, aime et se laisse aimer, reçoit, refuse, recule, se hérisse d'horreur, se couvre de crevasses, rougeurs, blessures d'âme. Les maladies les plus instructives, les malaises de l'identité affectent la peau, forment des tatouages qui cachent tragiquement le bariolage de naissance et d'expérience. Ils appellent au secours, affichent la misère et la faiblesse; il faudrait apprendre à lire à livre ouvert l'écriture des dieux en colère sur la peau de leurs victimes. L'abécédaire de la pathologie se grave sur le parchemin.

Les organes des sens font des nœuds, des lieux de singularité à haut relief dans ce multiple dessin plat, des spécialisations denses, montagne ou vallée ou puits sur la plaine. Ils irriguent toute la peau de désir, d'écoute, de vue ou d'odorat, elle coule comme l'eau, confluence variable des qualités sensibles.

Intérieure et extérieure, opaque et transparente, souple ou raide, volontaire, présente ou paralysée, objet, sujet, âme et monde, veilleur et guide, lieu où le dialogue de fond avec les choses et les autres arrive et d'où il brille, la peau porte le message d'Hermès et ce qui nous reste d'Argos.

SUBTIL

Nous ne savons plus pourquoi nous appelons subtils une chose ou un sens aigu, fin et doux. Nous en avons perdu la mémoire ou le secret.

Au musée de Cluny, six grandes tapisseries, venues du château de Boussac, ont reçu pour nom collectif *la Dame à la licorne*. Elles montrent ou illustrent les cinq sens.

Chaque scène a lieu sur une île bleue et ovale. Bien définie et close, l'île s'ensemence de touffes en fleur. Elle porte le groupe : une ou deux femmes, la principale et la suivante, deux animaux majeurs, la licorne et le lion, trois ou quatre arbres stables, pin, houx, chêne, oranger au feuillage chargé de fruits, une foule de petites bêtes, singes, lionceaux, hérons, pies, genettes, guépards... plus un objet spécifié, miroir pour la vue, positif pour l'ouïe, pour le goût, plat ou panier de fleurs pour l'odorat, le toucher n'a pas de chose propre.

L'île de chaque sens se détache sur le fond rouge, orange ou rose. Le fond, aussi, s'ensemence de tiges, de feuilles et de fleurs, il se parsème, aussi, d'animaux.

L'équilibre de l'ouvert et du fermé ou le détachement de l'un sur l'autre s'obtiennent par couleur et par densité. Faune et flore, la vie, se pressent dans l'île et se diluent sur le fond, comme si la toile dilatait la scène ou recevait de cette source dense un nuage animal et floral plus léger. Impressions plus fortes et plus chaudes sur le plateau d'où croissent les arbres portant sur le rouge leurs excroissances bleues, dispersion clairsemée, moins compacte et plus froide sur le décor.

Exactitude et fidélité du tracé : chaque organe se dessine comme une île, œil, oreille, bouche, nez, abondante, touffue, condensée de sensations, la peau étale sa toile de fond et reçoit de ces centres brûlants ce qui marque son tatouage plus frais. L'île se tisse de toile, de même texture que son fond, l'organe se plisse de peau. On remarque, sur la scène, que seul le toucher n'a pas besoin d'outil spécial, sa peau devenant à loisir sujet ou objet.

Une question, jolie et facile, se pose pour la sixième tapisserie, la seule qui porte un cartouche écrit. Avons-nous cinq sens ou six ? La pensée scolastique savait, au Moyen Age, diviser notre *sensorium* en externe et interne. L'ouïe, la vue, le toucher, l'odorat et le goût étaient réputés externes. De fait, le miroir livre l'encolure et le museau de la licorne et non le visage et le cou de la jeune fille qui va dire son désir, l'image de l'animal et non celle du sujet ; le drageoir offre à la bouche le goût des friandises : comme ce sens reste faible et grossier, l'île ici ajoute un abri, une claie où des rosiers grimpent, pour montrer combien les odeurs aident à cet exercice ou à cet essai ; la couronne ou le collier mêle aux œillets l'odeur des roses, pour le double sens du mot bouquet ; la main caresse avec tact la hampe raide ou la corne dressée ; l'ouïe écoute les tuyaux vibrant sous l'action des soufflets ; il s'agit du monde extérieur, fleurs ou sucres, bête ou musique, bois ou ivoire, la femme ne se voit ni ne s'entend soi-même, ne se sent ni ne se touche. Il faut bien un sixième sens, par lequel le sujet se retourne sur soi et le corps sur le corps, sens commun ou sens interne, il fallait bien une sixième île : île doublement close pour le corps propre.

Une tente figure cet intérieur, l'intimité du corps, et commence de construire le corps commun de ces femmes différentes, celle-ci tout entière odeur de rose ou d'œillet, celle-là frissonnant d'harmonie, la troisième pleine d'images gracieuses, l'autre devenue tout sucre ou tout miel... le pavillon ferme leur somme.

Or la tente est faite d'un voile bleu, bleu comme tout organe insulaire, mais, de plus, tissé, drapé, parcouru de plis, chamarré. Chaque île est plate, close mais ouverte sur l'espace, sens externe bien défini mais livré aux événements du monde. Le nouveau pavillon bleu se ferme doublement : sur l'ovale et dans l'espace; il se clôt sur soi. Et se voile de draperies.

Toute la description vaut pour la tapisserie ou le corps, indifféremment. Chaque organe des sens, insulaire, forme une singularité dense sur la plaine cutanée, diluée. L'île se tisse de la même toile que la toile de fond, chaque organe des sens s'invagine dans la même peau. répandue partout alentour. Le sens interne se drape dans sa tente, nouveau voile, nouvelle toile, même tapis et même peau, le sens interne se voile de peau.

Le toucher semble l'emporter, rejoint le sens commun, somme des cinq premiers, en tisse la tente. Seul déjà, il n'exigeait pas d'outil ni d'objet spécifique, miroir ou positif, ni fleur ni friandise. De plus, avant de sentir les fleurs assemblées en couronne, la femme les touche et les distingue entre l'index et le pouce, la femme de la vue porte le pied du miroir avec la main droite et caresse de la gauche l'encolure de la licorne, celle du goût offre à un oiseau un reposoir de ses doigts, comme dans l'art de la fauconnerie, celle de l'ouïe touche le clavier de l'orgue. La main sert cinq fois de facteur commun, le sens commun se prépare là.

Le toucher va l'emporter. De sa grosse patte, le lion

retourne et soulève le drap de la tente, de son sabot fendu, la licorne soulève et retourne la portière en toile du pavillon, de ses deux mains, la femme lève et torsade le tissu qui semble couvrir, retenir, porter ou envelopper les bijoux disposés dans leur cassette, bijoux précieux bientôt discrets dans leur coffret fermé, touche la fille, touche la bête, touche le monstre.

Le toucher l'emporte. Le pavillon, sens interne ou corps propre, ferme ses voiles comme le corps clôt sa peau. Voile ou enveloppe ouverts de portes soulevées, les organes des sens externes. Par ces portes nous voyons, entendons, essayons les goûts et les fragrances, par ces murs même fermés nous touchons. Le drap du pavillon ou la peau du corps peuvent s'ouvrir ou se clore, le sens externe restant sauf. Le sens interne s'habille de peau, celle-ci, ou étanche ou percée de fenêtres, forme sa tente ou son pavillon, habitat ou tabernacle.

Le toucher assure l'ouverture dans la fermeture : le corps de la femme occupe le volume de la portière ouverte et le ferme. Les draps, les voiles de la tente, en partie découverte, vont retomber ou se fermer sur la femme-somme, sur le sens commun, addition ou mélange des cinq autres, sur le sens interne, clôture de leur extérieur.

Le toucher l'a emporté par l'équivalence du voile, de la toile et de la peau. Sa palette mélange les fleurs, les fruits, les feuilles, oiseaux et bêtes. Le monde s'imprime sur cette robe de cire qui nous entoure et nous revêt, qui maintenant nous offre un habitat intime. Facteur commun à quatre sens externes, sens ouvert et fermé à lui seul, il protège le sens interne et commence à le construire.

Toute la description vaut pour la tapisserie finale et le corps de la femme et le sensorium en général. Le drap de l'île se tisse de la même toile que le drap de la tente et la toile de fond. Or la retombée du voile ou de la robe cutanée implique une nouveauté, leur tatouage diffère. A la dissémination, dense ou large, mais chaotique, des fleurs de peau, le pavillon oppose une géométrie ordonnée, parsemée de langues de feu régulières.

La tente s'ouvre et se ferme, ainsi que fait la cassette, deux boîtes noires. Noire ou blanche ? La lumière éclaire l'intérieur du pavillon, elle s'assombrit en la face interne du couvercle du coffret. Blanche et noire. Nous savons, nous ne savons pas. Le lion et la licorne ouvrent-ils ou ferment-ils la tente, la suivante se prépare-t-elle à clore le coffre ? Nous ne savons pas, nous savons.

Notre corps se couvre de peau, s'enferme sous elle. Elle s'ouvre sur les sens. Elle se ferme sur le sens interne, en restant ouverte un peu. Le toucher continue à prédominer, il connaît bien ces voisinages de blanc et de noir, d'ouverture et de serrure.

La sixième tapisserie construit le corps : le corps féminin ? Pas de mâle au musée de Cluny, pas de mâle et pas de ciel.

Le toucher donc a la vertu de clore, de dessiner un intérieur. Dans la tapisserie qui l'exprime, le lion porte en sautoir l'écu tenu par une ceinture, de même la licorne, un singe reste prisonnier d'un collier enchaîné à un rouleau, comme le chien, l'hyène, la genette sont tenus au court, l'autre singe est lié par une sous-ventrière, oui, le toucher entoure et ceint, ce qu'il fallait montrer.

On ne comptera pas pour rien le rouleau : l'impression. Le cylindre imprime sur le monde extérieur, de même le collier impressionne la peau du cou. On ne peut mieux dire, on ne peut mieux montrer, ni mieux écrire.

Toutes les tapisseries se taisent sauf la dernière.

La femme à la vue baisse les paupières, la licorne contemple sa propre image au miroir, et le lion tourne vers nous ses yeux grands ouverts : vue proprement animale. La femme au collier de fleurs se contente, à distance, du tact, le singe hume une rose : odorat proprement bestial. Le singe, encore lui, porte la friandise à la bouche alors que, distraitement, le visage retourné, la femme ne fait que toucher, comme de loin, les sucreries de la bonbonnière : goût toujours animal, le lion tire la langue. La jeune fille à l'ouïe joue et ne chante pas, elle entend, elle forme un message sous la voix, une harmonie blanche ou libre de tout sens, avant le sens du langage. Les femmes composantes, livrées chacune à un seul sens, se tiennent à distance de langue, on dirait qu'elles laissent leur essai à la pure animalité, incapable de parler. Les sens externes partagent la mutité avec la flore et la faune, avec quelques objets.

La femme résultante, ayant construit son corps ou monté la tente, accède au langage, celui-ci couronne le pavillon fermé-ouvert du sens interne, imprimé de langues de feu.

Les sens externes, naïfs, se livrent aux feuilles et aux branches, aux lapins, aux hérons, aux renards, à la jeune licorne sans corne, encore privée de défense contre les poisons, ils ont le statut sauvage du serpolet, de la chèvre et du houx. Bêlant, caressant de l'aile l'air léger, odorant, goûteux, élégants de formes ou de couleurs, sans doute, mais muets, muets comme des bêtes brutes ou des branches d'arbre. Ouverts, livrés au monde, comme une île plate à la mer. Instables aussi parce que mêlés, couleurs à nuances indéfinissables, bouquets composites, goûts chargés de fragrances variables, toucher frissonnant de sens. Plongés dans le variable et le mélange, tatoués. Multiples aussi, répandus, ensemencés ou parsemés, jamais uniques. Les sens chaotiques et tourbillonnants n'accèdent jamais à l'unicité, à la conservation ni à l'identité. D'où ces tapisseries émaillées de toutes choses du monde.

Le sens interne parle enfin et pour la première fois la tente s'imprime de langues brûlantes et se couronne d'écriture. Le langage advient.

Le pavillon s'ouvre et se ferme, tenu à l'intérieur,

tendu vers l'extérieur, la femme se tient sur sa porte et se tourne au-dehors, attentive, le corps s'adonne au donné, il faut écrire le datif : A.

Définie par la fermeture du volume, close sur soi, la tente, ouverte un peu, se découvre soi-même, le corps peut écrire ou dire : MON. Mon corps, mon appartenance, qui fait comme un cercle et retourne sur soi.

Le pavillon, monadique, se dresse, isolé sur son île, fermé, ouvert, il se découvre unique, le corps peut dire ou écrire : SEUL.

L'appartenance solitaire se donne à soi et au donné.

Le corps, dense et bleu, brûle de langues éparses, vide comme la tente, il laisse ses bijoux et regrette leur absence : DÉSIR. Ce terme, en fin de XVe siècle, a conservé plus de latin, plus de nostalgie qu'il n'a gagné de sens contemporain, de convoitise.

Je laisse mes bijoux, ceux que portait mon corps, ceux qu'étalaient mes corps partiels quand ils se faisaient odeur de rose, frisson de sons, simulacre au miroir... Je les porte et enferme dans la cassette, je les regrette. J'ai la nostalgie d'un monde perdu, ce paradis perdu, île entre deux mers, où les sens miroitaient comme un lac de gemmes. Je parle maintenant et m'abrite sous la tente du langage ou de l'écriture, ce tabernacle se ferme, ses portières s'abaissent, j'habite maintenant la prison de ma langue et le coffret se clôt. Retiré sous les voiles aux langues de feu et sous le couronnement du cartouche écrit, le corps qui a laissé le monde le pleure, la femme qui abandonne ses bijoux les regrette, la beauté des cinq sens gît dans la boîte noire pendant que nous dormons sous la tenture bleue gravée de feu.

L'appartenance solitaire, adonnée à soi, ne s'adonne plus au donné que de langue, au dit ou au dicté.

A MON SEUL DÉSIR

Voici la première phrase. la proposition originaire, première, aussi originelle que la faute jadis commise par une fille sur une île-paradis, aussi originelle qu'elle et permanente, voici les premiers mots advenus du corps quand il devient en même temps intérieur et parlant, s'enveloppe de flammes et s'imprime de signes, quand la peau-tapisserie ou la peau-pavillon ne porte plus sur elle lilas ou guépards mais une géométrie et des lettres, voici la phrase qui fait fuir le monde et abandonner les colliers, qui exclut les lapins et les chèvres et qui nous a chassés du paradis, voici les mots qui font se retirer les sens dans une boîte noire. Nous ne désirerons jamais que sa réouverture.

La femme somme fait ses adieux au monde, prend le voile sous la tente du langage.

Voici le premier *cogito*, plus enfoui quoique mieux affiché que le cogito de qui pense. Je sens, j'ai senti ; j'ai vu, ouï, goûté, humé ; j'ai touché ; je touche, je m'enferme dans mon pavillon de peau ; il brûle de langues, je parle ; je parle de moi, de ma solitude et de la nostalgie des sens perdus, je pleure le paradis perdu, je regrette la perte de ce à quoi je me donnais ou de ce qui m'était donné. Depuis que cela est écrit, je désire. Et le monde s'absente.

Voici la première proposition écrite en rond, sur un cercle bien fermé, philosophie première, identitaire, stable et unitaire. Mon désir s'identifie à l'écrit, je n'existe qu'en langue. Le principe d'identité se ferme et s'aveugle aux sens instables, multiples, mêlés, cachés dans le coffret invisibles de la tente.

La fille, ayant déposé ses regrets, va se retourner, va entrer pour toujours dans le tabernacle du langage. Nous l'habitons avec elle, depuis toujours, nous n'en sommes pas sortis, nous n'avons jamais vu, connu ni compris la tapisserie de Cluny.

Je ne puis dire ni écrire du toucher, ni d'aucun sens. J'habite la tente couronnée du cartouche et habillée de langues. Ceux qui se trouvent dans la tente, avec moi, montrent avec rigueur que nul ne peut en sortir, n'en est jamais sorti. Vous ne trouverez, disent-ils, aucun langage pour dire ou écrire les choses, fleurs ou fruits, oiseaux et lapins, sons ou formes, goûts et odeurs, pour écrire ou dire le monde avant l'émergence du langage. Vous ne trouverez qu'une tapisserie au musée de Cluny. Vous vous trouvez forclos. Ils ont raison. Je ne peux écrire ni dire les cinq tapisseries, car si je dis ou écris, je ne parle que de la sixième. La langue originelle a eu lieu, nous n'y pouvons rien.

On raconte que la corne de la licorne protège des poisons. Il suffit de la réduire en poudre, de mêler ou de dissoudre cette poudre en un breuvage qu'on boit, pour se mithridatiser des pharmacies nocives. La licorne libère des drogues.

Je parlais un jour devant quelque auditoire, attentifs, lui et moi, sous la tente d'une conférence. Soudain, un gros frelon me piqua l'intérieur de la cuisse, la surprise s'ajoutant à la douleur exquise. Rien dans la voix ni dans l'intonation ne trahit l'accident et le discours s'acheva. Que ce souvenir exact ne vante pas un courage spartiate, mais indique seulement que le corps parlant, la chair pleine de langue a peu de peine à demeurer dans la parole quoi qu'il arrive. Le verbe emplit la chair et l'anesthésie, on a dit même, on a écrit qu'il se faisait chair. Rien ne rend insensible comme la parole. Si j'avais regardé quelque image, écouté le son issu du positif, senti une couronne de fleurs, goûté une dragée, tenu à poing serré une hampe, l'aiguillon du frelon m'eût arraché des cris. Mais je parlais, en équilibre dans un sillon ou une clôture, au sein de la cuirasse discursive. Voulez-vous droguer puissamment un patient ? Amenez-le à parler avec passion et emphase, demandez-lui de discourir de lui, de lui seul, de son seul désir, exigez qu'il démontre ou qu'il obtienne conviction de son entourage. Le voilà intoxiqué de mots sonores, le frelon n'y peut plus rien. Nous parlons pour nous droguer, militants comme égotistes.

Nous cherchons la pharmacie, l'animal fabuleux qui peut nous libérer de la drogue la plus dure, le langage. La tapisserie de Cluny a trouvé.

Le lion et la licorne soulèvent les voiles ou pans de la portière, la dame sort de la prison aux langues de feu, retire de la boîte noire au couvercle ouvert des rivières de gemmes : elles ruissellent de la boîte comme la femme se délivre, naissante, des voiles. Puis, accompagnée du monstre, elle visite l'île-paradis parmi les oranges et les guépards, le même monde aux cinq continents ou aspects, elle participe au banquet des choses, pour notre joie et la sienne.

Accompagnée toujours de la licorne y compris dans son nom... jamais le fabuleux ne la quitte : histoires, poèmes, mythologies ; pour accéder aux choses mêmes, laissez la langue flotter.

Sur le métier du tapissier les fils de trame passent sous les fils de chaîne quand voyage la navette. Ainsi le sens s'enlacera au tissu, comme la mélodie, parfois, à la chair sonore et la profondeur des pensées aux voyelles. L'éblouissement que donnent enfin les figures et couleurs sur la toile ouvragée correspond à mille liens et nœuds derrière elle, événements *sous la toile* qui obscurcit en les cachant les racines de l'adjectif subtil. Les secrets de la tapisserie se nouent là-dessous.

Voici le secret de la licorne, celui des cinq ou six sens, subtils. La peau pend au mur comme un écorché, retournez cette dépouille, vous toucherez les filets nerveux et les nœuds, toute une jungle pendante et arrachée, comme sous un panneau d'automate. Les cinq ou six sens s'enlacent, s'attachent sur et sous la toile qu'ils forment par tissage ou épissure, tresses, boules, passages, méplats, boucles et ganses, courant ou dormant. La peau comprend, explique, expose, implique les sens, île par île, sur son fond ; ceux-ci habitent le tapis, entrent dans le tissage, forment la toile autant qu'elle les forme. Les sens hantent la peau, passent dessous et se voient dessus, fleurs, bêtes et branches de son tatouage, yeux qui constellent la queue du paon ; ils traversent l'épiderme jusque dans ses secrets subtils.

Montrée dans le grand jour à nos yeux depuis le Moyen Age, l'énigme de la licorne peut se lire, sans représentation, comme le secret de la subtilité : l'emprise tacite du tactile.

VARIATION

Le nu de Bonnard aux cosmétiques, le jardin aux cent couleurs montrent des toiles, des peaux, des apparences variées. Considérons le sens de la variation. Varié veut dire multiple : mille nuances et tons, mille formes agrémentent le tatouage de la femme et l'exubérance florale du parc. De même la dépouille, le haillon cutané d'Argus panoptique déposé, à sa mort, sur la queue du paon, s'ensemence d'ocelles variés : la pavane ne sonne pas monotone, l'éventail de plume miroite, panaché. Enfin l'île sensorielle bleue comme la toile rouge de fond entoure la dame et la licorne de flore diverse et de faune variée : rien d'uni, mais au contraire règnent diversité, abondance, prolifération, le nombre et la différence.

La prairie s'émaille de fleurs et d'herbe : les touffes sur le sol et les fils sur la toile se juxtaposent. Nous dirons d'abord la variété discrète ou distincte. Les fruits des orangers sont bien séparés des glands et les œillets des roses, comme les chèvres des lions. La peau du nu se tatoue diversement : la femme a rosi de l'odeur des roses, sans doute, mais elle fut émue en même temps de bien d'autres pudeurs ou caresses. Les traces et marques de tous les sens se mêlent, nous dirons la variété continue, nous dirons sa peau variable. Souvent femme varie comme ciel et temps. A côté de la dame du musée de Cluny, la licorne mélange aussi une barbe de chèvre, un corps de cheval, d'étranges sabots fendus et une corne de narval. La variété sur la tapisserie, discrète et continue, ne répugne pas au mélange. On ne sait si la bête de légende symbolise le mélange des sens ou la mêlée que les sens nous font apercevoir, mais il reste que le monstre, de soi-même, varie. Ainsi la queue du paon, soyeuse au toucher, semble voir, elle a été tuée par l'écoute, trois sens épars sur l'éventail, mélangés.

Tout ce qui précède et qui va suivre vaut variation sur l'idée de variété.

Notre peau pourrait s'appeler variété, dans le sens précis de la topologie : fine feuille à plis et plaines, semée d'événements et de singularités, sensible aux voisinages; discrète quand des yeux, régulièrement, la trouent, panoptique, mais aussi continue si elle se tatoue, telle celle de la femme nue à son miroir, en réalité composite comme la licorne.

La fable, une fois de plus, dit vrai. La femme totale ou le corps achevé, le sens interne ou commun, la tapisserie somme ou sixième, la peau de la tente finale, en l'espèce vous et moi, se présentent dans le fait, en votre vie courante ou la mienne, sous la forme d'un ensemble couturé, d'un rapiéçage. Les circonstances de la vie, tragiques ou opportunes, se chargent du travail ainsi que notre bonne volonté. La variété de la vue faufilée à la variété de l'ouïe, cousues à grands points et provisoirement l'une à l'autre et chacune et ensemble à celles du goûter, de l'odorat et du toucher, pièce à pièce, sans trop d'ordre, avant le bâti définitif qui jamais ne vient, forme des composantes qui se voient, qui, parfois, hurlent sur la variété résultante ou sur la voisine : la barbe de la chèvre se remarque sous les naseaux d'un cheval, on s'étonne de l'encolure sous la corne du narval. Voici notre genèse, notre formation : travail bâclé, soumis aux aléas du temps et aux maladresses des occasions brèves, heureux, parfois, d'une rencontre fortunée, bâti hâtif mal ficelé, notre peau ressemble à la chimère, portant des fragments plus ou moins mal collés, menton adorné de poils étranges ou paturons mal assortis aux sabots. Notre élevage ou environnement, la chaîne assemblée au hasard de nos gènes font de nous de bizarres métis, variables sur un patron globalement stable. Notre temps n'aboutit point à un système, il taille et assemble un haillon. Toutes les femmes diffèrent, diffèrent la chèvre, la jument et le narval, toutes les femmes s'assemblent dans la femme de la sixième tapisserie, s'assemblent la jument, le narval et la chèvre, la licorne fait la somme demandée, la femme porte la peau de bête. Nous nous habillons tous de peaux fabuleuses, paraissant d'énigmatiques sphinx. La peau varie, discrète, continue, mal cousue, cornue. Elle varie, tapissée, historiée, tatouée, légendaire.

La construction du corps propre équivaut à la fiction de la licorne.

Ce qui se découvre ici de la peau peut se dire plus généralement. Elle se présente et se vit comme une variété discrète, à îles séparées, mais aussi comme une variété continue, à régions ou états mêlés. Elle somme, elle additionne ces deux sortes de variétés : elle mêle ou juxtapose le juxtaposé avec le mêlé. On appelle variable ce qui en résulte.

Les sens varient, le sentant ou le senti varient. Confronter leurs performances aux critères du faux ou du vrai paraît vite injuste : il faut d'abord penser le variable.

La variété cheval rapprochée de la variété chèvre et mêlée à elle produit un monstre très ordinaire qui juxtapose et mêle des lieux, on l'a vu, issus de tigres et de lions, des ligres et des tigrons, ainsi nommés selon l'espèce du mâle ou de la femelle. On crie à la manipulation génétique. Mais toute genèse s'adonne à une telle manipulation, tout individu, tout organisme peuvent se dire sphinx ou licorne, qui oserait s'affirmer non métissé, à la rigueur? Vous voyez là, sur l'île bleue ou la plaine rouge, un lapin, un guépard, un héron volant, l'identité que vous leur donnez marque votre ignorance : chacun naît d'un croisement, je m'accuse d'en savoir trop court sur les variétés de rongeurs, échassiers ou panthères, sur la question de l'hybridation. La tapisserie, ô merveille, ne fait voir que des croisements, comment se tisserait-elle autrement?

Nous avons à penser une idée difficile qui fait trembler l'identité. La licorne est, n'est pas, en même temps, au même lieu, sous le même rapport, cheval, chèvre et narval. De nouveau, cela peut se dire de la chèvre, du narval et du cheval. Je l'ai dit de la peau, de la sensation, variable et mêlée, de l'organisme engendré ou du corps propre achevé, bâti hétéroclite hâtivement collé au sparadrap, je le dis aussi de moi. Je suis et ne suis pas ceci ou cela, ici et maintenant, sous le même rapport. Qui ne le sait pas, métis de sa propre pensée? Qui ne pense pas cela, hybride d'existence? Ondoyant, divers, varié? Je ne sens ni ne sais ceci ou cela, ici et maintenant, sous le même rapport. Mais si je dois le dire, voici que je dois le sentir ou le savoir, positivement. Plus, si je le promets ou l'écris, je le sens ou le sais ou le suis à coup sûr.

Moi, sentant, licorne : piqué de la corne au milieu et tatoué partout ailleurs, à l'identité fluente.

Tout à coup, je sais pourquoi la licorne n'a qu'une corne. La chimère au corps divers, aux parties hétéroclites hâtivement recollées au sparadrap, bricolées, perd son identité par les déchirures du haillon. Son écart au principe d'identité l'accule au fabuleux, à l'imagination et la légende, elle ne peut entrer ni en science ni même en langue. Or son identité réussit en ce lieu impossible, en cette excroissance cutanée jaillissant au centre du front. Elle n'est licorne que là, et là porte son nom.

Partout ailleurs on peut la dire chèvre et cheval. Un peu comme pour une bête ou un homme ordinaires on peut dire droite et gauche, on peut dire gauche ou droite. Plus une soudure, plus une couture au milieu. Plus un périnée, comme disait Platon, qui voyait là une trace de faufilage. Or une chimère accuse les coutures, elle les fait trop voir. En ce milieu où la peau se soude croît, énormément, la peau elle-même, une corne. Ni droite ni gauche, ni même droiche ou gaute, exactement au centre comme l'œil de Polyphème. Le concept même de chimère pousse là, le sens même de la licorne, son organe impossible et caractéristique, son nom. Ici réussit le mélange qu'elle manque. Ici réussit le sensible.

Et tout à coup je comprends pourquoi, selon la légende, à dissoudre cette corne de licorne dans un liquide et à boire ce breuvage, on se mithridatise contre les poisons. Pour comprendre la corne unique, il faut comprendre le mélange, le faire et le boire. Les savants de la Société royale de Londres, qui en leur temps ont bu, pour expérience, une solution de la corne d'un rhinocéros et qui ont conclu, en l'absence de conséquences, à un mythe ou à une légende, n'ont pas compris qu'ils avaient compris. La légende dit simplement le mélange, et la corne la couture. En retour, le mélange ne se dit encore que par mythe ou légende, comme le sensible.

VAIR

Le prince cherche une reine, que faire en une principauté, à moins de trouver chaussure à son pied ? Il a fait battre tambour, il veut voir toutes les femmes.

Voir ? Allons donc, un fils de roi manquer de goût, ne pas savoir que voir renseigne fort mal ? Un voyeur vaut peu. Non, il demande aux candidates d'essayer une pantoufle de vair, là commence le mystère.

Un conte propose souvent deux énigmes, celle des choses dites et celle du récit ; celle, par exemple, que la sphinge pose à Œdipe et qu'il résout, ensuite celle que le mythe pose à qui l'entend et qui demeure longtemps sans clé. Il faut comprendre que le nom que porte Œdipe signifie qu'il sait le pied, qu'il connaît ou peut résoudre tout ce qui touche au pied. Ainsi le récit explique l'énigme et prévoit la solution. De même le prince résout sa question : la pantoufle de vair appartient à Cendrillon ; comme il règne et qu'il a les moyens, sa méthode coûte le plus cher possible, il fait une revue si complète des femmes qu'il est assuré de n'en pas omettre. Reste l'énigme du récit : pourquoi la pantoufle se revêt-elle de vair, pourquoi dire le mot vair, de même que, tout à l'heure, pourquoi donner le nom d'Œdipe au déchiffreur d'énigme ?

Que dire, d'abord, d'une pantoufle ? Donnez, je vous prie, votre estime, au passage, à un livre de philosophie qui pose enfin les graves questions – que dire, dis-je, d'une pantoufle ? Elle enrobe doucement le pied, comme une poche invaginée : pli gauche, sorte de bonnet ou doigt de gant, vous sentez la forme, tente ouverte et fermée, faite par le tact et pour lui, peau sur peau en des lieux où elle souffre, maladivement sensitive. Quel chef, quel capitaine d'entendement avouerait que la délicatesse suprême des sens réside aux pieds ? Dirait-il que rien n'est dans sa tête qui n'ait été d'abord dans ses pieds ? Le prince, pourtant, commence là. Aussi humble, Cendrillon a commencé par Cucendron.

Touchez la pantoufle de vair, caressez la fourrure douce, tendre, chaude. Une couche haute, clairsemée, de longs poils drus protège une autre couche dense de poils fins et bas, toute fourrure montre et voile une telle double propriété. La peau du pied s'abrite sous une peau qui s'abrite sous une couche qui s'abrite sous une autre : quadruple, quintuple variété.

Ne croyez point à la pantoufle de verre : mauvais mot,

privé de sens, chaussure peu adaptée à la danse, solide, cassante, dure, froide, transparente. Le verre se voit ou laisse voir, clair et distinct, le vair se touche et cache, doux, non dur, lâche, non dense, admirable au contact et tendre, velouté, caressant au regard, laissant libre le pied qui danse. Voyez aussi le vair : de couleur peu homogène, blanc et noir, non pas noir et blanc distingués ou séparés, mais à tons un peu mêlés, non pas gris cependant, exactement petit-gris, à nuance mitigée, cendrée. Dans la langue de la fourrure ou dans celle des fourrures de l'écu, le vair ainsi se nomme pour dire une couleur variée.

Or le prince ne découvre pas, au sens ordinaire, la pauvresse, il ne dévoile pas Cendrillon sous les haillons ou la parure de bal, laissant voir par places son corps adorable : les haillons expriment à merveille déjà la nudité ocellée. Non, le prince découvre sa reine, assise quasi nue au milieu des cendres, en recouvrant son pied de la pantoufle de vair. La reconnaissance s'opère au toucher, non à vue, par la stéréospécificité de ce qui s'adapte. La pantoufle vient exactement au contact, sans excès ni lacune, à la plus juste pointure. La peau précède le regard dans l'acte de connaissance, le vair l'emporte sur le verre, s'agit-il d'un conte de fées ou d'une lettre sur les aveugles ? Ou d'un mot d'amour vrai à la caresse reconnaissante ?

Le vair désigne une couleur variée, une fourrure douce et double, une pantoufle qui laisse au pied ses degrés de liberté pour danser, une chaussure variable.

Une pantoufle de verre, constante et raide, vaudrait un concept fixe et rigoureux, valable pour un monde stable : juste mesure d'un pied qui ne grandit, ne marche, ne court ni ne valse. Mieux vaut une pantoufle souple pour un monde où les rats se changent en laquais, où les choses tourbillonnent sous la baguette magique de la marraine, où les chevaux, méconnaissables, se transsubstantient en lézards, pour un environnement variable.

Le monde, au voisinage de la cendre, varie : féerie où les citrouilles deviennent des carrosses qui, passé minuit, redeviennent cucurbites, alchimie qui transforme les haillons en crinolines ; la servante passe princesse, miracle. Du côté de chez Monsieur le Prince, les choses, invariantes, restent telles quelles ; de même pour les autres femmes, marâtre ou fausses sœurs, ainsi vont le bal et la société, rien n'y change justement. Du côté de Cendrillon, elles fluctuent, volubiles.

L'alliance de la fée qui, en un moment, les change et de la victime accablée ne trouve pas ses raisons dans le ressentiment seulement ou dans le rêve impuissant du persécuté. Celui ou celle qu'on exclut ou qu'on bat concentre en soi le pouvoir de métamorphose ou d'apothéose, la société le tient pour pesteux et, tout à coup, l'adore pour dieu. Cela se voit communément depuis l'aube de l'histoire. L'âtre où la marâtre pousse la fille pauvre et couverte de cendres comme jadis le bouc émissaire se chargeait des ordures et des péchés du monde, ce foyer fait l'antichambre des palais. Ces deux valeurs, misère et gloire, accablement et royauté, meurtre et puissance, roche tarpéienne et Capitole, ces deux valeurs ou positions, voisines quoique opposées, indexent ordinairement toutes les histoires où rôde le sacré. Double monde, non merveilleux mais usuel, de l'anthropologie, de la politique et de la religion, voilà les deux sources de celles-ci. La victime et le prince ne sont séparés que par les douze coups de minuit ou par le toucher de la baguette.

Mais le conte de Perrault cherche à dire mieux encore. Il trace le chemin d'une valeur à sa duale, de la valeur cendre à la valeur or, de l'âtre au palais, d'une source à l'autre, du lieu où la puissance vous pèse au lieu où elle vous appartient, il écrit le chemin de la variation. Tout le siècle cherche alors la même route : la distinction du bien et du mal, du faux et du vrai, du clair et du confus, du puissant et du misérable ne pose jamais de problème bien redoutable, nous la faisons même presque naturellement. Toutes nos haines nous y mènent, toutes nos violences nous poussent à ce partage, rationnel, dit-on, ou sacré. Mais le chemin d'une de ces deux positions à l'autre, mais le continuum qui les réunit ou le gouffre qui les sépare posent une question autrement redoutable, à laquelle ne nous préparent ni notre culture ni nos ressentiments. Tout le siècle cherche alors le chemin de la variation.

Les choses varient, volubiles. Vient toujours un carrefour où le carrosse dans lequel vous roulez s'amollit tout soudain en citrouille, à votre inconfort, où l'or, entre les doigts, s'amenuise en cendre. Or un seul objet, parmi ces apparences changeantes, résiste à la vague d'instabilité, la pantoufle. Minuit sonne, le luxe noble s'effondre dans l'ignoble banalité, la chaussure restant sauve de la transformation. Elle ne passe pas au sabot vil, comme elle devrait. Une pantoufle de vair demeure au palais, otage du prince et témoin, l'autre rentre à la souillarde : il existe un invariant dans la variation, un dans chaque monde. Une corne de licorne. Lieu de la couture, lieu du mélange et du mariage.

On ne s'y attendait pas, ni à voir les choses, ni à écouter le mot. Les choses varient, le mot le dit. Le vair désigne le varié ou variable et, justement, demeure invariant. Tout le secret du conte s'enveloppe là : le pied de la belle élue dans la chaussure, affaire de roi, sens subtil dans la désignation, affaire de science. Toute l'antique dispute sur le verre et le vair, l'un transparent et l'autre voile, avertissait depuis longtemps que le lièvre gîtait là. Le verre casse, la fourrure varie. La racine du mot vair retrouve le varié qui fait notre affaire, la racine du mot varié à son tour, *varus*, cagneux, boiteux, à deux pantoufles dépareillées, fait l'affaire du prince. Il cherchait une cagneuse, pour savoir depuis toujours qu'elles font à merveille l'amour. La démarche claudicante bat l'impair, le pas irrégulier sonne donc varié. Décidément, je ne peux plus quitter l'unique pied de la Belle Noiseuse, élément stable ou invariant dans le tableau tigré, zébré, chaotique et varié du peintre allemand, chez Balzac, je le retrouve ici comme élément invariant et variable, dans la chose et dans le nom, comme dans l'énigme d'Œdipe.

La pantoufle serre le pied, à sa mesure. Le pied désigne l'unité de mesure. L'unité, bien entendu, ne doit pas varier, la pantoufle qui l'enveloppe à sa pointure indexe la variation. La pantoufle de vair, paramètre, devient la variable. Dans le même temps où Perrault écrivait ses contes, Leibniz introduisait en mathématiques et dans la même langue, française et latine, la notion de variable et donnait pour critère de la réalité d'un phénomène la variété. La variation demande qu'on pense à la fois le stable et l'instable, non point l'instable pur qu'on ne pourrait vraiment comprendre, mais l'invariant dans la variation. Tout le monde volubile se réfère à la mesure stable du pied, tout le chemin du changement se parcourt au moyen de la pantoufle variable, autre botte de sept lieues.

Nous retrouvons la corne de la licorne, grosse excroissance de peau, synthèse de la corne droite et de la corne gauche broyées en poudre et dissoutes dans un liquide, mêlées, mêlées en un breuvage pour qu'en un même lieu se situent en même temps, sous le même rapport, la gauche et la droite. indissolublement, nous retrouvons l'impensable mélange. En la corne impossible la chimère réussit enfin l'union préparée partout sur sa peau par des faufilages vagues, par des juxtapositions bizarres.

Ainsi de la pantoufle de vair. Souple mais spécifique, passable à toutes formes mais ajustable à une seule, unique et volubile, ouverte et fermée, tenant ferme le pied mais lui permettant de danser, elle oblige à penser au même lieu et dans le même temps, sous le même rapport le stable et le changeant, l'un et le multiple, la référence et la variation. En toute précision, le vair désigne la variable.

Entre les mains du prince, le soulier du bal donne accès à la princesse irremplaçable, nous irons demain aux noces de la reine : la clé unique n'ouvre qu'une seule porte. A nous, plongés dans le récit, le mot vair donne le sens, la clé de la langue : à quoi référer un sens variant ?

La vue souffre du mélange et de son évidence. Elle distingue plus volontiers, sépare, estime les distances ; l'œil éprouverait de la douleur à toucher. Il se protège et s'écarte. La peau, souple, s'adapte en demeurant stable. Il faut la concevoir comme variété, comme la pantoufle de vair. Elle prend et comprend, elle implique et explique, elle tend vers le liquide et le fluide, elle approxime le mélange.

BRUMES

J'aime à vivre dans l'obscurité, au sens matériel tout autant que moral – l'homme en vue ne jouit pas de liberté –, je m'exerce à voir dans le noir. Souvent la lumière paraît grossière, agressive, quelquefois cruelle ; attends la nuit, réjouis-toi des crépuscules, allume la lampe rarement, laisse l'ombre venir. La nuit brille comme un diamant noir, elle luit dedans. L'ensemble du corps voit le voisinage proche des choses, leur présence massive de nuit, leur tranquillité. Toute lueur vive les arrache à cette paix, elle enlève la mienne. Mon corps d'ombre sait évaluer les ombres, il se glisse parmi elles, entre leur silence, on dirait qu'il les connaît. Elles exaltent l'attention la plus fine, révèlent même la finesse, toute la peau vit. La nuit noire est si rare que presque tout se fait sans la moindre lueur ajoutée, même la marche au milieu d'un chemin creux, sans la lune. La plante du pied se met à mieux savoir, les épaules frôlent les branches, la pierre du fossé rayonne paisiblement. On peut presque tout faire sans lumière sauf écrire. Ecrire demande des lueurs. Vivre se suffit d'ombre, lire exige la clarté.

La nuit n'anesthésie pas la peau, elle exalte sa finesse. Le corps se dresse à chercher la route au milieu des ténèbres, aime les petites perceptions, en bas de gamme : appels ténus, imperceptibles nuances, effluves rares, les préfère à tout ce qui tonitrue. Ce qui erre dans le silence et dans l'ombre l'aide à retrouver des exercices millénairement déposés dans ses oublis et ses habitudes. Les prothèses techniques datent d'un moment si récent de l'histoire que nos os humiliés s'exaltent à rejouer leur partition immémoriale; nos tendons et muscles, notre robe cutanée chantent d'allégresse quand nous jetons nos jambes de bois, lampes ou automobiles, béquilles sensorielles ou motrices. Nos techniques souvent valent une orthopédie pour un membre sain, qui, aussitôt remplacé ou prolongé, comme le dit la théorie, tombe malade ou impuissant. Conservons ce qui nous augmente et méprisons ce qui nous diminue.

Mais le monde n'offre pas que la nuit ou l'ombre pour déjouer l'habileté de l'attentif. Si l'obscurité nous enveloppe, elle n'attaque pas la peau comme le fait la brume. L'angoisse dans laquelle nous plonge le brouillard ne vient pas de l'aveuglement seulement, mais de ce qu'il traîne, par strates, sur les bras, les épaules, cuisses, ventre et dos. Il rampe. Que signifie voiler, comment un voile recouvre-t-il les choses? L'ombre éveille les membres, ils courent, de soi, à la rescousse des yeux, intensément présents quand la vue se voile. Se voile-t-elle? La brume endort le corps, l'imbibe, l'anesthésie, la peau s'occupe lieu par lieu à résister à ses compresses, l'impression défaille sous la compression. La peau perd la liberté de secourir le regard hésitant. Le brouillard nous arrache nos yeux de secours, il nous bande ou nous barde. La brume multiplie les voiles, nous n'avons jamais vu de voile la nuit.

Les ténèbres laissent invariant le grand trièdre assez stable qui nous traverse et nous oriente, gauche-droite et haut-bas, conservent la distribution des grandes masses alentour. Elles laissent transparaître le peu de lumière qui reste, et il en reste toujours. La brume nous enlève les repères et les rapports que notre peau entretient avec les volumes voisins. Il faut avoir passé un banc si épais qu'on perd le prochain qu'on touche pourtant du coude, pour apprendre qu'on y perd même la confiance dans les instruments les plus sûrs. On a vu des aéronefs sortir des nuages sur le dos, ou des vaisseaux s'égarer sur des ordres déraisonnables venus de l'officier de quart affolé de brouillard. Celui-ci occupe la puissance de la peau, son extension et son emprise, envahit les lieux recoin par recoin ou l'espace lieu par lieu, s'applique ou se colle aux surfaces planes ou gauches, comble les plis. Ombre globale, brume locale. La nuit fuse loin d'un coup et laisse le volume vide, la brume rampe et s'insinue et se propage lentement, place à place, remplissant ou contournant les voisinages Nuit vide ou creuse, brouillard plein ; ténèbres aériennes, brume gazeuse, fluide, liquide, visqueuse, gluante, quasi solide.

L'obscurité concerne l'espace optique et conserve un volume euclidien ; l'ombre comme la clarté demeure dans l'ordre de la géométrie usuelle ; le brouillard occupe des variétés topologiques, concerne l'espace continu ou déchiré du tact, envahit par lambeaux le vicinal. S'accumule, dense, compact, se raréfie, léger, s'évanouit comme une vapeur. Ainsi l'ombre conserve les traits du monde, la brume les transforme continûment par homéomorphismes, à perdre les distances, mesures et identités. Vous gardez la certitude tactile de vous situer entre le commandant et le veilleur, sur la passerelle ouverte saturée de purée, voisins fantômes comme on dit membres fantômes, mais vous perdez le sens de la grandeur, la forme de leur profil, vos pieds comme leurs corps s'évanouissent dans des lointains inestimables. L'ombre laisse tout invariant, la brume fait tout variable – continûment et avec ou sans déchirure.

La Grèce sèche reste le règne des géomètres, nés là, sous une accablante lumière ou une nuit assez vide pour qu'on puisse croire qu'il suffise de lever un voile pour qu'apparaisse, éblouissante, la vérité. L'optique, aussi, commence en ces lieux. L'Atlantique, humide, porte des bancs de brume hauts comme des falaises à ventre jaunâtre, ainsi que la mer Baltique ou d'autres, au Nord. Jamais la topologie ne serait sortie de Sicile ni d'Ionie, où tout se sait par distance et mesure; il faut excéder les colonnes qui ferment la Méditerranée pour en concevoir quelque idée, parmi les mers où les lointains baignés de brouillard vague n'assurent jamais qu'ils se soumettent aux mêmes lois que la proximité, elle-même déformable. Les voiles, là, ne se comptent pas.

La peau se colle à une taie perfide, à un haillon irrégulier, toile ou voile suivis de mille autres différents, tout le milieu perd son invariance sa fiabilité, sa fidélité. Je parle de sensation, de culture et de science, de philosophie. Remplissant aléatoirement l'espace, la brume ressemble à la fois à un média et à des objets, à ce qui couvre et à ce qui est couvert. La nuit ne trahit pas, ni l'ombre : une chose y demeure une chose, voilée ou pas, visible ou non, accessible en tout cas par le tact. Le brouillard trahit, meuble tout le milieu de choses possibles, objets ou vapeurs, nous n'en décidons pas. La nuit inquiète la phénoménologie, la brume trouble l'ontologie. L'ombre confirme dans la distinction de l'être et des apparences, la brume la brouille. Chose ou voile, être ou non-être, voilà la question.

LE SENS COMMUN

La sensibilité, alerte ouverte à tous messages, tient la peau mieux que l'œil, la bouche ou l'oreille... Les organes des sens adviennent sur elle quand elle se fait douce et fine, ultraréceptive. En des lieux, des sites donnés, elle se raréfie jusqu'à la transparence, s'ouvre, se tend jusqu'à la vibration, se fait regard, écoute, senteur, goûter... Les organes des sens varient étrangement la peau, elle-même variable fondamentale, *sensorium commune* : sens commun à tous les sens, faisant lien, pont, passage entre eux, plaine banale, mitoyenne, collective, partagée.

Nous portons sur la peau des singularités faites d'elle, repliées, dessinées, ocellées, germes, boutons, nombrils, inflorescences comme des chatons, complexes. Le tissu plan ou gauche fait des îles, des ourlets, des fronces, ruches, bouillons, des ornements couturés. La peau forme la toile de fond, le continu, le tenu des sens, leur dénominateur commun, chacun, issu d'elle, l'exprime fortement à sa manière et dans sa qualité.

Elle reçoit, inversement, tous les sens ensemble, plaine de ces montagnes. Un peu plus transparents, un peu plus vibrants, plus concentrés, plus aigus, plus hauts en altitude ou en performance, les sens sont plus spécialisés qu'elle et, du coup, plus grossiers. La peau étale leur faisceau, développe leur densité, épanouit, expose les choses mises par eux dans un lieu centré, dilue et délaie. La plaine se fait des sables qui roulent de chaque montagne, le long des fleuves, comme le visage se fait de l'érosion des larmes et des rides du rire. Notre large et longue enveloppe variable entend beaucoup, voit peu, respire les parfums secrètement, tressaille toujours, au bruit, à la lueur vive, à la puanteur, recule d'horreur, se rétracte ou exulte. Frissonne devant le blanc et sous les hautes notes, coule, souple, sous toutes caresses. Les choses nous baignent des pieds à la tête, la lumière, l'ombre, les clameurs, le silence, les fragrances, toutes sortes d'ondes imprègnent, inondent la peau. Nous ne sommes pas embarqués, à dix pieds de l'eau, mais plongés.

La sensibilité exquise – normale – aime les messages denses mais préfère les rares, se nourrit puissamment à la quantité, mais se délecte aux lieux où elle se retire et laisse seulement des traces : la qualité. le doux commencement. presque le signe. Ainsi traînent sur la peau des titres ténus de visible et d'audible, des clairs-obscurs et des chuchotements : demeurent sur elle l'invisible du visible, les inaudibles de la musique, la sourde caresse du vent léger, les imperceptibles, comme restes ou marques des hautes énergies dures. Le doux du sensuel hante la peau.

Je décide ici, d'autre part, que les organes sexuels, reconnaissables sur la peau, tertiaires comme l'angle du coude, secondaires comme la parure pileuse ou la tessiture des voix, primaires, innommables par l'ignominie des mots usuels ou savants, sont des organes des sens. des singularités sur la plaine commune, sites remarquables, plis, coutures, bourgeons, ourlets ou germes, monts et puits, sources irriguant tout le paysage, comme les autres font. Ils émettent et reçoivent, reconnaissent et varient.

Je n'ai certes pas qualité, compétence ni savoir de spécialité pour en décider ainsi. Mais je regrette, comme un honnête homme, que la vie amoureuse soit dite aujourd'hui pesamment, dans le discours présumé savant puis dans l'usage ordinaire, par le seul canal de la pathologie. On croirait un drame, fatalité ou douleur. Ainsi nommé, le sexe indique la maladie de la séparation, la section. La grimace pathétique ou pathogène s'efface, quand les sens, réunis aux sens, forment de fait, ensemble, des singularités de la peau-variété. Celle-ci généralise la caresse amoureuse en émoi, elle affiche subtilement le désir, délaie jusqu'à des traces rares l'écoute ou le regard. Elle porte les signes des uns et les signaux des autres. L'énergie et l'information des premiers comme des seconds. Les odeurs enchantent l'amour qui exalte le champagne, l'amour brille au milieu des cinq sens et fait leur somme heureuse. Il ne connaît aucune zone séparée, nulle spécialité.

L'alcool gonfle, brûle et use l'épiderme, l'épaissit et le durcit, donne à ceux qu'il drogue une apparence de pachydermes lourds : homme-éléphant ou femme-mammouth roulant sous anesthésie. Venu du Nord, le mot français blaser décrit d'abord cette cuirasse insensible : maître Blazius, docte stupide à dos de mule, discourt beaucoup et boit frais, devenu indifférent à force de paroles et de vins médiocres. Le phraseur blase sa peau.

En l'an 1692, au cours du mois de juillet, Leibniz publie au *Journal des savants* une courte conjecture, bonne et mauvaise, fausse et vraie, au total assez profonde, sur l'origine du mot blason, qui signifie, en vieux celtique aussi bien qu'en saxon, une marque. Ou bien qui marque un signe. L'auteur cite scandinave et islandais, les langues populaires et le jargon, grec ou anglais. Nous supposons aujourd'hui que blason et blaser viendraient ensemble d'un néerlandais gonfler. Le noble porte écu et l'ignoble montre bedaine à peau blette, gonflés d'alcool ou d'importance, des deux parfois. Mais pourquoi séparer les deux valeurs : blason et peau durcie se confondent. Sorte de cal.

Leibniz rapproche encore le français blesser de l'anglais bénir, dans les deux cas marquer d'un signe, infamant, douloureux ou heureux et salutaire, deux valeurs pour qui le reçoit, marqué d'un sceau bienfaisant ou mortel, et les deux ensemble quelquefois. Le grec blaise signifie panard, l'inverse de cagneux : celui qui tient ses pieds en dehors. Pauvre Blaise, marqué encore par les pieds. Leibniz va plus loin et prétend qu'appartiennent au même groupe les bleu et blanc français, le *blot* anglais ou le *Blitz* allemand. Tache, couleurs, foudre cicatrisant le ciel.

Le baron et l'alcoolique, béni, blessé, le maître et l'esclave, roi ou victime, désignés pour la gloire ou pour le sacrifice, tatou, tabou, portent le signe, marqués du sceau. Mais pourquoi extrémiser les valeurs? Tous portent en fait une marque et un nom, tatoués.

Certes, il faut comprendre que la langue du blason codifie un tatouage préalable. L'écu ou bouclier portait d'abord des peaux. Mais aussi, me semble-t-il, avant codage et avant même lésion volontaire ou bénédiction, imposition du nom écrit ou dit, le tatouage singulier de chacun fait d'abord signe, le marque et le nomme. Pois chiche, coltors, rouquin, balafré, bamban. Nous naissons avec ce que la langue verte appelle très justement notre blase. Imprimé sur la peau. Le surnom peut venir des surimpressions infligées par notre histoire.

Mais il faut comprendre plus encore : qu'il existe un rapport obscur entre la nomination – marque, signe, scarification, écriture du nom propre sur le parchemin peau – et l'anesthésie. Le bariolage volubile exprime, par le mélange, le temps et l'histoire variables, laisse là l'identité. Si nous l'arrêtons pour un signe stable, invariant, identitaire, constant, serré, nous voici blasés à ce qui nous entoure. Il faut sentir ou se nommer, choisissez. Le langage ou la peau, esthésie ou anesthésie. La langue indure les sens.

Le docte latinisant et raisonneur, ventru sur sa mule, se drogue de vin et de bonnes paroles. Combien d'impressions et de temps manqué-je en marquant sur la peau de papier tant d'écriture codifiée par une sorte d'héraldique ? La moire instable à striures mêlées sur la peau ferait une meilleure page. Je n'ai pas de code pour elle, ni de plume, je tente un calque.

Mon grand-père voulait-il faire de moi un écrivain quand il bougonnait : « Ne te ronge pas les ongles, mon enfant, comment grifferas-tu, gentiment, tes petites amies ? »

Peaux d'hippopotames ou de rhinocéros, cornée, protection de guerriers cuirassés, impatients de se jeter nus dans les batailles, peaux à chitine de doryphores portant des armes sagittales, peaux de soldats ou de drogués, que savez-vous des choses et des autres ? Peaux sans portes ni fenêtres, cottes de mailles, blindage, que sentez-vous ?

Que sentez-vous, bardées de techniques et de formules, défendues par un langage exact, rigoureux ?

Non, la guerre n'est pas la mère de toutes choses. La bataille ne produit rien, sauf de nouvelles batailles, d'où sa fécondité nulle. Oui, la dialectique se fourvoie. Non pas erronée globalement, avec, de temps en temps, quelques réussites par exception ou contre-exemple, mais toujours fausse invariablement, mathématiquement fausse. Je demande qu'on montre une seule chose produite dans et par un conflit, une seule et me voici converti ; qu'on indique une invention induite par la polémique. Je donne mon bien et mon temps à quiconque en fera voir une seule réussite. Comme la bataille ne produit que la bataille, la dialectique se réduit au principe d'identité, à la répétition, à l'information nulle.

La dialectique a immensément réussi. Comment se peut-il qu'une erreur aussi grossière ait envahi non seulement la réflexion philosophique, mais l'éducation aussi ? Qui parmi le public met aujourd'hui en doute cette idée reçue de la bonté de la bataille, qui parmi les annonceurs publicitaires ignore que le mot lutte fascine ? La jeune génération a sucé avec le lait l'idée de la chamaille et parvient à l'âge d'homme prête à tout détruire par la croyance en la beauté des guerres qu'elle n'a pas vécues. Et quand elle aura passé cet âge et ces malheurs, elle se retrouvera vieille, comme la génération qui me précède, pleurant le gâchis de vies perdues. Elle aura trop attendu pour savoir l'erreur de la dialectique.

Rien ne se construit, ne se fait, ne s'invente, sinon dans la paix relative, dans une petite poche de paix locale rare maintenue au milieu de la dévastation universelle produite par la guerre perpétuelle. La dialectique ne doit son succès qu'à l'amour passionné des hominiens pour la chamaille. Ils se réjouissent du meurtre et de la destruction, en parlent éperdument, se ruent à ces seuls spectacles. La plupart ne savent construire ni inventer ni produire une chose ou une idée. Veulent gagner, veulent se battre. A choisir entre l'œuvre et la bataille, on compte ceux qui hésitent, tous courent à l'abattoir, confondant sottement énergie et agressivité. Ils adorent donc toute théorie qui leur assure que l'œuvre vient de la bataille. Même s'ils ne la voient jamais vérifiée. Même si toute œuvre ne naît que d'une île improbable de silence et de paix.

Je les appelle hominiens tant cette conduite ressemble à celle des primates engoncés dans leurs relations, drogués, corps et biens, de domination et qui passent ou perdent leur temps à bien s'assurer que tel occupe la première place, tel autre la lieutenance, au bas de la marche, et ainsi de suite, par la queue sociale. Les hominiens se battent pour demeurer primates. Equilibre immobile dans le sillon animal. La guerre est la mère des bêtes. La bataille produit la société des singes, qui produit la bataille. Le conflit stabilise en nous l'archaïque bestialité. La dialectique décrit la logique des anthropoïdes. L'homme naît quand il en voit la fausseté.

Cela lui arrive, s'il a survécu aux luttes, grand vieillard à qui vient la sagesse, écoutez-le, bavant ses larmes, l'ancien combattant, avalant difficilement sa vie perdue, pleurant son ancien acharnement de gorille à peau épaisse.

Le combat, politique ou savant, de langage et de corps, à mains nues ou armé, individuel, collectif, et donc la hiérarchie, la puissance et la gloire comptent parmi les drogues les plus dures dont la dialectique dit la chimie ou la pharmacie. Ces drogues donnent aux hommes une peau énorme, comme fait l'alcool. Squameuse, sclérosée, rigide, insensible. Blasée.

Evitez les luttes qui passent pour travaux, évitez les œuvres batailles, évitez les drogues, sauvez votre peau. Faites-la fine, en attente des choses et des autres, pour la naissance de l'œuvre et de l'homme.

Doués, munis, affligés d'une enveloppe frissonnante, pelure tendre agitée de rides comme un lac fragile, nus, plus, écorchés voilà les inaptes aux batailles des crabes.

Il paraît que la vie évolua de formes animales où le mou gît dedans, couvert par un dehors dur, à d'autres, comme les nôtres, où le dur s'intériorise, os, cartilage, squelette, alors que le mou s'exprime, chairs, muqueuses et peau. Ceux qui aiment à se battre datent d'un âge très ancien, de la nuit des cuirasses, restes mal évolués. Les nouveaux, parmi nous, s'adoucissent, porte-rides : porte-empreintes. Nous sommes revêtus de cire molle, chaude, miroir terni, surface gauche rayée, piquetée, diverse, où l'univers se reflète un peu, où il écrit, où le temps trace son passage; revêtus de tablettes de cire, ancienne image de l'âme, vêtus de notre intelligence, de notre mémoire, gravée, autrement que le monde, d'un réseau de longitudes et de latitudes, courbes de niveau disant notre longévité, notre longanimité, notre largeur de vues, nos largesses. La peau reçoit le dépôt des souvenirs, stock de nos expériences imprimées là, banque de nos impressions, géodésiques de nos fragilités. N'allez pas chercher loin, ni dedans la mémoire : la peau se grave tout autant que la surface du cerveau, tout aussi écrite, peut-être de même façon.

Beautés d'Asie, finesses du monde, où placez-vous vos remembrances, vous dont la peau infatigable, vierge de tels repères, conserve si longtemps la fraîcheur?

Tout le monde a l'air de croire que le point de vue, que le point de la vue, monte au balcon, œil perché en haut du tronc sur la tête tournante et mobile comme une lanterne de phare. La peau vaudrait la pierre du phare, son bâti, neutre quant aux feux et aux signaux, simple élévation assurant la portée du regard. Le gardien du phare équivaudrait à la pupille, ou assurerait son mouvement, je suppose que le préposé au concept, dans le cerveau ou l'entendement central, commanderait, comme l'ingénieur en chef des Phares et Balises, dans son bureau, à Paris. Sorti de Polytechnique, savant, il fait, quand il en a le temps, quelques visites rapides à la mer que son service illumine. L'importance occupe le centre. Pour le reste, il suffit de téléphoner : d'émettre ou recevoir des messages, faire circuler du langage.

L'âme glisse au long du bâti, à la surface de la tour, et peut-être aussi la connaissance. Une douceur s'offre à l'extérieur, comme la peau nue à l'eau de la mer, douceur assez forte pour résister aux circonstances ou les aller chercher hardiment à la fortune du monde, mais force assez fine pour en saisir les appels discrets, douceur dure et sensitive, équilibre délicat, en porte à faux quelquefois, entre le délectable et le déchirant ; nous n'apprenons rien vraiment que ce qui marque cette cire molle, chaude, assez froide pour que la trace perdure, adaptative jusqu'à la mort non comprise ; pour écrire, je lis sur ma peau d'écorché plutôt que de copier les parchemins de la bibliothèque, fais confiance désormais à cette mémoire plus qu'aux banques de données, un auteur répond de soi. J'écris sur ma peau et non sur celles d'autres qui répondraient pour moi, comme Bonnard a peint sur la sienne et l'expose sans honte. Je déchiffre mes rides, gravures du temps, écrites au style ; l'âme hante ce cuir recouvert d'inscriptions.

Il me semble que le cerveau concentre localement ce lieu de connaissance. Le je pensant frémit le long de l'échine, je pense partout.

Si chacun exposait, comme les peintres, ses dépouilles, ses mues, imitait l'écrivain et l'exhibition de ses parchemins, scarifiés, à chacun son labarum, son linceul ou son suaire, nous verrions un beau spectacle. Rides, cicatrices, panneaux racornis, œils-de-perdrix ou psoriasis, travail, douleur, mémoire, perversions secrètes tatouent la peau et la façonnent plus encore que la couleur native, le métissage raffiné ou l'exposition au soleil des plages, où nul n'est nu, habillé de son bronzage, mince voile en attente des cancers. Haillons marqués, troués, alourdis de reliefs, affichés à la cimaise, aveux lamentables ou stigmates du travail, sommes-nous vraiment autres que ces chiffons-là ? Que sommes-nous de plus que ces fantômes ?

Voilà comment errent les âmes dans les limbes et les librairies.

Un des derniers penseurs en langue française, Henri Bergson, a laissé à ses suivants plusieurs questions à résoudre, parmi lesquelles celle des variétés. Avec les mathématiciens de son temps, il distingue les variétés discrètes : fleurs juxtaposées des champs, animaux dispersés sur les îles, et les variétés continues : palette du peintre, jardin-paradis, pantoufle de vair, nuances de pudeur ou d'émotion sur la peau. Il place dans l'espace les premières, et les deuxièmes dans le temps ; il range l'espace du côté de l'intelligence, le temps du côté de l'intuition ; il classe l'intelligence dans la science et l'intuition avec la philosophie. Ce placement discret fait éclater son intelligence. On peut penser qu'il a laissé à ses suivants la question du temps. On doit, avant de s'en occuper à loisir, remonter à ses présupposés : la distinction des deux familles de variétés. La topologie pourtant n'a pas cessé d'explorer les espaces en y laissant la continuité. La seule faute philosophique commise au départ porte justement sur eux : on a cru longtemps que l'espace euclidien ou métrique, celui que nous considérons comme usuel ou quotidien, formait le seul envisageable. En fait, depuis la thèse de Bergson, les géométries et, avec elles, les espaces ont proliféré, nous ne voyons plus pourquoi le continu leur répugnerait, pourquoi il faudrait le classer dans le temps. Nous ne pouvons plus faire la confusion de l'espace et de la métrique, de l'espace et de la discrétion.

La subtilité passe sous la toile. Telle figure paraît, devant, une forêt de nœuds la conditionne, derrière. On dirait, déjà, quelque élément d'ordinateur. La tapisserie du Moyen Age montre les cinq sens, nous pensons fabriquer l'intelligence artificielle. Dans le même sens, *la Dame à la licorne* tisse un sensorium artificiel subtil. La subtilité enchevêtre la trame et la chaîne, l'une sur l'autre ou en dessous d'elle, haute ou basse lisse. L'entrelacs désigne une situation analogue, plus subtile encore. Pouvons-nous placer un troisième lacet entre les deux fils, où le faire passer ? Dessous, dessus, à côté, que signifie ce côté ?

La juxtaposition, dans la variété discrète, suppose de la distance entre éléments ou grains. Cet éloignement, qui sépare et distingue deux fleurs voisines, ou deux animaux, ou même deux fils, cet écart, aussi petit qu'il soit, permet d'intercaler un troisième élément ou grain entre les deux premiers. Cette possibilité lance ou commence une séquence, qui reproduit la vieille question du troisième homme, et dont nul ne sait si et quand elle finit. La voici : entre le grain premier ou second et le même troisième, un quatrième ou un cinquième peuvent-ils s'intercaler ? On devine l'entraînement de la série et sa loi simple.

Avant de courir aux choses infinies ou d'appeler le temps au secours pour pouvoir penser l'accumulation dense, il convient de revenir à la situation d'insertion ou de milieu. En effet, le troisième, à quelque échelon de la suite, a son gisement au milieu des deux précédents. Cette situation intercalaire dépend de plusieurs contraintes. Où placer le troisième grain, entre les deux ou au milieu d'eux ? Va-t-on placer un fil entre les deux éléments ou un plan ? Quelle inclinaison donnera-t-on à ce plan ? Va-t-on simplement penser entre eux un espace ? On peut, dès lors, ou aligner sur le fil une série finie ou infinie de grains nouveaux, ou en remplir peu à peu ledit plan, ou en saturer ledit espace, etc. Autrement dit : la situation « entre » décrit une suite alignée sur un segment droit séparant les grains, ou ensemence l'espace où ils sont plongés tous les deux. Précisons encore : cette situation déploie aussi et surtout une grande multiplicité ou variété de chemins ou de voies traversant ce fil ou cet espace. En effet, à chaque échelon où se pose à nouveau la question, le choix de la situation intercalaire du nouveau grain peut avoir lieu dans une dimension différente. Toutes les femmes savent cela, les cousettes, les fileuses, les tricoteuses ou tisserandes : tantôt dessus, tantôt dessous, etc. Aucun des chemins obtenus ainsi ne court droit, aucun ne demeure dans la même dimension, tous se tordent, gauches. Comme beaucoup de ganses et boucles se ploient ensemble là, un entrelacs inextricable se présente. Que la métrique s'efface et sa raideur, confondue si souvent avec la rigueur, et la distinction se distingue de la distance, et le nombre des chemins d'ici là-bas croît inexorablement, et se chevauchent les voies. Le corps muni de ses centaines de degrés de liberté vivait souplement, vit toujours cette situation avant que la topologie nous la réapprenne, ou nous apprenne une rigueur autre que celle d'un automate en bois. Qui ne voit immédiatement qu'un nœud au sens courant se forme là : dès que se présente un espace-entre. Or il se présente dans la discrétion comme dans la continuité, et plus dans la première que dans la seconde. Le séparé se nouerait donc mieux que l'inséparable ?

La distinction des variétés continues et des variétés discrètes ne paraît plus si distincte. Chacune se réduirait-elle au geste juvénile d'Alexandre le Grand tranchant du sabre le nœud gordien pour s'assurer l'empire d'Asie ? Toute séparation oublie le nœud ou l'entrelacs qui gît entre les choses séparées. Depuis Alexandre, nous avions oublié l'Eurasie. Le manque de subtilité nous empêche de voir la forêt des nœuds sous la toile ou derrière la tapisserie, éblouis par la représentation d'intelligence. Certes le tapis montre une sorte de mosaïque discrète, mais, pour l'analyser vraiment, il faudrait, de la main, défaire, derrière, les fils entrelacés. Quel travail, assurément, nécessaire pour démêler ce mélange ! Avant que l'infini ou le temps séparent le discontinu du continu, le nœud les attache. La pratique et le concept de connexion s'imposent antérieurement à beaucoup d'autres.

La situation ici décrite reste naïve. Il ne s'agit que de grains et de fils. La généraliser devient vite nécessaire. Où et comment glisser un fil entre deux fils, par où passer, par quel espace ? Il faut monter de dimension en dimension pour mieux comprendre. Où et comment glisser une feuille entre deux feuillets, par où passer, par quel espace ? Un nœud trace un chemin à une dimension dans une variété à trois dimensions pour connecter des éléments à une, à deux, à zéro ou à trois dimensions. Il faut imaginer pliures, invaginations, situations exquisément complexes qui généralisent la pratique et la notion de nœud à toutes dimensions imaginables.

L'ensemble des éléments situés entre deux autres peut suivre le segment droit qui les sépare, leur distance au sens métrique, peut remplir tout l'espace où les deux éléments se trouvent plongés, mais, plus généralement, décrit un chemin subtil et souple, ganse, boucle, guirlande gauches, partant de l'un, errant par toutes dimensions avant de joindre l'autre. Le nombre de tels chemins croît autant qu'on veut. Dans les deux premiers cas, on décrit la situation de milieu – point situé à égale distance des deux autres ou ensemble global qui entoure ou environne ces derniers –, dans les troisièmes, l'état d'un mélange.

Voici la situation spatiale ou conceptuelle du nœud. Bien entendu, on comprend ce dernier dans toutes les dimensions imaginables : un tissu lisse ou froissé peut aussi passer, à la faveur d'une lèvre ouverte, sur ou sous une autre toile, et ainsi de suite. Cette situation marque les limites de l'analyse. Dans une variété discrète, le tri paraît toujours possible, la patience suffit. On ne tient pas compte de la situation respective des grains ou éléments discrets, des chemins complexes qui la décrivent. Trop subtils, trop légers, imperceptibles. Dans la variété continue, ces chemins ont pris de la force. Bergson demandait qu'on attendît que le sucre fonde dans l'eau. Il n'a jamais exigé qu'on attendît que le mélange ainsi formé se sépare. Les lecteurs auraient dû attendre après la fin des temps. Le mélange ne s'analyse pas aisément. Il y faut du travail, chaleur, lumière, mille informations. Si je veux boire cette eau, je suis tenu de boire aussi le sucre, si je veux le sucre, je dois avaler l'eau, si je veux une composante, je dois passer par la résultante ainsi que par les autres composantes. Le continu est inanalysable à quelque moment, le mélange aussi. On dirait que le sucre et l'eau s'attachent par un nœud, que nous ne pouvons pas toujours délier. Chacun sait que le terme analyse reproduit un verbe grec qui signifie justement délier. Analyser demande qu'on défasse un nœud. Or nous croyons qu'analyser n'exige qu'une découpe : le couteau du cuisinier tranche les tendons, les nerfs et les muscles, l'analyste se satisfait d'avoir séparé les os. Comme si les os suffisaient à l'animal pour vivre. Dans la variété discrète, la vue qui divise, la vision de la division, s'aveugle sur les nœuds légers, ténus, qui unissent les situations respectives, comme si telle situation sous tel gisement par rapport aux autres éléments n'importait en aucune façon. Les éléments d'un puzzle dans une boîte ne disent rien du dessin visible après assemblement spécifique des pièces. D'une certaine façon l'analyste porte toujours un couteau, mime toujours Alexandre jeune et ne connaît pas les liens.

Il n'y a que des variétés nouées ou liées par des liens arachnéens ou épais, doux ou durs, nœuds que l'analyse défait avec aise ou embarras. Le mélange désigne cette situation mieux que le milieu.

Et le voile mieux que le solide. Et la peau mieux que la vue. Et le corps mieux que sa langue.

Le tissu se plie, se froisse, retourne sur soi, se noue à loisir. La peau se ride, s'adapte, elle règne entre les organes, contient les chemins complexes qui les lient; mieux que le milieu des organes des sens, la peau fait leur mélange comme une palette. Le tatouage de la femme nue au miroir ressemble à la palette de Bonnard.

L'organisme forme un gigantesque nœud à autant de dimensions qu'on veut. Il commence, à l'état embryonnaire, par un ou des feuillets, pliés, plissés, roulés, invaginés, l'embryologie paraît une topologie appliquée, on dirait une peau infiniment ridée. L'organisme se remplit d'échangeurs locaux qui finissent par faire un échangeur global, nœud géant de petits nœuds différentiels.

Le corps se plie, se courbe, s'adapte, jouissant d'au moins trois cents degrés de liberté, dessine des pieds à la tête ou au bout des doigts un chemin variable et complexe entre les choses du monde, changeant comme une algue au fond de l'eau, mille et un chemins d'échange ou de sémaphore. Connaître les choses demande d'abord à se placer entre elles. Non pas seulement devant pour les voir, mais dans le milieu de leur mélange, sur les chemins qui les unissent, la dame à la licorne tient fermement de la main droite la hampe bleue ensemencée de croissants et de la main gauche l'unique corne de la bête, le toucher se situe entre, la peau fait nos échanges, le corps dessine le chemin noué, lié, plié, complexe, entre les choses à connaître.

MÉLANGE, DÉVOILEMENT

La peau est une variété de contingence : en elle, par elle, avec elle se touchent le monde et mon corps, le sentant et le senti, elle définit leur bord commun. Contingence veut dire tangence commune : monde et corps se coupent en elle, en elle se caressent. Je n'aime pas dire milieu pour le lieu où mon corps habite, je préfère dire que les choses se mêlent entre elles et que je ne fais pas exception à cela, je me mélange au monde qui se mélange à moi. La peau intervient entre plusieurs choses du monde et les fait se mêler.

Mélange dit mieux que milieu. Le milieu, trop géométrique, n'est guère qu'utile : centre dans un volume, s'il se réduit à une intersection, ou le volume lui-même, s'il tend à l'environnement. Point ou totalité, singulier ou presque universel. Concept contradictoire et sans souplesse.

Tout a sa place au milieu quand le milieu se concentre, tout se rencontre et se noue en ce lieu complexe, en ce nœud où tout passe, comme dans un échangeur. J'imagine le plexus solaire d'un gaucher contrarié, de l'ambidextre malgré soi. Tout encore a sa place dans le milieu quand il s'élargit au volume, tout s'y rencontre. Comment ? A la contingence. Où ? Dans les voisinages. A la bonne heure, voici le mélange. Confluence, déploiement, occupation des lieux.

Milieu, abstrait, dense, homogène, quasi stable, se concentre ; mélange fluctue. Milieu fait partie de la géométrie solide, comme on disait autrefois ; mélange favorise la fusion et verse au fluide. Milieu sépare, mélange mitige : le milieu fait les classes et le mélange les métis.

Tout se rencontre à la contingence, comme si tout portait peau. La contingence est la tangence de deux ou plusieurs variétés, fait voir leur voisinage. L'eau et l'air avoisinent une couche épaisse ou mince d'évaporation, l'air et l'eau se touchent dans un lit de brume. La terre et l'eau s'épousent dans la glaise et la boue, se joignent dans un lit de limon. Le front froid et le front chaud glissent l'un sur l'autre sur un matelas de turbulences. Voiles de voisinage, couches, pellicules, membranes, plaques. Nous vivons sur des tapis roulants, à des milliers de mètres sous nos pieds, lents et têtus.

La théorie de la connaissance est sous-ordonnée à ses choix, je veux dire à ses exemples. Théorie ou intuition restent dans l'ordre de la vue, on a pu dire, et en rigueur. qu'elles demeuraient dans le solide. J'avance depuis longtemps vers le fluide, j'ai rencontré les turbulences, jadis, et naguère les mélanges. Soit à penser la fusion sans confusion. J'en viendrai bientôt à la liquidité, difficile à penser, l'avenir gît là, j'en viendrai aux corps mêlés.

Je cherche en attendant le modèle qui s'impose, en théorie de la connaissance, moins solide que le solide, presque aussi fluide que le liquide, dur et doux, voici le tissu.

La peau, de topologie plus que de géométrie, se passe de mesure. La topologie est tactile. La peau, multi-sensorielle, peut passer pour le sens commun.

Nous venons de quitter la théorie classique, sous-ordonnée au solide et à la vue.

Or, nous ne pouvons pas nous prétendre si exceptionnels. Nous ne sommes pas les seuls enveloppés de bords à nous jeter dans la contingence, les seuls souples touche-à-tout.

Le monde se remplit de voiles complexes.

Une tradition veut que la vérité soit un dévoilement. Une chose, un ensemble de choses couvertes d'un voile, à découvrir.

La philosophie équivaudrait à une variété un peu ennuyeuse d'illusionnisme ou de prestidigitation si elle se réduisait à cet exercice. La science perdrait de sa complexité s'il ne s'agissait que de découverte. Cela paraît puéril.

Non, la chose ne gît pas sous voile, ni la femme ne danse sous ses sept voiles, la danseuse est elle-même un complexe de tissus. La nudité révèle encore plis ou replis. Arlequin ne parviendra jamais à son dernier costume, il se déshabille infiniment. Reste toujours ocelles et tatouages.

L'état des choses s'enchevêtre, mêlé comme un fil, un long câble, un écheveau. Les connexions n'ont pas toujours leur dénouement. Qui démêlera cet embrouillement ? Qu'on imagine le fil du réseau ou le cordon de l'écheveau ou du lacis à plus d'une dimension, qu'on imagine l'entrelacs comme la trace sur un plan de l'état que je décris. L'état des choses me paraît une multiplicité croisée de voilages, dont l'entrelacs figure une projection. L'état des choses se chiffonne, se froisse, replié, parcouru de fronces et de volants, de franges, de mailles ? de laçages.

Dévoiler ne consiste point à ôter un obstacle, enlever un décor, écarter une couverture, sous lesquels gît la chose nue, mais à suivre patiemment, avec un respectueux doigté, la disposition délicate des voiles, les zones, les espaces voisins, la profondeur de leur entassement, le talweg de leurs coutures, à les déployer quand il se peut, comme une queue de paon ou une jupe de dentelles.

L'état des choses aurait pour modèle ce milieu ou ce mélange, pensable, ou intuitionnable, ou sensible comme un amas de tissus, mille dispositions possibles de voiles.

Sensible à la vue comme une aurore boréale, pour qui se trouve dans les dessous vaporeux, gaufrés, incandescents, drapés, légers, fragiles de cette lueur d'aube ; tangible comme la topologie des surfaces, de leurs événements ou circonstances ; audible comme des vagues, des ondes, mouchoirs de batiste qui flottent dans l'air ; sapide, sans doute, je sens ma langue s'habiller d'un haillon méticuleux, quand je goûte ; l'état des choses est le milieu des sens, mieux, leur mélange. La peau les mélange, voile elle aussi.

Le tisserand, la fileuse, Pénélope ou autre, m'étaient jadis apparus comme les premiers géomètres, parce que leur art ou leur artisanat explore ou exploite l'espace par nœuds, voisinages et continuités, sans nulle intervention de la mesure, parce que leurs manipulations tactiles anticipent la topologie. Le maçon ou l'arpenteur devancent les géomètres au sens étroit de la métrique, mais celle ou celui qui tisse ou file les précède dans l'art, dans l'idée, sans doute dans l'histoire. On a dû s'habiller avant de bâtir, se vêtir flou avant de construire en dur.

A généraliser cette hypothèse, on dira que le tissu, le textile, l'étoffe donnent d'excellents modèles de la connaissance, d'excellents objets quasi abstraits, premières variétés : le monde est un amas de linges. La femme, pour la connaissance, prévenait depuis longtemps le mâle. Femme nue de Pierre Bonnard, déesse à l'oiseau, fille à la licorne ou pauvresse en pantoufles.

La main court sur le fuseau, sur le métier, autour des aiguilles, crée le fil, le tord, le passe, le plie, le noue, la main se hâte dans les épissures et les brêlages, trouvant à coup sûr le couloir en dessous que l'œil ne voit pas, elle erre à travers le dépoli du verre, arasant les grains ensemencés par le hasard, piquants qu'elle seule sait élire, elle trace sur la plage boucles ou ganses, heureuse parmi ces rinceaux et guirlandes, la main danse, jouissant de ses degrés de liberté.

Le toucher, topologique, prépare les plans et les variétés lisses, pour un regard métrique, euclidien et paresseux, la peau couvre d'un voile ce que l'œil ne peut pas voir. Le vieux problème de Molyneux – l'on demande si un aveugle-né qu'on vient d'opérer saurait reconnaître de sa vue nouvelle un cube et une sphère qu'il savait distinguer de ses doigts – pose une question à la géométrie des clairvoyants plus qu'à la théorie de la connaissance. Pourquoi n'avoir pas expérimenté sur un rossignol ou une branche de lilas, sur une émeraude ou une jupe de velours, qui existent, plutôt que sur des volumes abstraits, qui n'existent pas ? Qui a jamais vu un cube ou une sphère, nous ne les avons jamais que conçus dans la langue. Donnez donc à l'aveugle une boule et un pavé, il saura de son toucher en apprécier les déformations continues, les déchirures et singularités, il vous demandera bientôt si vous savez de la vue faire la différence entre une boule et une sphère, entre un cube et un pavé. Il rira gentiment de votre déconfiture.

Sait-on qu'écrire exige l'habileté nerveuse et musculaire la plus fine ? Aucune autre manipulation ne recrute des terminaisons aussi nombreuses et petites. Qui sait le faire pourrait tout faire de ses dix doigts, un peuple qui apprend ce raffinement apprend d'un coup les métiers manuels possibles, plus grossiers ou plus faciles, qui l'a inventé a ouvert à l'humanité la voie vers ce possible-là, tout pratique. Mais, inversement, la brodeuse, la cousette, la fileuse, la chirurgienne même qui opère sous microscope lacent encore des coutures en connexions larges, comparées aux nœuds si fins ou aux chemins si chantournés de l'écriture, elles ont les mains dans les choses dures alors que celle qui écrit les plonge déjà dans le signe doux. Lien si délié qu'il ne tient à rien, nœud si ténu qu'il passe déjà dans un deuxième règne.

Le pur toucher ouvre à l'information, corrélat doux de ce qu'on appelait jadis l'intellect.

BOÎTES

GUÉRISON A EPIDAURE – TROIS AUDIBLES – DOUX ET DUR – PASSAGE – CELLULES

GUÉRISON A EPIDAURE

Seul, ce matin appuyé sur un gradin, je goûte le soleil, depuis deux heures, dans le théâtre d'Epidaure. Au solstice d'hiver, le déluge des touristes, nouvelle guerre, fait trêve. Paix dans l'air transparent, jaune et bleu. Silence. Le paysage attend les dieux, il les attend depuis deux mille ans. Silence. Les dieux vont descendre, la guérison adviendra.

Les conditions tacites de l'exacte acoustique baignent l'immense oreille, point d'interrogation, visible d'avion, dans l'axe du ciel. J'écoute, j'attends, dans le silence dense. Même les insectes, partout présents dans la mutité de l'été, dorment. Le monde diaphane apaise le bruit turbulent du corps. La santé vient, le silence des organes. Je tombe malade quand les organes s'entendent. Silence dans le grand théâtre, à la capitale de la guérison. Le corps ne s'écoute plus, jeté dans le pavillon de l'immense oreille aux dieux. Quand l'organisme ne se tait pas, quelle voix fait-il entendre ? Ni voix, ni langage : la cœnesthésie émet ou reçoit des milliers de messages, commodité, plaisir, douleur, malaise, assouvissement, tension, détente, bruits sous la voix ou dans le hurlement. Le donné du corps interne se plaint ou chante sans la langue. Asklépios amène le sommeil de ces messages, et leur lent effacement. La sortie du bruit guérit, mieux que la plongée dans le langage.

Le silence dans le théâtre et dans les buissons alentour entre dans la peau, baigne et pénètre, vibre, vide, au creux de l'oreille nulle. Je me donne au monde qui me rend convalescent. Je donne au monde une plainte basse, il me cède son immense paix.

Horreur. Voici un groupe. Il arrive, je l'entends de loin. Il projette à distance l'ordure du bruit. Avant que je ne le voie, de haut, sortir du tunnel aux branches vertes, il me casse les oreilles, il a troublé la transparence de l'air. Deux, dix ou quarante personnes s'environnent d'une coque de langue et d'une deuxième enveloppe de rumeur qui les précèdent, les bordent et les suivent comme la proue, les flancs, la poupe d'un navire volumineux. La mer vibre autour de la nef, encombrée. Le vaisseau arrive là. Orchestre. Ils parlent, criaillent, discutent, s'exclament, admirent haut, s'appellent, se conseillent, se montrent, font voir, décrivent, lisent le guide, écoutent, distraits, les explications, essaient cent fois l'acoustique précise du lieu. Fracas dans la grande oreille sociale. Les dieux, la guérison, l'accord des organes aux choses ont fui, peureux, devant ce déchaînement. Le groupe, ayant épuisé ses ressources de cris, passe, laisse traîner derrière lui la longue poupe de langage, encore, et le sillage de noise, vibrant toujours dans l'air troublé, le sillon, à son tour, se lasse, s'efface, la saleté disparaît, le silence lisse revient comme une pudeur froissée.

Qu'ont-ils vu, vraiment ? Ils ont entendu : des cris, des mots, des échos. Ont peu vu assurément, d'autant que les caméras ont vu à leur place ; mais qu'ont-ils entendu qu'ils ne savaient déjà, par leur langue-mémoire ? Sont-ils venus à Epidaure ? Arrivés malades, incommodés par le murmure des organes, entourés de leur bruit collectif, ils sont repartis dans le bateau clamant, sans avoir fait escale. S'ils avaient ainsi parlé, crié, dialogué, à Boston ou à Aix-la-Chapelle, ils auraient fait le même voyage, à la pluie et à la neige près. Seul sur le gradin, depuis deux heures en silence, je reçois peu à peu du monde ses dieux ; immergé dans la nef sociale, je n'aurais reçu de mon entourage que des bribes de langue. Le groupe transporte ses dieux dans les sacs, les cassettes du walkman. Dans ses sectes et ses bibliothèques.

Le silence revient comme une pudeur. Lentement. Les immortels hésitent à descendre en un lieu aussi facilement sali. Les dieux passent, légers, ténus, voisins de l'inexistence, esprits volatils, la moindre ride dans l'air les chasse. Ils ont fui depuis longtemps notre monde tonitruant.

Le collectif ne croit qu'en son bruit. Habitant ce bateau et voyageant sans le quitter, il croit que le donné du monde commence à la coque de langage, à la rigueur au tremblement de l'eau, alentour. Que le donné du monde se produit dans le gueuloir. Immobile, au soleil, sur le gradin, plongé dans la transparence jaune et bleu, j'apprends lentement que le donné survient comme la grâce. Esprit volatil, légèreté glissante dans l'air limpide. Les dieux se rencontrent soudain au coin du bois, il faut les y attendre, comme un petit gibier timide et peureux, avec une patience longue : j'ai cru souvent devenir statue, d'immobilité fixe et d'attente. J'écoute. Le donné vient doucement à mes côtés. J'écoute. L'oreille s'agrandit aux dimensions de l'amphithéâtre, pavillon de marbre. Ouïe couchée sur la terre, dans un axe vertical, qui tente d'entendre l'harmonie du monde. Elle attend les oiseaux venant du vent.

L'amphithéâtre ne dit pas un espace où l'on parle, mais un lieu où plusieurs voient. Une parole sacrée fait taire l'assemblée ; pas toujours une parole, un geste silencieux peut suffire à la rendre tacite, un mime, une sorte de rite, et le silence descend dans l'ouïe collective pendant que se fixe le faisceau des regards. Paix des organes fascinés : guérison. La musique peut suffire, l'orchestre, au creux de l'ouïe, prend la forme d'écoute et d'attente, l'assemblée se guérit en écoutant son propre accord, elle l'observe en silence dans l'immense oreille de marbre, elle entend son contrat social.

L'acteur, tribun, professeur, écoute avec passion l'intense silence, en explore le volume, en apprécie la qualité, en évalue la grandeur. La grandeur de sa parole et sa musicalité se produisent dans et par ce calme de cathédrale.

Il faut commencer. Un petit élément, signe, geste, attitude, suffit, détonateur de la paix. Qui parle au centre chante cette tranquillité. Il la décrit, mais la produit. Certes, il la fait, mais il la reçoit. Cela fait cercle, comme le font bouche et oreille pour le corps individuel, et ce retour cyclique construit le théâtre même, sa forme et son bâti. L'éloquence n'est produite que par le silence et elle le parfait, la parole a la qualité du calme, la grandeur de son volume, le calme a la qualité de l'éloquence, et le contrat social reconnaît le silence par le silence à travers ce dit. L'assemblée s'entend et se reconnaît à travers une parole émanée de son propre silence. Le dit peut s'annuler entre les deux grands blocs lourds de calme et de paix, sa cause et sa conséquence ; que le dit se taise, alors les dieux descendent.

La parole catalyse, ensemence l'accord silencieux, d'où l'on peut la retirer.

Mais le collectif, vite, enfouit son harmonie. dans le concassage chaotique du bruit, ses applaudissements. Entre les paumes des mains, les dieux sont broyés en morceaux menus.

Le cercle théâtral du geste, du dit, du silence, rare, se ferme à l'occasion des solennités. Le groupe est moins encerclé dans ce rituel qu'emprisonné à l'ordinaire dans sa noise et ses criailleries. Vociférations qui font s'enfuir les hirondelles. Ce rossignol chante pour limiter sa niche et tenir le terrain, de même, par nos techniques tonnantes, nous occupons et vidons l'univers. La terre est engloutie dans le bruit, comme sous la mer, jadis, la cathédrale.

Pour que vienne à soi la timidité du donné, enfui, la patience et l'attente ne suffisent pas, il faudrait une distance. Peut-on mesurer l'éloignement du collectif à partir duquel il existe des observables ? Peut-on briser le cercle du théâtre, ouvrir une porte sur la coque du vaisseau, fuir l'emprise du sillage, si l'univers entier retentit de notre fureur ? L'enfermement dans le groupe condamne au langage seul, puisque même le silence social le produit. L'enfermement dans le langage interdit de voir que son bruit offusque et trouble les choses du monde et les fait s'envoler.

Le monde, lourd, mais léger, fait peur, mais s'effarouche ; il s'impose, mais détale, ombrageux ; nécessaire, mais fragile.

Les ermites ont connu cette distance au-delà de laquelle une écoute du donné fugitif devient possible. Les anachorètes, les savants retirés l'ont cherchée. Pas seulement ceux qui aiment Dieu ou la vérité, mais les simples attentifs : les chasseurs aussi observent le silence pour laisser venir à eux les observables.

Se baigner de silence équivaut à guérir ; la solitude dégage le silence de l'empire du langage. Si le monde se remplit de bruit, qui, bientôt, cherchera ? La langue a produit la science, la science a rendu possibles mille techniques, celles-ci font assez de bruit pour qu'on puisse enfin dire que le monde clame de langue. Le langage a fait assez pour avoir enfin raison. Je cherche un gîte hors de cette raison : pendant le solstice d'hiver, à Epidaure, hors saison.

Le donné ne se donne qu'au-delà de ce premier seuil : il faut vivre seul. Si vous vous réunissez au nom de la recherche, toute recherche fuira. Dans votre assemblée, le verbe descendra, mais l'attention s'envolera. La vraie tour d'ivoire n'entoure pas le solitaire, elle enferme la réunion. Le groupe se clôt dans un mur compact de langue. Nul ne peut faire attention à autre chose qu'à des mots. Jamais je n'ai touché cet ivoire des mains quand je cherchais, seul ; je le vois, le touche et l'entends, il m'étouffe quand le collectif m'environne ; ce mur dur, lisse, infranchissable est bâti de sa langue. Les groupes se ferment comme des prisons derrière leur langage de bois, de vent, d'ivoire.

Seul, dehors, baigné d'air jaune et bleu, silencieux, je donne sa chance au donné que le bruit collectif expulse, aux sens que le langage anesthésie. Le groupe s'adonne à ses clameurs, se complaît dans ses acclamations, ne perçoit que peu de chose à l'extérieur, on dirait un corps malade sonnant de la rumeur de ses organes. S'il faisait silence, un jour, quelle santé recouvrerait-il ? Le silence sain des organes vaut-il seulement pour un corps individuel ? Venu à Epidaure pour une cure, en groupe, je n'aurais pu guérir. Dans son bateau bruissant de communication, le collectif s'enivre plus qu'il ne tombe malade, soûl de langue, drogué de bruit, en manque d'esthétique, anesthésié. Chacun, soir et matin, fait, refait les mêmes circuits des mêmes relations avec les mêmes personnes sur les mêmes canaux avec les mêmes mots, il ne peut pas ne pas le faire, comme s'il avait à reconstruire un pan de mur effondré sans cesse, à retisser une tapisserie qui se serait défaite dans la nuit. Halluciné, anesthésié aux choses. Je ne vis pas autrement que cet homme drogué. Adonné au langage : celui-ci anesthésie les cinq sens, tous les groupes où je vis en ont besoin ou vivent de lui. Voici la guérison que je demande au dieu Esculape, en ce matin d'hiver : silence des organes, certes, accordé au silence extérieur, mais surtout le silence en moi de la langue. Ma première cure, sans doute dure, de désintoxication. Qui construit une esthétique prie pour que ses anesthésies fuient.

Seul dans l'immense amphithéâtre, sous l'intense

soleil bleu, je veux me purifier à l'inverse de mes ancêtres : m'affranchir de mes parasites dans les ruines de la tragédie.

Condition nécessaire, mais non pas suffisante, que de s'asseoir seul, sous le soleil d'hiver, quelques heures attentif, à distance d'assemblée, sur un gradin de marbre, en silence, à Epidaure. La condition suffisante pour que le monde se donne au corps guéri, pour que le donné, gracieux, vienne s'asseoir auprès de lui, pour qu'émergent des observables doit exiger beaucoup plus, sans doute. Le donné peut se donner au-delà du premier seuil, solitude et silence, il ne se donne assurément qu'au-delà d'un second seuil : puis-je en mesurer la distance et en marquer la place? Peut-on sortir de sa langue?

Le dieu que j'attends est inattendu ; s'il vient, le reconnaîtrai-je? Je n'entends d'Esculape guérisseur qu'un nom ou une figure, que désignations et descriptions, je le connais trop déjà, il ne me guérira pas.

Socrate, au moment de mourir, a souhaité lui sacrifier un coq, pour acquitter sa dette de guérison. « Criton, nous devons un coq à Esculape, n'oubliez pas de payer la dette. » Déjà son corps se glaçait à demi, quand il découvrit son visage pour dire ces mots, les derniers. Il se pensait sur le point de guérir. La mort fait le but et la fin de la cure, faut-il mourir à Epidaure? Socrate a souhaité mourir, il gît, là, sur son lit, froid, délivré. Combien la vie et le corps devaient lui peser pour demander au dieu de guérir des deux! Silence définitif de sa bouche et de ses organes.

Il pensait sans cesser d'être laid. Peut-on vraiment penser sans accéder à la beauté, sans toucher au secret où frémit la vie, sans que le corps se transfigure? A partir d'un certain âge, un penseur répond de son visage, son savoir et sa pensée doivent répondre de son corps. Socrate hideux : quel aveu! Son corps demeuré noueux :

quel emblème de haine! La difformité de cet homme révèle sa philosophie malade. Il a aimé la mort, il l'a tant souhaitée. Voyez comment il l'exhibe, entendez la tragédie : combien se réjouissent devant ce cadavre de gnome en représentation, au centre, à l'orchestre, parmi les plaintes et les pleurs; dialogue sublime, joueuses de flûte, entrée des parents éplorés, coupe bue jusqu'à la lie, sanglots, applaudissements. Il n'a pas su mourir seul, il a fait toute une histoire du moment le plus banal, obligé, le plus solennel, privé, de la vie brève. Vingt-cinq siècles de philosophie pleureuse et plaintive devant ce laideron en exhibition; à quel dieu monstrueux et immonde se donne-t-il en sacrifice? A quel dieu hideux, exigeant haine, mort et laideur, doit-il son apothéose, devons-nous de l'écouter au centre du théâtre de philosophie?

Que font ses amis à l'ouïr dire, là, tandis qu'il agonise; l'amusent-ils en le faisant parler de l'âme, l'anesthésient-ils à la douleur et à la peur? Ce dialogue vaut-il une drogue, ciguë narcotique? Narcotique pour narcisse? Qu'ai-je à faire de cette mort et de ces paroles si je veux guérir?

Devenir philosophe, depuis cette agonie dans le petit théâtre cellulaire d'Athènes, consiste à venir prendre place au cercle nécromancien, debout, assis, appuyé sur un gradin, fasciné par ce corps sacrifié, maintenant décomposé, à manger Socrate mort et à le susciter toujours buvant continûment son narcotique.

Jusqu'à l'article de la mort, il n'a cessé de parler. Même en un instant aussi solennel et privé, il n'a su s'arrêter de parler. Socrate a voulu ne pas abandonner la prison de fer et de pierre, n'a pu s'évader, même un peu, de la forteresse parlière, n'a pas quitté la geôle d'ivoire formée des Lois et de son groupe de pression, n'a pu laisser le verbe, ni su oublier son dialogue et sa langue, mouche qui bat la vitre de la réponse et contrebat le mur de la question; la prison vibre de bruit jusqu'à l'agonie, tout finit par le sacrifice du coq, des paroles, des cris encore, quand le corps est glacé à demi. De quelle maladie la mort de Socrate, sacrifié apparemment aux Lois, guérit-elle ses amis, de quelle maladie polémique ?

Du gradin sur lequel je m'appuie depuis ce matin, je les vois et entends, verrouillés dans leur dialogue plus efficacement que par la prison, pris dans leur langue. Distrait, tout à l'heure, par l'attente des dieux ou par l'écoute du silence, je n'ai pas reconnu le groupe venu essayer l'acoustique précise du lieu en criant et vociférant, je vois maintenant l'entourage de Socrate, en répétition depuis plus de deux mille ans. L'un a imité le cri du coq pour qu'il retentisse longuement dans l'immense amphithéâtre, les autres ont ri. Le plus vieux s'est couché, fatigué, au centre du tympan, tous ses amis penchés sur lui. Silence. Un moment d'émotion passe, où la tragédie, dans l'intense lieu solitaire, furtivement, revient. Ils ont ri, à nouveau. Sont-ils partis guéris ?

Vois, dis Criton, si tu n'as rien d'autre à dire. Criton se penche sur Socrate et lui dit : vois. Vois ce qui te reste à dire. Mais le regard de Socrate resta fixe. Voyant cela, Criton lui ferma la bouche et les yeux.

Le regard ne voit plus ce qui reste à dire, fixe : preuve qu'ordinairement il regarde ce qui doit se dire. Il ne voit jamais coq ni corneille, il voit que coq reste à dire, et corneille à énoncer, mots ou catégories, absents des basses-cours. Le regard mort se vide non pas de lumière, d'images, de choses, non de couleurs, de formes, de nuances, mais de langage. Criton voit que Socrate ne voit plus, il voit de ses yeux dans les yeux du maître qu'il ne reste rien à dire. Voyant cela, il lui ferme la bouche et les yeux. Les yeux, c'est-à-dire la bouche.

Voir veut dire savoir. et savoir se réduit à dire ; voir ou vivre, et vivre ou dire. Il ne reste rien à dire, et le regard se fixe : rien à voir hors du dicible, il n'y a rien hors du dicible. Quand tu fais silence, tu ne vois plus rien, il reste à mourir.

Que vois-tu, ivre de verbe ? Je vois ta vue fixe et vide.

Que le regard se fixe ne prouve en rien la mort. Celui-ci a dû prendre quelque narcotique : hagard, anesthésié, ivre, sous drogue, il a le regard hébété des hallucinés.

J'ai entendu, il m'en souvient, des philosophes dialoguer, criailler, disputer au pied de belles montagnes, sur des plages de l'océan, face aux chutes du Niagara, ils avaient les yeux fixes de ceux qui trouvent à dire, je témoigne qu'ils n'ont vu ni la neige du glacier, ni la mer, qu'ils n'ont pas entendu le fracas de la cascade : ils argumentaient. Ils n'ont pas quitté la prison des lois, ils se menaçaient l'un l'autre de peines cellulaires, que l'un gagne par la force et il tuera l'autre. Bienheureux encore s'il ne tue que l'autre. Gens dangereux. Je crains moins ceux qui vivent sous drogue que ceux qui marchent sous langue.

Nous nous adonnons au dit. L'anglais dit bien : *addicted*.

Allongé sur le divan, Socrate parle d'âme, il associe l'âme et la langue, la parole et la guérison. Au milieu de ses amis, au centre du théâtre, il parle à mort d'âme immortelle et associe la mort et la guérison. Pas le moindre interstice, de porte, de fenêtre, par où s'évader, ni la moindre minute entre la mort et la parole, ni la moindre fissure entre discourir et mourir, pas la moindre ouverture par où quitter le groupe, étouffement derrière les murailles, étranglement dans le carcan triangulaire de la langue collective, de la mort et de la guérison.

La bouche a parlé, a bu, a goûté la ciguë amère. Ce qui passe par la bouche tue ou enivre hors la parole. Sinistre sapience qui ne goûte que la coupe de mort, amère sagesse qui nous hante depuis deux mille cinq cents ans.

Criton, Phédon, Cébès, Simmias, Echécrate, Socrate : ils parlent, criaillent, discutent, s'exclament, admirent haut, s'appellent, se conseillent, se montrent, font voir, décrivent un monde qu'ils ne voient pas, invisible, intangible, incolore, inodore, privé de saveur, se promettent des jours meilleurs chez Hadès, la prison de la parole ne s'ouvre que sur l'enfer ou le ciel idéal. Le héros se couche au milieu de l'orchestre, bruissant de langue, à demi glacé par l'effet de la coupe pharmaceutique, ils se précipitent sur lui pour demander s'il voit, s'il voit encore quelque chose à dire. Socrate au théâtre meurt dans le bruit, insensible. Il a bu la formule.

Jouissant ce matin de mes facultés, ma volonté distincte et claire teste qu'on fasse silence à l'heure de ma mort, je ne veux aucune drogue, ni de pharmacie ni de langue. Je veux entendre qui vient.

Vivant, qui suis-je maintenant, éloigné du groupe en fureur et de son mal de concurrence, qui suis-je assis là, immobile, au soleil, depuis plus de deux heures, sur un gradin de marbre au théâtre d'Epidaure, me donnant à l'air transparent où passent les corneilles, qui suis-je, bâti de langues, vives, mortes, française et grecque, formé de culture et venu par le prestige des mots Epidaure et Esculape, prometteurs de guérison, statue fascinée par le groupe réduit à son modèle ovale ou rond, à son ébauche de représentation, le grand amphithéâtre ? Aussi loin que je voyage, ce mauvais sujet reste à distance nulle de la rumeur de langue qui l'a modelé. Ce qui retentissait dans le sein maternel clame dans la conque de pierre et trouve son écho dans ma plus intime oreille. Le seuil que j'ai imaginé reste infranchissable, je suis bâti des autres que je prétends avoir quittés, ils font en moi, solitaire, le même bruit dans ma poitrine, rémanent. Puis-je laisser ce sujet drogué pour attendre les observables ? Je dois me tenir à distance de moi. Et cela s'appelle extase.

Je fais effort pour me dédoubler. Comme si demeurait là, sur ce gradin de marbre, un cadavre formé de part en part de langue, Socrate mort, mémoire qui prend l'espace de la tête et du corps, des passions et des pensées, un sujet au regard fixe et vide, à l'œil toujours rivé sur les catégories, ciel ou enfer, comme si se lançait hors de cette mémoire intégrale une écoute attentive, blanche et creuse, pur désir et don, en écart à l'équilibre par rapport au sujet de langue.

Qui parle toujours souffre : drogué, anesthésié, *addicted*, adonné au dit. Ivre de verbe, comme on disait ivre de Dieu. Muet, je vais vers le silence, vers la santé, je m'expose au monde. La jetée sensible, réceptive, délicate, raffinée, discerne la redite et s'en retire vite, attend, fait attention, en faux aplomb, ou déséquilibre par rapport à la masse de langue, comme une antenne à rareté déployée, attend l'inattendu, reconnaît le méconnaissable, sensible dans le silencieux. Veilleur patient, debout, cherchant un regard, un créneau, fissure, lacune, fenêtre dans le mur compact du langage, veilleur immobile courbé sous le poids désordonné de la nuit, attendant l'aurore, ébloui parfois de cette aube sans texte explosant d'un seul coup sur la longueur de l'horizon, à trente mille pieds d'altitude.

Je n'existe pas sans cette veille noire : corps d'histoire et de mémoire, stable dans ma langue, couché, lové, dormant dans le lit clos des mots et des propositions, dans leur cabine logique et combinatoire ou dans l'immense amphithéâtre. Ce sujet de langue rêve. Le rêve découpe une fausse fenêtre dans le mur langagier. Ce sujet d'histoire et de mémoire n'existe pas, dort, a les mêmes songes que les autres, les mêmes ambitions et concours, dans la tour d'ivoire de langue, rêve dans les représentations, comme au théâtre d'Epidaure, ou regarde la télévision et les pages artificielles, drogué de mots et de politique, adonné au dit. Sujet soumis, assujetti, couché, piétiné, écrasé sous le tonnage énorme de langage. Mort broyé.

En faux aplomb, j'existe, hors de la stabilité où l'autre sujet reste endormi ou mort. Au sommet vertigineux du langage, court le chemin de garde, où passent les veilleurs. Frileux, peureux, horreur du vent ou des flèches volantes dans le milieu du jour, certains veilleurs s'assoient, adossés aux merlons, parties pleines du mur encadrant les parties vides immobiles à l'abri du bâti ; marchons, je reconnais au passage mon corps stable et dormant, bercé de songes, drogué de langue jusque dans ses désirs inassouvis, je le reconnais en ce veilleur qui regarde l'intérieur, face ou dos vers le merlon, voici au contraire mon existence, veilleur aigu, agile, vigilant, éperdu, tendu au créneau, hors de la partie vide, en déséquilibre vers le vertige, extatique. L'existence ou l'extase se jette à l'écart, lancée, faux aplomb, attente, don à l'espace, risque vertigineux, délivrance de soi. D'abord stable, ensuite existant. Appuyé sur la langue, puis délivré d'elle. Là, référé, repéré, ensuite loin, sans référence ni repère. En sûreté, d'abord, puis donné. Le je n'existe qu'hors le je. Le je ne pense qu'hors le je. Il sent vraiment hors de lui-même. Le je dans le langage se réduit à la mémoire large de sa langue, se ramène au collectif, à l'intégrale indéfinie des autres, à la fermeture de son groupe ouvert, se gèle dans ses habitudes : saisis dans ce je langagier presque toujours et presque partout, nous ne vivons pas durant presque toute notre vie. Je ne vis vraiment qu'hors de moi ; hors de moi je pense, médite, sais, hors de moi je reçois le donné, vivace, j'invente hors de moi. J'existe, hors de moi, comme le monde. Je suis du côté du monde hors de ma verbeuse chair.

Or l'oreille connaît cet écart. Je puis la placer à l'extérieur de la fenêtre, la lancer à grande distance, la tenir très loin du corps.

Perdu, dissous dans l'air transparent, fluctuant de ses nuances, sensible à ses moindres comas, frissonnant à la risée minime, livré, mêlé aux éclats du monde, j'existe. Mon corps fait à ce point silence qu'une surguérison fait de lui un ange. Ah ! la bonne nouvelle, la chair devient sensitive, exultent les os humiliés.

Reprise de la tragédie dans les médias ordinaires.

Socrate condamné par les juges d'Athènes se condamne lui-même à mourir, par volonté de guérir. Au tribunal, il se trouve des hommes qui ont pouvoir de tuer d'un mot, leur sentence est exécutoire : phrase qui vaut acte. Comme dans la prison au dialogue, ici pas d'interstice entre dire et mourir, quelle immense performance. Le monde, interdit d'accès au théâtre, dans la geôle, aux assises, ne peut mettre d'intervalle entre le langage et l'action. La philosophie respire à l'aise en ces lieux où nulle expérience n'entrave la puissance des mots, à l'aise dans la représentation, dans la cellule, dans le groupe et le jugement. La langue tue l'acteur au théâtre d'Epidaure, elle le tue activement au tribunal.

Entre le juge. Il prononce la sentence. Socrate, ici présent, est condamné. Je tends l'oreille, j'écoute, j'entends la sentence, je l'entends, curieusement, dans une autre langue morte : *Socrates addictus*, Socrate convaincu par le droit, oral ou écrit, convaincu par la délibération, est condamné par ces paroles. Voici un terme de procédure performatif, puisqu'il vaut la ciguë. Boire le poison ou avoir dans la bouche ce mot équivaut. La philosophie ne s'engage pas vers la fin du XVIIIᵉ siècle dans la voie du droit ou du tribunal, où le verbe fait, mais dès sa fondation platonicienne. Depuis, elle aime dire que dire vaut faire, elle aime parler de langue. Socrate, convaincu par la parole du juge, mais condamné aussi par la sienne propre, a démontré de plus le jour de sa mort qu'il vaut mieux mourir, pour se délivrer de ce monde corrompu et de ce corps immonde. Deux fois *addictus*.

J'entends le même mot voler autour des gradins pour la deuxième fois. Le groupe apparu à l'orchestre a joué sans le savoir comme si le théâtre n'avait pas depuis longtemps perdu rôle et affectation, mort, ouvert sur le monde extérieur, plongé dans la limpidité bleu et jaune, entouré de buissons verts même en hiver, tendu au ciel lucide où volettent les corneilles. Les plantes, les bêtes et le vent du ciel ont envahi ces lieux clos, comme un coin fend une bûche, ouvrant l'angle entre le dire et le donné.

Comme au théâtre, le groupe reste dans ses dires.

Socrate, parmi ses amis, demeure à mort dans le dialogue. Les touristes de la vie ne verront rien de la terre des dieux, occupés à se dire ; nul ne veut du donné, ne veut le recevoir ni l'accepter, tous condamnés à leurs dires : adonnés au dit, *addicted*, anesthésiés, drogués, *addicti*, condamnés à la geôle de la parole.

La langue anglaise dit *addicted* une personne que la langue française donne pour adonnée. Cette personne s'adonne à la méditation, à l'étude, au plaisir, au jeu, à la drogue. L'écart entre les deux langues, la traduction, traverse un passage, un interstice de langage. Voilà le donné, voici le dit. Le donné ressenti équivaut-il au dit ? *Addit*, translaté, n'existe pas en langue française, comme si celle-ci laissait place au donné, ou pratiquait une ouverture sur une étrangeté hors d'elle, comme si la personne pouvait se donner à autre chose qu'à sa langue ; comme si le vocable *addicted* bouchait en langue anglaise cette fenêtre-là, fermait la porte du langage sur un porche, un seuil, un horizon sourds et muets, tacites. Le donné ressenti se réduit-il au dit ? La drogue rôde en cette question, au voisinage du corps, de la langue, du groupe et du monde, dans les brêlages de leurs nœuds. Oui, je viens pour me guérir. Nous sommes adonnés au donné comme nous sommes dédiés au dire. Vivons-nous en état d'assuétude au monde, source gratuite des donnés, vivrons-nous en état d'assuétude aux codes, à la banque universelle des données, sommes-nous condamnés à choisir seulement notre assuétude ?

La langue latine donne la racine de ce dire dans le lieu du tribunal, espace aussi fermé au monde que l'amphithéâtre. Le regard fixe et vide, Socrate est drogué, condamné, par la sentence, par le raisonnement, par le *logos* en général, par le dit devenu chose, ciguë : *addicted, addictus*. La ciguë : drogue, pharmacie et condamnation. Entre le juge, exit Socrate. Le juge entre en parole, Socrate sort de la vie. Socrate sort de sa vie de parole, de sa vie logique.

Entre le juge, exit Socrate. Le juge tient la place, désormais. Sur le théâtre, la représentation fait semblant. Elle tue pour rire, elle tue pour guérir, et le peuple s'en va, soulagé. Au tribunal, la parole vaut un acte, elle fait l'action, elle tue pour de vrai. Depuis que la philosophie est entrée au tribunal, elle s'est mise en état d'agir, de tuer. Elle a, de fait, tué des millions de personnes. De quel droit ?

De quel droit s'adjuge-t-elle ce droit ? Cette question, remarquable en sa formulation, répète le juge et répète le droit. Lorsqu'on demande à quelqu'un : de quel droit ? on lui demande en fait de désigner quelqu'un d'autre pour lui servir de répondant ou de garantie. Mais on peut tout aussitôt poser la question à cet autre, et ainsi indéfiniment. Comme si renaissait, dans le dos du second un troisième homme qui, à son tour, avait un dos : queue sans trêve. Il existe, en philosophie et ailleurs, une classe de questions où paraissent l'existence et l'inexistence, la fuite en avant de ce troisième homme.

Un groupe entre, tout à l'heure, à l'orchestre, autour de son vieillard ou de son guide. Socrate surgit derrière lui. Le juge surgit derrière Socrate. On lui demande alors : de quel droit ? Et derrière lui paraît une longue suite d'ombres.

Le garant est appelé à comparaître. Or, dans cette question de la classe des questions suscitant un troisième homme, la philosophie a toujours cherché s'il existait un dernier de la série, qui donne la raison à toute la série. S'il existe, qu'il comparaisse.

Le juge sort.

Le juge sort. Entre le préteur.

Le préteur ouvre la session judiciaire ; premier magistrat dans le temps et le grade, il ouvre la session en prononçant les premiers mots, les termes fondamentaux, qui ferment la série des questions de la classe du troisième homme. On ne peut lui poser la question : de quel droit, puisque, avant lui, le droit ne peut se dire. Il donne à tous le droit de dire. Premier, originaire, il ouvre le temps du droit.

Le préteur parle, il dit : *Do, dico, addico*. Je donne, je dis, je confirme ou adjuge. Bien sûr, nul ne comprend vraiment *addicere,* source, racine ou origine de la condamnation et de la drogue ensemble, verbe qui se tient derrière ce que dit ou fait Socrate, comme le juge se tient derrière le philosophe et le préteur derrière le juge. *Addicere* veut dire encore dire, mais aussi vouer, dédier, céder, comme vendre, donner en adjudication, confirmer une cession, mais aussi condamner. Les trois mots premiers du préteur, les *tria verba,* ressortissent au langage, au droit et à la religion. Ils font le commencement de l'action judiciaire, à partir d'eux les dires valent actes. Le préteur donne : il donne la formule, l'action, le juge même ; il dit : dit le droit, règle l'instance ; le préteur approuve et confirme la volonté des parties. Je pourrais m'épuiser longuement à raffiner la traduction que nous n'en serions pas plus avancés : il s'agit d'entrer en langage et d'en évaluer le poids, de lui donner la force maximale. Preuve qu'avant le préteur nous nous trouvions hors langue.

Considérons la formule dans sa disposition progressive, comme si les deux premiers mots se posaient pour produire le troisième. L'addiction égale l'addition du dire et du don.

Nous savons beaucoup de choses sur le dire, sur sa logique et sur son anthropologie, nous en savons tellement que nous ne savons sans doute que par lui, avec lui et en lui, nous ne savons que lui. Nous savons beaucoup de choses sur le don, sur la logique des échanges et sur leur anthropologie, nous en savons tellement que nous ne vivons sans doute que plongés dans son réseau. Mais nous ne savons rien sur leur addition ; sur leur synthèse, leur mélange ; sur l'addiction. Sur ce qui fait qu'à la fondation de notre philosophie, Socrate est condamné par la parole et drogué par la ciguë, est drogué de paroles et condamné à la ciguë. Nous ne savons rien de la prise du don, du donné par le dire, sur l'anesthésie du donné par le dire, sur le prix du donné, gratuit, payé par le dire, sur l'adjudication du don par le dit ; nous ne savons rien sur le don de la parole, sur le don des langues.

Addicere : dire et donner approbation en disant ; ou : se donner le droit de dire en disant ; ou : donner au dire le donné. Festus le définit ainsi, en faisant faire au troisième verbe le cercle, la boucle nécessaires pour rompre la reprise inéluctable de la question : de quel droit ? et son renvoi indéfini à un troisième homme. Derrière nous, Socrate ; derrière le philosophe, le juge, ou bien : derrière la représentation, le tribunal ; derrière le juge, le préteur, ou bien : derrière le droit, sa fondation dans la parole. La série se ferme là. Le préteur donne au préteur et à lui seul le droit premier de dire et de donner aux autres ce droit-là. Il se donne comme premier homme et premier disant : *addico*.

L'addiction, première diction, premier mot, confirme les autres. Rien ne l'emporte sur l'addition du dire et du don, en elle tout converge et se somme, ce qui passe par le dire et ce qui passe par le don, cherchez donc une exception.

Addicted : drogué, adonné au dit comme à une pharmacie. Le philosophe boit indéfiniment la coupe de ciguë, le cratère de mots. *Addictus* : condamné. Socrate philosophe se condamne lui-même à mort. Pour comprendre et fonder cette sentence et cette assuétude, il faut aller jusqu'à l'addiction ou synthèse première du langage et du donné. Comme si la décision originale du préteur, l'addition quasi algébrique du dire et du don dans les *tria verba*, comme si la thèse première identifiant le donné au dire produisaient par après mort et drogue, le sacrifice philosophique. Derrière le théâtre, derrière le tribunal, se joue la tragédie fondatrice : mort d'homme vraie par le poison langagier, vie usuelle dans le même narcotique. Sommeil à Epidaure, où le langage même prend les rêves. La guérison fuit en fin d'agonie.

L'addition du dire au don se paie par la mort et la drogue.

Il semble que des ombres dansent derrière le corps ou le dit du préteur. Aurait-il menti de se prétendre le premier disant ?

Avant la fondation du savoir, avant celle du droit et de l'approbation, avant celle même du premier dire, à la fondation sauvage, non historique, de la ville, Tite-Live, au premier livre, rapporte la décision que rien ne peut changer, rien ne peut s'instituer *nisi aves addixissent,* sans l'addiction des oiseaux.

Un vol de vautours passe derrière le dos du préteur, un vol de corneilles. Sort le préteur, entre l'aruspice.

Le plus grand des empires du monde, le plus long que notre histoire ait jamais connu, se dirigea en dernière instance sur des vols d'oiseaux ; voilà la décision la plus profonde jamais dite ou décidée en matière politique. Vous qui la lisez maintenant, vous qui l'apprenez, courez la répéter, toutes affaires cessantes, au général commandant les armées, au grand économiste gérant la crise, aux conseillers du président, aux ministres, au prince lui-même et à tous les votants que vous connaissez. Jamais bataille ne fut engagée par les légions romaines, jamais flotte chargée de blé n'appareilla, jamais on n'amenda une disposition légale, jamais décision de grandeur historique ne fut prise en ces temps-là sans que les augures aient d'abord attendu l'approbation dite ou donnée par les oiseaux, leur passage dans le ciel, leur façon de picorer le grain, sans l'addiction des volatiles. Rome, bien sûr, obtint la meilleure proportion de victoires de l'histoire, écrivit le droit le plus stable, mena la politique optimale, prit les décisions en moyenne les plus heureuses, elle reste, nous le savons, la première de tous les temps, et elle se confiait aux oiseaux. Avez-vous jamais entendu meilleure nouvelle, connaissez-vous une idée philosophique plus fine et plus sage ? Existe-t-il un fait brut qui ramène mieux à l'humilité vraie les grands de ce monde ? Et à la frivolité nos profondeurs prétendues, nos raisons et nos savoirs, discours d'économie, stratégie, politique, nos sciences illusoires, humaines ou sociales ? Ceux qui ont le mieux réussi n'écoutaient aucune langue, ils regardaient les oiseaux voler, n'entendaient nulle expertise, mais observaient picorer les poulets. J'aimerais voir à la basse-cour, soucieux et méditants, ceux qui disent tenir en main les destins du monde, dont nous voyons l'image et entendons la voix dix fois le jour, aujourd'hui où la politique se réduit à la publicité de l'Etat. Ah ! les voir bayer aux corneilles !

La tragédie du dire s'effondre dans le rire.

Sort le magistrat, entre l'augure. Nul n'a jamais entendu parler un augure, nul n'a jamais vraiment compris ce qu'il disait, quand il paraissait dire. Il ne demeure pas à l'orchestre, il ne s'y sent pas à sa place, il monte, vite, les gradins, sort du théâtre, quitte le tribunal, échappe à la prison, n'a que faire de ces tragédies, n'a pas besoin de mise à mort, il observe le ciel.

Les oiseaux ne parlent pas, les entrailles ne disent rien, le vol des vautours ne s'imprime pas dans l'air comme une écriture.

Esculape, maître en ces lieux, a pour père Apollon et pour mère une princesse ou la nymphe Coronis. Enceinte, celle-ci donna, dit-on, quelques-unes de ses faveurs à un troisième homme. Apollon le sut et la tua, non sans retirer de son sein Asklépios avant terme. Comment cet imbécile sut-il son infortune avant de commettre cette ignominie ? Par le vol singulier des corneilles. Il avait vu leur addiction.

Ainsi le dieu de la divination engendra celui des cures et de la médecine. Mais intervint au milieu d'eux un sacrifice humain. Le cadavre de la mère encombre encore le théâtre. Nous devons nous soigner, décidément, de la tragédie.

J'admire le rituel augural dont rient les philosophes, pour l'attention fine des aruspices au sens qui passe ou gît dans le monde sans ou avant notre intervention, de la main ou du langage : toute première observation où le perçu précède toute langue exprimée ou évaluée. Le préteur ne peut dire *addico* avant que l'augure n'ait vu l'addiction des oiseaux. Les vautours volent, les corneilles passent, les poulets picorent sans nous consulter : nous les consultons. Le premier disant approuve ou condamne, donne en adjudication ou retire la prise si et seulement si les oiseaux l'ont approuvé. Par la fenêtre dessinée dans le ciel par le bâton augural s'ouvre enfin la prison du langage, la geôle de Socrate, le théâtre et le tribunal. Ce temple, cet espace sacré découpé dans le volume de l'air, figure la fissure par où le langage perd, l'interstice par où il respire, le sens par où il commence, sa condition : les conditions de l'expérience, sa délimitation.

A travers ce créneau aménagé, l'œil se tourne vers le monde, l'ouïe écoute un autre son que celui des mots, un autre bruit que la vocalise. Grattement sec ou picotement du bec, caresse moelleuse des ailes de plume dans l'air turbulent. Même la fondation de Rome n'a pas lieu avant qu'on n'ait ouï ce vol.

Le dictateur dit, le général commande, le préteur annonce et approuve le droit, le philosophe parle, mais l'augure écoute et voit avant que ne disent le roi, le dictateur, le préteur ou le philosophe. Il précède le dire en silence. Il observe le silence pour laisser venir les vautours et les observer.

Le tribunal, idéaliste, dit le monde comme il se le représente, usite le langage performatif, dit que le dit vaut le faire, fait, oblige à faire comme si c'était vrai. Le roi, le dictateur, le général et le préteur, le prêtre même, le philosophe exact, le savant rigoureux, l'historien fidèle restent idéalistes, tout paraît se passer dans le monde comme dit la représentation qu'ils en disent ou font, leur dire, performatif, commande : disent tous que leur dire vaut un faire et tout le monde, sous leurs ordres, semble assez naïf ou obéissant pour les croire et pour faire comme si c'était vrai. La tragédie, la mise à mort paient le prix de cette croyance ou de cette obligation.

La mort seule prouve le sérieux du dire, la présence du cadavre. Elle fait foi, droit et spectacle. Seul gage que celui qui dit ne parle pas pour rien. Seule la mort ferme la fenêtre langagière par où la vérité pourrait s'évaporer, ou s'envoler comme une corneille. Elle fait du langage un système fermé, où la vérité prend sa référence. La mort seule fait preuve. Hommes de langue, hommes de mort.

La mort de Socrate ferme et confirme son langage, l'approuve, j'allais dire l'addit. La mort du verbe confirme le verbe, qui rachète d'un coup les choses du monde. Seule la mort garantit le langage, la véracité de la science, sa fidélité aux choses elles-mêmes, sa fulgurante efficacité. Hiroshima fonde la science contemporaine, comme la mort de Socrate fonda la philosophie moderne, comme la mort du verbe fonda le langage qui fait que nous sommes des hommes. La mort seule gît à l'orchestre, dans le milieu du théâtre.

Venu pour guérir, pour boire l'ambroisie, au cratère d'immortalité, je ne cherche pas l'immortalité mienne, personnelle, mais celle de l'espèce, en danger, maintenant. Le groupe entier doit se guérir de sa mort. Il faut faire boire non la ciguë, mais l'ambroisie la boisson d'immortalité, au genre humain. Dans les ruines de la vieille culture perdue, je tente de comprendre comment et de quoi la totalité de nos cultures aujourd'hui, malade, se drogue, à quoi elle se condamne, je cherche comment contribuer à la guérir, à lui rendre sa naïve et immédiate vitalité.

Les augures supposent un monde avant le dire des rois

ou des juges, un monde extérieur à la clôture collective et langagière, indépendant des armes et même des prières, où un sens, nu, paraît. Ils supposent que ce sens a lieu sans nous ; observant le vol des vautours dans les départements du ciel, ou le comportement des poulets sacrés, ou les entrailles des victimes, ils se placent dans la position du savant, déjà. Observent, regardent. Observent le monde comme si le collectif ne le constituait pas. Les savants des sciences dites expérimentales supposent aussi un monde ou des états de choses découpés, bien définis, indépendants des hommes, où un sens a lieu, non dicible exactement dans le verbe usuel, ni précisément dans le langage de nos échanges. Ce sens traverse l'espace hors nos langues, vol de corbeaux ou de vautours. L'augure, comme le savant, observe un sens nu, sans enjeu ni fétiche ni marchandise, sans langage de l'enjeu, du fétiche ni de la marchandise. Les livres auguraux, sibyllins, indéchiffrables et secrets, dit-on, ne se comprenaient pas, rédigés en une langue étrangère à toutes nos langues. Il me semble deviner qu'ils contenaient l'algorithme archaïque de notre physique : de même que le grec ancien anticipe notre langue, de même ces formules devaient se rédiger en l'algorithme ancestral de nos équations.

Les philosophes demandaient jadis si les augures pouvaient se regarder sans rire. Les philosophes, en effet, ne rient jamais, surtout pas en se regardant : ils grincent des dents. Ils ne peuvent jamais se regarder sans dire.

Je crois, comme les auspices et les aruspices, comme les savants, et sans pouvoir le démontrer, qu'il existe un monde indépendant des hommes. Cette affirmation qu'on peut, si l'on veut, appeler réaliste, nul ne sait en démontrer la vérité puisqu'elle excède le langage et qu'elle excède donc toute langue de démonstration. Le réalisme vaut un pari, l'idéalisme implique sa démonstration : l'affirmation qu'il n'y a pas de monde hors ce que nous en disons se plonge tout entière dans le langage, on peut la placer, de mille façons, dans une langue rigoureuse ; reste au contraire illogique pour la logique, indicible pour le dicible, qu'il existe des choses, des faits ou un monde hors du dicible et de la logique. Toutes ces thèses, autologiques, disent l'autisme du verbe. La maladie. La voilà. Donc les philosophes rient, si quelqu'un perce un trou dans la muraille transparente du langage, y passe la main ou le bâton, y lance son cheval et s'échappe de la clairière vers la forêt. Les philosophes rient car la philosophie est contemporaine du verbe, nous les avons reçus ou inventés ensemble. Je comprends tout à coup pourquoi la mathématique date de très haute Antiquité, elle ne dépasse pas la clairière de la langue, et pourquoi la physique fut tant retardée, tout dans la culture du verbe se moquait d'elle. Les philosophes grecs se moquaient des augures au nom du logos, comme les cardinaux latins condamnaient Galilée au nom de l'écriture, comme nous condamnons toujours cette croyance inéradicable dans la subsistance du monde. Nous oublions toujours que le monde porte notre immortalité.

Je crois, je sais, je ne peux démontrer qu'il existe un monde parce que les livres écrits au moyen des autres livres n'apprennent rien qui vaille, mais nous reconnaissons ceux qui viennent du monde.

Je crois, je sais, je ne peux démontrer qu'il existe un monde sans nous ; qui ne préfère écrire sous la dictée de son formidable silence, dans la joie et la santé, plutôt que sous le jugement de quelque tribunal ?

En haut de l'amphithéâtre, le mur de couronnement s'écroule, par places, formant créneaux et merlons irréguliers, par ces fenêtres de circonstance des corneilles passent.

J'imaginais avoir médité une leçon inaugurale. Mais encore une fois l'observation augurale ne se présentait pas nue. Le prêtre savait une science consignée dans un écrit préalable. Observer ne peut, ne sait se détacher d'interpréter. Le langage et le code collent sans cesse au donné, la bouche impérieuse et la trace têtue accompagnent le sens et ne lui laissent pas la bride libre.

L'addiction de la corneille a tué la nymphe avant que naisse le dieu de la guérison. Un savoir de langage précède toujours. Et la mort l'accompagne, la tragédie bassement inéradicable. Et le théâtre ne nous quitte pas.

Drogué de savoir? J'aime que le savoir fasse vivre, cultive, j'aime en faire chair et maison, qu'il aide à boire et manger, à marcher lentement, aimer, mourir, renaître parfois, j'aime à dormir entre ses draps, qu'il ne soit pas extérieur à moi. Or il a perdu cette valeur vitale, il faudra même se guérir du savoir.

Coupé en morceaux menus, nouveau à chaque prise absorbée, vite monotone, vite désuet, passant, rapide et plutôt en cours d'inflation qu'en vraie croissance, le savoir livré par les thèses, les articles, les revues scientifiques a pris la même forme que l'information assenée par les journaux, écrits, parlés ou visibles, par l'ensemble des médias, ou qu'une liasse de billets ou qu'un paquet de cigarettes, partagés en unités, classés bientôt à la banque des données, mis sous codes. Nous ne vivons plus adonnés au dit, nous allons perdre le langage à son tour après avoir perdu les sens, mais, naturellement, adonnés aux données. Non plus celles du monde ni celles des langues, mais celles des codes. Savoir égale s'informer. L'information devient la forme supérieure et universelle de la drogue, de l'assuétude, de l'addiction.

Ladite activité intellectuelle équivaut à la prise d'un narcotique : ne pas manquer la prise régulière d'information sous peine de perdre contact. La dernière annonce rend désuètes les précédentes, voici la loi de la drogue, où seule la prochaine prise compte. Ni l'information ni la prise ne donnent du bonheur quand on les a, mais rendent misérable quand on ne les a pas. La science ne forme plus au détachement de la concurrence, du mime, de l'envie, de la haine et de la guerre, les pires de nos maux, elle se donne sous une forme qui les empire et les exaspère. Le savoir en pointe dévalorise vite tout le reste du savoir : pointe qui pique, s'enfonce, fait mal, assujcttit.

Le savoir donne. Vite, beaucoup. Sous forme de données, devient le donné.

Le savoir dit. Vite, beaucoup. Sous forme de code, remplace le langage.

Il remplace le donné, il devient le langage.

Il donne, il dit. Approuve, condamne et assujettit.

Sort le préteur. Entre l'augure. Le préteur ou le premier homme, puis l'augure au vrai commencement. Avant même le préteur.

Sort l'augure. Entre le savant.

Le savant dit, à son tour : *Do, dico, addico.*

Je suis drogué par le savoir.

Silence à la capitale de la guérison, silence à distance d'information. Ne plus boire ne semble pas difficile, arrêter de fumer m'a paru naguère héroïque, jeter les journaux, faire taire la radio, laisser dans le noir le poste de télévision, voilà l'élémentaire et vraie désintoxication. Je suis venu à Epidaure pour plus encore. Ne plus se tenir au courant, comme on dit, de la science, ne plus courir dans ce courant donne la délivrance. Fin de la drogue la plus dure, commencement d'une sagesse.

Cette idée si répandue que tout doit se dire et se résout par le langage, que tout vrai problème donne matière à débat, que la philosophie se réduit à des questions et réponses, qu'on ne peut se soigner qu'en parlant, que l'enseignement passe exclusivement par le discours, cette idée bavarde, théâtrale, publicitaire, sans vergogne ni pudeur, ignore la présence réelle du vin et du pain, leur goût tacite, leur odeur, oublie l'élevage par les gestes à peine esquissés, la connivence, les complicités, ce qui va sans dire, la prière d'amour insigne, les intuitions impossibles qui claquent comme l'éclair, le charme qui traîne derrière une allure, cette idée judiciaire condamne les timides, ceux qui ne sont pas toujours de leur propre avis et qui ne savent pas ce qu'ils pensent, les chercheurs, cette idée de professeur exclut ceux qui n'assistent pas à la classe, les inventeurs et les humbles, ceux qui hésitent et sont touchés, les gens d'esprit et les hommes de peine, les cœurs en peine et les pauvres d'esprit, j'ai connu tant de choses sans texte et de personnes sans grammaire, enfants sans lexique, vieillards sans vocabulaire, j'ai tant vécu à l'étranger, muet, terrifié derrière le rideau des langues, aurais-je vraiment goûté la vie si je n'avais fait qu'entendre ou parler, le très précieux de ce que je sais reste enchâssé de silence. Non, le monde ni l'expérience, ni la philosophie, ni la mort ne se laissent enfermer au théâtre, dans le tribunal ni dans une leçon. Cette idée vraie oublie la physique et la vie, la science et la littérature, le pudique et la beauté.

Le savoir sage guérit et forme le corps, il embellit. Plus je fais attention et cherche, plus je pense. Je pense donc je suis beau. Le monde est beau donc je pense. Le savoir ne peut pas se passer de la beauté. Je cherche une science belle.

A partir d'un certain âge de son histoire, la science doit répondre de son visage, de la beauté qu'elle présente et produit. Je délaisse le savoir qui a pris sa forme actuelle parce qu'il enlaidit hommes et choses, parce qu'il vieillit mal et qu'il a échoué à former nos enfants. Il porte laideur et mort, le masque tordu de la tragédie.

A partir d'un certain âge, la science doit répondre des enfants. Sort le savant, voici l'enfant.

Nous sommes allés l'un vers l'autre, sous le soleil, il ne parlait pas, je ne parlais plus, nous nous sommes pris par la main, nous avons quitté furtivement l'amphithéâtre.

Il ne fait pas chaud, il ne fait pas froid, le vent caresse le visage et les bras comme s'il dessinait sur la peau une carte, la brise douce engage avec le feuillage des arbres un entretien quasi musical, sous voix, les premières odeurs âcres émanent des tiges, une herbe vient entre nos lèvres, nous en mâchons l'astringence, le paysage des dieux s'ouvre dans la vallée par petits lambeaux labourés, jaune et bleu, comme une queue de paon ocellée, jusqu'à l'austérité rocheuse de la colline, viens

viens, je voudrais te léguer les choses sensibles perdues, le conciliabule du monde multiple et du corps nué, je te léguerai la finesse, goûts et parfums, la sapience et la sagacité, viens, et quand nous aurons construit la peau par pans, comme un habit, je te dirai, après, les vieilles ruines de ma langue, mon beau langage qui va mourir, issu directement de l'eau qui se chiffonne comme une soie, du peuplier dont la feuille quasi sessile bruisse, douce voix des choses, viens dans les restes abandonnés des deux jardins pillés, oubliés, le jardin des sens détruit par le langage, le jardin de ma langue détruit par les codes, viens tant qu'il est temps encore, je m'y étais mal pris, nous allons recommencer.

viens, le dernier des enfants des hommes à pouvoir entendre et voir, viens sentir et toucher, tu apprendras bien assez tôt la science, assuré que tu l'apprendras.

TROIS AUDIBLES

La cure à Epidaure consistait en rêves et sommeil : le patient devait entendre ce que son corps, malade, émettait. Il partait guéri s'il avait obtenu le silence des organes. La première source de bruit gît dans l'organisme, dont l'oreille proprioceptive écoute, en vain parfois, le murmure subliminaire : des milliards de cellules s'adonnent à une action biochimique telle que nous devrions nous évanouir sous la pression de leur rumeur. De fait, nous l'entendons quelquefois et nommons maladie cette écoute. Le tohu-bohu se propage dans la boîte noire de boîtes noires que dessinent les niveaux d'intégration : molécules, cellules, organes, systèmes... et se redresse, peu à peu, en information, à travers limites et chicanes. Il aboutit, par ces redresseurs successifs ensemencés par la complexité des boîtes, au silence sain et sans doute au langage.

Entre la clairvoyance et l'aveuglement, la vue se perd, se brouille, s'évanouit dans un nuage laiteux : le désordre passe les obstacles que le corps élève devant lui. Qu'il parvienne à les renverser tout à fait, le noir règne, advient la cécité complète. Ainsi les sourds entendent toujours, non des signaux ni des voix, mais des acouphènes, cris d'enfer, aigus, tendus, monotones, à devenir fou. Ce supplice terrible les condamne à la musique. La vie devient un équilibre difficile à maintenir entre la nappe musicale et le bombardement chaotique du bruit. Quand l'harmonie se retirera, comme rompt une digue, je mourrai les oreilles crevées sous l'inondation hurlante. La victoire définitive du multiple marque la fin de l'agonie.

La deuxième source de bruit se disperse dans le monde : tonnerre, vent, ressac d'océan, oiseaux des champs, avalanches, grondements terrifiants qui précèdent les tremblements de la terre, signes galactiques. Les auspices écoutaient le glissement des ailes dans l'air, hors du théâtre et avant qu'il se fasse, hors le social ou le politique et avant eux. Ce bruit se redresse aussi en information à travers la boîte joliment compliquée de l'oreille externe et interne, mais souvent nous bâtissons des boîtes tout aussi raffinées autour de nos corps : murailles, villes, maisons, cellules monastiques. A travers portes et fenêtres, la monade perçoit doucement.

La dernière source de bruit gît dans le collectif, elle surpasse, de loin, les autres au point de les annuler souvent tous deux : silence au corps, silence au monde. Il faut des circonstances rares pour qu'un groupe consente à se taire : chartreux, trappistes, quakers attentifs à une autre parole, Gascons éclatants et intarissables tassés à vingt-cinq dans une palombière dans l'attente inaugurale des oiseaux, muets, comme une tombe. Ces exceptions confirment la loi : la société produit un bruit colossal, celui-ci croît avec celle-là, le rat des villes se distingue du rat des champs par sa vaccination à cette rumeur. Nos mégalopoles assourdissent : qui supporterait sans défaillir cet enfer-là s'il ne s'attendait pas justement à l'équivalence du groupe et du fracas ? Faire partie de l'un consiste à ne pas ouïr l'autre. Plus vous vous intégrez, moins vous l'entendez ; plus vous en souffrez, moins vous entrez en compagnie. Cris, klaxons, sifflets, moteurs, appels, rixes, stéréotypes, querelles, colloques, assemblées, suffrages, polémiques, dialectique, acclamations, guerres, bombardements, toute nouvelle a six mille ans, elle ne renseigne que sur ces clameurs. Le bruit définit le social. Aussi puissants l'un que l'autre, se propageant aussi vite, difficiles à intégrer dans les deux cas. Le passage de la rumeur désordonnée ou chaotique à l'information, même privée de sens, pourvu qu'elle montre un certain ordre, ou du fracas vers la musique, même stupide, rédige directement le contrat social dont le texte demeure introuvable. Vous ne lui trouverez jamais de sens, il en a aussi peu que la mélodie, le rythme, l'information ou la rumeur. Hermès a montré contre Argos que le son par son ubiquité intègre en un seul phénomène sensible à chacun l'ensemble d'un espace où la vue reste multiple. L'audible tient pays par sa capacité large, le pouvoir appartient à qui possède cloche ou sirène, au réseau des émetteurs de son. Même les armées faisaient défiler la musique devant elles : la collectivité la mieux soudée par la violence avertit tout adversaire possible de la force de ses propres liens, comme si elle se faisait précéder de sa définition ou de sa signature. En tout cas ce bruit-là, paroles, moteurs ou musique, couvre l'appel des choses et la plainte basse de nos organes, le plus souvent. Le donné donc ne se donne-t-il que par le langage ? Oui-da et plus encore, il se donne dans et par le charivari sociétaire dont notre langue marque parfois l'avancée excellente.

Nous ne savons pas, dans l'ensemble, à quel point nous faisons peur au monde, ni dans quels terriers noirs nous le faisons fuir. Les tigres rôdent dans la jungle, les aigles se retirent sur les escarpements, les renards dans des sapes et les sages en certaines îles, par terreur de ce bruit-là. Espèces menacées qui meurent aujourd'hui parce que nous avons appris à mieux le répandre. Les augures passent avant la bataille : quel oiseau se risquerait, après, au voisinage de la fureur ? Demandez aux habitants d'Hiroshima quel donné du monde ils écoutaient certain jour d'été 1945.

Disposons-nous de quelque oreille pour le vacarme collectif ?

Je ne remercierai jamais assez l'amie qui m'a montré Pinara. D'un cirque immense de montagnes quasi clos où l'on ne parvient plus qu'à pied, faute de chemin, par une espèce de col pelé, une falaise transcendante barre le fond. On jurerait la face d'une côte interdisant l'accès à terre, comme à Fécamp. Cent mètres de commandement, accore. Et trouée sur la hauteur et la longueur, en lignes floues et colonnes, de tombes. Enterrement vertical. Fenêtres ouvertes, noires, sur l'au-delà du mur. Quel pouvoir souverain va paraître, ici, à mille balcons, sous les acclamations du cirque ? Mais que tous ces cadavres se lèvent, d'un seul coup, et voici la façade d'une cathédrale, peuplée de statues, raides, hérissée de revenants jusqu'au haut du couronnement. Dix mille yeux morts regardent la vieille ville en ruine bâtie sur une éminence en contrebas, la surveillent, petite, écrasée. Stupéfiant et constant vigile, la mort monte la garde au-dessus de la vie, le temps de l'histoire va, va encore après l'extinction de l'histoire, sous le regard aveugle et multiplié de l'éternité. Or Pinara se situe dans le centre du monde, grecque presque et européenne déjà, asiatique puisque turque, où les tombeaux annoncent l'Inde, mais africaine pour répéter la falaise dogon. Le temps s'arrête où l'espace s'involue.

Face au mur solennel, nécessaire, de l'autre côté par rapport à la ville, diamétralement opposé aux tombeaux, s'ouvre le théâtre grec. Qui s'assied là s'attend à tout entendre, élargi par les échos, le silence auguste des emmurés, la clameur de la ville les repoussant au fond de leurs sapes, le texte et la musique de la tragédie sur l'orchestre dilapidé, les applaudissements sur les gradins dégradés.

Or le théâtre, à Pinara, ne fait pas face à la campagne ou à la mer, comme pour défier le vent et le ressac de sa musique ou de sa diction, il se ferme au contraire sur le cirque social, homothétique. L'un a la même forme que l'autre, modèle réduit. Tout le grand paysage fait amphithéâtre : la falaise funèbre s'élève devant l'orchestre, la ville se met en scène, tout le cercle des montagnes pourrait s'étager en rangées de gradins, le théâtre construit n'en forme qu'une partie. Voici la place de Sienne soi-même, ou celle de Bazas, ou le parvis de Notre-Dame, fermant de sa falaise aux morts, comme à Saint-Pierre de Rome, le cirque social. Tout le monde y voit l'hôtel de ville ou l'église, et le bâtiment public voit chaque passant : comme si le contrat social, indicible, restait constructible, comme si le public demeurait du côté des morts. Institution de pierre ou statuaire. Le théâtre a donné son modèle à la place et celle-ci à l'amphithéâtre, boucle simple et banale. Or tout le monde semble penser ici ce que les mots disent : voir. Chacun dans la courbe du gradin et sur la dominance inclinée le long de la déclivité voit chacun ordonné sur l'échelle bestiale et tous voient en commun le spectacle de mort ou la tragédie fondatrice. Plus on se plonge dans cet espace, plus on voit et moins on entend. Et plus on s'en retire, moins on voit mais mieux on écoute. Ou plutôt : mieux on voit qu'il s'agit de l'ouïe. D'une prise de son ou d'un piège à rumeurs. De l'immense boîte sociale, émettrice et réceptrice.

Celui qui parle ou chante au centre entend le silence de l'assistance qui entend son propre silence et la voix qui en émane, boucle parfaite et temporaire qui s'écroulera vite sous le bruit des applaudissements ou sous les vociférations ou sifflets de l'échec. Dans une même phrase et à l'intérieur du même espace pendant la même action, se réunissent le crépitement chaotique du bruit, le rythme et la musique, le silence et la voix chantante, tout ce qui précède le langage, et les transformations de l'un à l'autre, comme s'il s'agissait ici d'une boîte sonore et sourde, tempétueuse, attentive et tacite, propre à changer un régime acoustique dans un autre, exactement comme nous l'avons décrite dans le corps, émetteur de son bruit et récepteur de ses douleurs et crises, aises et joies, boîte vacante en la santé, producteur de langage à partir de ses vibrations chaudes. L'écho des montagnes, à Pinara, ne peut que renvoyer les acclamations sociales, nous n'entendrons plus, d'ici étant, les hurlements des loups. Sauf comme ancêtres des villes.

Le groupe s'écoute comme nous faisons. Il émet du bruit, colossalement, l'entend, le raffine et le change au cours de la boucle ou feed-back en stéréotypes, opiniâtretés, stances psalmodiées, vers tragiques, analyses politiques, sciences sociales... plus un autre bruit de fond, ordure ou résidu de la transformation, acclamations croissantes avec la perfection de la musique induite, émet donc une fois encore pour soi langues et clameurs par ledit travail de changement et lance encore en retour une autre boucle pour une transformation nouvelle mais répétitive, et ainsi de suite, nous racontons ainsi ses mythes, musique, chants et religion, sa geste enfouie et son histoire proche. Il émet donc sans cesse et reçoit continûment de l'information sur soi et du bruit de soi, guerres et récits, crises et tragédies, ses langues et ses conditions, en des cycles multiples.

Sous l'écrasant soleil de l'Asie Mineure, Pinara

éblouit par sa géométrie pure et abstraite : l'oreille théâtrale tourne son pavillon vers les rumeurs détaillées de la ville vive, mais surtout reste à l'écoute de l'émission de fond venue de mille bouches d'ombre, les tombes noircissant la haute falaise sombre, plainte longue des morts encore audible dans le cirque deux mille ans après la mort de la ville. Le théâtre fait épicycle sur l'immense hémicycle référé aux tombeaux. On dirait que l'un continue à rouler sur ou dans le second, multipliant les boucles, inventant des représentations sous la rumeur continuelle de l'éternité, sa politique et son histoire. Les hommes, ensemble, écoutent leurs morts : falaise, immense poste de radio ou de télévision.

Nous ne pouvons ni parler ni chanter sans la boucle de retour qui assure l'écoute de notre propre voix. L'oreille rassure et régule la bouche qui émet partie pour soi et partie pour autrui, autrui assurant d'autres boucles d'alimentation en retour. L'intuition cherche sous terre le grand corps couché, enterré, dont le pavillon dépasserait, bâti de marbre, dont les bouches noires parlent et hurlent depuis des millénaires à travers l'accore falaise.

Nos cellules par myriades clament : une oreille proprioceptive, souvent sourde, écoute. De multiples boucles règlent ce charivari qui, sans doute, se transforme en nos aises et malaises, crises et silence, début de langage. Notre bouche clame, l'enfant qui ne parle pas pleure et crie : l'oreille rassure ces messages, les dialogues les régleront. On peut dessiner des cycles qui unissent pour le corps émissions et réceptions. Pourquoi ne pas les nommer déjà conscience de soi ? Le plus souvent fermée par ces boucles, ouverte pourtant.

Nos morts par myriades clament ; l'assistance, au théâtre, bruit ; le collectif assourdit. Qui écoute de tout son corps cette rumeur l'apaise, la suscite, la règle ou la maîtrise, parfois, non toujours, car elle peut l'écraser ou le dépecer. On peut dessiner mille cycles qui unissent pour le groupe émissions et réceptions, plus l'entretien constant du mouvement. Discours, musique, constructions, médias, représentations. Pourquoi ne pas nommer contrat social cette circulation du flux tonitruant, doué ou privé de sens ? Ou pour chacun d'entre nous : souci, passion, enthousiasme pour l'appartenance. Le plus souvent fermée par ces boucles, rarement ouverte.

Les choses par myriades clament. Souvent sourde à d'étrangères émissions, l'ouïe s'étonne de ce qui crie sans avoir de nom en aucune langue. Le troisième cycle, qui s'amorce par une écoute rare et qui demande surdité à soi et au groupe ou interruption des cycles clos de la conscience et du contrat, pourrait déjà s'appeler connaissance.

Tout l'audible possible trouve des lieux d'écoute et de régulation.

On dirait que le corps se construit comme une boîte ou des boîtes où transitent ces cycles. Que le groupe se forme comme une boîte ou des boîtes où circulent ces flux. Et que la connaissance, monde clamant plus ouïe attentive, bâtit la plus grande boîte blanche.

Reste à décrire cet audible, que je vais dire dur ou doux.

A ouvrir quelques boîtes noires : maison, prisons, enfers, vaisseaux.

Enfin à dessiner quelques passages délicats pour les flux ou les cycles : couloirs tenus par Muses, Sirènes, Bacchantes, toutes femmes.

DOUX ET DUR

Quand une grand-route se trouve en mauvais état, on peut la réparer, remplir de graves les nids-de-poule, passer le rouleau sur du macadam neuf, la renforcer à grands frais de travail, de sueur et d'or. Mais une autre solution reste possible : accrocher aux platanes une suite de panonceaux où le passant pourra lire : route en mauvais état. L'administration préfère cette solution, moins chère et flattant sa tendance à la note. Des ingénieurs, naguère, montraient, chiffres à l'appui, que la lecture de l'avis plus quelques cahots de son carrosse obligent l'usager à de petites vitesses qui abaissent brutalement le nombre des accidents. Sécurité. On aurait juré qu'ils voyaient le passant glisser sur l'affiche et non secoué par les fondrières.

Casser des cailloux, en transporter des tonnes, compacter ensemble leurs arêtes vives exige des énergies mesurables en chevaux-vapeur. Dessiner au pinceau, rouge sur blanc, des croix et des lettres, les reconnaître au milieu du code, exige des énergies incomparables. On évalue les premières à l'échelle entropique, les autres à l'échelle informationnelle. L'une manuelle, la deuxième digitale. Celle-ci a la faveur du philosophe, qui aime les signes et mots, le langage, écritures et paroles, icônes et panneaux. Une enfance asservie à concasser des galets me pousse sans doute à préférer la première. Le progrès va vers l'autre ainsi que le temps; l'histoire, je le sais, passe de la réalité au langage, de la chose au signe et de l'énergie à l'information : de la solution dure à la deuxième dite douce. Je demande seulement qu'on se souvienne de la dureté.

Le concassage des cailloux me brise encore les oreilles.

La philosophie du langage a raison, elle a même toujours raison, elle nous a convertis, elle gagne. Elle l'emporte sur toute phénoménologie, indiscutablement, il faut lui donner la victoire. Avec loyauté; sans arrière-pensée.

Espérant un retour aux choses mêmes, nous avions naïvement désiré ouïr, voir et visiter, goûter, caresser, sentir, nous ouvrir au donné. Comment le faire sans le dire? Et nous défaire d'une chair qui depuis des millénaires parle? Existe-t-il un seul donné indépendant du langage? Si oui, comment l'appréhender? La discussion se clôt dès qu'elle commence : nul ne connaît de langage pour dire le donné indépendamment du langage. Toute description de ladite chose même ne présente qu'un donné relatif au langage usité. La chose fuit sur l'asymptote infinie du dit.

Voici le monde : jusqu'en ses petits recoins, cailloux, racines, grillons, en ses replis secrets, mines, poches, sapes sous la terre ou dans les eaux, parmi les forêts primitives ou aux confins des galaxies à peine connues, il se remplit sans lacune de propositions et de catégories. Même l'inconnu ou l'inconscient ou l'indicible réintègrent le langage.

Le langage et le langage seul donne-t-il le donné?

L'ancien casseur de cailloux n'en croit pas ses oreilles.

Le donné qu'on disait brut appartient parfois, non toujours, à l'échelle entropique : bouscule les muscles, déchire la peau, brûle les yeux, fait saigner le tympan, arrache la gueule, alors que le donné dans le langage se présente toujours doux. Doux se range dans les énergies petites, celles des signes; le donné dur quelquefois se classe dans les grandes qui giflent, renversent, déchiquettent le corps; celui-ci vit plongé dans un environnement matériel, alors que le donné par et dans le langage se tisse de logiciel.

Douceur logicielle et dureté matérielle font une distinction sensible placée sensiblement hors du langage. Certes, elle vient de la science et donc encore du langage et du logiciel, mais quoique nous l'énoncions dans la langue de l'énergie, thermodynamique ou théorie de l'information, le corps la reçoit ou la souffre des choses. Il sait tacitement la douceur du sens, que le discours n'écorche ni la rétine, le dos ni la peau. Voir un arbre, là-bas, par la fenêtre, semble déjà aussi doux que de le dire, mais regarder le soleil qui le baigne de clarté paraît un peu plus dur à l'œil ; plus encore, fixer le même soleil à midi au beau milieu du Sahara ou se trouver surpris par l'éclair de la bombe thermonucléaire tue la vue. Le vent pousse et fait trébucher quelquefois, au moins l'aquilon, même si le zéphyr semble parler divinement dans le feuillage, le mot vent ne fait pas broncher. Le corps connaît cette décroissance, mieux, il vit comme s'il la savait, ou, mieux encore, survit de la connaître. A vouloir l'ignorer, il se blesse et meurt.

La vie comme telle exploite cette distinction. Elle va de la dureté à la douceur. Son élan se dirige du matériel vers le logiciel, de l'énergie à l'information. Le sensible suit ce sens. Le corps sait cet écart et sa direction, dans et par le sensible.

L'environnement ne réserve pas toujours les douceurs ressenties par le vacancier qui marche innocemment dans une arcadie préparée entre lac et forêt. Si le retour aux choses a pu se confondre avec le retour à la terre ou le départ prévu vers la résidence en bord de mer, inversement qui ne quitte jamais sa librairie où le vent ne souffle qu'au matin de la Pentecôte ni ne sort de son quartier tout collé de publicité a tendance à plonger tout le donné dans le langage. L'histoire a construit autour de l'homme occidental contemporain assez riche tant de filtres, villes, affiches, médecines, techniques et assurances, coques et us de sécurité que le dur se fait rare ces temps-ci, pour lui, et autour de lui, saisi tout vif par le logiciel, couvrant écrans, murailles et travail, plongé dans les énergies petites. Pour nous réveiller de ce nouveau sommeil, l'empirisme ne suffit plus, il nous faudrait une éruption, un séisme en haut d'échelle, un cyclone à lames géantes, un nouvel Hiroshima. Même pas : sur nos écrans, la grande mer se soulève, suave.

Il reste vrai que le donné, le plus souvent, se donne dans et par le langage, mais il arrive que par une fissure du mur logiciel une force passe qui renverse. Le donné fait quelquefois tomber de cheval, pas toujours pour une parole qui sonne. Les mains saignent du parpaing rugueux ou de la brique à bords vifs, la rétine cède aux lueurs dures et le tympan aux coups de canon, le marin s'affale au voisinage de la trombe du cyclone, le dos fait mal tant la terre, basse, s'éloigne des mains. La nausée ne vient pas toujours de l'écriture, elle court de la houle à la baille sans que bouge la langue, bruit nautique, noise de la chair. Oui, le donné parfois se durcit alors que par le langage il se donne toujours doux.

Il semble qu'il y ait deux donnés : l'un doux, transitant par le langage, royaume suave, satiné, liquoreux, mol, exquis, logique et rigoureux ; et le donné imprévisiblement dur, mélangé de doux et de dur, qui réveille par gifles sans signes. Il faut identifier le donné à ce mélange qui résiste à l'assignation des langues et qui n'a pas encore de concept. Le donné mêlé, tout hérissé d'épines dures, éveille du sommeil langagier quand l'ouragan lacère de ses lanières la membrane molle de notre boîte ou geôle sonore.

Les forces matérielles dures nous entourent, nous menacent et nous font vivre, nous abritent parfois, nous savons jouer le dur contre le dur. Les sciences naturelles traitent de nos élémentaires conditions d'existence, les hautes énergies.

Une sorte de flux ou de sens ou d'élan va de ce dur vers le doux : l'histoire, certes, mais l'évolution aussi, et le temps, sans doute. L'énergie va vers l'information : celle-là supporte celle-ci, celle-ci capte celle-là ; le matériel va vers le logiciel et la force vers le sens.

Notre corps chaud, puissant, résistant, dur donc, objet comptable à l'échelle entropique, associe et mêle cette dureté à la douceur des énergies petites, information d'abord, sens et langage enfin. Comme si la vie marquait, dans cet élan, un stade. Notre corps mélange dur et doux et donc produit et reçoit un mélange du même ordre. Etat milieu en cet élan ou ce progrès. Même nos œuvres se font de plus en plus douces.

Or ce fleuve directionnel rencontre des chicanes et obstacles, cloisons ou filtres, les négocie, traverse, épouse, contourne. Il percole parmi un intervalle encombré.

L'éloquence commence par le concassage des cailloux dans les dents face à l'océan chaotique et sur le sable rugueux et s'accomplit dans le sublime. Entendez par sublimation le passage du solide au gazeux, un adoucissement.

Je ne sais pas si ces filtres permettront de comprendre comment le tonnerre ou le bruit, le tremblement brut des ondes audibles ou sous-entendues par la peau et qui font frissonner deviennent à un moment, finement, sens. Rien ne s'oppose à cette hypothèse.

La question de la connaissance, du sensible et du langage se pose dans cet éventail gradué, parmi ce spectre, dans son empan de la dureté à la douceur, intervalle séparé, cloisonné, mélangé d'obstacles, de chemins et de chicanes. Boîte dans des boîtes où le son du canon se fait peu à peu confidence chuchotée.

Où, dans ce chemin, quittons-nous le dur pour le définitivement doux ? Quand ? Nous ne vivons pas loin de cette date.

La haute énergie déborde la basse, le vent couvre les voix ou emmène les appels ; la petite gouverne parfois la grande et l'enchante. La distinction suit leur mélange plutôt qu'elle ne le précède, le donné vient comme il peut, gifles et signes mêlés ; une éducation ou une vie sans les premières marquent le commencement du règne des seconds. Or la sensation fait son affaire de cette mixture. La philosophie a d'autant plus de mal à penser celle-là qu'elle répugne à celle-ci. Jamais pure, la sensation filtre les énergies, se protège et nous garantit des trop hautes, code et passe l'information : elle transforme le dur en doux.

Cette transformation, sur fond de distinction et de mélange, ne peut certes se penser sans la science, et donc primitivement sans le langage, mais, encore un coup, le corps l'assume, l'organisme la vit, le corps vivant survit par elle et mourra d'elle. L'enfant ou l'animal la connaissent sans langage.

Reste à penser le mélange même; restent à penser l'amollissement, l'arasement, le coup de rabot, le lissage, de la dureté en douceur. Nous aurons à écrire sur les mélanges et les filtrages.

La voix passe, rauque, basse, ronde, suppliante, vulgaire, pointue, hérissée, joviale, harmonieuse, ordonnatrice, déchirante séductrice, explosive ou irritée, voix de virago, voix de vierge, dé poissarde ou de putain, de victime dominatrice, d'amoureuse impérieuse éperdue, criant la morne obstination de la passion vraie, maternelle, sororale, conseillante, pieuse, infantile, grêle, égalitaire ou équipière, insolente, encourageante, destructrice ou caressante, ironique, agressive, cynique, chat de vieille alcoolique au ras du ruisseau paraissant refuser le printemps, voix vile, voilée, veloutée, noble, haute, servile, majestueuse, large, malade, effrontée, baignée de silence, pleine d'échos marins ou forestiers, traversée de pépiements d'oiseaux, hurlant comme bête brute, appels de rues réfléchis sur les murs et les parvis d'église, voix perçante qui se plaint, qui demande et qui dit viens, voix qui fait peur, cassée, sanglotante, brisée, par quels chemins ta voix n'a-t-elle pas coulé, sur quels tissus ou quels rochers n'a-t-elle pas rebondi pour élargir le carillon des sens, des intuitions et des sous-entendus, sous la langue?

La voix court la chicane, du bâillement à la prière et de la prophétie au criaillement, balaie le dégradé, le spectre chromatique des haines obscures à l'amour pur, du feulement bestial à l'envol mystique, chute d'eau, vent de sable, torrent, du bruit matériel inerte jusqu'à la démonstration distincte : mélange, vie.

La grammaire oublie la physique et la biologie, plus les passions et toute la littérature. Voici la voix de la philosophie, qui passe des litanies aux théorèmes, de l'expérience à l'invocation, de la rigueur adamantine au cri de douleur. Elle quitte la raideur sublime et vite sotte pour que la langue ne meure – par étouffement du sens. Sa voix traverse comme chaque voix commune toutes les sommes de Fourier possibles pour élargir le vitrail, or, plomb, sang, passion, dans lequel brille le sens.

Le langage parle, dit du sens doux, démontre, mais sonne, vente, tonne et déchire aussi par ses criailleries. S'il laisse des traces et marques, il requiert de la lumière, pour les creuser ou les lire : l'écriture s'anéantit dans la nuit, elle suppose un jour perpétuel, l'été de la Saint-Jean vers la Nouvelle-Zemble. Le sens ou la démonstration se posent sur des ondes, acoustiques ou lumineuses, exigent de l'énergie et débordent, quoique doux, sur l'échelle entropique dure, musique, rythmes, cris et bruit, soleil ou lampe. Léon Brillouin exorcisa jadis le démon de Maxwell par une remarque pareille. Il faut payer le langage, du moins en énergie ; non gratuit, non donné. Nous aurons à chercher, après, s'il donne le donné. En attendant, il ne se donne pas. Le croire vaut l'absurdité d'un mouvement perpétuel.

De nouveau, le corps sait ce support. Il a tressailli, utérin, à la langue maternelle chantant ses magnificences, il a désiré à en perdre le souffle et la station debout sous la rafale des appels, ligoté au mât, voici trois mille ans, dans le détroit aux Sirènes, il a craint, il a fui ou dansé, fasciné, il aurait tout donné pour la belle langue. Il a toujours su sans que le langage ait eu à le dire que le langage est dur et doux, il a toujours su depuis sa naissance que le donné se mélange de dur et de doux, son travail de sensation transforme la dureté en douceur, comment ne connaîtrait-il pas différence et transition ?

Le philosophe du langage voudrait que tout demeure doux. Qu'il bâtisse, qu'il navigue, qu'il casse des cailloux, qu'il laisse un peu la langueur rigoureuse, le feutre, la logique et le molleton.

PASSAGES

Premières noces. Si vous montez un jour d'été à Pratz-Balaguer, village qui meurt sur l'éperon d'une vallée haute, dans les Pyrénées-Orientales, vous trouverez par chance quelque silence en quittant la foule et son bruit, la guerre vulgaire que le tourisme après l'industrie livre à l'espace, au paysage et à la beauté. Le lieu tranquille va disparaître, quelques vieillards fantômes noirs, hantent les ruines, trop faibles pour remettre en haut du mur les pierres poussées par la neige et le temps, errent dans les ruelles à la recherche des gamins criards qui couraient voici soixante-dix ans sur la place bruissante de bavardages. La vallée arrête là l'espace, et l'histoire y a fini son temps. Vertigineux sur les gorges, des pans de murs restent de l'ancien château, le cimetière s'efface derrière l'église fermée. Plus de nobles ni de guerriers, plus de culte ni de curé, plus de bergers, la tramontane seule passe. Silence sur cette agonie plus que lente.

Là finit la course matinale en montagne, ici commencent la sieste et l'assoupissement, par le travers du chemin envahi de folle avoine. Le vent joue dans le feuillage mobile des peupliers qui longent l'allée. Musique? A peine s'élève-t-elle au-dessus du seuil audible. Rythme? Plutôt une quasi-période, que les rafales douces conjuguent au tremblement nombreux des feuilles mobiles. Rumeur? Frottement, caresses au hasard, agitation multiple infime de flux à peine perceptibles, bruit de fond. Musique, non, ni rythme, ni bruit; et si se levait la voix divine?

Loin des groupes le corps perçoit le divin, apte à l'ouïr et à le toucher. Le corps connaît l'antique alliance chassée par le bruit ordurier du sacré social. Le religieux collectif hait la religion du monde, le lieu clamant des communications exclut le lien avec les choses. Où trouver maintenant la moindre île de silence? Seul dans le village mort parmi les fantômes, immergé plus que couché dans les herbes du chemin, sauvé pour un moment de la rumeur imbécile, j'entends l'alliance des branches et d'un commencement de tramontane, leur accord, l'entretien doux des feuilles instables et du vent, plus bas que doux, secret, pudique, soyeux, quasi uni ou lisse, caresses de voiles. Le feuillage laisse lire les petits grains discontinus qu'amène la rafale transparente. Il faut plonger plus loin dans un quasi-sommeil pour aiguiser plus finement l'écoute extérieure, l'attention, pour que les tissus du corps laissent flotter leurs feuilles dans les rafales faibles et lentes des fleuves du vent.

Que dit la voix, la clémence de l'alliance?

Certaines musiques font lever la mélodie à même la matière sonore comme lève la pâte du pain, comme le dessin de la tapisserie s'enfouit dans la chair textile. Tel fil ne se coud pas en surplus, le chant ne se pose pas, distinct, sur le coussin d'harmonie, la pensée de philosophie ne se fait pas voir, toute seule, exhibée, au-dessus ni en dehors de la tonalité verbale, comme une métalangue ou un cartouche de publicité, mais le fil se confond avec le tissu ou le sens fond dans le récit, la mélopée soutient la trame sonore. Aphrodite dresse sa chair de mer et l'océan sourit d'une infinité d'émergences. La langue audible frémit de la capacité multiple de ses sens.

Que disait la voix?

Qu'il fallait écrire ainsi. Comme la rafale fractale sur les feuilles presque blanches. La levée de sens augurale dans les sonorités dures du monde, très loin sous la voix, avant qu'il ne se prononce quelque parole, comporte un géométral de significations. L'aruspice devait choisir parmi ces possibles feuillus. Il faut écrire au plus près du buissonnement agité, de la capacité des sens ouverte, offerte par le sensible. J'entends le sensible bien nommé, par l'infinie capacité du sens.

Des peupliers les feuilles versatiles autour de leur axe instable écrivent et disent le sensible, à lire, ici, et à ouïr.

Il enveloppe la multiplicité mêlée, le possible du sens : puits, stock, capital fluctuants, capacité, source. Il les enveloppe sans les maintenir, comme une corne d'abondance d'où s'échappe du trop-plein.

Que disait la voix ? Elle vociférait des voix, chuchotait des vocables, ce dont les voix demeurent capables, issues de visages envisageables – je n'aurai pas peur de la mort si, de force ou de temps, je trace sur le sable les marques de ce visage. Le sens clair et distinct, émis ou entendu, échangé, sur lequel un accord peut advenir, dessine un profil de cette face, une harmonie instantanée de ces voix multiples, une œuvre partielle et parfaite de ce chef-d'œuvre inaudible, mais audible un jour d'été sous des peupliers, quand mille filets de brise agitent mille tiges mobiles, minces et menues, dans tous les sens appréciables de l'espace. Un possible passe à l'actuel, le sensible se fait sens, une note pure émerge des clameurs. Je cherche le puits du bruit.

Que disait la voix divine? Elle donnait la palette où les nuances et couleurs se mêlent, les jeux où puiser les tons, l'intégrale inaccessible des sens, en toute rigueur elle donnait le sens commun.

Reçu par le tympan généralisé de la peau.

Le vent, sensible, passe pour esprit, à condition de le sous-entendre.

La voix fait du bruit, les choses en font aussi. Les deux clameurs s'opposaient jadis. Il fallait au moins un désert pour que la voix du prophète passe. Les montagnards s'appelaient à longue distance, les marins se hélaient bord à bord en dominant l'intensité de la brise ou les clappements de langue des vagues, les Gaulois propageaient les nouvelles de tertre à tertre vers les douze lits de la rose, souvent le vent les interceptait. Timides comme tous les hommes de la famille mais vivant sous le ventre des concasseurs mâchant des galets, mes père et frère ne savaient parler sans tonner. L'éloquence commençait la bouche pleine de cailloux devant le ressac de la mer pour apprendre à négocier la houle de la foule ; l'exercice avait lieu devant les eaux tonitruantes, ensuite seulement face à l'assemblée, la langue, les dents, le palais encombrés de galets, non de tropes. Physique, la langue avant qu'elle vienne devant le rhéteur, sa grammaire et sa logique : l'organe de Stentor se comparait à l'airain.

Age d'un bronze disparu. Le donné, désormais, peut nous venir du langage, parce que nous avons imposé silence au monde. Les amplificateurs clament dans un désert, où des chiens obéissent à la voix de leurs nouveaux maîtres. Règne sans lacune des moteurs et des toneurs, bruit de fond des villes et campagnes. Il faut naviguer jusqu'à Patara, autre ville morte, pour voir le théâtre grec envahi du sable de mer, circonstance inverse : la plage remplit la bouche et l'oreille du vieux Démosthène, voix humaine étouffée sous le flux du sablier. L'assemblée du peuple a vaincu les cinq océans, maintenant. Le langage, plutôt doux autrefois dans le dur du monde, éduqué durement à combattre cet obstacle, passe désormais pour le seul dur dans des choses adoucies jusqu'à devenir tacites. Il a fait taire le dur. La philosophie du langage gagne parce que le langage gagne, et il l'emporte physiquement d'abord. Qui souffre depuis cinquante ans du tonnerre ou des tornades, qui n'a pas les oreilles crevées par les parlages dans les haut-parleurs ? Il n'existe plus un seul recoin du monde, caillou, racine, grillon, un seul repli secret, mine, poche, sape, sous la terre ou dans les eaux, parmi les forêts primitives ou au centre du désert, qui ne s'étouffe, englouti, sous l'ordure du bruit.

Avant d'avoir du sens, le langage fait du bruit : celui-ci peut se passer de celui-là, mais non l'inverse. Il arrive qu'après le bruit, dans la direction du temps, se développent une sorte de rythme, des mouvements quasi périodiques, des retours ensemencés sur le hasard. Un flux naît de la mer et Vénus du flux : du clapotis désordonné sort un courant rythmé, une musique émerge en ces lieux. A son tour la nappe musicale porte tous les sens, universelle avant le sens, le langage raffiné, différencié, choisit au sein de ce géométral celui ou ceux qu'il émet ou découpe.

Qui parle chante sous la langue, rythme du temps sous le chant, plonge dans le bruit de fond sous son rythme. Le sens traîne à sa suite cette longue queue de comète. Une certaine esthétique, une certaine physique ont pour objet cette barre brillante derrière la lumière ou grammaire du sens. L'écriture donne lieu à une description semblable, où la clarté remplace la rumeur : pour exorciser le démon de Maxwell, Brillouin, déjà, remarquait que nul ne pouvait lire ni écrire dans le noir.

L'appel à la bienveillance, la supplication pour l'écoute, la première séduction entre interlocuteurs passe par la voix, sottovoce, tension d'ordre rythmique et musical. Cette virago par ses criailleries pointues nous écarte, cet important phraseur monologuant nous ennuie : trop de bruit, pas assez de rythme, nulle mélodie. Jetez tout livre qui ne vous donne pas cet appât, d'abord. Le premier accord sonne, captive, fascine, enchante par le chant. Travaillez l'exorde plus que tout, abrupt si vous cherchez l'éveil, longue période volante et douce si vous voulez désarmer. La musique, au défilé, marche devant, ainsi, de loin, on entend d'abord le tambour, avant le passage des longues divisions rhétoriques. Le dialogue commence si et seulement si cesse la chamaillerie où personne n'écoute personne, où chacun cherche noise à tous. Vous verrez au musée de Rhodes un vase de la bonne époque où deux hommes, au-dessus de l'équateur, semblent entrer en conversation amène, ils paraissent dialoguer en douceur, assis chacun sur un tabouret appuyé dans le milieu enflé, mais le siège dissimule, du côté austral, un animal monstrueux accroupi sous le ventre du vase. Au fondement du dialogue, le rapport bestial de chamaille et de dominance, abois, cris, hennissements, cherche à se faire jour. Les deux bêtes sous les sièges s'observent, prêtes à mordre. On entend dans les colloques des paroles qui glapissent, feulent, bêlent, brament, ululent, barrissent, craquettent, meuglent, sifflent, jappent, hurlent, ainsi s'ouvre la séance, par des cris de jungle venus de sous les fauteuils. Ainsi frappe la dialectique, par heurts répétés de cornes de bouc, ainsi lutte l'animal politique. Ainsi commencent langue et science. On dit volontiers que leur origine se perd, cachée ou fuyant devant nous, inaccessible, la voici tonitruante, elle nous accompagne et ne nous lâche pas. Au contraire on ne la quitte plus que par miracle. Combien de conversations laissent-elles les abois, chacun, en chien de garde, mâchonnant sa vérité ou poussant le rugissement qui lui garantit depuis longtemps la dominance, combien peu de paroles en ces signaux durs, combien rare la réconciliation des animaux bruyants précédant une langue, et combien peu probable un sens neuf parmi les langues de bois de bouc. Apprivoisons d'abord les bêtes tapies sous l'assise de qui cause.

Le rythme y parvient, tel un marteau arasant les dents, la musique y parvient, qui, dit-on, adoucit les usages et plonge Argos dans le sommeil et les larmes, le martèlement de la cadence quittant soudain le sol. Educateur de bêtes fauves, Orphée embouque la passe aux Sirènes, les Argonautes souquant ferme derrière la lyre. Ulysse le suit. Qui tente l'œuvre doit se risquer par là.

Les animaux fantastiques, perchés sur les rochers où le ressac casse, agrippés aux rocs par leurs griffes, clament. Il faut passer la rumeur de mer, défier ensuite les bêtes, serres et becs, que nous réservent les plumes douces des femmes ? Avant la chance d'un dialogue, l'assemblée produit le bruit de la houle plus la noise de la ménagerie, nul ne s'avance devant elle sans peur et sans avoir ouï sa clameur secouant toute la peau jusqu'à ébranler le plexus solaire et faire trembler l'assise des cuisses, et, cependant, elle attire, séductrice, vers le creux de son théâtre aux jambes écartées, levées, allongées. Nous savons construire le corps du gros animal, nous savons entrer dans sa boîte noire de résonance. Silence religieux dès la première note de musique. Avant la chance d'une page, il faut passer les plaintes du corps, acouphènes, sanglots, désirs courroucés, puis les chiens déchirants qui interdisent l'œuvre dans les couloirs des institutions et les canaux de la fausse gloire, le chant du monde, dur, semble si doux, par après.

Voici, droit devant, le détroit aux Sirènes. Ulysse l'embouque, mais, rusé, l'évite aussi. Une fois encore, il se fait personne : il glisse, immobile, lié au mât, suivant ses matelots nageant dans les eaux troublées, oreilles obturées par des boules de cire tiède. Le bateau-monade sans porte ni trou invente dans le mythe la solution leibnizienne, déjà. Il passe l'obstacle du bruit, sans émission ni réception, et annule les Sirènes.

Orphée, lyre ou cithare en avant, se mesure au fracas, oreilles ouvertes. Ulysse passe en silence, gagne mais triche en supprimant toute rumeur, danger ou tentation. Orphée avant lui, courageux, affronte le problème et le résout en musique.

Orphée transforme le bruit en musique. Et l'invente sans doute en ces lieux si dangereux.

La musique, venue de toutes les Muses, ne peut passer pour un art ; elle somme tous les arts. Aucun d'entre eux ne réussit, à son tour, s'il n'a la musique ; elle garde chacun d'eux et le fait exister. Elle-même retombe dans les notes, le calcul plat, sans elle-même. La poésie marche à pied, pis, à genoux, sans elle ; et l'architecture chute dans les pierres, la statue dans sa matière et la prose dans le bruit ; l'éloquence privée de rythme et de la nappe inclinée par l'évocation chantante s'écroule dans le non-sens et l'ennui.

Orphée l'a compris. Quand Apollon lui offre l'ancienne lyre à sept cordes, la musique demeure encore un art au milieu des autres, une Muse parmi les neuf sœurs. Orphée donne neuf cordes à la lyre nouvelle, chacune sonne pour une sœur, la musique, dès lors, comprend l'instrument, devient le premier de tous les arts parce qu'elle assemble leur totalité. Gerbe, fuseau, tissu des cordes, des Muses, des arts, table fondamentale où ils se nouent et s'attachent.

Une seule Muse ne se dévoue pas à la musique, les neuf sœurs l'ont en commun. Quelle jalousie éclaterait entre celles qui s'en trouveraient démunies, solitaires, et celle qui voudrait fédérer des sourdes et séparées ! La musique gît au milieu d'elles ou constitue leur milieu, intersection et réunion. Ensemble et condition des Beaux-Arts, elle s'identifie aux échanges entre les Muses, à leur conversation ou dialogue continuel, à leur accord ; elle a bâti la maison des Muses, entretient leur existence collective, exprime leur contrat social dans son langage secret. L'histoire apporte le temps à ce langage-là ; et l'architecte-géomètre amène la pierre, le fer et le verre à ce langage-là, chacun sa quote-part et sa version ; le paysagiste-topologue amène serres et fontaines, allées de jardin ou embranchements à ce langage-là ; et les poésie, tragédie, éloquence ajoutent les langues à ce langage-là, et l'astronomie ajoute même la science à ce langage, privé de langue et sous les langues, privé d'idées ou de toute connaissance et cependant sous toutes les connaissances : la musique exprime le transcendantal des arts, des sciences et du langage.

Nos langues ont du sens. La musique, sous le langage, universellement sous les langues, support physique et condition, réside sous le sens et avant lui. Le sens la suppose et n'émergerait pas sans elle. La musique sonne les transcendantaux du langage, les universaux précédant le sens. Elle habite le sensible, elle a tous les sens possibles.

Elle vibre au secret de nos conversations, sous-tend continuellement nos dialogues, nos échanges la supposent, connaît déjà nos accords et nos désaccords, a bâti notre maison avant notre naissance d'hommes parlants, et pas seulement dans la boîte vibrante utérine, a préparé notre existence collective, et le contrat social, introuvable en toute espèce de langage, s'entend confusément dans son orchestration.

Plaque centrale et basse de nos œuvres, du sens et du collectif, la musique fonde la philosophie. Quiconque s'améliore et s'approfondit espère composer : puissé-je y parvenir avant de mourir.

Avant d'échanger entre nous du sens, ou même du faux sens et le non-sens trivial des stéréotypes, avant de bâtir ensemble du neuf, chose si rare qu'elle tient du miracle, nous devons former ces universaux, pour nous rapprocher ou apprivoiser ou nous tourner vers un sens commun. La musique tisse le transcendantal des communications.

Sous le langage la plaque musicale couvre d'universalité le chaos qui la précède. Le langage a besoin de musique, sa condition ; celle-ci n'a aucun besoin de langage. La musique a besoin du bruit, sa condition ; celui-ci n'a aucun besoin de musique. Celle-ci rabote les dents du charivari ou les incline toutes en gerbe douce ; du coup, elle ne montre plus assez de différenciation pour pouvoir porter quelque sens, elle les a tous, n'en a aucun. Ainsi les Muses gardent le passage global obligé entre le bruit et le sens, le couloir des universaux.

Deux passages locaux bordent ce couloir global. En amont, les Sirènes tiennent le passage local obligé entre le fracas du chaos et le début de la musique : rumeur du ressac, cris d'oiseaux, chants de femmes. A-t-on jamais imaginé, en aval, un collège de femmes, ni bêtes comme les Sirènes, ni déesses comme les Muses, qui contrôleraient le passage local obligé entre la musique et le sens ? L'art français de la conversation avait mis à l'honneur des marquises dont la grâce dirigeait dans quelques salons ce mouvement délicat et nombreux avec doigté, goût, clairvoyance et acuité. On dira que les femmes, Sirènes, Muses, Marquises, Grâces, jouissent ainsi de l'oreille absolue, des trois ouïes requises pour les trois passages, du chaos denté à l'harmonie en plaque et de l'universalité aux raffinements du sens.

Que disent, que chantent, que rythment, que crient les Sirènes ? *L'Odyssée* ne le raconte pas, ni les rites dits orphiques, ni quiconque passe là. Ulysse le rusé a obturé le tympan de ses pairs, nous manquons de leur témoignage. Et si les oiseaux-femmes criaillaient un rythme ressemblant au chant de *l'Odyssée,* celui tout justement où le vaisseau passe les parages aux Sirènes, qu'Ulysse, les oreilles ouvertes, apprend à cet instant-là, pour le chanter, après, au festin chez le roi ? Et si elles hurlaient aux oreilles d'Orphée quand il tente le passage, cette sorte de rite orphique finissant par le corps dépecé ? Quand je naviguais là, elles calculaient dérisoirement la communication à la manière leibnizienne et mathématique, mithridatisées à la solution d'Ulysse... Les Sirènes font l'incantation de l'œuvre, crient durement le prix à payer, vertige de la vie et de la santé, quasi-naufrage, la perte de la pensée dans la rumeur de fond, émettent le bruit à livrer pour dire l'œuvre, en tiennent la première douane ou interdiction, le premier octroi : la rompent en l'interdisant, l'interrompent en la disant.

Elles ont accompli des progrès formidables, équipées de transistors, de chaînes haute fidélité, de télévisions couleur, de calculatrices et programmatrices, de machines à traiter le texte, les eaux se remplissent d'ondes, parmi le fracas des moteurs. Nous n'avons plus à rechercher le passage dangereux qu'elles tenaient jadis, elles viennent à nous et occupent le volume de l'espace. Le monde se remplit d'oiseaux-femmes, tonnerre, rythme et musique, jusqu'à saturation. Il ne reste plus une place, un rocher, un coin de maison, un carré de luzerne, un taillis sous futaie, repli, désert, trou, sape, mine, puits, sommet, point irrespirable à cinquante-cinq mille pieds d'altitude, que les médias ne contrôlent de leur noise. La guerre de Troie n'est plus chantée que par les Sirènes, la poésie orphique psalmodiée que par les Bacchantes, que par les femmes thraces qui ont dépecé Orphée, les cris d'oiseaux tiennent le ciel jusqu'au fond de l'horizon, nul n'a plus à franchir le goulet terrible, nul n'en sort renforcé de n'avoir pas péri, les Sirènes nous ont mis sous l'empire de leurs cris. Le monde, boîte, oreille et bouche, retentit.

Victoire aux Sirènes, malheur à l'homme d'œuvre.

Orphée passe les Sirènes, bruits de mer et cris de bêtes. Il a su apprivoiser les fauves, cithare ou chant suivi d'hyènes et de léopards. Les plus féroces animaux se réconcilient. Orphée calme les oiseaux-femmes, reste le ressac, il apaise les eaux du ressac. Comment ?

Ulysse passe les Sirènes, assourdit ses matelots en bouchant leurs oreilles de cire tiède, et se tait, immobile, lié au mât ; traverse le vacarme par le bas, invente la solution minimale ou nulle, sans dépense aucune. Ceux qui bougent à bord n'entendent rien, qui écoute ne peut bouger. A l'aviron ou la manœuvre, les marins moteurs du bateau ne tremblent ni de désir ni d'angoisse, mais continuent, quoi qu'il arrive, d'exécuter le préétabli, puisqu'ils ne pourraient ouïr de contrordre. Ulysse-Dieu a commandé, avant la passe immonde, aux matelots-monades tout ce qui s'ensuit. Ainsi sur nos navires souvent l'homme de barre, aveuglé, suit le cap dicté, non la route vue, le langage et non le donné, l'ordre dit, non le monde perçu. Les compagnons d'Ulysse conduisent sur leur mémoire, écoutent encore l'ordre prescrit : leur donné ou ordonné ne vient pas du monde assourdissant des Sirènes, mais du langage de leur capitaine. Même des femmes volantes, capables de faire trembler de désir, ne savent pas les détourner du préétablissement langagier.

Meilleure solution, maximum d'efficace pour la moindre dépense, Homère a préécrit Leibniz, a rompu toute communication actuelle pour des monades programmées à nager droit. Le donné-Sirène disparaît.

Que chantent ici, que crient les Sirènes ? Le monde ordinaire, mélangé de doux, attirant, et de dur, repoussant.

Ulysse ruse, économe, avare, Orphée consent à la dépense. Les Argonautes, compagnons du second, non essorillés, peuvent choisir à chaque moment ou le charme inquiétant de ces femmes ou l'harmonie de la cithare, libres de changer leur cap. Ulysse supprime le temps, Orphée le joue, le crée, improbable. La composition affronte le bruit des bêtes et invente l'harmonie au voisinage de leur chant ; la musique produite garde trace continûment de ce qui dans les criaillements l'annonce ou l'inaugure, la précède ; ainsi Démosthène affrontait, de la voix, vagues dans l'ouïe et cailloux dans les dents pour que son éloquence jette une nappe dure et puissante sur la rumeur de l'assemblée. Ulysse passe une fois le détroit, il ne rejouera pas une autre partie : Orphée, lui, recommence : il essaiera le passage aux Bacchantes et ne réussira pas : gagne au premier vacarme, perd au second. Son corps se déchire, la musique se disperse et s'effondre dans le bruit. Ulysse, prudent et calculateur, gagne toujours ; héroïque, Orphée ne gagne pas toujours, compositeur.

Pour ne jamais perdre, il faut couper toute communication. Ulysse pose un filtre passe-bas, Orphée un filtre passe-haut. Ulysse-Leibniz élimine tout bruit, quoi d'étonnant que les messages passent? Les monades récitent la leçon que Dieu a imprimée dès leur naissance dans leur mémoire, elles souquent de conserve dans le ressac aux Sirènes parmi leur solitude sourde, tandis que leurs oreilles internes entendent l'harmonie préétablie. La science suppose un monde sans bruit. Elle gagne.

Il y a du bruit, le monde s'ensemence de passes aux Sirènes. Oreilles ouvertes, coudées libres, âme de cire livrée au vent, Orphée se mesure au chaos, il se jette sans défense parmi les fauves et les femmes, dans les brisants, tente la solution maximale, dangereuse, dépensière, productrice de musique. Pour se tirer de là, il faut composer, chanter à chaque minute, ne jamais s'arrêter de lever le bouclier d'harmonie face au charivari, inventer une courbe improbable, dansant comme la proue parmi le clapotis, lancer devant un nouveau temps. Orphée ne gagne pas toujours et brûle ses forces dans l'œuvre, offrande musicale dessinant son temps. Mais il s'expose au risque de chuter brusquement dans le bruit. Car sans les universaux de la musique, sans son transcendantal, le chaos l'emporte, nul ne passe le canal. Leibniz suppose le monde sans bruit, sa solution n'exige aucun travail, l'universel repose en Dieu. Mais comme il y a du bruit, la philosophie doit inventer une solution qui entretienne avec Orphée le même rapport que celui qui unit Leibniz à Ulysse. Elle doit supposer, avant le sens et la communication réussie, condition à la logique et au langage, une musique conquise sur le bruit, elle doit l'inventer, se risquer à la composer, découvrant ainsi un temps improbable.

Même dans sa solution optimale ou nulle, à résultat parfait pour la moindre dépense, Leibniz avait dit aussi l'antériorité de la musique, puisqu'il place en Dieu, éternellement, une instance ou fonction qu'il appelle harmonie : nous changeons à peine les mots. Le préalable ou fondement des communications les meilleures et des sciences s'identifie à la musique ou harmonie, préétablissement, condition déjà transcendantale. Mystérieuse ou mystique partition ouïe par les monades sourdes et chargée d'expliquer pourquoi elles nagent en cadence dans le silence.

Hélas, nous entendons du bruit, nous ne pouvons plus faire comme si n'existaient que nous et Dieu au monde ; plaintes, cris, sanglots, hurlements, charmes nous assaillent, bien avant de recueillir du sens ; nous avons donc à composer de la musique à chaque instant, pour survivre, sentir, participer aux conversations, nous devons le faire en nous exposant aux bêtes et aux Sirènes, à la dispersion des choses, du groupe et de nos membres, en nous exposant aux Bacchantes. Sans cette œuvre de fond qui contient le bruit de fond, rien ne tient ensemble, ni les choses dans le monde, ni personne dans le collectif, ni les sens, ni les arts, ni les parties du corps. La musique passe avant la philosophie, nul ne peut s'adonner à celle-ci sans passer par celle-là.

Orphée apaise les fauves, les lions se couchent devant la cithare, l'harmonie rabote l'acéré. Le ressac calmit, les serres des oiseaux-femmes font patte de velours : les loups ne sont plus des loups pour les loups, ils se réconcilient. La guerre des choses, des hommes, le malaise fait trêve. La musique lisse les épines du bruit, polit le rêche et le rugueux du chaos, griffes, canines, crêtes, elle adoucit le dur.

La triple dureté s'adoucit trois fois : dans les messages des choses, en ceux des groupes et ceux du corps.

Fils de Calliope, Muse à la belle voix, patronne de la poésie épique et de l'éloquence, Orphée chante. Le chant lance le langage sur le support matériel de musique, jette le doux du sens sur des ailes acoustiques dures.

La nappe musicale adoucit le dur. De l'autre côté, elle présente au sens le dur du doux.

Sous le chant, son phrasé parfois semble dire, comme un sens étouffé, aplani, bâillonné, voilé, timide, paraît parler quelque langue oubliée d'avant le sens. si ancienne qu'elle s'adresse à la chair. Elle fait ouïr le support matériel du langage, son énergie, comme sa paroi, appui ou habitat, elle construit le nid du sens.

Doux de la dureté après l'épreuve des Sirènes, et dur de la douceur, au passage des Muses.

La variété-musique présente ainsi deux faces ou versants : la face douce arase les épines le versant dur aplanit le sens. Deux fois universelle à deux versants unis.

Or la peau chaude et forte, nous défend assez durement, mais aussi doucement se tatoue. fine et chaleureuse, des choses et autres et de ses propres émotions. Nous écoutons la variété musicale à deux feuilles de toute notre peau pareillement doublée. Nous nous blottissons nus dans son nid.

Je ne sais pas si le donné ne se donne que par et dans le langage, mais dans un tel cas tout se passerait comme s'il se pardonnait dans et par la musique, d'abord, comme si elle le pardonnait. Entendcns ici par musique le tout des Beaux-Arts. L'écrivain qui ne dirait que le sens calcule en fait, mais il écrit si tous les sens frémissent dans la chair verbale demi douce, variété double pour la vue, le toucher l'odorat ou le goût aussi. La cithare aux neuf cordes se place toujours entre les fauves et le récitatif, entre la mort et le savoir. Notre langue. voyelles, syntaxe, rigueur, se baigne en la musique sous peine de mourir.

La variété ou nappe musicale coule ou se glisse entre le monde et nous, entre nous, en nous. Si quelque accord advient entre notre corps et les choses, entre les individus formant le groupe, ou dans mon corps prêt à se rompre elle en conditionne la venue.

Dur du doux et doux du dur, transitionnelle, la musique de ma langue me défend de la dire doure.

Comment fonctionne la sensation ? Quel savoir faut-il apprendre pour connaître un fonctionnement qu'on doit placer au début de la connaissance, à son fondement ou à sa condition ? La question appartient, elle aussi, à la classe des problèmes ramenant sans cesse un troisième homme ou un troisième terme. Nous ne connaissons pas de science qui ne suppose pas, en quelque façon, une sensation préalable, même s'il a fallu, parfois, souvent, presque toujours, en fait toujours, chasser les sens de son champ. Non seulement la sensation se place derrière le savoir qui croit parler d'elle, mais la connaissance courante la chasse. La philosophie du langage a encore raison en ces lieux, elle ferme la queue des renvois à une troisième science.

Quoi que nous ayons appris de la sensation, nous ne savons rien d'elle.

Voici une boîte noire. A gauche ou en amont, le monde. A droite ou en aval d'elle, ce qui transite sur certains circuits et qu'on nomme information. L'énergie des choses y entre : ébranlements de l'air, coups et vibrations, chaleur, alcools ou éthers-sels, photons... L'information en sort et le sens, déjà. Nous ne savons pas toujours où se situe la boîte, nous ignorons comment elle change les flux qui y passent, quelles Sirènes, Muses ou Bacchantes s'y agitent, elle demeure pour nous fermée. Cependant, nous pouvons dire à coup sûr qu'au-delà de ce seuil, d'ignorance à la fois et de perception, le monde, le groupe, la biochimie cellulaire échangent leurs énergies à l'échelle usuelle et qu'en deçà du même seuil l'information advient, signaux, figures, langues, sens. Avant la boîte, le dur ; après la boîte, le doux.

Nous ne connaissons pas la sensation : autant dire qu'elle occupe cette boîte noire.

La description la plus honnête qu'on peut donner d'elle, comprenant plus d'ignorance que de prétention à savoir, ne dit rien de plus que les sous-entendus de cent récits mythiques. La boîte noire a deux faces : dureté d'une douceur, douceur d'une dureté. Lieu, espace, volume, variété enfin où les énergies transitent d'une échelle à l'autre. Boîte noire douce pour les énergies hautes, boîte dure pour les très basses.

La variété-sensation, l'ensemble de ses boîtes se

glissent ou se placent entre le monde et nous, entre nous et en nous. Si quelque accord advient entre notre corps et les choses, parmi les gens formant un groupe, ou dans mon corps prêt à se rompre, la sensation en conditionne la venue : l'accord demande un changement d'échelle.

La sensation nous guide et nous défend, sans elle nous mourrions, corps explosés, dépecés par les forces physiques, la puissance du social et les douleurs intimes. Elle présente, comme un nid, un voisinage ou une paroi souples aux épines dures et, de son creux dur, elle porte le sens doux. Celui-ci quitte ce creux et s'envole.

Doux du dur et dur du doux, seuil transitionnel. Ma langue si douce à l'ouïe mais si dure ou sévère en ses règles me défend de le dire dour.

La sensation a le statut de la musique.

Traditionnel, le terme esthétique a deux sens. Il désigne un discours sur les Beaux-Arts et un autre sur le donné. Ces deux nappes de paroles n'accèdent pas toujours à leur objet, comme si la beauté fuyait aussi loin de nos dires que le senti. Les œuvres de philosophie dans les principales langues occidentales séparent en général ces deux sens, les plus célèbres consomment le divorce. Voici les noces.

La musique, considérée comme l'ensemble des arts, dure et douce, douce et dure, fait sentir la double face de sa variété, la double paroi de sa boîte.

La sensation, boîte noire, installe les deux parois de sa variété entre les hautes énergies et les basses, douce et dure, dure et douce.

Elle rejoint les Beaux-Arts, l'esthétique n'a qu'un sens.

La musique chante avant la langue, avant le sens, conditionnellement à ce qui toujours demeure doux. La sensation, le sensible permettent le sens et le conditionnent, préservent sa douceur. Le langage reste à l'extérieur de la sphère unitaire de l'esthétique. Les arts de langue doivent leur beauté à leur voisinage de ce qui gît hors langage.

L'unité retrouvée d'un même lieu exceptionnel et familier donne une grande joie : le monde se donne pour beau, nous avons besoin de la beauté pour vivre.

Eurydice meurt piquée par un serpent, alors qu'elle fuyait la poursuite d'Aristée, le meilleur ou le premier des éleveurs d'abeilles. Dents et dards. Les contours matériels, adorables, de la femme s'évanouissent, Eurydice devient une ombre, un nom, image ou souvenir à évoquer, une inscription gravée sur une tombe ou ce nom propre écrit ou lu ce matin sur la page. Les Enfers souterrains se peuplaient autrefois de ces mêmes fantômes que nous, modernes, croyons porter dans l'âme ou la tête, de ces esprits que nous avons dans l'esprit, de ces mots que nous, contemporains croyons porter en dessous de la conscience ou réunissons dans les bibliothèques ou grammaires ou banques de données. Nous varions dans l'histoire sur les noms que nous donnons aux boîtes noires où le dur se change en doux, entendement ou écriture, âme intime ou champs Elysées : même obscurité, mêmes douleurs et labyrinthes, semblable ténuité verbale, mais qu'importe le nom des arrière-mondes. Eurydice, tangible et sensible aux caresses, descend dans la nuit des ombres, force devenue simulacre, voix gelée dans l'épitaphe. La mort précipite du volume des choses à l'espace du langage.

Orphée descend aux Enfers, quitte les forces pour rejoindre les fantômes, abandonne le dur pour s'abandonner au doux entre dans la tête ou la bibliothèque, ou dans sa propre boîte à musique, la lyre. Le philosophe sait descendre cette voie : ouvre les boîtes noires, connaît les secrets ou labyrinthes infernaux, visite la conscience ou l'entendement, la raison même, à l'aise comme dans une simple librairie, décide qu'il s'agit d'une librairie.

Orphée apaise Cerbère, chien de garde monstrueux.

De sa musique, il immobilise Tantale dans son geste glouton et vain et la pierre de Sisyphe au beau milieu de sa montée. Tout s'arrête et laisse des images fixes. Même leçon : adoucissement du dur. Ne craignons plus ni gueule ni canines, le molosse devient sage comme une image, le verbe mordre ne mord pas, le mot cynique n'aboie pas. Les bêtes se transforment en affiches peintes sur les parois du couloir, la publicité ne montre jamais que Tantale.

Mais le travail d'Orphée commence au seuil précis où la leçon se retourne, au deuxième exploit inverse du premier changer le doux en dur. Ulysse descend aux Enfers, Orphée entre aux mêmes lieux : l'un visite l'autre conquiert. L'un rencontre des connaissances, dialogue sans peine avec elles, traverse sans crainte le pré aux ombres blêmes, passe dans la bibliothèque au rayon d'histoire, consulte, compare, découvre, s'installe dans la boîte où les fantômes font des phrases, sans corps. Ne risque rien, entre et sort, sort de la boîte comme il y entre, avec de l'information en plus. Orphée risque, et ne veut pas sortir comme il entre, il veut de l'énergie, un corps, en plus : Eurydice vivante. Il tente de changer la femme-voix, la femme-mot en corps.

La musique essaie d'arracher Eurydice aux Enfers, au débâti logiciel où sa robe, son corps et son charme se réduisent ; la mort charnelle a fait d'elle une icône blême flottant dans les plaines d'asphodèles, forme douce sans bord ni corps que l'amant ne peut plus caresser ; comment ressusciter cette inflation vocale, gravure ou estampe ?

La mort nous change en mots, les mots nous changent en morts. Phrase-épitaphe qui enterre les choses sous elle. Ceux qui ont affaire aux mots ont affaire aux morts et se donnent l'air de porter le deuil du monde. Nos noms cherchent dès notre baptême une vague immortalité, trace douce d'après notre effacement. La mort nous réduit à notre seul nom, fragile, léger, volant, sans défense, qu'une mince couche de sable de circonstance recouvre. Eurydice, belle, large, chaude, vibrante, s'amenuise dans le nom d'Eurydice, doux. La mort, ainsi, adoucit ; la musique le fait aussi ; ainsi le langage. Orphée sous la voûte des Enfers crie : « Eurydice ! » Déjà la voix, dure, par le cri porte le nom. Orphée, sous la cathédrale infernale, chante : « Eurydice ! Eurydice ! » Déjà la musique, par le chant, porte le cri. Orphée donne au nom de son amante son poids d'appel, sa dureté vibrante, il remplit de ces échos les vallées sans soleil et les coursives des Enfers.

La musique entreprend de changer le doux en dur, de durcir le nom d'Eurydice, de l'extraire de l'épitaphe, de la gravure entaillée dans le marbre, elle tente sa délivrance hors la prison minime du nom, écrit, parlé, chanté, hors la geôle coagulée de l'image plate. Eurydice, Eurydice, Eurydice, descends de la peinture où tu gis, collée, bouge de l'icône qui t'immobilise.

Sort du mot. Monte du nom. Se délivre du cartouche. S'extrait de la représentation.

Reprend le mouvement, une épaisseur, la chair dissoute, son éclat évanoui, le volume matériel du corps, le grain satiné, fragile de la peau, la lumière variable, lucide, colorée du regard, la souplesse horizontale de la marche quand elle s'adapte au sol, le poids de la poitrine, des hanches, des épaules et du cou, le squelette dur. L'amante doucement sort de l'ombre, image et mot. Le verbe se fait chair.

Evocation : quelque chose ou une chair sort de la voix.

Orphée invoque, sa voix et les cordes tremblent, il appelle, crie, chante, se livre à l'incantation. Il compose la musique et Eurydice.

La femme revenante ressuscite, elle suit la vocation.

La voix donne chair au nom, délivre le mot de la mort, la lumière le dégage de la nuit, la musique ajoute sa chair, durcit le doux : jusqu'où va l'incarnation ?

De même que les fauves, durs, suivent, doucement, les accords de la lyre, de même que les forêts, noires, inclinent ensemble leurs épines ou aiguilles, de même, en sens inverse, Eurydice, douce, évoquée, suit, durement, son amant, le long du dédale complexe de l'œuvre et de la naissance, vers les propylées de sortie que nul ne franchit ainsi. Eurydice s'endurcit. A mesure que le lion avance vers la cithare, il se fait plus image, ombre, fantôme, plus verbal et nominal, à force d'avance Eurydice, au contraire, se fait plus chair et corps, son nom entre dans la voix, sa voix entre en accord, et l'accord dans une gorge, et la gorge dans la tête, celle-ci et sa chevelure mouvante émergent des épaules, elle jaillit de l'évocation, le haut du corps, aisselles, taille, seins, monte de la nuit comme Aphrodite jadis se leva des vagues, comme chacun de nous de la boîte noire utérine ou de l'ignorance et virginité sensorielles, comme chacun de nous se tire du froid. Lumière et chaleur assouplissent une peau recroquevillée dans l'ombre glacée. Orphée compose, construit Eurydice vive, pièce à pièce et sens par sens. Lève-toi et marche ! Parle donc !

La longueur du labyrinthe mesure la patience immense requise par l'incarnation. L'œuvre sort des Enfers, des souterrains où flottent mots, concepts, images, noms et ombres, elle extrait des arrière-mondes ces ombres, elle les incorpore par appel ou enchantement ; le nominal drogué ou frigide s'éveille. Construction. Chaque livre se délivre de la bibliothèque, son pire piège.

Orphée s'adonne au plus difficile. Rien de plus facile que de dompter hyènes ou jaguars, que d'adoucir le dur : il suffit de descendre la pente, de suivre le travail entropique de la mort, vers le désordre et le fragment ; passer de la chose aux représentations, nommer, décrire, réduire l'objet à un ensemble de mots ou de phrases. Rien de plus difficile que de remonter la voie inverse, la route verticale de la vie, de l'œuvre, incarnation ou création. La loi de fer va vers les Enfers, nul n'en revient, vous qui passez le seuil du concept, laissez toute espérance. Orphée réussit quand il s'agit d'adoucir, aussi heureux qu'Ulysse. Mais il échoue à arracher Eurydice à la dernière pente, manque l'ultime œuvre de chair, l'amante retombe en son ombre : la tête dans la gorge et la gorge en accord et l'accord dans la voix et la voix dans le nom, involution foudroyante, retour à l'épitaphe. Exploit suprême, grandiose, rare que de donner vie au dire, geste usuel et banal que de substituer un mot à la chose, facile. L'œuvre tente la percée vers le monde même, même Orphée n'y peut revenir. Œuvre maternelle, toujours au dernier instant manquée.

Cela dit en clair que rien sous le soleil ne se fait aisément que la philosophie. Rien de facile comme nommer, décrire, concevoir. La chute des corps et la mort favorisent cette passion, la loi d'économie pousse à la plus grande pente : descente rapide aux Enfers, aux grammaires, dictionnaires, bibliothèques, banques de données, *facilis descensus Averni*. Ne cherche pas l'objet, nomme-le. Ne quête ni la femme ni la bête, cite les noms propres qui les ont nommées. Au contraire, la loi insupportable de la plus grande dépense demande la longue patience du chemin vertical, l'appel interminable des ombres pour qu'elles reviennent danser, charnelles, sous la lumière, travail si dur et temps si long, si fortement inaccessible puissance que le plus patient pèche toujours par impatience, que l'errant de ce pèlerinage croit toujours trop tôt qu'il sort, enfin, des limbes, et que celle qu'il en tire s'en délivre enfin, elle aussi, voici qu'il se retourne trop tôt, elle suivait encore sans avoir achevé sa souffrance de délivrance, seule une moitié du corps s'arrachait à la mort, elle s'effondre brutalement vers son image plate, vers son ombre flottante, son nom, la tombe, par la plus grande pente, vite, en chute libre. Elle retombe à son concept comme à son équilibre, au fond du puits.

Qui n'a pas le don de vie fait de la philosophie. La vie met du temps à émerger du concept, mot ou nom, l'enfant met du temps à quitter le code. Orphée lui-même ne peut s'extraire des enchantements logiciels, mais il indique le chemin de l'œuvre, la sortie des Enfers. Chemin toujours en fin manqué. Infini. Epuisant. Revenant brusquement aux morts de la librairie.

Nous n'entendons plus, dans les rues et les vallées, que des idées, mots ou noms, portés par des cris et des pleurs. Eurydice ! Oui, j'ai perdu mon Eurydice, je voulais créer un corps ici présent, je n'ai plus qu'une abstraction pure, cette émission de voix, douce : Eurydice, Eurydice, j'aurais tant voulu te donner la vie et je n'écris que de la philosophie.

Réveillé au milieu de la nuit, intime, arraché au fourreau du rêve, extrait du sommeil comme d'une gaine, tiré du puits aux draps, de la bannette profonde, sorti vif de la cabine noire et chaude, émergeant de ces trous par sauts douloureux d'une poche à l'autre, écartant voile à voile ou franchissant paroi après paroi, obligé de se vêtir vite à tâtons, en silence, appelé par le matelot qui martèle à la porte l'heure du quart, ouvrant les yeux et les oreilles, poussant le taquet, tirant le panneau, passant le sas, titubant tout au long des coursives dans le halètement de la machine, agrippé aux échelles, attentif aux coups sourds de la coque qui tosse, rampant debout niveau après niveau, parvenu en haut, ouvrant le côté sous le vent, présent, conscient, externe, livré brutalement, passé le pavois, au vent terrifiant, dans le tourbillon du grain hurlant, dehors, défiguré soudain par la glace bleue, déchiré par la rafale, assourdi, bombardé, piqué de pluie, décomposé, devant décider tout de suite sous les cris, les sifflets ou les ordres tonitruants, peau hérissée, chancelant sous les coups de roulis, refusant de toute la chair cette montée du ventre du vaisseau à la passerelle ouverte au ciel, et laissée en fait dans le silence, mourant d'allégresse vive, vous savez maintenant comment tous ont souffert l'aventure de naître.

Nous apprenons en ces petites heures que nous bronchons devant le monde et que nous mettrions tout notre art à ne pas l'entendre, à le tenir éloigné, sans la pointe de liesse amère mais superbe qui nous attire à lui. Par horreur des sensations, nous préférons le rêve dans les mots de la bannette.

Une nuit les femmes thraces déchirèrent Orphée en morceaux. Pourquoi ? On ne sait pas ou on le sait trop. Ceux-ci disaient qu'après la perte d'Eurydice, Orphée se détourna des femmes, qui en conçurent du ressentiment. Ceux-là qu'il avait inventé l'homophilie. D'autres qu'il avait institué des mystères d'où les femmes étaient exclues. D'autres encore qu'Aphrodite l'avait maudit. Les justifications de ce drame abondent et vont toutes dans le même sens : mille et une raisons sexuelles. Il reste vrai que des femmes, bulgares ou thraces, courant dans la montagne par une espèce de sabbat, ont jeté dans l'espace ses membres épars, et sa tête dans un fleuve dont le flux l'a portée loin en mer. Diasparagmos usuel dans les mythes.

L'explication court dès l'Antiquité : elle déplace l'attention du diasparagmos même. La justification par la pulsion sexuelle a la force de la pulsion sexuelle, cette force prend et rend ses raisons évidentes, comme on voit dans la publicité. Pour donner du prix aux choses, on les entoure de femmes, beaucoup de Bulgares un peu nues. L'attention se déplace de ladite chose sans prix sur l'abondante et superbe nudité. Le déplacement fait toute l'explication : on parle d'Aphrodite ou de pédérastie, on oublie le dépècement. Avant de justifier ou de comprendre cela à partir d'autre chose, tentons de le considérer en soi. On jette sur le crime cent explications, comme les Bacchantes thraces ont jeté sur Orphée pierres, flèches ou projectiles pour le déchirer ou le recouvrir. Cela se nomme analyse : les explications du diasparagmos ont la forme d'un nouveau diasparagmos, l'un bien réel, l'autre critique ou judiciaire, ou logiciel. Le premier dur, les autres doux. Qu'importe.

Une foule déchire Orphée, corps musical. Un accord s'effondre en désaccord, une organisation ou harmonie se désagrège. Faut-il analyser cela? Mais cela même s'appelle une analyse.

Nous avons appris à dire la langue de France en conjuguant le verbe aimer, nous avons appris à lire la langue latine, sa mère, en déclinant *amare*, encore aimer, nous nous formions jadis à la langue de science, la grecque, en étudiant le verbe délier. Le premier verbe grec, dans la grammaire, veut dire hacher, rompre, briser, voici l'analyse. Nous avons été nourris, aux lettres, dès notre enfance, à aimer dans la langue usuelle et à détruire en langue de pensée. Depuis que nous avons oublié cette langue ou que nous l'ignorons, elle revient et se venge. Nous croyons invinciblement que penser ou savoir consiste à détruire, défaire les liens, dénouer, désarticuler, expliquer, voici l'analyse. Elle dit le contraire de construire ou de lier. Elle renvoie Eurydice aux Enfers du dictionnaire. Les femmes thraces, comme si elles parlaient grec, se précipitent sur Orphée pour apprendre ou savoir, pour penser ou expliquer la musique. Or la musique se compose; si on l'analyse, elle s'évanouit en notes ou pièces éparses. Le diasparagmos équivaut à l'analyse, l'analyse vaut un diasparagmos.

Les Bacchantes expliquent les textes dont les membres volent en l'air. Analyse : les articulations du corps d'Orphée se délient; se divise l'harmonie; la foule des femmes bulgares délie la lyre corde à corde, nous n'avons plus d'art global, à neuf Muses, à neuf cordes, nous ne connaîtrons que des disciplines. Nous n'aurons plus de sensation, nous connaîtrons des organes.

Celles qui écartèlent Orphée ne se jettent pas sur lui en silence. A la rigueur l'observent-elles pour attendre le chanteur au coin du bois. Leur accord produit le silence qui approfondit leur accord et qui leur permet d'écouter de loin la douce lyre qui arrive.

Sourd, muet, le monde monadique développe l'harmonie. Dieu est ou crée une musique préalable qui organise la vacuité sonore du monde. La musique produit le silence. Il amène celle-ci à un état zéro, presque parfait. Elle produit celui-ci comme une singularité musicale belle, un cas rare d'harmonie. J'entends cela comme une vérité sensible, aussi : quand le bruit s'arrête, si dur, le silence, doux, promet déjà le plus complet des arts. Ne portant aucun sens pour les élever tous, la musique entoure ou enveloppe ou comprend le silence. Quand elle s'arrête à son tour, il reparaît, nu, et renaît, sublimé. Il a deux faces, l'une tournée vers le vacarme, l'autre vers la parole et le sens.

La santé vient dans le silence des organes, l'accord social survient par celui des Bacchantes, les Pères du désert s'y connaissaient en bonheur. La face douce-dure du silence nous protège du chaos, sa face dure-douce nous élève vers le sens, délicieusement.

Toute réception a lieu en lui. L'émission, toujours, l'emporte de loin sur la réception. En voici une belle preuve : on ne peut s'assurer que quiconque a reçu sans exiger de lui un collationnement. Il faut une émission nouvelle pour dire la réception. La sensation se plonge donc dans le silence, réceptive. Entendez cela comme une vérité sensible, comme la vérité des sens comme une vérité métaphysique. La mutité baigne nos sens. Puisse mon livre habiter le bonheur de ce silence-là. En témoigner consiste à collationner. Ainsi, la philosophie du langage disant que le donné ne se donne jamais que dans et par le langage dit parfaitement le statut du collationnement. Le langage collationne la sensation. Il émet qu'elle reçoit, et parle donc de son silence. Elle demeure sourde et muette, presque monade, tacite en tant qu'elle reçoit. Par après, la réception se collationne elle-même, émet, donc parle.

Le silence construit le nid, l'habitat de la sensation. Sans lui, pas d'elle.

Celles qui écartèlent Orphée se précipiteront sur lui non sans bruit.

Elles l'entendent venir de loin, avec les murmures de

la forêt, car les branches, immobiles, s'inclinent vers lui pendant qu'il avance, tenant la lyre, parmi le collège ordinaire des fauves, réconciliés. Orphée ne se sauve pas de leurs griffes ni de leurs gueules, comme Daniel le prophète dans la fosse, mais les lions et les loups eux-mêmes se sauvent des loups et lions par la musique et le chant qui accordent les inconciliables, qui remplacent la fureur guerrière ou sacrificielle par la douceur. Voici, à nouveau, le contrat social sans texte. Les bêtes, dures les unes pour les autres, deviennent douces. L'homme n'est plus lion ou loup pour l'homme, anharmoniquement, espèces étrangères, mais devient homme, reconnaissable. Le collectif change de nom à loisir, meute de loups, troupeau, forêt, foule de femmes, la musique toujours donnant leur accord rare et instable, rare comme le silence, instable comme la musique de génie, elle-même toujours en danger de s'effondrer dans le bruit. Le contrat social reste instable comme la douceur des femmes et la taciturnité des loups. Orphée avance dans la paix : l'homme-loup reconnaît, à mesure qu'il progresse, un autre homme dans le lion, dans les branches de l'arbre, dans la femme. Harmonie. La reconnaissance, large dans l'espace, au-dessus des individus, se répand comme la mélodie.

Orphée se tient dans la clairière, la forêt se fait douce aux animaux, doux les lions, douces les femmes, doux les loups, oyez l'accord quasi silencieux, chacun retenant sa parole, son cri, son souffle même pour recevoir mieux. Mais les branches s'agitent un peu, le feuillage se met à bruire, les fauves feulent bassement, les premières criailleries des femmes thraces qui s'avancent commencent et disputent à la musique l'espace acoustique. Fragile harmonie qui s'effondre sous les premières flèches de la rumeur, fragile face dure-douce qui se casse sous les pierres acérées des clameurs. Après un équilibre instable et dangereux, le tumulte vite dépasse l'accord, celui-ci se fissure, éclate à nos oreilles, les bêtes se dressent contre les bêtes, le vent-tornade plie le tronc des arbres, voici l'analyse, l'harmonie se délie, les troupeaux se défont, Orphée se disperse en morceaux.

La musique tient son équilibre instable et rare très haut. Le premier cri ou premier coup de patte, le simple battement d'un applaudissement le détruit, elle tombe et se brise, détruite, analysée.

Chaque lion ou loup, chaque femme, croyait entendre à part soi une note venue de la lyre, sans se douter qu'il était cette note. Chacun pousse un cri discordant, chacun sait qu'il ne crie pas comme les autres. Chaque lion ou loup, chaque femme, croit emporter de son côté un morceau d'Orphée, sans se douter qu'il est cette pièce ou ce membre.

Chacun de nous applaudissant à tout rompre concasse Orphée entre ses paumes, l'écrase en ramenant à un bruit vil la musique triomphale.

Orphée chantait à la télévision, les lions dressés appuient leurs pattes de devant sur l'écran, la glace s'effondre en morceaux menus, l'image s'efface quand se casse la paroi. Mais se maintient partout ailleurs dans les autres postes.

Orphée n'a jamais existé autrement que dans le mythe, hors du langage. Il figure l'intégrale large que le son musical propage dans l'espace, la réussite jadis rare de l'accord des non-intégrables, sommation fragile. Mais il existe puissamment maintenant, indestructible. L'harmonie n'égale plus l'un du multiple, mais a réussi son accès au multiple pour tenir le tout.

La musique ne résistait pas aux analyses. Les Bacchantes expliquaient les partitions d'Orphée. Nous écoutons leurs partitions, désormais.

Les analyses tiennent le langage et les femmes thraces contrôlent ce qui reste de la musique, envahissent les espaces de leurs cris.

Le toucher coud, lieu par lieu, pointilliste si l'on veut, impressionniste par pans et localités ; il établit des cartes, variétés ou voiles.

L'ouïe globale, intégrale, abstraite déjà, quêtant l'unité, remplit les volumes : boîtes, caisses, maisons, prisons, théâtres, villes, cirques, enfers et forêts, espaces marins où la tête du musicien, arrachée, délaissée, détachée, flotte encore vers les îles et chante, occupant le vent qui court entre ciel et vagues ; mon corps entier, boîte à musique ou à langage, caisse de résonance, airain retentissant, ainsi que mon groupe local, théorie assemblée quelquefois au théâtre.

CELLULES

Une boîte noire interrompt, par méconnaissance, une série de connaissances ou troue d'une lacune un volume clair. Nous comprenons ceci jusqu'à tel seuil, cela et la suite à partir de telle autre limite, mais entre ceci et cela, le seuil et la limite, nous ne savons ni ne comprenons, le changement de ceci en cela nous échappe. A autant de dimensions que l'on désire, la boîte reçoit ceci, émet cela et cache dans ses parois les transformations ignorées. Elle paraît bien définir la méconnaissance.

Objection. L'observateur peut savoir et comprendre cela, en aval de la boîte, en recevant son émission, ainsi sans doute que ceci qui se passe en amont. Comment pourrait-il comprendre ou savoir ce qui se passe au voisinage du seuil-amont ? La boîte, certes, reçoit, mais que signifie cette réception pour l'observateur ? Il faut qu'il la reçoive, mais elle n'émet pas. Il faut donc qu'il se situe à l'intérieur de la boîte réputée fermée, dont il faut en conséquence déplacer la paroi. Mais le raisonnement, irrépressiblement, reprend, dès qu'il s'agit de réception. Ajoutons donc une petite boîte noire au seuil de la grande, à cheval sur son flanc amont. Mais comme la question appartient à la classe du troisième homme, la nouvelle boîte noire se trouvant munie d'une réception sur la paroi amont, il faut une troisième boîte à cheval sur la paroi de la deuxième, et ainsi autant qu'on voudra. Les emboîtements pullulent à gauche.

Nous ne comprenons pas la réception, sauf à la faire coïncider avec l'observation. Comprenons-nous l'observation ? Et, de nouveau, la solution fuit. L'émission l'emporte sur l'écoute, nous savons comment lancer un son et comment il se propage, nous pouvons le relayer, nous savons mal recevoir. Sciences et philosophie reproduisent dans leurs disciplines le déséquilibre usuel et brutal de ces dialogues où chacun parle sans que nul l'entende et de ces groupes animés où tous produisent le plus de bruit possible à la grande douleur de chacun, chaque souffrance s'exprimant par un hurlement dont l'intensité a pour but une écoute d'autant plus impossible qu'elle induit de nouvelles douleurs qui s'exhalent en plaintes. Demain, nous aimerons la pudeur, qui parle rarement et par litotes. La solitude monadique croît dans l'espace des messages, le solipsisme s'alourdit parmi le monde dit des communications, l'empire d'Hermès accentue le subjectivisme.

L'émission l'emporte sur l'écoute, nous ne savons pas recevoir. Qu'il s'agisse de la boîte noire ou du schéma très simple qui relie un émetteur à un récepteur, le pôle qui perçoit ou sent gît enveloppé dans un emboîtement de boîtes noires. L'écoute plonge dans le silence et la surdité.

La communication se perd. Ou il y a du privé, mais alors il n'y a pas de messages objectifs, ou ils circulent, mais disparaît le privatif. Etudiez donc les mathématiques et buvez de l'eau fraîche.

Fin de mon propos.

Ou son commencement.

L'objection détruit mon livre et tout espoir de dire la réception en même temps qu'elle commence à construire une sorte d'objet qu'on pourrait appeler récepteur abstrait. Tout se passe en effet comme si la sensation s'organisait ou comme si nous la piégions dans, par et à travers des modèles emboîtés du même genre. Nous formons des boîtes pour entendre, nous connectons l'oreille au pavillon d'une conque pour ouïr le bruit de mer, nous construisons des espaces exprès pour écouter ou pour nous entendre entre nous : places, voûtes, murailles de fond, églises, théâtres, passages étroits, ruelles, venelles, oreilles de pierre. Nous favorisons les échos et les rimes. Robinson visite la vallée désolée, gorge serrée qui lui renvoie le dernier mot du verset lu par lui à voix haute : « mon âme », mon âme, mon âme, répété jusqu'au silence, miroir multiple de son cogito. Il trouve donc à marcher dans une ruelle dont les murs lui renvoient le claquement de son pas. Dans l'ignorance de la bête elle-même, dans la certitude ou l'évidence de sa fuite et de son évanouissement, nous combinons des lieux où nous la faisons passer, nasses, filets, dédales où le poisson se faufile sans que nous le voyions ni l'entendions, où il tournoie sur soi, piégé, pris.

Réception captive.

Du toucher ou de la peau nous avons peint le tatouage, impression variable et variée, variété pour chacun singulière, universel revêtement. Le peintre touche pour faire voir. Nous n'avons pas su mener la description jusqu'au détail de chaque ocelle, zébrure ou strie, connexe ou isolée, en boucle et traversée de carrefours, originale, répétée... lacis changeant, inextricable à la surface de la feuille gauche qui nous enveloppe. Ces traces de tangence, globalement contingentes, mélange, labyrinthe, entrelacs, organisent le grand piège du toucher.

La réception, rarement ponctuelle, a lieu sur un schéma où la capture, mobile, trouve des chances notables de retour sur soi. En cycles rapides, elle se change en émission et inversement : rebondissements, échos, réflexions sur des écrans, par des chemins étroits, des passages, gorges, défilés, culs-de-sac, bifurcations nombreuses et inattendues, circuits – on dirait une puce brouillée – qui créent des points singuliers se renvoyant les uns aux autres les flux captifs. La réception s'organise en auto-émission, elle apprivoise l'étrange, comme lorsqu'on se redit à soi-même un vocable inconnu pour l'assimiler. Une conscience liminaire se lève là, dans les plis de l'autocontact, par l'itération de la réception ; capture itérative et bouclée, qui mérite son préfixe.

Ainsi fonctionne le tatouage. Mais j'imagine d'autre part que le dessin multiplement itéré ou emboîté de ce que j'ai nommé le récepteur abstrait se projette dans cet entrelacs. La peau reçoit en construisant, dans sa dimension souple et plate, ces boîtes noires indéfinies. D'où l'impossibilité de décrire jusqu'au détail les projections ou traces singulières.

Or si le tact connaît des plaques locales réveillées ou suscitées par le contact et associées ensemble de façon variable en haillon ocellé, si donc il rampe dans les dimensions plates de la plaque et du bâti mal définis, le son. quant à lui, occupe le volume et se répand dans le global, demande donc à l'écoute des ondes une dimension de plus. De même que le récepteur abstrait emboîté multiplement se projette, comme un modèle, sur la feuille gauche et plate de la peau, en réseau ou labyrinthe, ainsi la même projection dans le piège spatial auditif exige plis et sculptures dans le volume, tout un relief exquisément ciselé. Du tact à l'ouïe, la carte passe à son paysage. Le labyrinthe monte ses murailles, creuse ses sapes, allonge les couloirs. La boîte noire semblait tendre indéfiniment l'oreille ou, mieux, la prêter, comme on dit, mais intransitivement, d'un tissu qu'il prête, l'ouïe multiplie les boîtes par ses apprêts.

Mais d'abord le corps ou l'organisme entier lève une telle sculpture ou statue de peau tendue vibrante dans le son volumineux, fermée-ouverte comme une caisse, piégeant ce qui la piège. Nous entendons par la peau et les pieds. Nous entendons par la boîte crânienne, l'abdomen et le thorax. Nous entendons par les muscles, les nerfs et tendons. Notre corps-boîte tendu de cordes se voile d'un tympan global. Nous vivons dans les bruits et appels, dans les ondes tout autant que dans les espaces, l'organisme s'érige, se creuse, spatial, large pli ou longue ganse, boîte semi-pleine, semi-vide qui leur fait écho. Plongés, noyés, engloutis, ballottés, perdus dans des répercussions et des retentissements infinis et par le corps les comprenant. Quelquefois dissonants, souvent consonants, troublés ou harmonieux. Résonnent en nous une colonne d'air et d'eau et de solides, espace à trois dimensions, tonne, des tissus et la peau, parois ou plaques larges et longues, et des fils courant leur seule dimension, attaches sensibles aux ondes graves, comme si nous réunissions en nous oreille et orchestre, caisse ou cymbale, airain vibrant des percussions, instruments à vent et à cordes, trompes, émission et réception. Je suis la maison du son, ouïe et voix tout entier, boîte noire et retentissement, enclume et marteau, grotte à échos, cassette à musique, pavillon, point d'interrogation errant dans l'espace des messages doués ou privés de sens, émergé sur ma propre conque ou noyé sous les vagues des ondes, je ne suis que creux et note, je suis tout entier creux et note mêlés. La statue en mouvement s'équilibre dans la rumeur comme un poisson dans l'eau. Le corps se souvient de sa vieille vie aquatique en se dirigeant par automatismes et volonté parmi les ondes. L'humanité, par bancs, nage dans ces eaux.

Le corps se pose et marche par l'espace des messages, s'oriente dans le bruit et le sens, parmi les rythmes et les rumeurs. Comme il entend par la plante des pieds ainsi que par les lieux où se nouent et s'attachent muscles, tendons et os, enfin dans le voisinage où l'oreille interne touche aux canaux qui guident l'équilibre, toute la posture se relie à l'ouïe. Nos gestes les plus secrets suivent les sons, nous dansons. Ou plutôt là commence la danse. Nous nous tordons, fascinés par les appels et les ritournelles, comme des serpents devant la flûte ou comme Argus face à Hermès.

Nous habitons des espaces, géomètres et topologues,

par dimensions et voisinages, déchirures ou continuités; nous logeons dans le champ de la pesanteur, forts, verticaux et symétriques, mais les sollicitations de l'attitude, souple, oblique, penchée, tendue inquiète, viennent de notre plongement dans les ondes. Là commence le temps, par le rythme. Nous restons poissons, évoluant dans un milieu où nous nous équilibrons à chaque instant par l'ouïe, fine calculatrice, ordinateur : la proprioceptive commande l'allure, fatiguée ou vive; l'ordinaire exige fuite, alerte, éveil, sommeil; la sociétaire dicte le maintien. Ceux d'entre nous qui vivent en extase parmi les notes, le style et la rigueur disposent parfois d'une quatrième oreille secrète qui les guide dans le fleuve musical ou leur évite les fautes de goût en leur donnant l'accord vrai.

Dans beaucoup de langues, écouter veut dire obéir : séduit par la voix, le corps va. Il suit sa vocation. Horrifié par le bruit, assourdi ou dissonant, il se noie. Ainsi l'on voit d'immenses cortèges agglutinés ou tirés par un souffle ou une rumeur et recevant d'eux leurs appartenance et direction, bancs de poissons soudain réorientés tous ensemble sur un appel bref. Ils l'appellent esprit du temps, s'ils y pensent.

La grande boîte consonante et dissonante piégeant les messages par posture, gestes, danse, orientations et mouvements, mais piégée aussi par eux, qui l'équilibrent et la déséquilibrent, leur donne audience maintenant dans, par et à travers une deuxième boîte à cheval sur une paroi de la première et accrochée à son rocher vibrant. Le dessin délicat d'une même structure d'entrelacs, couloirs, écrans, étranglements, que le labyrinthe à plat du tatouage s'y retrouve, mais à trois dimensions, lacis en relief, autre vestibule du son. En ce nouveau piège, le dur se fait doux : la boîte se défend des agressions insolites, sourde à ce qui l'excéderait; la membrane du tympan présente à l'extérieur une face de peau et de muqueuse à l'intérieur, peau plus dure et muqueuse plus douce, séparées au milieu de la membrane par une armature plus résistante; l'onde acoustique issue d'un choc se change en un signal chimique portant électriquement l'information vers le centre... Quel centre? La boîte reçoit-elle ou émet-elle? Ecouter signifie vibrer, mais vibrer consiste à émettre. A déplier la cochlée, par exemple, un piano inversé apparaît sur quoi s'étagent aigus et graves, de gauche à droite. Mais un piano sonne, il n'entend pas. La même raison ne cesse pas : il faut à l'oreille une oreille plus centrale pour l'écoute de ce qui se transmet par les trois oreilles externe, moyenne et interne, qui s'entendent successivement. Le centre écoute. Quel centre? Déplacez la paroi. Cloison après cloison, boîte noire après boîte noire, le récepteur abstrait se projette là.

Là se transmet le son de façon non linéaire en passant du plus dur au plus doux, là il se soumet, en chaque étape à des boucles, à des circuits ou retours sur soi. La boîte reçoit le flux captif, elle organise la reprise prévue au préfixe, elle piège bruit, son et message, les fait circuler vite, les ramène, les fait vibrer en soi pour soi et transforme, par ces cercles, l'émission en réception résout la contradiction où s'involue l'écoute.

Changeons le discours de la méthode, optimisons autrement les parcours. Nous tenons le labyrinthe d'une tradition tragique et pessimiste, signifiant mort, désespoir, égarement. Le dédale cependant dessine le meilleur chemin pour qu'un mobile y passe en revenant le plus possible sur ses traces; il donne des chances très hautes à des itinéraires fermés sur un schéma ouvert. Le dédale maximise les feed-back. Il suit un chemin très long dans un intervalle court et construit la meilleure matrice à boucler des cycles. Meilleure méthode possible pour toute réception, vous le trouverez donc souvent dans la sensation. Il résout clairement ses problèmes.

Appuyé sur une métrique, le discours de la méthode conclut du court au facile, du rapide à l'aisé, par le minimum. Il parle et file droit. La métrique et sa méthode chercheront donc toujours à se délivrer du labyrinthe par les meilleurs moyens dans les plus courts délais sur le chemin minimal. Appuyés sur la théorie de l'information et la topologie, nous concluons à l'optimisation pour la figure qui s'oppose maximalement à des projets pareils. La vitesse ne compte pas lorsqu'il s'agit de phénomènes à propagation foudroyante comme la lumière, le son et même le toucher qui court instantanément d'un bout à l'autre du bâton. La sensation se moque donc de toute métrique, optimisons les schémas autrement. Cherchons la meilleure méthode, le meilleur chemin pour fabriquer le plus de boucles en feed-back possible sur un itinéraire ouvert et court. Cette maximisation se donne dans le dédale. Excellente réception, ici le résonateur optimal, début de conscience. On peut obtenir enfin le dessin d'un labyrinthe comme trace de boîtes emboîtées non concentriquement, les unes à cheval sur une paroi des autres. Voici reparu le récepteur abstrait.

Les nœuds et le tissage décrivaient topologiquement le tact en supposant comme éléments des fils à une dimension et en les entrelaçant. Pour dessiner l'écoute, plus globale que locale, par corps, tête et thorax, oreilles externe, moyenne, interne, fossette, conduit, limaçon, vestibule, canaux, toutes boîtes bien ou mal emboîtées prévues par le modèle abstrait, la topologie du relief requiert des variétés à toutes dimensions, les creuse, les plisse, les ourle, crée montagnes et vallées, cols, cheminées, trompes et lobes, architecture ou paysage. Le tatouage chine la peau, celle-ci s'érige dans le volume, les voiles forment des boîtes.

D'où ma résistance – poétique – à la certitude que nous entendrions mêmement sans pavillon ou que l'écoute ne se troublerait pas d'un pavillon plat. L'adorable ciselure de l'oreille externe, dernières petites boîtes ou fossettes, mêlant hélice et contre-hélice pour un ultime dédale, doit recevoir des messages encore inouïs de la science. Nous portons comme des pancartes deux points d'interrogation de part et d'autre de la tête, deux clés de sol, sans réponse ni portée.

Filtre d'amour. Le prisonnier de la tour aime la fille du geôlier. La tour s'élève dans le château, le donjon s'enchâsse dans la tour et la cellule dans le donjon, bâtis gigognes; pour arriver à celle-là, il faut traverser des murs, des portes, sans fin, monter des étages ou franchir des abîmes par des escaliers aériens et fragiles, passer cent guichets, une chapelle même. La cellule vraie, taillée en bois, ajoute une boîte en poutres et charpente à l'intérieur des murailles et plafonds de pierre, à plancher surélevé. Non, nous ne parvenons pas encore à la dernière pièce gigogne : le gouverneur a fait placer un abat-jour devant la fenêtre du réduit où seuls les rats couraient, il a obturé tout pertuis au moyen de papier huilé. Monseigneur le prisonnier gît derrière une multiplicité de parois étanches, épaisses, aveugles, opaques, quinze couches de cloisons.

Face au donjon, en contrebas, le bâti du château s'ouvre sur une volière, boîtes, cages, cellules où des oiseaux se trouvent enfermés que la fille du geôlier monte panser. On ne sait pas les voies complexes qu'elle suit pour aboutir aux volatiles. Là se déroule un roman d'amour : du fond de son sémaphore, derrière un petit regard découpé, l'amant parle par alphabet ou signes à la belle, qui répond lettre à lettre parmi les cris et pépiements; elle va bientôt faire le vœu de ne jamais regarder son amant derrière ses paupières baissées. Elle l'entendra plus tard prêcher, dans les larmes.

Qui, ange ou diable, passe entre les voiles de ces boîtes, quel message traverse mille murailles et s'échange entre quelles instances qui émettent et reçoivent, confinées dedans? Quel appel, cri, feu, animé, mobile, intense, aigu, a puissance de lancer un flux qui force les chicanes et qui s'épure par leur filtre?

Le donjon-corps garde sa distance fixe au château-chair désiré. L'œil-fenêtre quête derrière l'abat-jour-paupière et l'oreille entend les chants de l'âme-oiseau, de son tympan au papier huilé. Amants timides, retirés sous leurs multiples peaux ou murs raides et horrifiés, guindés haut derrière leur créneau, qui perdront leurs belles amours dès que le prisonnier s'évadera et qui se hâteront de replacer distances et obstacles comme s'il n'y avait d'amour que retentissement sur des parois voisines placées entre les amants, que des échos multipliés par les cloisons des boîtes, interférences, vibrations, harmonies, battements, la citadelle dessinant un orgue résonnant. Deux fantômes s'agitent dans des boîtes à musique construites en forme de geôles. Voilà le corps de la tradition et sans doute de la science.

A ces romans d'amour qui étonnent tant nos corps souples et déshabillés, indolores, bientôt muets, convenaient des romans de la connaissance, au temps jadis. De même que l'appel d'amour circule parmi les couloirs, les guichets ou les voûtes du château-corps et les hante, de même les données des sens passent des obstacles aménagés dans une sorte de statue ou d'automate à vingt cuirasses, véritable château des Carpates, leur flux s'épure à mesure qu'il s'avance, par filtres successifs, vers la cellule ou instance centrale, âme, entendement, conscience ou je transcendantal, dont très peu de geôliers détiennent la clef.

On goûte la délicatesse exquise du dessin où se succèdent les stations d'épuration, filtres pour connaître ou pour aimer. Peu ont eu le droit de pénétrer dans l'in-pace ou le saint des saints, dernière boîte encapsulée derrière ou sous d'autres cellules : il y fallait un prêtre ou un grand justicier. Ainsi connaissait-on ou aimait-on. Rarement. Sous surveillance. Par ouï-dire. A travers chicanes.

La sensation se tient dans une boîte noire et fonctionne comme elle. L'une et l'autre précèdent la connaissance, mais la suivent aussi, et l'entourent ou la trouent, l'une et l'autre méconnues.

A travers la sensation le dur se change en doux. Elle nous protège et nous guide ; sans elle notre corps exploserait sous la poussée noiseuse des Bacchantes, se déferait comme Eurydice à demi sortie de son puits noir ou boîte d'ombre, se déchiquetterait dans la tornade, se décomposerait sous la brûlure solaire ou scié par ce qui dépasse l'audible possible : lions, femmes et branches déchirent Orphée.

Tourner la tête, avoir horreur et fuir, suer frissonner, se couvrir de voiles, se terrer, varier sur la boîte, l'agrandir ou la renforcer, les toits de nos protections, les arts et stratégies se multiplient pour nous éviter le sort fatal d'Orphée.

La boîte, utile à la connaissance, sert la vie. Je la suis. Je l'habite.

Mous, nous bâtissons des boîtes adoucissantes.

Derrière la cour, fermée de grille et de portail, retirée, devant le jardin clos de murailles hautes maison se recueille dans ses murs. Distante, protégée tenant le monde loin. La pierre dure ou le béton grenu se recouvrent. au-dedans, de tuniques, d'enveloppes, de membranes de plus en plus douces crépi à grain plus fin, plâtre lisse, papier raffiné ou peinture liquide, tapisserie dessinée, historiée ou fleurie ; la maison multiplie couche sur couche, où le grossier commence et qui s'achèvent en images. Même progression à multiples feuilles dans le sens vertical : vide sanitaire, hourdis, poutrelles, planchers, moquettes, tapis. Cela finit dans les ornements et rinceaux. La maison ferme aussi les ouverts : volets, fenêtres, doubles vitres ou vitraux, voilages, rideaux, cantonnières ouvragées, avec, naguère, de profondes embrasures : faite pour être fermée, la boîte se clôt à chicanes quand elle s'ouvre. Il a fallu ne plus avoir aucune peur du monde et l'avoir cru seulement traversé de signaux pour ouvrir si brutalement nos habitats, récemment. La maison fonctionne comme un volume de transformation où s'apaisent les forces, comme un filtre à énergies hautes, ou un convertisseur. Dehors règnent le printemps aigre ou l'aube rigide, à l'intérieur rêvent constamment les calmes images qui n'interdisent pas la conversation, dedans s'aménage l'espace du langage. On dirait une boîte crânienne, un cerveau. La boîte transforme le monde en dessins coloriés, en tableaux accrochés aux murs, change le pays en tapisserie, la ville en compositions abstraites. Elle a pour fonction de remplacer le soleil par le chauffage et le monde par des icônes. Le bruit du vent par quelques mots doux. La cave change l'alcool en odeurs.

Dans la maison ainsi bâtie, le philosophe écrit et pense et perçoit. Dedans. Je vois, dit-il, par la fenêtre un pommier en fleur. Il cherche l'origine de la connaissance et se place au commencement ; or en cette Genèse, il découvre un jardin, forcément, et, dans ce jardin, le pommier seul l'intéresse, le tente : il en voit les fleurs. Dissertation longue sur l'arbre, le dessin qu'il peut en faire l'image qu'il en a ou le mot qu'il écrit et qu'il trouve dans sa langue, sur l'absent de tout verger. Il oublie la fenêtre, oublie l'embrasure, les rideaux, la vitre opaque ou translucide et, selon qu'il habite le Nord ou le Sud, la guillotine ou l'espagnolette. Oublie la maison et le pertuis de la maison devant le pommier. L'arbre, de plein vent, sous la pluie battante, loge des oiseaux criards la nuit dans les branches où ils nichent ; autre chose de tailler le pommier dehors, autre chose de le décrire dedans. La maison hors d'eau, hors de vent, hors de froid, de brume, de lumière et de nuit, jadis hors de bruit, protège comme le ventre du vaisseau nous sépare du froid de la mer. Deuxième peau qui élargit notre sensorium. Encore boîte, déjà œil. Ecoute et pavillon. La maison regarde le pommier par la fenêtre. La maison-crâne considère placidement l'arbre par le hublot-œil. On pourrait nommer la fenêtre médioscope, mésoscope ou isoscope. Ainsi le capitaine Nemo, derrière le sabord de son *Nautilus* descendait lentement dans la classification des poissons, dans là taxinomie, le dictionnaire d'histoire naturelle, plus que dans la mer. Le savant regarde le papillon naturalisé dans la vitrine ou, derrière ses besicles pincées, le tableau de Linné, ou, par son microscope, des microbes. Derrière la vitre, l'image du pommier s'assagit même si la fenêtre lui laisse ses dimensions, le philosophe se moque de ses fleurs et de ses fruits – acacia ou érable ? –, derrière la vitre se dresse un fantôme, comme derrière la pupille ou le cristallin, sur la rétine, on dit que se forme la réplique douce de l'objet. Par le volet-tympan, la tempête se fait plainte, par le vestibule et l'escalier en limaçon, elle se change en information.

La maison regarde fixement par ses fenêtres les vignes et les touffes de thym, il se forme sur ses murs des rinceaux d'oranges, un tissu de mensonges, des oranges-mensonges. Le philosophe oublie que la maison, bâtie autour de lui, transforme une plantation d'oliviers en un tableau de Max Ernst. L'architecte l'a oublié lui aussi. Heureux si la vendange prochaine, dehors, se change en une vierge à la grappe, dedans. La maison travaille, adoucit en icône le donné qui peut agresser ; boîte à produire des images, caverne ou œil ou chambre obscure, étable où le soleil ne fait que poudroyer par un interstice mince, oreille. L'architecture produit la peinture, comme si la fresque ou la toile pendue au mur révélait la cause finale de tout le bâti. L'architecture a pour fin la peinture ou la tapisserie. Ce qu'on croyait ornement devient le but, au moins le résultat. Le mur se dresse pour le tableau, la fenêtre pour l'image. Et la porte matelassée pour le secret d'alcôve.

Le philosophe disserte sur la sensation, or il y loge déjà, il habite une sorte de sensation, inclus dans sa maison comme la pupille dans l'œil. L'écrivain oublie la fenêtre, sa place et son travail passif, et regarde le tableau. Ou s'il regarde un tableau, il croit qu'il s'agit d'un hublot. Il oublie la maison, la boîte douce qui s'arrête à la fenêtre. Voit l'image, contemple distraitement quelques icônes, vite devenues abstraites, détruites par la vague iconoclaste, regarde sa page à langage où il découvre le donné.

La maison forme une boîte à images comme un crâne ou un œil. Le philosophe habite dans son problème. On disait jadis le monde sensorium de Dieu, disons la maison sensorium des hommes. Les cieux se remplissent de la gloire de Dieu, la maison se remplit de nos petites énergies.

La chambre dans la maison ferme une boîte dans la boîte. Quand on se glissait dans des lits clos, du côté d'Ouessant, ou dans des lits à baldaquin, à Rambouillet ou à Versailles, on pouvait encore compter une boîte de plus, un peu plus sombre dans la grande encore éclairée. Or les draps font une autre poche dans la série des coffres gigognes, on s'y glisse rarement nu, ô temps glacé de l'enfance où nul ne se couchait sans son sac de laine. Le nombre des couches, des strates, des parois depuis le crépi jusqu'aux draps, le nombre des peaux jusqu'à la vraie peau étonnent l'empiriste. Nous avons déjà compté la boîte à voiles, à vêtements. Non, nous ne vivons pas comme des êtres au monde ainsi que les livres l'écrivent, nous ne pouvons en rien le prétendre, nous ne pourrions le supporter, mais plutôt comme une variété de mammifères ou de primates mous qui, après avoir perdu la toison, inventa la maison et la remplit incontinent de boîtes gigognes. Seule la maison extérieure se livrait au monde, l'appartement très emboîté ne se livre qu'à la ville. Le langage tisse la dernière des parois protectrices avant la peau fragile, juste après les images et les tableaux.

A entendre la radio et la télé, on croit que le monde entre ici, en personne.

La maison construit autour de nous un sensorium orthopédique, inversement le sensorium bâtit notre petite maison portative, notre vaisseau frêle, membrane molle prête à crever à la moindre épine agressive. Le philosophe oublie la maison qu'il habite, mais aussi cette maison de sensation, dernière boîte adoucissante. On trouve toujours, dans cette question, une troisième boîte.

Nos maisons adoucissantes, construites pour les images, forment le sens commun. Les fenêtres ou œils-de-bœuf regardent immobilement les arbres. On disait jadis que le regard de Dieu restait toujours présent jusque dans la dernière boîte, même si elle s'assombrissait comme un tombeau : le tableau représente Caïn vu par Lui.

Nos maisons se construisirent dans un monde paisible où la musique n'avait à vaincre que le rugissement des lions et le charivari des Bacchantes. La série invaginée des murailles et poches qui entoure mon âme vague se fissure et tombe en morceaux sous le tonnerre terrible des nuisances sonores. Je n'habite plus ma maison ni ma peau, pantelant, sans défense, déchiré, dépecé par le bruit. Que mon âme s'efface, que ma bouche en vomisse, que mon corps s'évanouisse, qu'importe, mais si la musique elle-même en mourait ?

La boîte sociale complexe, bâtie, matérielle et logicielle, fermée souvent, ouverte parfois, constante et variable, définie par des murailles et des appartenances idéales ou charnelles. réalisée par l'urbaniste, l'architecte, le maçon et celui qui fait les ponts, enchantée sur les réseaux ou les médias, organise une écoute multiple et presque ubiquiste de ses propres clameurs, en laissant filtrer quelquefois le bruit de fond issu du monde, quand nous entendons nos acclamations au stade ou au théâtre, dans les églises et toutes réunions, sur les places publiques, au détour des rues, autrefois étroites et torses pour mieux capter ou conduire les propagations sonores et les faire tourner sur soi, maintenant larges et droites en raison de la puissance acquise par les émetteurs du son, reçu partout et renvoyé par les journaux écrits, parlés ou visibles, le long des rumeurs qui courent, tous messages qui construisent la boîte et la ferment aussi sûrement qu'un mur, boîte sociale puissante dont les parois partout présentes et réfléchissant les ondes entourent, protègent et pénètrent la boîte-maison, douce et dure, enveloppée, faite de béton, de plâtre et de tableaux, vibrante de paroles, ou la coque-bateau, dont la disposition organise une écoute plus fine des rumeurs venues de l'extérieur, tonnerre et nouvelles, vent et commerce, bruits mondiaux ou sociétaires mais aussi des cris enfantins ou des plaintes malades, clameurs des corps ou petites acclamations, pendant les repas de fête, du groupe minimum, réfugié, discret, séparé par cette boîte à musique poreuse pourtant presque pleine de plus petites boîtes à bruit, mais dont la charpente et les tuiles protègent et entourent à leur tour la boîte à voiles ou vêtements, matériels ou logiciels, tissus et décorations, dont la défense peut cesser dans la chambre où le tatouage se laisse voir et dont le support dermique protège et entoure la boîte-corps, douce et dure, modelée d'os et de codes, retentissante et orientable dans les champs où se propagent bruits et sons, dont les circuits quasi conscients écoutent, de toute une organisation raffinée, ses joies et plaintes propres, les paroles chuchotées dans la proximité, audibles grâce au bâti de boîtes discrètes, les noises publiques crevant les parois levées devant elles, mais aussi le bruit de fond émané des choses brutes, détonations sourdes, basses, abyssales d'avant les séismes sous la fondation des maisons, clameurs des vagues par grand vent, boîte-corps qui se gouverne, choisit et ne choisit pas toujours parmi ces émetteurs et filtres, empilés, croisés, à cheval les uns sur les parois des autres, se renforçant ou s'interdisant mutuellement, longues chaînes parasitaires, aussi envahissantes que des métastases, bifurquantes et s'alimentant de leur propre retour, mais parmi hésitations et erres qui protège, entoure et pénètre la boîte oreille, multiple et complexe, acoustique et informationnelle, dont le dédale organise l'écoute physique et sensée de tous messages ne dépassant pas sa capacité, perçus au théâtre ou dans la chambre, sur la plage ou en confidence, et les transmet, adoucis, à la boîte centrale, et d'abord périphérique, dont le labyrinthe compliqué de synapses et d'axones organise la réception des signaux, préparant le sens protégé par la langue, elle-même protégée par la musique ou la lumière, et plongeant obscurément dans le bruit, sens et langue dont l'emprise intersecte l'ampleur de la boîte sociale, enchanteresse et langagière, attirante et cruelle, ubiquiste comme le sens ou les proclamations, multiple comme les suffrages, et pénétrant l'oreille et la tête, l'orientation et l'assentiment, le corps entier, mouvements, posture et maintien, la maison, la ville et le monde, où s'apaisent les rumeurs venant des bouches d'ombre.

La somme de l'écoute, dure et douce, boîte de boîtes, émettrices et réceptrices, suit, très vite, par passages longs et difficiles, un labyrinthe ainsi décrit, maximalement producteur de cycles, dont certains restent stables un moment long, très long ou court, et alors tendent à former des boîtes.

Quelle oreille entend cette somme ou rumeur des basfonds, harmonieuse ou parasitée ? Mer immense, douce et dure, sous les langues, reconnue en cette plongée. En cette descente aux Enfers.

De quelque fatigue ou douleur que le corps ait à souffrir, attaqué de mille maux, accablé par le travail ou les blessures, il trouve toujours une muraille à élever pour protéger un espace sain où se sauve l'instance qui tressaille d'allégresse et d'espérance continûment dans le danger ou la proximité mortelle, aussi loin et profond que les coups portent. Il recommence à sécréter ou à bâtir une nouvelle paroi à chaque enceinte enlevée de l'extérieur ou cédée par lui. Fuit donc de boîte en boîte, des cris vers le silence.

Dans l'espace souverain, toujours ainsi protégé, cette flamme invariante et vivante, brillant de joie et de pensée, dansante, laisse, dans les mêmes circonstances, une sorte de membrane pour se retirer sous une autre couverture, comme un voleur attrapé laisse sa veste à qui le tient et fuit. Tel Arlequin, délaissant ses vieux costumes ou ses anciennes peaux, nous nous déshabillons ainsi fréquemment, devant les prises du sort, la cruauté naturelle et la haine qui rôde guettant ses proies. Fuyant derrière boîtes et voiles.

La flamme ou instance dansante qu'on pourrait bien appeler l'âme se dégage, invente formes et places, boîtes de silence et robe nuptiale, cherchant à demeurer, stable. Quand advient l'ultime assaut, fidèle à sa continuelle stratégie, elle s'échappe, glissante, victorieuse encore, mais n'a pas ouï ni senti, naïve, qu'il restait un seul habit, que tombait l'ultime paroi, d'où elle se dérobe et sort, le corps rend l'âme à l'article de la mort, sans qu'elle ait cessé de penser, vive.

Ame poupée blanche par une succession de boîtes noires, instance limite à nos travaux de connaissance qui lèvent à mesure les seuils noirs, riant de leur avancée, sourde à leur bruit, chantant de liesse, protégée, immortelle.

TABLES

ESPRITS ANIMAUX - MÉMOIRE - STATUE - MORT - NAISSANCE

ESPRITS ANIMAUX

Or donc nous avions trouvé, chez un docte marchand, dans le nord-est de Paris, vers La Villette, une bouteille de vieil Yquem, année 1947, qu'il avait achetée à l'ancien restaurant de la gare de l'Est, qui, lui-même, tenait cellier en des carrières oubliées, sous terre – un flacon de catacombes. On rapportait que la carte des vins y ressemblait à un dictionnaire que les amateurs venaient consulter longuement, sans dîner toujours ou bien des jours avant de s'attabler. Le marchand a fait faillite, son fils importe du soda, le restaurant a laissé la place à des grimoires en langue rapide (pour goûter comme pour les actes d'amour, si vous courez, pressés, abstenez-vous, de grâce, la vitesse en ces deux matières débouche sur la tristesse ou se débande en regrets), les sapes aveuglées ne voient plus que les rats, on attend les prochains bombardements. Nous nous assîmes trois, les deux amis ayant le don de langue, ce qui veut dire qu'ils savaient se taire.

La tunique du liquide avait pris un or profond, jaune orangé tirant sur le cuivre, nué de reflets roses : couleur sage et intelligente parfumée aux piquants du désir. On aurait dit un fond de chaudron poli par la patience et le temps dans une cuisine flamande, un peu obscure, entre des traverses de bois noir. Le vin luisait comme la paille dans une étable, comme la boîte du compas illumine le quart, la nuit, dans le vent. Le bouchon, solide, passait déjà, un peu, au fluide, le liège brun virait au blond, tout changeait de phase.

Nous avons pris tant de temps pour boire ce verre que nous en parlons encore.

Je me souviens, dit-elle, avec reconnaissance du moment où j'ai reçu d'un grand vin ma nouvelle bouche : le jour de ma deuxième communion. Elle existait déjà, reprit-elle, sans doute mal embouchée, la deuxième naquit là.

La parole y passant donne la première, le jour de la première communion. La bouche d'or commence à jaser, ne cessera de le faire. La parole, comme une reine, règne en son palais, la langue règne sans partage sur les lèvres et la langue. Impérieuses, exclusives. Or elles traversent les lieux sans bouquet ni saveur. Douces : non dures. Douces : plates et fades. Elles anesthésient la bouche, qui ne trouve pas le goût des mots les mieux assaisonnés. L'éloquence la plus ample, la plus sonore poésie, le chant le plus incantatoire, le dialogue le plus vif donnent des palais de bronze ou d'airain, des caisses de violoncelle, mais ces cordes et métaux restent insensibles aux fleurs embaumées, aux arômes d'écorce et de terre, aux fragrances puissantes de musc et de peaux, pis, les chassent. La phrase, ni acide ni astringente, évite d'éveiller la langue à autre chose qu'elle. La sapidité dort sous la narcose des paroles. Gelées : frigides.

Voici celui ou ceux de nos cinq sens qui nous paraissent les moins esthétiques, l'odorat et le goût. Je commence à comprendre, dit-elle, elle, la bouche d'or, pourquoi nous refusons, oublions, différons leur art propre, comment et pourquoi je peux dire avec tant d'apparence que le donné ne se donne jamais que dans et par le langage : ceci tue cela, dans la bouche. Moi, bouche d'or, je tue la bouche longue d'Yquem. Je ne tolère pas le doute, langue double dans la bouche, langue bifide, moi qui parle, elle qui goûte. Douce à ma victime aujourd'hui, jour du banquet, je vais, dit-elle, essayer de passer le relais.

De réveiller le palais de l'anesthésie parlière par le travail d'un deuxième art. Qui retrouve une esthétique, sensible, dans l'œuvre d'une autre esthétique, artiste. Yquem réveille la deuxième bouche, la seconde langue, la révèle en la deuxième communion. Le goût, opprimé, trop voisin, localement, du langage, trop jumeau ou concurrent, ne se dit bien que rarement, s'exprime souvent dans une langue qui prête à rire, dont la bouche rit, comme si le langage en son lieu ne lui laissait pas la parole. Une bouche chasse l'autre, celle du discours exclut celle du goûter, l'expulse du discours.

La deuxième langue dort ; timide, se tait ; reçoit le donné d'autant mieux qu'elle oublie sa jumelle.

Avant d'avoir bu de bon vin, nul n'a goûté le vin, ne l'a senti, donc ne le sait, n'a aucune chance de le savoir jamais. Celui-ci a pu boire, il a pu s'enivrer, nouvelle anesthésie. Mais à qui n'a goûté ni senti, le savoir n'a pu venir. Parler ne vaut pas sapience, la première langue a besoin de la seconde.

L'oubli vient un peu trop vite de ce que l'*homo sapiens* désigne qui réagit à la sapidité, qui l'apprécie et la recherche, à qui le sens du goût importe, bête à saveur, avant de vouloir dire l'homme devenu tel par jugement, intelligence ou sagesse, avant de dire l'homme parlant. Vol de la bouche d'or au détriment de la bouche goûteuse. Mais aveu de la première, caché en une langue morte, aveu de la première sur la bouche morte : la sagesse vient après le goût, elle ne peut advenir sans lui, mais l'oublie.

Parlons les langues mortes, dit la bouche morte. Vous souvenez-vous, ô jumelle d'or, joyau des philosophes et savants, de l'origine langagière commune des mots règles et rillettes, par le latin *regulae*? A moi, Descartes! Des mots induction et andouille, par le bas latin *inductile*? A moi, Bacon! La langue sapiente faisait ainsi valoir ses droits, et, dans la langue de sa voisine, indiquait leur carrefour commun, le lieu où elles bifurquent.

La bouche première, bavarde et parlière, en eut le souffle coupé. Elle se trouvait prise dans sa langue même, bifide.

La sensation, disait-on, inaugure l'intelligence. Ici, plus localement, le goût institue la sapience. Par la définition latine ancestrale de l'humain, nos aïeux instruits, mais sensibles encore, signifiaient sérieusement que sans le goût nous risquions de quitter l'état d'homme, de retomber au rang des bêtes. Avant de reconstruire la pensée sur la sensation, étrange entreprise, ils voulaient sans doute que nous méditions à une sorte de réciproque : à mépriser la sensation, à la remplacer par des artifices, par des discours orthopédiques, nous courons à l'animalité. La bête bouffe vite, l'homme goûte. Il jouit des odeurs, il ne chasse plus. La cruauté n'évente que le sang.

Avant d'avoir reçu, émerveillé, le bouquet nombreux et vivace qui se déploie dans l'odorat, explose et descend, riche encore d'arabesques ou étoiles nouvelles, comme en un feu d'artifice, avant d'avoir connu la moire complexe et frangée découpant méticuleusement une carte de géographie précise le long des joues et différenciant le haut des bas et l'arrière de l'avant, bouche courte et longue bouche, dessinant d'ornements la voûte du palais, passant sur et sous la langue, sur ses bords et en son bout, avant d'avoir su qu'il avait des langues et non pas une seule, avant d'avoir transformé ce volume en un espace bariolé, tatoué, orné de rinceaux, mêlé, avant que l'onction du vin n'ait changé l'uni en multiple et la frigidité en tendresse, avant cette reconnaissance patiente, lente, détaillée, celui-ci a bu, sans doute, a, certes, étanché maintes fois sa soif, s'est même enivré pesamment, mais n'a jamais senti ; la sensation ne lui vint pas, il parle. A connu le besoin, le désir, a usé, altéré, de remède ou de poison, s'est drogué assurément, a manqué la sensation. L'anesthésie lui ôte l'esthétique.

La drogue emprisonne le destin des collectivités qui s'empressent de perdre les sapiences naïves de l'empirisme. Prenez ce vin : buvez et goûtez, il faut choisir. Si vous le buvez seulement, vous garderez le verbe, le langage, seuls. Si vous le goûtez, il vous donnera votre goût en vous donnant son goût, il ouvre en vous une nouvelle bouche, voici le jour de la deuxième communion, que la première empêche. Le donné, généreux, donne plus qu'on ne le pense. Il soigne l'impotence, ou l'incapacité à recevoir et panse l'impuissance. L'esthésie guérit l'anesthésie. Elle réveille. Le donné offre souvent au sujet la faculté de prendre ce qu'il donne : voici le cadeau, plus le logement du cadeau, les rubans, plus la bonne disposition à le percevoir. Bref, il lui arrive de créer la fonction, ou, du moins, de l'activer, de la décider. La première langue, bavarde, l'avoue : le vin ou l'aliment de haut goût, dit-elle, peut créer le goût de qui le goûte. Elle dit, de même : une belle vue offre en plus la vue à qui la voit. Elle a le même mot pour le senti et le sentant, et il faut beaucoup d'optimisme pour en donner le bénéfice au sentant. Nous connaissons plus d'endormis que d'éveillés, plus d'aveugles que de perspicaces, plus d'impuissants que d'amants. Le donné perçu travaille plus à la perception que l'inverse. Le vin fin travaille la langue, la réveille de son sommeil narcotique.

Donc il ne peut soûler. Prenez ce vin : buvez et goûtez, révélez le goût dormant ou anesthésiez-le à nouveau en vous enivrant, les deux ensemble ne se peuvent. Esthésie ou anesthésie, pas de tierce langue. Je ne sens pas la différence, dit la deuxième langue, la goûteuse, entre qui parle et qui se grise, dans les deux cas, il me drogue et je dors. Les invités du *Banquet* hoquettent, discourent ou s'affalent, appesantis d'alcool, Platon a veillé à ce que le festin n'ait pas lieu. Parlent d'amour sans le faire, chantent qui ne le fait pas, boivent sans goûter, parlent par la première langue, or ou bronze, airain ou flûte, sait-on le vin qu'ils ont bu, chios ou corfou, samos? Celui qui triomphe de l'ivresse générale s'identifie à qui discourt le plus et le mieux, jusqu'à l'aube au visage blême, une anesthésie chasse l'autre, les deux chassent l'esthésie. Le vin fait parler ou engourdit. La première langue, la parlière, s'aide du mélange puisé aux amphores et agité dans les cratères, circulant autour des lits sans que nul y prête attention, renversé parfois sur les linges ou la mie de pain, pour opprimer la deuxième, qui dort toujours en philosophie. On entend dans les symposiums encore des paroles de virtuoses autour d'un vague breuvage noirâtre. Le banquet n'a pas eu lieu.

La deuxième langue cherche à dessiner la carte de géographie qu'elle a sur la langue, au moment de son éveil. De quel site la décrire? De près, de loin, de distance modérée, elle paraît toujours une moire.

Sans doute parce que l'odorat et le goût différencient, alors que le langage, comme la vue et l'ouïe, intègre. La première bouche stocke, la deuxième dépense : les mots s'entassent dans les lexiques, la nourriture, gelée, s'accumule dans les chambres froides, on dirait des comptes en banque, les parfums et les goûts passent, évanouissants, éphémères. Différentiels. La carte se raffine comme une soie légère, une toile d'araignée. Sans stock, sans somme, haillon de temps.

Moire instable, corps mêlé.

Humilité de la deuxième langue : le goût simple, rudimentaire, pauvre comme une raison distingue quatre ou cinq qualités à peine, le doux, l'amer, l'astringent, l'acide... Il demande à l'odorat sa richesse festive. La bouche, avide, nulle, gloutonne et tonnante, parlière ou mangeuse, impérieuse comme se montre la faible, requiert de son nez, de son ouïe aussi, ce dont elle se vante. On entend les barbares à la bouche, parlant de parler, discourant de manger, laissant les odeurs ou saveurs passagères, bavards essorillés, goulus sans flair ni sagacité, entonnoirs, qui mangent ou boivent salé ou sucré pour faire descendre le nez vers la bouche, rabattre l'odorat sur le goût, réduire le raffinement multiple à la grossièreté. L'homme de sapience, paysan ou baron, a le nez creux, l'oreille fine, pour saisir l'instant ; l'opiniâtre n'a que bouche comme le jovial, il émet alors que tout naît de la réception subtile. Laissons le chant et l'éloquence où la voix se règle, en boucle active, par l'oreille : la musique dans les deux occasions se lève quand la clameur va prier la clémence de l'ouïe ; celle-ci, en retour, donne ou rend le timbre et le nombre. Et la première langue s'éraille quand le tympan, avec l'âge, se fendille. Par une boucle équivalente, l'odorat règle intelligemment le goûter. Boucle d'oreille, anneau attaché au nez. Alors le sentir, champion du sentiment, de la sensation, alors le goût, excellence de culture et de raffinement, dispensent ensemble leur fortune rare, à l'intérieur d'un cycle commun. Du nez, du palais sort une corne d'abondance, les odeurs et les saveurs jouent la pavane, ils font voir la queue du paon.

Voici la carte.

Voici la bouteille d'où surgit cet éventail.

Voici le pays de la basse Garonne, rive gauche, où meurt la forêt, où finit la marée, nœud à onze confluences, voici la colline douce, vers Yquem, d'où l'on peut voir se déployer l'éventail ocellé, carte des lieux et nappe du goûter.

La deuxième langue, au milieu des deux autres, l'intarissable et celle qui se voile, pudique, et n'a encore dit ni goûté, demande maintenant silence et temps. Elle n'a jamais ni l'un ni l'autre.

Prenez le temps, taisez-vous, goûtez.

Se déplie doucement le corps strié, nué, chiné, tigré, damassé, moiré, ocellé, hors de la corne d'abondance ou autour du petit corps pattu de l'oiseau de Junon.

Peut-on citer ou compter ? Voici passer les fleurs printanières, églantines ou lilas, clématites, les fruits de messidor, jusqu'aux pêches, ceux d'automne ou d'hiver, poires, pommes, raisins, noix, roulent derrière quelques noisettes, le long d'un sous-bois noir aux fougères blettes, voici des truffes dans l'humus gris, l'écorce collante de résine, puis des fragrances rares, minérales, silex, pierre à fusil, animales aussi, musc ou ambre, poil mouillé ou sueurs amoureuses, et voici, derrière les bouquets second et premier, floréal d'abord, bestial et rocheux par après, le fumet, le tiers fumet si difficile. Dosé comme pizzicati sous la déclamation, hachures parmi un tissu à ramages, essayez de les reconnaître, odeurs éthérées comme l'acétone, aromates : menthe, géranium ; ambroisies : jasmin, vanille et tilleul ; baumes comme le benjoin, l'œillet, le camphre ; empyreumes comme le café, le tabac ; l'Yquem porte la marque de la forêt persistante, garde souvenir du lointain armagnac, cite le graves, son voisin ; voici le déséquilibre, le bord extrême de la nappe, de la queue ocellée, son instabilité ou catastrophe, alliances repoussantes comme les mercaptans, puanteurs de mazout, de goudron et d'égouts, soufre, que se passe-t-il, fermez la porte au vent d'est, la raison monodrome de l'autoroute a piétiné, horde immonde et sotte de Huns, déraciné le vignoble de Sauternes, a tranché l'écu de sa noblesse, a déchiré sa carte, coupé sa langue. Elle traverse la vigne sainte en l'indiquant par un panneau : pour ceux qui passent vite, à cheval sur le tonnerre et laissant, derrière, un panache d'immondices gazeux, le donné se réduit au langage écrit, peint sur la pancarte. La carte routière se dessine rectiligne, droite comme la méthode qui passe la forêt sans la voir, qui tranche, ignoble, l'antique vigne, sans un seul salut.

Ne traversez pas le vignoble comme un bavard passerait la mer, vous n'y verriez, selon, que des feuilles vertes ou rouges, comme l'autre n'y verrait que l'eau. Penchez-vous sur le sillon : terre ou corps strié, nué, chiné, tigré...

silice, cailloux, sables, argile et calcaire, dépôts venus de haut ou versés de loin, apportés par la Garonne. Du silice la finesse, du calcaire la puissance, de l'argile l'onctuosité, tout vient des sables et graves. Sol mêlé. Traversez les vignes où la muscadelle a été arrachée, du sémillon vient la suavité, du sauvignon coulent les aromates, rangs tigrés ou zébrés, composites. Il faudrait superposer plusieurs cartes : celle de la géologie, celle de la pédologie, celle des cépages, mosaïque jaune, rose, bleu roi, vert bouteille, composante inattendue, on dirait que le sous-sol, ô surprise, se reproduit en surface, comme si les vieux vignerons, géologues sans le savoir, faisaient voir les secrets noirs de la terre, par ou dans l'arrangement des plans : cartes marines mêlées pour naviguer dans le Bordelais. De même, l'écrivain tente, par l'alliage des syllabes, voyelles, rythmes et assonances, d'évoquer la carte de gisements très enfouis et fait scintiller en surface la moire des veines souterraines.

L'écu du comte de Lur-Saluces, maître d'Yquem, devrait, ce me semble, porter ou dépeindre, en son unique page, ce corps strié, ocellé, cette carte honorable, en ses couleurs, pièces et meubles : ou la queue de paon, ou de ces mélanges les atlas empilés. Un écu ne reproduit-il pas, en général, la carte d'un mélange de sang et les façons de sa conservation longue ? Qu'appelle-t-on titre sinon la proportion d'un corps mêlé ? Ainsi les nobles écus du vignoble esquisseraient comment, au bout de tant de quartiers, le vin se fait sang – ou inversement.

Comment, maintenant, dans le silence et la fraîche tranquillité du cellier, un autre mélange travaille-t-il ? Alcools et acides s'équilibrent avec les esters de la glycérine, odoriférants, parmi les eaux et les sucres. L'équilibre, à petits écarts, s'avance doucement. Peut-on en estimer, à un moment donné, les divers titres ? Les titres du mélange indiqueraient le temps.

Je dessine mille cartes, je ne parle que du temps.

Le mélange hante la cave par les façons du vigneron, court le vignoble, sol, provins et sous-sol, remplit la bouteille singulière, comble la bouche par la boucle des odeurs, partout une même carte se retrouve, je la dessine sur la page, mon écu.

Vieille cave, vieux vignoble, vieille bouteille, vieux portulans, durée longue des alliances héraldiques, bouche antique, langue ancienne, attentives patiences du dessin marqué en terre, sur la flore et dans le palais : l'horloge des mélanges bat un temps lent.

Les quartiers accumulés se répartissent, pressés, l'espace de l'écu, il montre, inversement, l'antiquité du titre et le titrage du sang. Maints verseaux vermeils ont coulé sur lui, qui en conserve la trace, garde-temps des clepsydres rouges.

La terre fluviale, marine, forestière, anciennement éventée, ravagée de larmes et de stérilité, impropre longuement à toute agriculture par excès de sables et de graves, devient lentement le spécifique exceptionnel de telle palette de plants. Pour en venir à ce tableau mêlé, il a fallu un millénaire au moins d'entêtement paysan, semé de famines.

Verseaux d'alluvions recevant ou donnant des verseaux de vin, si ma langue peut souffrir ce miracle de noces, parmi les crues et les inondations de la versatile Garonne, clepsydre grise.

Miracle de la première langue, quand elle parle français, le temps dit les intempéries aussi : miracle des saisons grandioses ponctuées, à la fortune du pot, de saisons faibles ou nulles. Sur la terre, par la vigne et dans le vin, se marquent la clémence ou l'inclémence du climat ; le mélange du millésime exprime ce mélange de chaud et de froid, d'humide et sec, serein ou troublé, qu'on nomme intempérie, mais qu'on pourrait appeler tempérament ou tempérance, si le monde avait les mêmes humeurs que nos corps, intempérie toujours assez douce dans ce milieu des pays tempérés. Prenez et goûtez ce grand vin, il écrira sur vos langues la carte du temps, les marques inimitables et singulières de cette saison-là. En ces temps-là, souvenez-vous, l'automne, immense, immobile et haut, moiré de notes orange et jaune, léger à en paraître insensible, ne pouvait finir. Verseaux de vents, soleil et pluies, mêlés dans le sauternes, clepsydre d'or.

Lisez maintenant : à gauche, la colonne calendaire ordinaire, année morte après année passée, sans en omettre ni en répéter, à droite celle où tombent les notes, gloires ou catastrophes, l'année 30 où je naquis ne produisit qu'un liquide innommable, succédant à l'année 29, où mon frère aîné vit le jour, que tout le Bordelais ensemble n'égala que trois fois depuis, 45, 61 et 75, millésimes séculaires au goût surnaturel et de très longue garde : comme si justement l'intempérie faisait le temps, comme si on comprenait là comment deux mots se confondaient, comment deux sens se versaient en un même terme. Si le temps coulait comme la série des entiers naturels, à la colonne de gauche, nous saurions depuis belle lurette que l'histoire se confond avec la raison. Mais la mêlée stochastique des notes chiffrées données par le goût au Château-d'Yquem depuis plus de cent ans porte une autre idée de la même histoire en dessinant, à nouveau, la même carte du mélange. Pendant le banquet, autour de la bouteille issue de l'année 1947, millésime quasi divinisé, la première langue égrène la série des nombres, la deuxième marque les notes, comme si elle jetait les chiffres au hasard. A gauche le temps du langage, à droite celui du donné. D'où l'on voit que l'un se sépare de l'autre, comme l'organe langue, ici bifide. A gauche, le temps comme forme pure a priori, j'allais dire algorithmique, à droite, celui du mélange, auquel le temps gauche ne comprend rien.

Verseaux de nombres, non parallèles comme on le croit quand on lit, mais confluents parce qu'on vit, double clepsydre abstraite immatérielle, qui allie un couloir régulier à l'irrégulière percolation du fouloir.

Au flux intarissable de Garonne se mélangent les larmes de joie et les pleurs de deuil.

Au banquet donc se trouvent assises trois amies ou ennemies, dessinant des cartes, remuant des mélanges, découvrant le temps. Les cartes moirées, chinées, tracent les voisinages des corps mêlés, versés ensemble, leur fusion dans la même clepsydre ou bouteille suit le cours de la durée.

Deux des amies, liées, cherchent à se délivrer de la troisième, amoureuse des discours. Elles aiment, aussi, les paroles, mais veulent se libérer de leur tyrannie exclusive. La langue d'or, de marbre ou de bois, disjointe d'elles, longe, dans ses discours, un cours rare et séparé, le temps coulant dans une clepsydre unique. Les deux autres langues, amoureuses des concours, suivent les cours confondus, fluides, liquides, coulant par des confluences nouées.

La langue dominante pratique l'analyse. Dont les réussites, admirables, convaincantes, prouvent qu'il faut continuer.

Les deux autres langues n'osent pas dire qu'elles pratiquent la confusion. Dans la langue de la première, cela signifie l'échec. De même que la réussite évite l'échec, de même la première bouche a chassé les deux autres.

Elles se trouvent donc assises, ensemble, au banquet, anciennement ennemies, pour un moment conciliées.

Dans le cratère au château d'Yquem siègent mélange et confusion. Rien de plus délicieux, de plus divin, de plus mémorable que cet or, ce cuivre, cet airain confondus.

Les deux langues délaissées mettent la première au défi de dire : parler, discourir de cette confusion, sans la calomnier pour une fois.

Quand les cent vingt vendangeurs de Monsieur le Comte Alexandre de Lur-Saluces, pour un automne encore depuis 1785, s'égaillent sur les pentes douces du mont, dans les rangs, pour cueillir, grain à grain, le raisin de sauvignon et sémillon pourri, de la première gloire d'octobre jusque, parfois, aux brumes basses de décembre, qu'ils mélangent la vendange du versant caillouteux à celle du versant gras d'argile et à celle du troisième plus sablonneux, quand le moût du versant exposé au soleil du sud se mêle à ce qui fructifia sous un rayon moins copieux et plus oblique, lorsque les cépages, les grappes, les versants se versent ensemble, nous rêvons confusément à l'acclimatation par notre langue d'un mot pour dire cette confluence. Nous n'avons pas de coverseau ni de syrrhèse.

La langue grecque déteste son terme de synchyse, qui devrait dire l'acte de faire couler plusieurs flux dans un même couloir à partir de sources ou de vases différents, confluent qui allie des affluents divers, elle le hait : embrouillage ou enchevêtrement, dit-elle, trouble et confusion, inextricable chaos. La langue française le hait aussi bien, elle connaît la confusion seule. Ce qui coule ensemble paraît confus à la première langue, qu'elle parle français ou grec, mais semble à la seconde, qui reçoit l'onction et suit la carte du mélange, divin comme le vin d'Yquem. Faut-il que la première n'ait jamais goûté pour mépriser à ce point les flux réunis, ondes composées, couloirs noués, débouchant sur le même volume, les échangeurs, les interférences fluides.

Que la langue immédiate et sauvage ait banni la confusion de la pensée, passe encore, mais que la philosophie de la connaissance, conséquente dans sa conduite, au moins claire en ses énonciations, ait canonisé ce manque à comprendre, cela étonne qui n'a pas horreur des concours liquides. Confondre signifie verser ensemble d'abord, conjoindre en un seul plusieurs flux. Au sens littéral, la confusion se rapproche assez de la solution.

La métallurgie des alliages depuis l'âge du bronze, la jeune chimie classant les mixtes et les corps nouveaux par recombinaison, la pharmacie et ses préparations, additionnant les spécifiques pour élargir l'efficacité des remèdes, la cuisine, boulangère ou liquoriste, mille pratiques toutes nobles brassent depuis l'aube des temps des flots divers dans cent cratères, à chaud ou à froid, pour l'usage ou le plaisir, souvent pour la connaissance. Pourquoi n'ont-elles pas droit à la reconnaissance? Toutes ces actions, alliages, mixages, brassages, devraient se nommer confusions, et la philosophie de la confusion devrait occuper un lieu commun de la sapience.

La première langue, qui parle et a l'oreille de la raison, nomme la deuxième confuse, celle-ci, confuse, accepte son nom. Elle reçoit les concours liquides, cent verseaux simultanés. Un seul, comme celui d'Yquem, en cache d'autres, abonde. Et compose sur la deuxième langue la carte du mélange, dessinée confusément, fluctuante. Carte multiple, vivace, complexe, plus complète que la simplette idée claire et distincte, dont tant se vante la première langue.

Je me souviens, dit-elle, avec reconnaissance, de celle qui m'a donné ma troisième bouche, au jour béni de ma dernière communion, de ma première union. Elle laissait tomber des fleurs embaumées de la sienne : tierce langue, fais silence, ta pudeur égale ta sagacité.

Elle ne discute pas des goûts ni des odeurs, ils ont en effet une échelle fixe. Forts ou faibles, superficiels, profonds, riches et pauvres, délicieux, repoussants, aimables immédiatement ou longuement fidèles. Ce qu'on appelle avec justesse ou impropriété le bouquet paraît aux exercés aussi objectif et précis que la série des nombres.

L'échelle ou ordre descend, de l'air à la terre. Les plus fragiles ou faciles des fragrances environnent la famille des fleurs, haut perchées : rose, lilas, tilleul, jasmin, plus bas, œillet, violette; moins gracile, mais frais encore, l'ordre des parfums de fruits : pêche, poire, framboise, amande, abricot, cerise. La poire et la pêche résistent mieux au vin que les chairs rouges, moins enfantines qu'elles. Les drupes valent mieux que les baies. Comment peut-on goûter une poire, passant par la langue bavarde et non par la bouche sapiente? La passe-crassane, duchesse, beurré-Hardy, la doyenne-des-comices ou la messire-Jean y fondent plus réellement, par ordre croissant d'excellence. Exceptons la cuisse-madame, savoureuse et suave, adorablement dite. Comment peut-on manger prune ou pomme? Oui à la belle-fleur et à la reine-claude, damas violet ou court-pendue, la pudeur m'empêchant de goûter en public l'agenaise prune d'ente. La série descend, dit-elle, des feuilles et hautes branches, où se dressent les fleurs, d'où pendent les fruits, vers le sol, le long des écorces, odeurs de résine ou de feuilles mortes, champignons, truffes. Noires, venues du Quercy, non blanches, hypocrites, d'Italie. Gloire au nez truffier, précieux, délicat, subtil, souterrain. La progression ne se discute pas, éclatante, elle court du clair au foncé, du léger au sérieux et au dense, du puéril à l'expertise éduquée. L'ordre ou série descend toujours, vers la terre décomposée, où les résidus végétaux et animaux, dans le sous-bois, se mêlent à l'humus. Noces des corruptions et des bouquets, le règne végétal, en se confondant avec l'inerte, trouve des fumets sublimes.

La promenade descendante a lieu à la campagne, au voisinage des lisières, à la fin du printemps, au début de l'automne, ou au marché des quatre-saisons, sous nos latitudes. Il faut faire un tour à l'importation, canne, vanille, tabac, café, toutes épices confondues, sur les quais de Bordeaux ou du Havre, dans la cave du négociant, au bazar d'Istanbul, ou ailleurs, sous les Tropiques. Nous ne pourrions survivre sans nous mêler aux autres mondes. Nous lisions dans nos manuels : il n'y a rien dans l'intellect qui n'ait d'abord passé par les sens. Nous entendons dans notre langue : il n'y a rien dans la sapience qui n'ait passé par la bouche et le goût, dans la sapidité. Nous voyageons : notre intellect traverse les sciences comme le corps explore continents et mers, l'un bourlingue, l'autre apprend. Il n'y a rien dans l'intellect si le corps n'a roulé sa bosse, si le nez n'a jamais frémi sur la route aux épices. Il faut bien que l'un et l'autre changent et s'assouplissent, perdent leurs opinions, élargissent jusqu'aux étoiles tout le spectre de leurs goûts. Combien d'aventures jadis entreprises, jusqu'à l'héroïsme, pour étonner l'odorat, combien de sciences acquises en chemin.

De même que la sapience couronne l'ordre du goût, de même la sagacité parfait l'échelle aromatique. Tout banquet devrait avoir pour titre : la sapience et la sagacité. On n'imagine autour de la table que des langues sages.

Au relais du bouquet végétal, bien nommé, décomposé aux pourritures des sous-bois, les senteurs animales gagnent en puissance, plus composites et lourdes, moins vaporeuses, plus épaisses et basses que lui. L'ordre descend toujours, des altos vers les violoncelles. Un détritus floral se mêle à l'ordure, la paille noircit en fumier, aux litières, sous le ventre des bœufs, ne vous détournez pas, citadins, l'odeur des vaches, suave, enchante le sagace.

Nous reconnaissons ainsi les corps individuels, nous ne le cédons pas, sur ce point, aux bêtes ; l'exercice seul nous manque ou la vergogne nous accable. Cette estime première fait le bon infirmier, le diagnostic du médecin commence là, que le vétérinaire laisse le métier s'il n'aime le musc ni le suint. La sagacité dépasse l'intuition ou en décide : reconnaît, certes, menthe ou lilas, écorce d'orange ou tige de sauge, mais commence à connaître les hommes aussi, faiblesse, manque, maladie ou explosions de force, leur singularité ; reconnaît la bête qui métamorphose le proche, perroquet, requin, rapace ou porc, se méfie ou fait confiance, fuit ou vient. De cette chambre, de cette étude émane une odeur de haine et de mauvaise digestion, de sueur aigre et de ressentiment. De la bouche printanière sort l'émanation florale, croyez-vous qu'elle parle? Aimer commence par consentir. Les seules amours heureuses mêlent deux bouquets conspirants, senteurs de sexes mêlés si profondes que parfois nous croyons nous évanouir. Le sagace connaît bien, dans le sens de l'Ecriture, qu'y a-t-il dans l'intellect ou dans la connaissance qui passe d'abord par ce sens ?

J'hésite, dit la troisième langue : faut-il que nous soyons persuadés que le donné nous vient du langage pour que le parfait amant de Sophie, Denis Diderot soi-même, ait fait parler intarissablement un bijou si précieux qu'il passe pour l'excellence de la bouche et des lèvres mêmes du baiser au jugement raffiné du sagace. Les lèvres qui parlent ont moins de bonheur, de tendresse et de suavité. Que perdent-elles tant de temps à discourir d'amour au lieu et à l'occasion de, gentiment, le faire? Le donné nous est vraiment donné par des lèvres tacites et douces, reprit-elle, en hésitant toujours.

Nul ne perd la parole parmi les arômes de feuilles et de fleurs, les senteurs singulières des chairs coupent parfois le souffle, que nous perdons dans le duel des corps mêlés. Sueurs, suaire. Voici la frontière ou catastrophe, le bord qui ouvre ou ferme aux répugnances qu'on dirait instinctives : sous terre dans le tombeau, fumets noirs, épais, âcres, très bas.

Le terreau, le terroir mélangent corps et plantes, faune et flore, morts ou vifs, mixtes organiques. Nous aimons encore assez le détritus végétal, la déjection animale repousse, mais pas toujours, elle peut embaumer; du côté du gibier, le faisandé nous attire. Mais l'odeur de mort fait fuir.

De même que le son le plus sublime avoisine le bruit, de même le parfum le plus profond touche aux morts et à leur pourriture, se lève de leur royaume; l'âme sort du corps décédé en odeur de sainteté, nous brûlons de l'encens dans les funérailles.

Nous approchons du sacré, conduits par les esprits

volatils, nous touchons au sale et à la purification, où la sagacité paraît susciter ensemble la connaissance et le religieux. N'avancez pas ici, vous profaneriez ces lieux ou vous vous souilleriez. Le terrain ici défini peut se nommer temple ou propriété, ou sale ou propre ou tabou, délimité en tout cas, donc repéré, connu. Le terrain ici purifié voit naître la raison pure au milieu de l'impur, par nettoyage ou rite. L'hygiène pasteurienne, nos goûts aseptiques récents, la théorie de la connaissance rejoignent ensemble les antiques lustrations. Le prêtre, autrefois, le savant aujourd'hui effacent la sagacité, nous font oublier ou renforcent la frontière insurpassable. Ils nous dégoûtent de notre nez. Nous allons, je le sens, d'un même mouvement, vers le connaître et vers le sacré, nous approchons de voisinages repoussants : saleté, mélanges, déjection, la mort, déjection et saleté suprêmes. Par elle ma poussière va se mêler aux substances grasses dans l'humidité du terreau. Là réside la limite : odeurs de vie, avant ; fumets funéraires, passé le seuil. Ici naît la définition.

Terre, roche, pierre à fusil, soufre, hydrogène, fragrances minérales terrifiantes, premières, molaires, simples, originelles, j'allais dire atomiques. Ci-gît notre horreur de la chimie : ce pour quoi nos aïeux brûlaient sur les bûchers alchimistes et sorciers, fort épouvantés par la terre commune au connaître et à la mort.

Il n'y a rien dans l'intellect qui ne passe d'abord par elle.

L'émanation monte, la procession odorante se détend vers les esprits légers, aériens, bientôt dispersés. A l'inverse, l'esprit descend dans le dense, il se convertit en matière et, mêlé aux lourdes entrailles des choses, connaît alors. Il se recueille et plonge des fleurs aux morts. Les Grecs de la décadence nommaient parfois cathode cette chute, baisse ou descente qui renverse la détente ou émanation.

Elle coule de l'air à la terre ou sur les eaux. Dans la largeur du marnage où le flux et le jusant brassent le sable de la plage, les algues, le varech en vrac, les coquillages qui bâillent, les méduses et les poissons morts et flasques accompagnent le sagace à la surface de la mer où l'odorat se perd, par noyade. Des esprits salins ou de l'iode volatil, le vent rabat vers les fantômes engloutis. Reste déchiqueté par la tornade, la tête d'Orphée flotte seule encore, chante la bouche pleine d'onde amère sans respirer les derniers esprits tournoyant à la superficie de l'eau.

Itinéraire orphique, descente aux Enfers, l'ordre des odeurs ou esprits de finesse, d'abord émané, chute vers le bas répugnant, jusqu'à l'inodore : naufrage, funérailles où le nez s'emplit d'eau ou de terre.

Feuillage, fleurs éparses, baies ou fruits, écorce, humus et racines, marchés, bazars, plages et ports, égouts, cimetières, mines, fosses, Enfers : nature morte.

Esprits évaporés des êtres posés bas, substances.

Flammes, feux, four : aussi loin que le voyage emmène, il faut revenir au foyer, où le banquet se prépare. Dehors, le cru; dans la cuisine, des grillades émanent les odeurs d'une chimie sublime.

De même que Socrate, Agathon, Alcibiade parlent d'amour sans le faire jamais, ou qu'ils s'attablent sans manger ou boivent sans goûter, de même ils sont passés directement du porche ou seuil dans la salle du festin, sur les lits, sans visiter un moment l'office. Les esclaves ou les femmes, comme les dieux, se tiennent près du four où a lieu la métamorphose, pendant que les barbares parlent.

Cette transformation, dans les flammes, le passage du cru au cuit, a trait à la connaissance. Fermentation du pain ou du vin, par exemple, ou prétranssubstantiation. La Sainte Cène n'a pas consacré le raisin ni le blé. Elle fait attention aux choses mangées, goûtées, faites, composées, que la chaleur a changées. Le vin fait partie de l'ordre du cuit : la queue du paon, dont chaque ocelle exalte un îlot simple de nature, crue dans sa composition élémentaire, s'assemble, s'organise globalement par la cuisson. Les saveurs concourent, plus nombreuses, en une synthèse neuve. Passez le pays de Sauternes, vignes et bois, résine ou fleurs, fleuve et brises, il vous faudrait vingt ans pour collecter, par la sapience et par la sagacité, ce qu'une goutte d'Yquem vous donne en un moment. Au temps où le pain, en France, fleurait la campagne, il donnait aussi dans l'instant une promenade longue. Toute une vie réside dans un verre de Margaux, et même dans une miche franche. La cuisson densifie, concentre, réduit, fait converger le donné, le cuit fait abonder le cru, le donné passe du hasard, de la circonstance improbable et légère, inconstante, à l'habitude et à la compacité. Va du mélange chaotique diffus à la mêlée ordonnée dense. Le feu cimente les mixtes, transforme ladite confusion en vitrail, agite assez les petites parties secrètes pour allier ce qui répugnerait à froid. Il aide les concours, favorise les connivences, serre les voisinages, enrichit les alliages, découvre soudain de nouvelles alliances, apprend, par synthèse, à savoir.

Quand la science ou le connaître se réduit à l'analyse, les invités au banquet se couchent, dégoûtés, sur des lits d'apparat éloignés, à distance d'ordre et de parole, du foyer où quelque malin génie combine, compose, mêle, crée un nouvel ordre, une autre échelle de sapidité : esclave ou femme aux mains sales qui verse dans un même cratère, comme dans un estomac, des liquides incompatibles. L'analyste hoquette, par dégoût de ces personnages barbouillés, par répulsion du bouillon, il aime à vomir. Libérant ainsi son estomac du mélange et de la confusion auxquels il s'adonne.

Et pourtant, sous la recette se cache le confus : il bout au pot, rissole au milieu des braises, mijote longuement. Prenez ceci, dosez, puis cela, mêlez.

Rien ne dépasse en excellence l'ordre du cuit quand on sait cuire, comme en France. La nature, pour une fois, fait moins bien les choses que nous. Le savoir-faire magnifie le donné : celui-ci, cru, demeure en sous-ordre. L'odeur du café grillé fait frissonner d'allégresse, dès le petit matin, les muscles et la peau, les fumets du rôti, qui précède le brûlé de peu, ravissent les esprits, moins pourtant que ne le fait le caramel : sucre pauvre sans le feu. Je comprends mal l'autre culture, celle du bouilli, plus nordique ou puritaine, les vapeurs de chou la cachent. Et j'ai assez vécu sous le vent d'un fast food pour savoir l'ignominie de l'inculture.

Encore un coup, cette excellence, à la lettre surnaturelle, émane des mélanges et des confusions. Le feu fond ensemble plus de choses. Le cru donne des simplicités tendres, d'élémentaires fraîcheurs, le cuit invente des coalescences. L'analyse, inversement, tranche ou découpe à cru, la synthèse veut des flammes. Du coup, celle-ci verse du côté du savoir et de la culture, la première demeure de la nature brute.

Et si la philosophie du savoir n'avait pas commencé ?

La connaissance claire et distincte résulte de l'analyse qui divise ou sépare, irrépressiblement dégoûtée du confus. Séparer ou diviser suppose un espace et distinguer pique en lui ou sur lui une localité singulière, toutes opérations topologiques simples. La confusion ou verseau multiple, noué ou échangé en une confluence, suppose aussi un espace, mais un peu plus d'attention. Elle représente en fait l'opération directe de la division ou séparation : une sorte de somme ou de multiplication. Celui qui sait défaire un nœud et en déplier les brins dormants ne condamne pas d'ordinaire celui qui en noue les brins libres ou courants, le même sait les deux gestes. Or la théorie de la connaissance, qui dénoue et ne veut pas nouer, ne tolère que les opérations inverses ou analytiques : découper, défaire, soustraire, diviser différencier. Détruire. Analyser veut dire détruire. Elle ressemble à ces coutumes traditionnelles de certaines tribus où on attachait au corps le bras gauche pour s'assurer qu'on n'agirait jamais qu'avec le bras droit, tant une part d'espace l'emportait sur l'autre moitié, sinistre. Elle ne tolère pas la composition. Or la confusion compose une multiplication fluide, où les multiplicités en jeu, non discrètes, se changent en variétés continues. Celles-ci coulent ensemble, varient de concert, fonction de plusieurs variables. Tout se passe comme si l'analyse n'avait pas encore accepté ces fonctions complexes, variées, qu'elle-même traite depuis deux siècles.

Nous revenons encore au mélange et au concept de variété, immédiats dans l'expérience riche, complexe, vivace des sens, et, sans paradoxe, plus abstraits que les opérations inverses et simples de l'analyse, ou, mieux, postérieurs à ce que nous nommons l'abstraction. La sensation en appelle ici à un abstrait plus difficile et complexe que le traditionnel. On dira : ou que les sens demandent pour être compris un nouvel effort d'abstraction, pour composer ce que l'analyse sépare ; ou que le progrès vers un abstrait plus composé donne des résultats sensationnels ou sensuels.

La confusion suppose un espace et des séries de voisinages, elle accède au temps, qui n'est sans doute pas aussi séparé des espaces qu'on croit. Elle marque, garde, compte le temps. Voici longtemps que je conçois le temps comme un nœud ou échangeur ou confluent de plusieurs temps dont chacun se comprend par un schéma spatial. Cette multiple clepsydre demeure incompréhensible à la pensée qui se retire en les opérations inverses seules. Curieusement, le donné immédiat la fait comprendre clairement.

Comment se fait-il que la philosophie ait dû attendre plusieurs siècles pour demander qu'on attendît un peu que le sucre fonde dans un verre contenant de l'eau? Comment se fait-il qu'à l'occasion d'une évidence pareille, on n'ait pas immédiatement associé au temps même le mélange et la fusion d'un corps dans un autre?

Deux flux pourtant versaient ensemble leur composante. Bergson, après Duhem, inventait là, renouvelée des Grecs, une clepsydre à plusieurs entrées, verseau variable, vases communicants. Il pratiquait exactement ou finement la confusion. La solution. La fusion intime de ceci en cela, d'une fluxion dans une autre, à généraliser à autant de flux qu'on voudra.

Il a fallu, oui, toute l'histoire de la philosophie, qui, pourtant, dès son aurore, intuitionnait déjà le mélange et le chaos, les verseaux, pour retrouver de façon simple, naïve, quasi enfantine, dans un verre ou vase, ce qui se fait à la cuisine pendant que parlent d'amour les invités buvant, et ce que font les vignerons de manière follement complexe, depuis l'aurore de nos traditions. Souvenez-vous de celle-ci : elle commence au déluge et à l'Arche d'alliance. Comme si les horloges se remplissaient déjà : volume d'eau colossal, capital de bêtes, de vie, de semences, premiers coupages de vin. Alliages. Le vieux patriarche Noé, prototype d'œnophile, fait couler confusément la multiple clepsydre. Souvenez-vous.

La connaissance claire et distincte présente un espace ou le représente. La connaissance confuse court et revient le long de temps fluents. Présente, certes, mais à passé revenu, elle se souvient.

Prenez et buvez. Faites ceci en mémoire de moi.

MÉMOIRE

Revenons à l'immédiateté des sens.

Peut-on définir un zéro sensoriel, une sorte de référence ? On peut, au moins, en rêver. On apprend dans les leçons de choses que l'eau se situe là : fluide exceptionnel à plusieurs égards et, de plus, inodore, incolore, sans saveur. Imprenable et presque intangible, quasi translucide, quiète quand rien ne l'agite, non bruyante. On dirait la définition de l'espace intelligible dans l'école de Platon, à l'époque où la géométrie naissait : quelle merveilleuse abstraction ! Leçon pourtant fausse à l'évidence, l'eau a du goût, des couleurs, nous devinons à l'odeur son voisinage, nous distinguons les yeux fermés vingt saveurs, eaux plates, courantes, dormantes, urbaines ou montagnardes. Le zéro se décale.

L'air, vague mélange, a meilleur droit à cette place. Intangible, on pourrait presque dire intact, incolore et transparent, porteur des lumières, des couleurs, inodore et vecteur des parfums, sans goût, inouï quand nulle chaleur ne le pousse, il pénètre le corps, les oreilles, la bouche, le nez, gorge et poumons, environne la peau, support de tout signal parvenant aux sens. Ce neutre ou ce zéro ne se détermine pas dans la sensation, mais reste l'une des choses à sentir, à la limite de l'insensible.

L'air, mélange vague, léger, subtil, instable, favorise les alliances ; vecteur de tout, il ne s'oppose à rien. Milieu du sensorium, excipient général des mélanges : vase principal de la clepsydre confuse.

Rêvons que la vue ou l'ouïe donnent assez vite des informations générales, déjà un peu abstraites ou universelles, des formes : une ligne mélodique, des accords, une morphologie. Les philosophies de la connaissance prennent appui ou référence plus volontiers sur l'optique ou l'audition, en raison, sans doute, de ces performances : intuition, harmonie. Le goût, aussi, a quelques retours ou stabilités, une culture arrête ses habitudes. Le palais au beurre et la bouche à l'huile tranchent la France plus sûrement que n'importe quel octroi départemental, aux mêmes bords que la langue.

L'odorat paraît le sens du singulier. Les formes se retrouvent, invariantes ou revenues, les harmonies se transforment, stables par variations, le parfum signe le spécifique. Yeux fermés, oreilles bouchées, pieds et poings liés, lèvres closes, nous élisons entre mille, des années après, tel sous-bois en cette saison au coucher du soleil, avant la pluie, cette pièce où l'on entreposait du maïs fourrager ou des prunes d'ente cuites, de septembre au printemps, une femme.

Nous ne vivons que depuis peu de temps dans des odeurs dominantes : le gazole et le kérosène s'imposent, puanteurs dans le vacarme, à nos délicatesses blessées. Le plus souvent, nous passions à travers un air changeant chargé de traces passagères. Rien ne ressemble plus à une circonstance que cette vapeur. Elle se mêle à l'atmosphère, dépend du temps, de l'heure, de la date et des météores volants, des lieux, altitude, intérieur ou extérieur, des événements, positions, conditions, causes et actes, elle se produit improbablement. Fine pointe d'un apex rare, composition très complexe, mélange à mille voisinages, nœud instable de courants capricieux, un parfum se dessine comme une intersection, ou une confusion, nous ne sentons pas d'odeurs simples ni pures.

La forme revient, la ligne harmonique se reproduit, voilà déjà une connaissance, au moins une reconnaissance fréquente : des stabilités fortes retournent devant le regard, sonnent à l'ouïe en refrain, la mémoire s'habille en savoir et le rythme en habitude et, bientôt, loi. Mais la trace rare dans le fluide aérien, mais le mélange instable et complexe, le nœud en partie défait qui entraîne avec lui mille fils, ne reviennent ni n'accèdent à aucune invariance : trop circonstanciels pour se mettre à battre, rythmés, trop versés, dilués, chaotiques. La connaissance élimine, au contraire, ces instables circonstances, elle rabote la rareté. Dans les mêmes circonstances, dit-elle...

Odeurs improbables, mêlées, spécifiques, singulières, incertaines en temps et lieux. Supposons maintenant qu'un mélange rare se présente une deuxième fois dans les turbulences aléatoires de l'air, que cette confusion unique revienne, improbablement : alors, le nœud entraîne les fils, l'apex attire sa base, l'intersection éclate dans les sous-ensembles affluents, tout un monde précipite, position du corps, enchantements, couleurs, toutes les circonstances en foule hantent la place, la rareté reparaît, riche de rinceaux et garnitures, la mémoire, là, ne se change pas en savoir, par basse fréquence, mais le souvenir, en surabondance, éblouit extatiquement par sa proximité.

Sens de la confusion donc des rencontres, sens rare des singularités, l'odorat glisse du savoir à la mémoire et de l'espace au temps ; sans doute, des choses aux êtres.

Aimer un corps, cette rareté bien singulière ; sur toute la surface de la terre, nul volume n'a plus de prix. Amour nous rend confus, deux vases versent ensemble. Erre en surface des peaux, voiles, tissus complexes et subtils, tel parfum indéfinissable qui n'appartient qu'à elle et à lui et les signale l'un à l'autre, consentants. On n'aime pas sans l'improbable accord des odorats, miracle de reconnaissance entre les traces invisibles volant sur la nudité, comme l'air et les nuages planent au-dessus du sol. Jusqu'à la mort demeure en nous l'esprit, au sens chimique et mystique du mot écrit ou parlé, au sens du nez, l'esprit émané de qui nous avons aimé. Il revient, fantôme, à de certaines aurores, sur la peau. L'amour parfume la vie, les arômes ramènent les rencontres et leurs fastes.

On embaumait autrefois les morts : pour que le souvenir évoque ceux que nos aïeux avaient aimés.

La vie même s'annonce de loin par cette émanation. Elle embaume.

Langue juste et sage qui nomme bouquet l'exhalaison d'une odeur. Un bouquet ne se présente pas seulement comme un assemblage, masse d'arbres serrés ou fleurs en connivence, simple ensemble ou multiplicité, mais comme une gerbe nouée, tenue à quelque niveau par un fil ou ruban, ou la collerette d'un vase. Chaque fleur donne sa couleur et sa forme, répand, diffuse son parfum, mais chacun recouvre les autres, le bouquet dit leur intersection. Si vous tirez vers vous le nœud ou le ruban, l'étranglement du col, le lieu exact où la confusion se forme à plusieurs verseaux, toutes les tiges et pétales viennent ensemble, l'état des choses entier se représente à votre souvenir. Une composante ne se rend pas sans la résultante. Le bouquet forme l'éclat de mémoire par l'impossibilité d'analyser le corps mêlé : il se présente intègre, ou ne se présente pas. Autour de l'intersection étoilée, une singularité se reproduit. Resurgit, ressuscite.

Le bouquet dessine un produit, une intersection inanalysable.

La liaison organique et rare, spécificité singulière, qui porte dans ma langue le nom d'amour, cómment la connaître ou la nouer, sinon par une intersection de cette forme-là, par une circonstance, stable ou instable à l'entour de l'état local des choses, voilà l'étoile, sinon par un bouquet, formellement parlant, comment la reconnaître autrement que par une odeur, sensorielle, sensuelle, éclatant dans tous les sens ?

J'aime ton odeur et ton esprit.

L'émanation de ton corps, ma langue, jadis, l'appelait esprit.

La langue actuelle, aseptisée, l'appellerait fumet ; son savoir, un peu rechigné, y substituerait un parfum. Elle donne à comprendre que le rapport du fumet au parfum équivaut à celui du don au pardon. Elle va au-delà du donné, le sublime. Au plus près voisinage du corps aimé, le langage remplace le donné par une formule. La singularité disparaît au profit d'une marque commune. D'une signature. Equation de la chimie ou nom propre élégant. Le secret individuel se répand dans la publicité. Quand le donné ne se donne que par le langage, griffe ou algorithme, le lit tombe dans la rue, obscène, ou s'étale sur les écrans. Le donné se vend.

J'aime ton esprit individué. Nous ne séparons pas deux amours, mystique et charnel, profane ou sacré, pur, impur, ignoble, noble, spirituel ou odorant, puisque l'esprit se lève au voisinage de la peau, mais tous deux s'opposent, liés, privés, à l'obscénité du langage public. L'âme errante continûment aux postures se cache. Au milieu des privautés.

Ame. L'âme traduit le latin *anima,* qui, à son tour, traduit le grec *anemos,* qui veut dire le vent. L'âme errante vient d'où vient le vent.

Le vent. Mouvement de l'air léger, subtil, vaporeux, turbulent, à rythmes et quasi-périodes, chaotique, mélange lui-même et porteur des mélanges, confus, support de tout signal parvenant aux sens, pénétrant le corps, nez, bouche, oreilles, poumons et gorge, environnant la peau. Zéro des sens, porteur vers tous.

Parti de l'air, le circuit des odeurs y revient : monte par émanation, descend vers l'amour, la mort, le savoir et remonte. Parti du vent, de l'âme, le circuit retourne vers l'âme, dans le souffle du vent. Ame : zéro des sens et porteuse de tous. J'aime ton âme légère, subtile, vaporeuse, turbulente, chaotique, j'aime qu'elle pénètre ta bouche, tes oreilles, qu'elle règne sur ta peau. Dites la différence de l'âme et du vent.

Ce qui circule dans le monde ou à l'intérieur des corps, l'appelez-vous information ou esprits animaux ?

La confusion associe, multiplie, verse, noue et ne dénoue pas, ne défait ni ne sépare, fait confluer l'inanalysé : voici le temps.

Les opérations inverses de distinction se font dans divers espaces, les opérations directes du mélange fluctuent dans des temps différents. Les gestes spatiaux de la séparation donnent lieu à connaissance, les gestes spatio-temporels de la confusion donnent occasion à la mémoire.

Je ne sais pas vraiment, dit-elle, ce que signifie ce mot d'Yquem. Je constate seulement que le dixième ordre d'anges, chez Ben Maïmon, après les séraphim, éloïm ou cherubim, se nomme ychim. Ofamim, rapides ; séraphim, étincelles ; malakim, envoyés ; cherubim, images ; ychim, animés.

Esprits animaux survolant la colline ainsi nommée, archanges en myriades émanés du goulot.

Un philosophe de mes amis, assez lecteur et disert pour croire sur parole et assurer que les sens trompent, se vit un jour intronisé dans la sereine confrérie des chevaliers du Tastevin, où ceux qui savent taster le font à merveille. L'un des leurs, raconta-t-il vingt ans après, se montrait depuis longtemps si infaillible dans la reconnaissance des crus et des années que l'assemblée, en conspiration pacifique, décida de le tromper à coup sûr. Les conjurés soudoyèrent en grand secret tel vigneron bourguignon de la côte pour qu'il acceptât de planter quelques rangs à part, haut ou bas, mais hors l'emprise des vignes. Ce qu'il fit. Les années passèrent. Les jeunes ceps vieillirent, on en tira le produit. Et un aussi beau jour qu'aujourd'hui, on servit à ce pape le vin qui méritait si bien qu'on le dît nouveau ; on pria l'augure de dire. Silence. Il fit glisser longuement sur les parois ventrues du verre les jambes rubis sombre du liquide problématique, le considéra, le huma et, les yeux fermés, le goûta. Silence. « Messieurs, déclara-t-il, cent regrets, ce vin n'existe pas. »

Exclamations plaisantes, quoique secrètement suffoquées. « Ce qui n'existe pas, cher maître, ne saurait remplir votre verre. » L'ami philosophe disserta sur le néant, on le fit taire, il avait oublié qu'il dînait en bonne compagnie. « Je persiste et signe, poursuivit le maître, ceci ne peut venir ni de Bordeaux sans doute, ni du Rhône, ni de Hongrie, à peine puis-je dire qu'il coule de la côte. » Allons, allons, répondit le chœur troublé. « S'il existait, persifla-t-il, pris d'une intuition soudaine, il ne pourrait issir que de tel endroit », et de décrire en précision le haut ou bas de côte où le vigneron avait planté ses rangs. Le spécialiste du néant et de la parole en eut comme chacun le souffle coupé.

Un rayon laser issu de la Terre fait une tache sur la Lune grosse comme un petit ongle, nous admirons sa précision de lunule. Un bon tasteur doit pouvoir reconnaître un vin d'Afrique du Sud, de Chine ou de Californie, sans omettre l'Allemagne, la Toscane et Chios : or il découpe sur la mappemonde un vignoble long de vingt-cinq mètres et sur le calendrier de l'histoire une semaine d'automne, et l'on dit les sens trompeurs. Il note même un trou dans le haillon vinicole que porte le globe : « Messieurs, mille regrets, ce vin n'a pas lieu. » Nous avons tout ce qu'il faut pour définir distinction, clarté, précision, ces louanges accordées aux idées seules, ces hautes performances que le langage dit de soi-même qu'il réussit seul. Et si les bavards ne faisaient que leur publicité ?

Comment se fait-il que nous ayons commémoré pendant deux mille ans la Cène et que nous ayons seulement étudié *le Banquet* du divin Platon ? Nous lisons, cependant, celui-ci dans un récit où s'établit déjà une longue chaîne de mémoire.

Il a eu lieu, nous savons chez qui, nous savons qui était à table et la place des invités : parfois l'un permute avec un autre, changeant le triplet sur le lit d'apparat. Nous avons même un texte parallèle, plus l'abondante tradition des banquets, plus le mascaret du commentaire.

Si d'aventure plafond et colonnades s'étaient bruyamment effondrés sur tous, si l'on n'avait retrouvé qu'une bouillie méconnaissable de corps parmi les décombres, nous aurions pu restituer, de mémoire, la scène, les positions, les propos échangés, diamètre et dialogue, point par point et lieu par lieu. Tout se trouvait parfaitement là, en place, pour un art de la mémoire.

Aussi bien nous nous en souvenons. Jamais pourtant nous n'avons dressé de table, comme les Romains pour leurs dieux, jamais nous ne nous sommes habillés, de nuit, pour boire comme burent les amis de Socrate et parler d'amour comme ils firent, jusqu'à l'aube, attendant qu'un jeune homme, couronné de violettes et bardé de bandelettes, appuyé, ivre, sur des joueuses de flûtes, entrât, espérant surtout qu'une étrangère, disant le vrai, vînt. Jamais nous n'avons fait cela en mémoire de ce soir-là, nous avons lu ce que nos aïeux lisaient, nous n'avons jamais commémoré.

Nous avons fait, refait, des milliers de fois, le geste eucharistique. La Cène suscite sa répétition millénaire, comme un astre qui projetterait devant lui sa traînée lumineuse, comme si quelque action avait besoin qu'on la relevât pour qu'elle ne s'effondre pas dans l'oubli, comme si quelque chose d'infiniment précieux en même temps qu'infiniment fragile demandait qu'on lui fasse traverser l'histoire, de la main à la main.

De quoi nous souvenons-nous? Autour du banquet, boivent des allégories : la comédie, la tragédie, la médecine... Elles parlent allégoriquement. On ne comprend cela vraiment qu'en assistant à un festin prié où une institution tient chaque chaise, où chaque invité le fut parce qu'il représente la politique, la science, la banque, les médias ou l'administration, puissances du jour. Le dîner mime celui des dieux, tant les individus ne croient devenir dieux qu'à condition de perdre l'individuation. La maîtresse de maison eût pu convier des robots qui eussent parlé par programmation, en appuyant sur une touche : ce que dit un administrateur ou un journaliste ne peut passer pour inattendu, il célèbre sa puissance. Longtemps j'ai cru que la perte de l'individuation tenait au vin qui circule et qui devient sujet collectif en prenant à chaque station le principe individuel de chacun, et que le vin devenait nous pour porter objectivement la somme des je, à lui confié par chaque sujet, perdu, en transe extatique, mais la perte ici a lieu autrement car chacun entre là comme une statue. L'allégorie, bloc de marbre ciselé en forme représentative, parle. La bouche de pierre ne boit ni ne mange. Le commandeur menace, tonne, tue, mais ne peut faire tête à dom Juan buvant. Robot à langue de pierre ou de fer ou de bois, il parle, ne peut avoir soif. Nous savons construire des machines parlantes, nous ne savons pas fabriquer de robots qui boivent ni qui aient du goût. La langue peut devenir artificielle, l'intelligence le devient souvent, jamais la sapience. En ce sens l'automate diffère de l'*homo sapiens* : il dispose de la première langue, non de la seconde.

L'individu représentant la comédie, la tragédie, la médecine, les médias ou l'administration, statue, robot, allégorie en apothéose, automate mort depuis longtemps, parle au banquet mais ne boit pas. Parle d'amour, ne le fait pas ; ou parle de vin et ne le goûte pas. Dîner de statues, festin de pierre. Ici passent des paroles mortes, que nous commentons, à l'étude. Les allégories boivent allégoriquement du vin allégorique, nous en parlons catégoriquement. Symposium pour les langues de marbre ou pour celles des ordinateurs.

Commenter ou commémorer. De quoi devons-nous garder mémoire ? Du vin ? De nous ? Non des positions autour de la table, des places, des honneurs, des relations à dominance, mais du vin et de nous seuls. Il circule dans le groupe. Chacun, Jacques, André ou Jean, simples pêcheurs de la côte, riverains du lac, marins d'eau douce, publicain ou petit percepteur, ne représentant rien que soi-même, individu, pauvre rêvant de pêche miraculeuse, à patauger dans le poisson gluant débordant de la barque, chacun boit dans le calice à son tour et le passe, fait la passe à son voisin, se tait. Nul ne sache que Jacques ait alors parlé, ni Jean, ni André.

Pierre a parlé. Pour trahir. Pierre le chef, le premier, le pape. Le seul qui représente. Pierre pour qui la Cène reste un festin de pierre. Les autres boivent pour boire. Pour goûter. Boivent et goûtent en se taisant. Les autres boivent pour l'amour. Jacques, André, Simon puis Jean. Dîner d'amour, ou le cratère passe, festin de Jean. Toi qui parles et fais l'institution, tu te nommes Pierre. Toi qui bois par amour, tu te nommes Jean. Impossible banquet entre la statue de pierre et dom Juan, ivre d'amour, qui boit et boit encore et toujours.

De quoi se souvenir, si fragile et oubliable qu'il faille refaire ensemble souvent les gestes de commémoration pour en retrouver la mémoire ? Voici. Le vin passe de main en main. Chacun reçoit le vase, y boit, fait la passe à son voisin ; le passage du vin fait de lui une station et un moteur de la circulation. Celle-ci décrit le groupe, suit le fil de la relation. Le cratère, quasi-objet, trace les rapports entre les apôtres, comme l'anneau sur une corde, quand le furet court, porte, tisse, objective ce qui unit le groupe ou les douze. Sur André, sur Jacques ou Jean, le calice repose et repart : le rapport collectif s'arrête et continue. En chacun, le groupe meurt et revit. Chaque apôtre prend et donne. Prend du vin, boit ou goûte. Et donne. Donne son principe d'individuation que le vin, malgré lui, lui arrache. Dépose dans le vase et dans le vin cette identité que le vin ôte à qui en goûte. Le calice en sa circulation se charge des individuations, prend les sujets au passage, et cela d'autant plus aisément que les marins d'eau douce ou casseurs de cailloux, fils du peuple et hommes de rien, paysans, matelots, errants, franciscains avant la date ne tiennent pas tant à leur propre sujet qu'ils ne le laissent gentiment : ils ne gardent pas longtemps pour soi le cratère qu'ils tiennent, comme une braise, à lui, à moi, à toi, qui es-tu et qui suis-je, comment te nommes-tu, cela n'a plus tant d'importance, je ne m'en aperçois plus, tu ne le sais pas, il l'a oublié, le quasi-objet, cratère au vin mêlé, devient quasi-sujet, mélangeant les prénoms et les pronoms perdus au passage, et fondus en un nous, confondus dans le calice, formant la table, composant le festin, présidant soudain la Cène, sujet sacré de leur relation – les sujets devenaient relation, la relation devient sujet par l'intermédiaire de l'objet, de ceci, du vin –, sujet fragile, si précaire qu'il se prépare à mourir, condamné à disparaître dans l'oubli si, vite, on ne refait pas le même geste, prêt à ressusciter à toute commémoration ; il faut donc, tous les matins, partout dans l'espace, recommencer de célébrer ce collectif instable, jamais vraiment substantiel, toujours en agonie le vendredi et dans sa gloire dimanche. Il faut le soutenir, nous sustenter, le substantier.

Le sujet transcendant par rapport à leurs noms respectifs, à leur place et présence, ils le tiennent un moment à la main et le passent à la main voisine, sans comprendre ce qu'ils font, le suscitent en n'y entendant que mystère, tous le tuent et lui redonnent vie, dans l'instant. Ceci, ce vin qui prend leur individuation et à qui chacun la donne, ce cratère aux boissons mêlées qui suit leur relation et leur donne l'unanimité, ceci est le sang qui circule dans le corps qu'ils forment, ici et maintenant, autour de cette Cène. Le sang qui passe dans ce corps unanime bat : prise, arrêt, passage, reprise. Il coule, versé.

Je suis toi ou lui, indifféremment, tu es, indifféremment, l'autre ou moi, le sujet se détache de moi, de toi, de lui, de tout autre, Pierre, Jacques ou Jean, nous vivons désormais une seule âme en un seul corps, où passe un seul sang, vin qui circule et pain rompu : Lui.

Le pain se partage et le vin se verse.

Qui pro vobis et pro multis effundetur : vin ou sang qui, pour vous et pour un grand nombre, sera versé, répandu, épanché. De quoi nous souvenir ? De cette effusion.

De ce partage : le pain se rompt ou s'analyse en autant d'individus. Cela se sait, s'apprend, inoubliable. Jamais personne n'a perdu mémoire de la partition, de la séparation, de la rupture. Rien ne perdure comme l'analyse.

Nous restons partagés, séparés, comme des morceaux de pain, tous rompus à demeurer individus.

De cette effusion. Le sang coule, comme le vin, ou l'eau, ou le vinaigre. Le temps coule comme eux. Aux noces de Cana, premier banquet, l'eau se transforme en vin au dernier service. Auprès du puits de Jacob, l'eau mortelle donne occasion à la promesse d'une boisson d'immortalité. Au festin de Béthanie, avant-dernière Cène, un parfum précieux se répand de la main de Marie-Madeleine sur le corps du Christ, ainsi oint, et l'odeur exquise remplit la maison. A la Cène du jeudi, le vin se transsubstantie en sang. Le vendredi, passé midi, le sang coule en abondance, puis l'eau, pour finir. On donna aussi à boire du vinaigre, dans une éponge, à celui qui expirait. Les flux accompagnent et datent l'histoire, ils changent et se mêlent, montent en excellence ou chutent en ignominie, vin délicieux comme un ychim ou développant les fragrances du nard, vinaigre insupportable, ils reviennent parfois sur soi comme en cycle : eau, vin, sang, vinaigre et eau enfin, tous les écoulements font voir leur forme ou processus, voici le temps, souvenez-vous de ce temps-là.

De quoi faut-il se souvenir ? Oui, du sujet qui meurt et que nous oublions, que nous devons, à chaque instant, ressusciter d'entre les morts. Mais aussi, mais surtout, de ce temps-là, du temps : des flux versés, de l'eau, du vin, du sang qui coulent et se confondent. La mémoire se garde par ce multiple passage, grâce à cette confusion.

Le temps lui-même porte le souvenir. Il coule comme les flux, ces fleuves qui passent, qui s'arrêtent, remontent leurs cours, ou le divisent, ou entrent en confluence. Le temps coule comme ces nombreux cours, si différents et confondus, changés, transsubstantiés.

Vieille, nouvelle, éternelle alliance, avec quel corps mon corps se confond-il, avec quel sang mon sang, avec quel vin mon vin ?

Nous portons en nous, dans notre culture, deux festins. Au banquet des allégories, des représentations, lectisterne aux dieux couchés, les statues discourent dans leur langue de bois ou de pierre. Nous commentons ces discours, comme si les statues de ce festin de Pierre, où l'on boit pour se raidir d'anesthésie, revenaient se venger. Qui a mis à mort ceux qui gisent là, qui a tué Socrate ?

A la Cène chrétienne ou au festin de Jean, les invités nommés apôtres portent un nom commun qui signifie leur absence de ce monde : envoyés, partis ailleurs, chassés ou bannis. Ceux-ci acceptent de mourir, comme leur Maître, et la Cène précède la mort, dom Juan aussi expire. Acceptant leur mort subjective, par espérance d'une résurrection.

Les statues, mortes, refusent leur mort et se font revenantes.

Elles exigent une autre mort. Donc une autre statue. Qui reviendra encore. Eternel retour passant par la mort ou le travail du négatif.

Les marins du lac et du fleuve acceptent leur mort, espérant qu'elle comblera l'appétit des statues de pierre, espérant que la leur marquera la dernière : Cène des condamnés, des derniers condamnés à mort de l'histoire.

Dans notre culture, où nous cherchons à commémorer cette Cène, comme si nous ne nous en souvenions pas vraiment, le banquet s'oppose à la Cène, le festin de Pierre au festin de Jean ; Pierre, le commandeur, le chef, sort toujours du tombeau pour tuer Jean qui, par amour, se laisse faire.

Pierre, la pierre stable, tue Jean, le temps.

Souvenez-vous du temps.

Je rêve d'écrire un troisième banquet où la statue, vengeresse, accepterait de boire du vin fin avec qui a suborné sa belle.

Nous souffrons du mal d'amour pour avoir oublié de l'avoir fait quelque jour. D'une telle confusion ou confluence antique et noire, les corps, notre odorat, la langue ont perdu la mémoire. Nous nous sentons tenus à commémorer souvent. Viens, ô ma tendre confuse, plonger avec moi dans le temps, versons nos souvenirs dans le fleuve de l'oubli, à la clepsydre de remembrance abreuvons nos amnésies.

Que stockons-nous, pareils à des écureuils? De la puissance, en amont du temps que suivra son usage : lacs de barrage, piles, accumulateurs. De l'argent : comptes en banque, assurances, capitaux. Des codes : bibliothèques, mémoires d'ordinateurs, banques de données. De la nourriture : chambres froides à viandes ou fruits, silos à grains, celliers sombres et frais. Du sperme, des ovocytes, des embryons.

Le temps ne coule pas toujours. On peut trouver ou creuser des lieux où il gèle. Un obstacle, parfois, l'arrête : barrage-voûte, guichet fermé, goulot étranglé, manque de lumière pour lire ou de chaleur pour la débâcle, bouchon. Le temps percole : il passe et parfois ne passe pas. Le schéma de la percolation nous fait comprendre la mémoire : lieu où le couloir, barré, s'encombre et s'obstrue. Il suffit de penser que le clos et l'ouvert fluctuent et s'ensemencent dans l'espace aléatoirement. Ici par bonheur le flot descend, là par bonheur le flux s'accumule. Deux cas heureux : demain le temps coulera parce que, aujourd'hui, ailleurs, il ne le fait pas; ou mieux, demain n'existera qu'à cette condition. Non, le temps ne coule pas, il percole; mieux encore, il coule parce qu'il percole.

Nous construisons des banques, des stocks, des barrages ou caves à la faveur de ces obstructions-là. Elles permettent d'accéder à la puissance, de ne pas épuiser toujours notre temps dans les actes. Elles mettent la puissance en notre pouvoir. Notre corps percole : son phénotype suit le fil du temps coulant jusqu'à la mort, son embouchure, mais il porte le génome qui ne coule pas, retenu, il porte des poches où le temps suspend son cours. L'organisme rompt l'obstacle quasi à loisir et lance un nouvel existant percolant dans la fortune du flot multiple : il fait un enfant. Il ferme des guichets où dorment des stocks : une mémoire pour lui-même, encodée dans son cerveau, une mémoire pour son espèce, encodée dans les gamètes, deux chambres ou caves où deux temps dorment différemment, lacs de retenue dont les vannes s'ouvrent ou se ferment selon deux temps disparates, à chaque instant ou rarement et, quelquefois, jamais.

Buvons, dit celui-ci, et buvons frais. Invité au banquet, il s'irrite de tant de discours. Tu ne peux boire qu'à une bouteille, reprend irrépressiblement le discours, le fil du vin qui descend dans ta dalle en pente sourd d'une mémoire, d'une banque, d'un compte en cave, retenu par la fraîcheur. La table, comme le corps, se constelle de petites accumulations, amphores et cratères, bouteilles, verres, assiettes, nul ne boit ni ne mange tout à fait du temps courant. Il faut des stocks intermédiaires. De petits lacs de mémoire, les gobelets. Non, le temps ne coule pas tout à fait. La canal pur, le couloir parfait, sans garage ni étranglement, constitue un cas très rare. La viande que tu manges, fumée, séchée, ou conservée en cave, protégée du chaud et des mouches, a percolé elle aussi. La chaleur du banquet ne saurait avoir lieu sans froid, cette glace qui fait obstruction au temps.

Bois frais, maintenant.

Le corps ressemble à la table et le banquet à l'amour.

L'organisme s'ensemence de petites poches à mémoire où le temps coule peu ou s'immobilise. évanoui. stocks intermédiaires comme verres et bouteilles, et de plus grandes banques où il peut se geler à jamais.

Buvons longuement le vin gouleyant, oublions-le, profond comme rubis, dans les carafes ou laissons-le au frais dans la cave pour le plaisir de quelque neveu. Nos banquets, le vôtre et les leurs, forment la lignée des fils, apparents, du cellier, caché; enfants chaleureux de chambres froides. Nos miches de pain, les vôtres et les leurs, font la lignée des filles, apparentes, du levain, caché; enfants délicieux de masses immangeables.

Derrière les phénomènes alignés en série, une mémoire noire, stable, repose dans le froid.

Nous portons en nous un génome dormant, dans une poche basse, suspendue au frais entre les cuisses, hors du corps trop chaud qui le réveillerait, hors du temps qui l'abîmerait, mémoire de l'espèce; ou un stock de génomes verts, régulièrement venus, un à un, à maturité. Banques d'êtres en puissance, virtuels, irréels, ou en sommeil pour jamais, ou passant par chance, hasard, intersection, rencontre, le petit guichet douteux par où on advient au grand théâtre des actes. Faits par l'amour, amours nous-mêmes, enfants de puissance et de passage, enfants de virtuel et d'insinuation, de capacité irréelle et d'astuce pour se glisser au travers de la porte étroite. Les amours font la lignée apparente issue des génomes cachés, lignée chaude venue de la mémoire froide; l'amour est enfant de mémoire oubliée, riche et pauvre, riche virtuellement, misérable en fait, et de choix; l'amour reconnaît celle qu'il avait perdue. Vous mettez aujourd'hui le génome en paillettes à la température plus que glaciale de l'azote liquide, vous le tenez au froid, hors du temps courant, mais voici des millions d'années qu'il se maintient au frais, comme le bon vin au cellier ou quelques friandises dans la chambre froide, en attendant de monter à la présence. De plonger à nouveau dans le fil du temps.

Pas de banquet sans cave ni garde-manger : sans souvenir ni glace. Pas d'invité sans amour; pas d'amour sans fraîcheur ni mémoire.

Pas de texte sans bibliothèque, pas de philosophe sans encyclopédie, pas de parole singulière sans la banque de la langue où les mots, dans le noir, dorment au frais. Livres fermés sans lumière. L'écrivain prend place dans la longue lignée des enfants apparents de la langue cachée, fils du virtuel et du passage astucieux au guichet : misère de ne pas avoir la langue et finesse de la retrouver. Enfant de l'ombre ou du nombre et du choix ou de la rareté.

Tous enfants de la multitude et de l'unité. Le multiple protège à lui seul le secret, ensevelit dans le noir la mémoire, fait l'oubli ou la glaciation. Tu ne sauras jamais quel billet tu as déposé à ton compte en banque. L'unité passe la porte, rare, unique, reconnue, souvenue.

Monte une bouteille rare de la cave, choisie derrière cent fagots et dans l'alignement innombrable des culs poussiéreux ; écris le seul mot propre parmi les mille tournures possibles, disponibles entre grammaire et dictionnaire ; je te reconnaîtrais, les yeux fermés, entre dix mille ; festin, chef-d'œuvre, amour, enfants du multiple et de l'un.

Fils de l'homme et de la femme. Du mâle, ensemencement nombreux sous petite taille, mâle troupeau incalculable ; de la femme, grosse, ronde, monade, femelle volumineuse, unique et rare. Un souvenir venu dans l'oubli multiplié.

La parlière, la sentante et l'amoureuse langues, attablées au banquet, s'approchent du vase où gît le liquide, où la confusion dort, où le temps s'accumule et d'où la mémoire vient.

Un génie intelligent, pendant des lustres enfermé là, s'échappe. Nul ne peut le reprendre ni le remettre dans le verre, il va, explose et se transforme en mille apparitions et dérobades. Ceci devenu et cela ou cela encore, comment même le nommer ? Il ne reviendra pas.

L'espérance repose au fond de ce vase. Va-t-elle inonder le monde, accablée de tous les maux, se perd-elle, au contraire ?

La boîte porte le beau nom de Pandore : tous les dons. Le donné, la totalité du donné s'écoule torrentueusement de la corne d'abondance.

Nous n'avons connu de boîte de Pandore que le monde : seule sa boîte sans bords comportait tout le donné.

La bouteille de sauternes mime le monde, concentre le donné, tout à coup le livre : coloré, lumineux, éclatant, tactile, velouté, caressant et profond, suave, orchestral, composition de cuivres, de clarinettes et cors, spirituel. Corps et monde : agreste, floréal, prairial, vendémiaire, forestier. Temps : minutes et mois, décades. Espaces : paysage et queue de paon. Les dons ou le donné envahissent le sensorium et laissent là les langues, descendent artères et muscles, nerfs et os pour aller jusqu'au bout des ongles.

La bouteille enferme tout le sensible d'un coup, contient le sens commun, sans fond. Abandonnée une semaine, ouverte, vide, sur la table, la source de l'émanation ne s'épuise pas.

Bombe sensorielle couronnée, au-dessus du goulot, d'un panache de nuages.

Envahi de ce nuage, le corps apprend ou réalise la transsubstantiation en esprit. Tout le donné vivace et multiple, kaléidoscopique, se réunit en un fuseau, en un faisceau noué, demande le passage, au bas d'une cheminée, goulot de la bouteille ou longues fosses du nez, chalumeau, filtre, seuil, redresseur, comment nommer ce couloir hautement ascendant, se bouscule ou s'ordonne sous le passage, prie pour s'élever, passe : là, se transsubstantie en esprit. Le sens se fait senteur, légère vapeur, la matière devient animée. Ame ou information.

Mais le temps, dans la bouteille, depuis 1947, mais le temps, cette année-là, sur et sous le vignoble, mais le temps avant, dans les ceps et dans la terre, avait déjà bien avancé le travail. Sol, climat, graves, la noirceur des pins voisins, la sueur des vignerons, l'alcool lourd et les étés chauds, les pluies, la pourriture, tout le dur du monde se transformant en doux, patiemment. Non point au sens du vin doux, mais au sens où le vin dit mille choses, au sens où il passe des sens à l'information, spirituel.

Il éclate aux esprits : bouquet, carillon, pavane, arc-en-ciel, intelligence nombreuse et subtile, mais une pourtant, esprit. La gerbe abondante du nombre et de la complexité sensuelle se noue, se raffine, conflue, se mêle, passe et se somme dans l'étroite cheminée que je crois sentir dans la tête, qu'avons-nous besoin d'imaginer un entendement pour réunir les sens ?

La matière, par les mains, se touche ; elle peut retentir aux oreilles ou faire frissonner la peau ; éblouit la vue, remplit la bouche : matière solide, liquide, fluide, acoustique ou lumineuse, rêche, poreuse ou soyeuse, enchaînée dans l'inerte, l'en-soi, l'objectif, la substance, tranquillité noire et stable, dessous ; monte, allégée, esprit, dans la senteur, vent d'âme.

Ceci est du vin – comment peut-on nommer ceci du vin ? – , ceci est esprit, ceci est mon sang.

A envahi tout mon sang, des pieds à la tête. Le vin circule en nous. Et entre nous, corps en communion. Nous voici unis, réunis, nous ne faisons plus qu'un seul corps, unanime. La même âme circule entre nous, sang nouveau du corps collectif. Chacun boit au même calice, chacun boit jusqu'à rupture du principe d'individuation, chacun disparaît, il ne reste que le passage. Circulation dans un seul organisme. Ceci est mon sang.

La vieille ambroisie des vieux dieux passe au milieu de la communauté, désormais immortelle, au contraire des individus, mortels. Sang de l'éternelle et nouvelle alliance.

Boivent le vin, versent le sang, perdent leur singularité pour la verser à la communauté, alliages, mélanges, alliances anciennes et nouvelles, confusion encore et toujours, apparition d'un temps nouveau et de promesses neuves, souvenirs.

Faites *ceci* en mémoire de moi.

Un sentier laissé depuis deux millénaires, un croisement recouvert par des siècles d'oubli se retrouvent. Voici.

L'attention portée aux sens, respectueusement, pour eux-mêmes et non comme embryons, différentielles inchoatives de connaissance, s'exprime au mieux par la voix des mythes : Hermès, Pandore, ou des contes : Cendrillon, la licorne, ou des arts : Orphée, les Muses, ou des religions. Tout à coup, nous nous asseyons, en compagnie de vieux amis, autour de la plus vieille table du monde, où jadis Ulysse chanta, chez Alcinoüs, où Jupiter fit couler intarissablement la cruche, sous le toit de Philémon, où Socrate disserta jusqu'au petit matin avec Agathon, où la mort refusa de boire à l'invitation de dom Juan, tout à coup nous célébrons le repas chez Lazare, où Marie-Madeleine oignit le Christ de nard précieux, lui donnant par ce geste son nom, nous commémorons la Cène même, où le vin se changea en sang, nous refaisons indéfiniment le dernier repas du côté d'Emmaüs, alors que l'hôte principal nous a quittés depuis longtemps, présent cependant pour nous avoir donné, après son départ, le don des langues, je parle du verbe.

L'attention apportée aux sens s'exprime mal par le logos : formulation exacte ou confuse toujours insuffisante et risible, formulation abstraite toujours théorique, par la chimie ou la physiologie ou l'anthropologie, connaissez-vous une esthésiologie ? Elle bifurque du logos, elle va vers le mythe.

Il n'y a rien dans les sens qui n'aille, par après, vers la culture.

Non vers la connaissance, mais vers la culture.

Non vers le discours. mais vers quoi ?

Nous voici à l'aurore du temps. La sensibilité date de l'Antiquité, définit une Antiquité. Qui a le don des sens parle les langues anciennes, chante les mythes morts dans des cadences ou dialectes oubliés. Autour de la vieille table, devant le vin vieux, tiré d'une cave vénérable, issu d'une carrière ou fondation noire, acheté à un vieux négociant raconteur de vieilles histoires, les trois langues, blanchies par le temps, les plus vieilles ennemies du monde, plongent ensemble dans la plus fabuleuse Antiquité, tentent, en passant de l'une à l'autre, de descendre du verbe au corps, des senteurs spirituelles à la substance grise, stable, tranquille des choses, et remontent, par la mémoire, de festin en festin, vers le commencement : non point, cherchant le sens, vers le début de la connaissance, mais à la naissance de notre culture. Elles commémorent et ne commentent pas. Refont les gestes, remplissent à nouveau les verres et ne répètent pas les mots. Retrouvent aussitôt les plus lointains de nos prédécesseurs, qui, déjà, reconnaissaient que là, dans le festin du vin, sa préparation et sa garde, sa consommation attentive et fervente, avait lieu un acte immense et inaugural. Comme si chaque banquet, intégrant les banquets du passé, parvenait aisément au premier.

A cette action, à cette transsubstantiation d'une énergie matérielle en senteurs signifiantes, en esprit ; ceci, concentrant ou résumant les dons du monde ou les données, envahit le corps de chacun et circule dans le corps collectif, comme un sang qui brûle, qui court et bat. Là se décide en effet la vie du verbe, son rapport à ce donné concentré, résumé, explosant dans le corps de tous. Là se consomme l'achat, le rachat par le verbe de tout le corps condensé là : matériel, inerte, sensible, vivant, individuel, social, collectif. Ici, le verbe, d'un mot, le prit. Racheta le monde et l'histoire au prix de son corps, au prix d'un mot. Qui en aurait le don pourrait dire cet acte inaugural avec rigueur et plénitude, mais il l'a dit d'un mot solennel et sans équivalent : ceci est mon corps, ceci est mon sang. Qui a le don des langues se tait ici : ceci, tout ce qui se peut désigner, montrer, avoir du sens ou tomber sous le sens, est corps ou sang du verbe même.

Désormais, le donné ne se donnera que par et dans le langage.

Nous commémorons. Dès que nous disons ceci, le verbe naît, il a tout pris ou racheté. Nous quittons la rive antique et abordons à la bonne nouvelle, Noël, mais nous oublions aussitôt cet événement inouï, nous oublions que nous parlons, le verbe meurt alors qu'il vient de racheter les choses et les hommes. Nous passons là des religions antiques à la nôtre, des religions des sens à celle du verbe, du corps à la parole, des philosophies de l'expérience à celles du langage, ce récit date d'hier, ou de dix ans, ou de presque deux mille ans, ou du moment perdu où le monde s'enfouit sous le langage, par le mot de celui qui devint homme en le disant. Voici le tout premier récit : ceci. Ceci est le corps et le sang du verbe même. Ceci ne serait-il qu'un mot ?

La force substantielle du liquide jaune cuivre aux traces roses se transforme en esprit ; la force matérielle, dure, du fluide sonore, se transforme en ce verbe doux, prêt à mourir : ceci.

Ce récit nage entre deux rives, parle entre deux religions, tremble entre deux langues, s'immobilise entre deux temps, laisse deux philosophies.

Ceci se réduirait-il à un mot ? Ces parfums riches et ce goût multiple, changés en signaux doux, se limiteraient-ils à une suite de propositions ? Et cette commémoration se borne-t-elle à un contrat écrit ?

Passons la mer, puisque nous nous vantons de nager, asseyons-nous à d'autres banquets moins surannés. La moutarde, faible, n'a pas de goût ; la bière, presque sans alcool, a perdu toute saveur ; molles les épices, léger le café, à peine grillé, monotones les fruits et légumes, jusqu'à l'indifférencié. La nourriture, indiscernable, ne se distingue que sur l'étiquette, par le nom et par le prix. Le vin se change en lait, blanc. Rien ne pique ni ne blesse. L'Amérique mange mou.

Et boit fade, bouche plate. Glacé de surcroît pour engourdir les papilles. Entonne donc énormément, puisque la qualité seule, sauf la pauvreté, peut faire barrière à la quantité. Toujours plus. La mollesse alors flotte à l'entour des corps gloutons, l'*homo insipiens* se dessine à contours flous, gonfle et se fait monstre, perd ses formes, non pas gros, mais enveloppé dans la grossesse, redevenu embryon. L'Amérique montre au monde le progrès.

Il va, on le sait, vers l'indifférencié. Le corps se dédifférencie comme la nourriture : infantile, elle court vers son amont lacté, sucré ; il remonte à son début, mammifère. Des mammouths lourds joufflus roulent çà et là quand ils sortent des voitures, bébés non évolués mais agrandis à l'échelle. L'Amérique a beaucoup rajeuni.

Certes il faut du pain mou à ceux qui ont perdu les dents ou qui n'en ont plus que d'artificielles, d'autant plus belles dans le sourire pour l'affiche ; certes on doit donner des boissons nulles aux estomacs fragiles et des épices fades aux gorges faibles. Mais le progrès s'avance ailleurs : vers le dénominateur commun à beaucoup de cultures. Chacun, Esquimau, Mexicain, Japonais ou Slave, peut ainsi s'asseoir au banquet. L'avancée culturelle ramène encore l'archaïque. Tous peuvent enfin s'adapter en souvenir du biberon, du sein, du pouce, ou, mieux, par l'anamnèse du flottement fœtal dans le liquide amniotique. Le commun dénominateur, unité monotone, arase les épines, rabote les épices, adoucit, amollit, annule odeurs et goûts. L'Amérique vit en paix.

La guerre, demain, n'éclatera pas entre des cultures à différences dures, elle opposera ceux dont on pourra décrire encore l'ethnologie, nutritionnelle ou culturelle, survivant dans des ruines dont l'éparse beauté fournira quelques arrêts aux agences de voyage, et ceux qui dormiront dans le zéro de la sapience et de la sagacité, anesthésiés, drogués, frigides.

Le surgelé inodore pour obèse cotonneux, dissimulé sous cellophane pour que nul ne le goûte ni ne le touche, gare aux germes, se lit et s'entend seulement, annoncé sur étiquettes pratiques, par géantes affiches, dans des appels tonitruants. Les murs de verre, en principe transparents, se couvrent, aveuglés, de publicité. Ceci a tué cela. L'écriture a tué l'architecture. Vous ne vivrez plus que dans le lu. La langue a tué les sens. Déluge, explosion, tsunami de mots, de chiffres, de messages hurlés, chantés, charriés dans le flux turbulent de ce qu'on s'étonne encore d'entendre appeler musique. La ville et la campagne s'engloutissent sous le langage.

Le donné, pardon, le vendable, ne se donne, pardon, ne se vend, que par et dans le langage.

La théorie a raison. La société a fabriqué cette raison.

Le verbe triomphant recouvre de son rachat ce qui pourrait donner parfum ou saveur et le transsubstantie en vu et lu et entendu, ses canaux propres.

Ceci, que tu manges et bois, est le corps et le sang du verbe.

Ici, où tu l'achètes, gît le tombeau du pain, du vin, du corps et du sang, morts, et ressuscités sous forme de messages.

Le verbe prohibe les sens et surtout ceux où il n'a que faire. Triomphant, il impose la prohibition, cette organisation sociale de l'anorexie et du dégoût.

La langue qui parle tue dans la bouche la langue qui goûte. Elle la tue dans le collectif, dans celle qui se dit entre nous. Ceci, qui se dit, se réduit à un prix. Tu mangeras des mots, mais le plus souvent, désormais, des codes et des chiffres. Donc tu en entonneras beaucoup, et plus encore, et toujours plus. Rien ne passe comme un code, rien ne croît comme un nombre. Tu engloutiras des comptes. Ton corps envahira l'espace, comme le verbe lui-même porté par le vent, comme la société fondée sur le verbe.

La théorie réduisant le donné au langage se produit dans un collectif qui pratique et vit cette réduction, revient à lui comme son idéologie et le gonfle; cette expansion impose aujourd'hui la langue de ce groupe et sa monnaie à l'univers entier.

Victoire totale du doux et du mou.

Ainsi régna plus d'un millénaire l'Empire romain. Gros, mou, lourd, flou. Rien de plus mensonger que le modèle austère, héroïque et dur de la vertu antique à la Caton : faux comme un idéal. Tous les empires montrent cette idée de la violence et de la rigueur : virilité du western ou guérilla des villes. Ils gagnent en fait par le doux.

On doit les définir comme collectifs associés sous raison nulle ou amenée à zéro. Un groupe militaire attaque ou se défend, hait l'ennemi, voilà sa raison ; l'Eglise ou la secte prie ou se détache, condamne l'hérétique, adore sa raison ; une association d'intérêts économiques s'enrichit ou fait faillite, la compagnie travaille à sa raison. Supposons que celle-ci, transcendante, intense ou médiocre, tende vers zéro, vienne à s'annuler, comme l'odorat et le goût tout à l'heure, comme la réalité. Alors la société molle, s'associant sous raison nulle, s'unit dans et par le langage, par contrat écrit ou dit stipulant qu'elle s'unit, redondance.

L'administration, inventée là, gère cette mollesse ou nullité qui marquent le même progrès vers l'indifférencié ou qui induisent le même gonflement. Tous vivent ensemble sans autre raison qu'ils disent vivre ensemble, et l'écrivent sans cesse, dans l'inflation du papier. L'administration définit l'institution correspondante au caractère performatif de ces mots-là. Le vocable qui la nomme dessine joliment cette tendance vigoureuse au minimum, l'annulation active et progressive de la raison réelle.

L'Empire romain dut sa longévité rare à la réduction de toute raison, à la trouvaille géniale de ladite administration, à la gestion de la raison nulle. A la suppression de tout objet en faveur du langage.

S'il veut durer un peu, tout empire a intérêt à se retirer, à se cacher sous l'administration, à laisser la réalité pour la langue.

A supprimer tout objet en faveur du verbe. A supprimer le verbe même et son sens pour le code et le chiffre.

A éliminer la culture par la monnaie.

A zéro de raison ou de sens, à nullité de goût et d'odeur, en l'absence de référence, quiconque, aussi nice qu'un puceau, s'adapte et jouit.

De vieilles cultures connaissent deux communions – trois, même. L'une a lieu sous l'espèce du verbe, première Cène qui donne la bouche d'or. La deuxième, plus tardive, se reçoit sous deux espèces à présence bien réelle, pain frais levé, grand vin mis en bouteille en un lieu donné, elle ouvre la nouvelle bouche. La dernière, miraculeuse, pardonne la bouche d'amour, sans elle nous sonnerions comme airain creux ou cymbale retentissante, quand nous parlerions toutes les langues humaines et quand nous connaîtrions toute la science.

La langue d'airain prend toutes les places du banquet ou de la Cène, anéantissant les autres, le monde sonne comme cymbale et assourdit de langues et de science. Nouveau monde à une seule communion, d'un seul contrat sans raison.

Nous avons longtemps guerroyé pour décider si tous les festins n'en font qu'un, si les communions n'en font qu'une, si la substance n'est qu'un nom. Ou si le pain et le vin se distinguent du verbe. Avons-nous vraiment une seule langue, ou deux, ou trois ?

Qui soutient que le donné ne passe que par une langue a le profil reconnaissable de l'ancienne et vénérable théologie réformée.

Elle a gagné sur l'autre rivage, elle revient, triomphante.

STATUE

Une statue, entrant pesamment dans la salle, interrompt, comme de coutume, le festin.

Son extérieur, tout de marbre, ne lui permet l'usage d'aucun de ses sens, le philosophe qui l'a construite et la conduit se réservant la liberté de les ouvrir, à son choix, aux différentes impressions dont ils sont susceptibles. Organisée intérieurement comme nous, animée d'un esprit sans aucune espèce d'idées, elle entre, dense d'odeur de rose, couronnée d'œillet, de jasmin, de violette, et de bandelettes, parmi des invités à qui l'esprit vint des bouquets floraux ou issus de l'humus, composant la queue de paon autour du verre d'Yquem. La statue s'assoit parmi les bouches et les langues.

Le corps, sous la peau froide, lisse, vierge, veinée comme le marbre, gît dans une boîte noire. Condillac, son maître, agit sur les entrées : il ouvre ou ferme une fenêtre définie par où pénètre une information spécifiée, une seule et bien filtrée. Il expérimente sur son automate, analytiquement et séquentiellement. Il commence par la rose, dans le domaine des odeurs, puis l'œillet, le jasmin, la violette.

De quelle rose s'agit-il, de quelle violette ? De la violette de Parme, tricolore, cornue ? La mauve, la bleu roi, l'odorante, la russe, la violette des chiens ? Comme si, dans le monde vif, personne avait jamais cueilli la rose et senti son odeur embaumée. De quelle variété en couleur, née sous quelle latitude, sous les soins de quelle jardinière, précisons la saison et la semaine dans le cours de la floraison. Entré à Bagatelle pour mieux connaître l'émotion de la statue de Condillac, un après-midi de mai à peine doux, un matin glorieux de septembre, j'ai eu à rire ou à pleurer, comme un prince, devant l'explosion spatiale des nuances et la palette granitée des variétés : la statue a-t-elle plongé dans la fine fragrance de la cuisse-de-nymphe émue, de la plus belle des ponctuées, de la petite Lisette, Bengale, Dame de cœur, Princesse de Vénosa, Carmosine, Jacqueminot ? Il y manquait les églantines et trémières, primeroses ou passe-roses méprisées. Baigné jusqu'à l'enivrement dans la nouvelle queue de paon, quel odorat expert pourrait ou souhaiterait, ici, revenir à l'analyse ? Et quel jardinier, quel humeur de parfum, du côté de Grasse, en France, ne rirait aux larmes, encore un coup, devant la sophistication exténuée de l'expérience, du côté de l'automate, et de sa grossièreté inculte et profane du côté des fleurs ? La machine fait peur aux invités, elle en impose. Un jour on fabriquera et respectera un ordinateur à haute performance qui saura distinguer un sauternes, quel qu'il soit, du Coca-Cola. On aura oublié que le second, stable, a une formule, se réduit à une suite finie de mots ou de codes, que le premier, instable et individué, varie, moiré. On aura oublié l'empirisme jardinier, la profusion formidable des roses et leur confuse odeur.

Je n'ai jamais vu, ajoutait le vieux jardinier, à qui la statue, terrifiante, voulait imposer silence, de violette violette, je n'ai jamais su décider, pour elles, entre le mauve, le parme et les quinze sortes de bleu que mes yeux, maintenant affaiblis, ordonnaient en spectre déployé. J'apprenais lentement les voisinages des nuances quand ma vue se mit à baisser. La queue de paon pour les odeurs étale un éventail ou un spectre pareil. Combien de temps va devoir dépenser la statue à parcourir l'odeur des roses sur un terrain aussi différencié ? Toute une vie de jardinier ; plusieurs générations de ces généticiens sans le savoir qui croisent et créent toujours de nouvelles variétés. Le conseil ancestral : « Cultivez votre jardin », vieille devise de sagesse, signifie en fait : « Vous vivrez comme un dieu. » Ce dieu qui croise ou crée des espèces sans cesse dans son paradis évolutif. L'odeur des roses ne cesse pas de changer, la statue, trop lourde et pataude, ne rattrapera jamais leur fumet. L'expérience s'arrête, dès la première ligne, dans le premier jardin, pour l'éternité. Oui, au banquet des dieux mêmes.

Pour qu'elle continue, il vaut mieux supprimer ce banquet sans fin. Allons, ne traînez pas à table, on y prend de trop mauvaises habitudes.

Dès l'entrée, la statue s'emplit de négations, bien avant que pénètre quelque odeur de fleur; n'a point les idées de figure ou d'étendue, ni de rien qui réside hors d'elle : sculpte donc un entendement creux, par figure, étendue et mouvement, attend patiemment de devenir entendement; il y a beau temps qu'elle se moque de toute autre chose. Il faut remplir cette forme.

Ne nous moquons pas, il y va de choses graves.

Un organisme comme le nôtre, immobile, sur lequel pèse une dalle de marbre, cela s'appelle, dans ma langue, un cadavre. Une enveloppe de pierre immaculée, recouvrant un corps, avec une statue au-dessus, cela se nomme une tombe. Un automate, machine munie d'un fantôme dedans, revenant à la connaissance, doit se dire cénotaphe : boîte noire à trous et portes par lesquels l'information peut entrer ou sortir. Statue de marbre blanc ou boîte noire à couleurs de deuil. Portant écu ou blason. Quoi d'étonnant si l'expérimentateur perçant une fenêtre dans cette caisse funéraire pense d'abord aux odeurs et jette sur la pierre de la fosse ou du caveau gerbes, couronnes ou fleurs ?

La statue qui entre au banquet, revenant, automate, machine, forme en creux d'une raison assoiffée de sensation, a pour vrai nom la mort. Dans les Enfers, jadis, les ombres blêmes avaient aussi besoin de sang pour se soutenir un moment, pour emplir leurs formes vagues.

Pourquoi devoir mourir pour commencer à connaître ou même à sentir ? Ouvrant la fenêtre, le philosophe, en fait, dissèque un cadavre. Il a tué le vif : pour s'en faire un outil; pour essayer de le ressusciter, comme si le naissant ressemblait au revenant.

Les bouches, au banquet, commencent à peine leur vie, la statue vient la leur prendre.

Le philosophe dit que la statue s'emplit d'odeur de rose, on disait bien jadis que tel, à son dernier soupir, mourait en odeur de sainteté. Le philosophe nous demande même, liminairement, de faire ce que fait la statue, de commencer d'exister avec elle. Redevenez enfant, mais en ordre.

Il arrive dans la vie de tels commencements, des moments vivaces de renaissance : que, par exemple, la langue d'or, oubliant quelque temps ses mots ailés, se découvre une voisine exquise et celle-ci une sœur amoureuse. Rien, dans la fenêtre-bouche, ne passera plus jamais comme avant. La langue, organe, repousse, triadelphe et trilobée, une en trois personnes, quelle aventure ! Tiré donc par un élan vital robuste et par l'enthousiasme qui gagne au seuil d'une nouvelle vie possible, qui de nous reculerait devant la palingénésie ?

Nous n'avons pourtant pas pu faire ce que la statue faisait, non par notre faute, mais pour n'avoir pas trouvé de rose. Le programmateur n'a pas précisé le parfum, ni la variété, ni le temps de la floraison, il n'a fait que fixer un concept. Nous n'avons pu ni su respirer ni humer l'idée d'odeur de la notion de rose. L'automate fait le plein de mots. Le nom de la rose n'embaume.

Et si la palingénésie, consistant à rejeter la mort de notre vie, ou à gommer nos automatismes, nous amenait à inviter courtoisement la machine à quitter la table du banquet ?

Oui, la rose ici se réduit à son mot, et la statue à un dictionnaire ou à un ordinateur. Ce qui entre par la fenêtre, unité de sensation, équivaut à une unité de sens, à une information digitale. L'automate apprend à sentir mot à mot, enfant sur le banc pour la leçon de choses. Rien d'étonnant si la connaissance s'ensuit. Mot à mot, la langue finit par venir, que diable !

Si le donné ne se donne que par le langage, dites l'odeur de vos anthologies.

Il se passa aux Feuillantines, en l'an 1813, un événement sans précédent qui permit à son chroniqueur de donner à des roses la facile rime de morose et à cet adjectif, associé à stupide et laid, une série de noms comme : dortoir, étude, cour, salle, pilier, magister, paperasse. Dans un jardin rempli de bourdonnements et de voix confuses, où la surface moirée d'un étang se mêlait aux images vagues d'un bouleau, dans un parc plein de roses, courait ou rêvait un enfant, commençant d'exister. Survint le principal d'un collège quelconque : Janotus, Marphurius, Blazius, Honorius, Mouillebec. Il interrompt le festin.

Le jardin ou la pension ? Bifurcation pour l'élevage : les buissons feuillus, épineux, retentissant de bruits, bouvreuils ou guêpes, traversés d'odeurs mélangées, ou la cour carrée asphaltée, géométrique, où s'affrontent les loupiots dans la première atroce lutte pour la dominance ? Le banquet ou la statue ? Janotus ou la dive bouteille ? Le taillis ou le dictionnaire ? La rose ou le nom de la rose ? *Rosa, rosam, rosae*... les enfants-statues déclinent le nom sans parfum ni incarnat. Le langage ou les rumeurs, souffles, parfums, ombres et chants, formes, extases ? Evénement hautement improbable : comment la mère, qui dut choisir entre le lycée des loups, bête et méchant, et le bosquet des Feuillantines, eut soudain autant de génie que son fils Victor Hugo ?

Car le jardin aux confusions mêlées, formant de ses sens la corolle inquiète – notez ici que l'enfant se fait cinq fois rose – , lui rendit, à terme court, un océan de mots : la presque complète langue de France.

Si vous désirez adapter une armée de statues socialement soumises à la lutte pour la dominance, donnez-leur un vocabulaire pauvre et sec, dur comme bois et froid comme fer, hérissé de technicités revenues en refrain en tirant à la ligne, formez leurs sens au moyen de ces mots, donnez-leur du donné à travers une telle langue : une cour carrée cimentée, un dortoir monotone, une étude grise puante et rangée à travers leur grammaire. Qu'en commençant d'exister, les enfants aient mal aux yeux quand ils les lèvent vers le trou du ciel, au-dessus du puits formé par le lycée-prison, nous n'avions pas besoin de la caverne de Platon pour apprendre à quel point on peut souffrir sous le soleil, pendant notre sotte et docte jeunesse.

Si vous formez leurs mots par le moyen des sens, parmi les aubépines et les primevères, si la rose en son nom déclinée se rapporte à l'éclatant bouquet des formes et nuances qui embaument, si vous construisez leur langage à travers le donné, alors tout peut arriver. Même un poète. Même un adulte, gai, même un sage. Même un philosophe mathématicien, libre de rire aux raideurs machinales ou statufiées de l'entendement et plaçant les sens à distance de langue, pour la sauvegarde et la vitalité des deux.

Avez vous trouvé le jardin recherché ? L'architecte a bétonné. Avez-vous découvert des buissons, là-bas ? L'agronome les arase. L'espace rentable ressemble à l'école. Janotus gagne dehors. La théorie l'emporte sur l'école buissonnière parce qu'elle a détruit les buissons. Le langage supprime le donné pour lui substituer le langage : la cour carrée de Marphurius. La grammaire ou la logique fait le monde où elle aura raison. Le principal de cet espace quelconque règne sur sa langue et sur lui.

Entrant dans le vieux banquet, la statue casse les verres et renverse les plats, tue les corps vivants buvant vif, s'y reproduit en statues de marbre ou automates, commence un festin de langue à boissons formulées, adapté admirablement au monde rationalisé déjà par lesdites formules. Enfin, les symposiums parlent du concret.

Il ne restera bientôt de buissons qu'à l'école. On les cultivera pour les enfants chahuteurs.

La méditation sur le chaos et le mélange, l'attention portée au sensible, cela ressemble assez à une philosophie du chahut. Couronnement d'une ancienne carrière de gosse remuant, commencement d'une sagesse.

Ma langue dit aveugle qui ne voit pas, sourd celui qui n'entend pas, muet qui ne peut parler, insensible parfois qui a perdu le tact ou s'en trouve dépourvu, elle manque de mot pour dire le manque de goût. Elle marque l'absence, dans le cas de cécité, le défaut de surdité, elle les admet, ou parce que ces infirmités ne touchent qu'une faible population, ou parce qu'elles mettent en risque ou en alerte ses propres activités langagières, qui sait? L'immense majorité n'a pas de langue sapiente et s'en passe, et la langue le cache, elle cèle son propre défaut. Elle manque d'un mot pour dire ce qui ne lui manque pas. Elle dit ainsi, sans le dire, qu'on n'a qu'à dire et que, pour le reste, l'anesthésie suffit. La statue se fait dictionnaire, on dirait que le dictionnaire a, comme elle, une langue de marbre. Il drogue le goûter.

Seule la langue savante dit anosmique et, encore plus rarement, agueusique.

Entrée au banquet, la statue l'interrompt, elle ne s'assied ni ne boit, ne hume ni ne goûte, elle mange le menu : dictionnaire mobile capable de mémoriser la rubrique des plats, des recettes et des vins, mais impuissant à commémorer quelque cène. Elle parlera demain avec aise et compétence des crus ou des années, des guides et chefs, on jurerait de sa vieille expérience. Elle dit mieux que personne ce qu'elle ne sentit jamais, mais se trahit dans le vocabulaire. La parole, locale, de la statue ne dit que rose : sans odeur puisque sans autre existence que logique; la langue, globale, du dictionnaire manque de mot pour le manque d'odorat ou de goût. A ces recoupements, on reconnaît les robots.

Or, derrière l'automate, entre un fantôme, une sorte de revenant. Qui peut bien revenir comme un reproche, sous la langue, sinon l'empirisme?

Nous nous passons aisément de lui, que vient-il faire ici ? Même les soi-disant philosophes de la sensation ou perception s'en passent, dans leurs algèbres, dans leurs logiques ou phénoménologies, à la lettre inodores, incolores, privées de tact et sans saveur, dépourvues même de mots et de phrases décrivant des goûts, nuances ou parfums, il leur suffit, comme aux robots, du langage, ouï ou vu ou lu, ou réduit à un code, mais sans doute aussi désormais programmé dans nos gènes ou dans les us de nos sociétés, comme dans la mémoire de la statue, automate ou ordinateur ; il suffit du langage pour assurer genèse ou venue de nos connaissances. Qu'avons-nous besoin des choses, nous contentent leurs leçons.

L'empirisme revient cependant, têtu, doutant que le menu vaille la dégustation, que l'analyse, sur l'étiquette, désaltère autant que le breuvage, ne dévorant listes et livres qu'entre les repas. Il ne confond pas l'amour avec les mots d'amour. Enfant de la guerre et des privations, il a faim ; il a toujours soif, enfant de pauvreté. De ce dont il a manqué dans sa prime jeunesse, nul ne se rassasie jamais. Il ne peut se passer des choses, non plus : venu de la campagne, et encore ébahi par les signes rapides des villes. L'empirisme revient de loin : de la somme des enfances des hommes, de tous les manques dont les phrases ne comblent pas le puits. Enfant de la nécessité à l'antique, dont nul n'entend plus parler, mais que j'ai rencontrée, comme beaucoup, dans l'enfance. L'empirisme revient des ruines de l'Antiquité, il ne vient pas pour démontrer, mais pour demander, fantôme mendiant.

Nous pouvons, à la rigueur, dit-il, nous passer d'expérience sensible immédiate, la grammaire ou la logique à peau de marbre marchent et montrent sans elle et la remplacent dans les classes depuis longtemps et maintenant aussi dans le monde alentour, que la science peuple d'automates. Nous nous mettons à ressembler aux statues que nous fabriquons. Jadis, l'adulte se moquait de l'école, ayant appris des mains, d'épaules et de peau que le réel pesait plus lourd que les leçons, aujourd'hui toute la classe peut se moquer du peuple, qui ne comprend plus les codes venus de l'école et qui recouvrent toutes choses. Le couple éducatif se renverse, l'enfant doit enseigner au vieillard les formules et les touches. Nous pouvons donc nous passer d'empirisme, notre savoir n'en souffrira aucunement : nous nous adapterons plutôt mieux au nouveau monde, mais pourrons-nous vivre sans sagesse ? La connaissance vient du langage, certes ; et si la philosophie nous venait des sens ?

Nous ne nous passerons plus de hautes connaissances : le philosophe vivant pour elles ne peut penser sans leur travail. Mais plus il avance dans les connaissances, mieux se présente l'évidence que nous ne pouvons nous passer de beauté sans payer notre savoir cher. De là vient la nouvelle sagesse. La jeunesse apprend, avance dans le savoir ; l'adulte aime et pratique l'intelligence, inventive, vive et libre, produit, puissamment ; ensuite règne un besoin de beauté : sujet connaissant d'âge vert, fécond à l'âge mûr, cherchant une culture d'âge sage. Passé certaines années, chacun a la responsabilité de son visage ou apparence, les a sculptés de ses actes et projets, de ses paroles et mensonges, méfiez-vous toujours d'un vieillard laid, sa hideur vient de ses œuvres, le temps dénude l'intérieur et l'intention. Voici la science plus qu'adulte, mûre, puissante, au faîte des triomphes, première partout, va-t-elle s'inquiéter, l'âge venu, de son visage ? A quoi bon rigueur et puissance, si nous devons les payer de laideur ou de mort ? A quoi bon penser si on ne sait ni ne peut vivre ? Moment où le savoir formel ne suffit plus, quelque pouvoir qu'il donne, où la musique de la langue, par exemple, universelle sous les phrases, semble en dire plus aux sens que le sens des vocables même, où la culture et la sagesse, la philosophie ont plus de prix que l'intelligence, et celle-ci, par sa liberté ou sa tolérance, que le savoir, et celui-ci que la démonstration. Que la science s'impose demain : si elle exclut ce qui tempère la puissance, la barbarie reviendra. Après l'âge positif, l'ère sereine ?

Où apprendre à mourir, à survivre seul dans la souffrance, à tressaillir dans un chant de joie quand l'un de ses fils guérit, à aimer la paix mieux que la guerre, à bâtir sa maison dans le temps ? Où prendre cette éducation vers la sérénité ? Dans les dictionnaires, les codes, les mémoires d'automates, les formules de logique ou au cours du banquet de la vie, simplement ? Je ne crois pas, dit le fantôme mendiant, derrière la machine, que le sens de la vie gise dans les sens du mot vie ; mais se lève, ce me semble, dans les sens du corps vivant. Ici, dans la sapience que cultive le bon vin, sans beaucoup de paroles ; dans la sagacité dessinée par les parfums et raffinant les approches de l'autre ; là, par les vocalises, les sanglots, et ce que l'ouïe perçoit, sous la langue ; des odeurs issues de terre et des paysages indescriptibles ; de la beauté du monde qui coupe le souffle et qui laisse sans voix ; de la danse, où le corps plonge seul dans des sens sourds et muets, librement ; des baisers qui empêchent même de chuchoter... du banquet qu'il faudra quitter.

Il regardait tristement la statue : avez-vous noté, dit-il, combien mal les parleurs dansent ? Avez-vous remarqué la laideur de ceux qui savent ? Avez-vous jamais dévisagé quelque puissant ? Voyez-vous le paysage, sous le règne des automates, se charger de laideur ? Croyez-vous que nous reconnaîtrons un jour une société bien codée à l'incontestable laideur de sa terre et de ses membres ? Une culture se remarque à la beauté des femmes, à la finesse des corps, à la distinction des gestes populaires, à la grâce des visages, elle se reconnaît dans la splendeur des paysages et la réussite de certaines villes. L'éclat des regards demande ces grâces, la douceur des gestes exige ces finesses, un accord secret se fait sur la beauté. La laideur n'a pas honte de soi au milieu d'un pays dévasté. L'anesthésie fait les corps hideux, les mots droguent les corps et les choses. Je te salue, dit-il, culture encore pleine de grâce, reste rare de notre monde.

A force d'avancer en connaissances, on redoute le manque de grâce, on devine que celle-ci fait le centre et le germe de celles-là. Comme si l'âme donnait du corps au corps. Quand les messages de langage remplacent, virginalement, les messages sans langage des sens, la connaissance reste sauve, elle progresse, même, plus vite, mais la culture perd sa grâce, voyez son effacement maintenant, sur les visages, dans les représentations sociales, sur la face de la terre. Allons-nous vers la laideur par la raideur ?

A la naissance de la science, au cours de ses premiers développements, la philosophie cherchait la genèse de la connaissance, elle disait que celle-ci venait des sens. En ces temps-là, les philosophes, un peu savants, portaient une immense culture. Le plus savant savait peu, le moins cultivé l'était beaucoup. Sans doute prenaient-ils leur culture pour de la science. Ils suivaient la genèse, la formation de leurs connaissances traditionnelles en croyant décrire celles du savoir scientifique.

Nous ne pouvons commettre la même erreur. Le plus cultivé parmi nous demeure barbare, le moins savant sait immensément, par rapport à ces âges. Nous croyons décrire la genèse du connaître en général, alors que nous suivons la formation du savoir scientifique. Naguère, nous distinguions avec beaucoup de soin la gnoséologie de l'épistémologie, la théorie de la connaissance et la théorie de la science, et celle-ci faisait une part de la première; dans la langue du jour, la deuxième vaut pour tout. Comme si tout le connaître se réduisait aux sciences seules. La culture s'évapore. Au voisinage de la première genèse, la langue donc drogue les sens et les remplace. Nous plongeons, enfants, dans le langage, avant tout contact avec un monde plus dur. Nous vivons de plus en plus dans le doux. Certains, parmi nous, ne se doutent même pas, leur vie durant, qu'il existe un monde hors du signe : une action séparée du papier administratif, un acte hors le spectacle médiatique, un climat extérieur à la bibliothèque. Les premiers traités d'éducation par la nature, réagissant à cette emprise croissante du langage, correspondent exactement d'abord à la naissance, puis à la croissance des sciences. A l'heure de leur triomphe et de l'inquiétude concernant une nouvelle culture, les mêmes questions reviennent avec acuité, elles reviennent parce qu'elles ont disparu. De même en philosophie, les formalismes, logicismes, nominalismes expulsent l'empirisme, d'où sa figure de revenant. Il sort de terre entre les pieds de la statue.

La connaissance efficace rend hommage au langage, sa directe lignée, elle efface son histoire oblique et la plonge dans l'anesthésie de l'oubli. Nous en perdons les cinq sens.

Ils reviennent dans l'anamnèse d'une sagesse ou d'une culture perdues.

L'automate de marbre exorcise l'ombre larvaire apparue, en exerçant un mépris de fer envers la figure pâle et floue, inconsistante, du fantôme, timide, humble, indécis, effarouché : il juge courte et morte la vieille impression si vite oubliée. Le moment où je goûte meurt, déjà, loin de moi ; l'impression laissée par le goût s'évanouit, non conservée par un lexique. La statue écrase sous le poids de sa mémoire ce qui se lève sur la langue avant les mots et se perd. Mais revient. Pas d'impression sans table de cire, disait-elle dans l'Antiquité ; pas d'impression sans imprimerie, a-t-elle répété dans les temps dits modernes ; pas d'impression sans programme, redit-elle à l'heure des ordinateurs et de l'intelligence artificielle. Rien de nouveau : pas d'impression sans codage ou langage, le mot même dit l'écriture, la trace laissée. La statue chasse l'empirisme, impressionnable, comme don Quichotte harnaché trotte sus aux moulins à vent, mobiles aux plus petites brises. Le livre charge à mort l'aile-girouette orientable, attentive, légère, aux risées possibles.

Pourquoi tuer ce qui meurt ? L'empirisme, perdu, ne

montre plus que ses ruines. A quoi bon détruire des ruines ? L'empirisme, détruit, ne laisse que des restes. A quoi bon effacer des restes ? L'empirisme, effacé, n'existe plus qu'à l'état fugitif d'impression ou d'ombre. Exorciser encore une ombre ?

Nous ne nous souvenons plus de l'impression laissée par la risée, par la bouffée de parfum ou de goût, certes ; mais nous avons perdu la mémoire de l'empirisme même ; et si nous avions perdu aussi le souvenir de nos cinq sens ? Le fantôme ou revenant tient le rôle de trois personnes : de la sensation évanouissante, mais aussi de la théorie qui la disait ; hélas : des organes qui la recevaient.

Qui part, dès le petit matin, pour la chasse, le ventre creux et les narines frémissantes au moindre renversement de vent, qui écoute, inquiet, à l'arrière du bateau le ressac battre, alerté des premières odeurs de feuilles à travers le mur épais de senteurs aux algues et aux sels, qui affûte sa vue et son ouïe lointaines ? Qui n'a pas besoin aujourd'hui d'affiche ou de message pour s'aviser d'entendre, sentir, regarder, goûter ? Organes frigides, empirisme en ruine, impressions perdues, fantômes.

Depuis quand la statue règne-t-elle donc ? Depuis l'origine, depuis le commencement de notre mémoire, à la naissance même du langage. Notre premier parent décrit, le plus vieux héros chanté, part sur l'eau vers les îles du vent ou des terres inconnues et embaumées gisant à l'horizon violet, la prison de langue se referme, poétique, sur celui qui voyage et tente de se perdre pour la fuir ; malgré les orages désirés, les pires fortunes de mer, malgré les sorcières changeant les apparences, Ulysse retombe dans le piège du tissage coordonné, où se repère son voyage, dans les lacets de Pénélope, défaits, refaits, de nuit, de jour, dans le programme textuel, dans la langue : il chante tout cela au banquet du roi, il tue les prétendants, qui ne chantent pas, au dernier festin, chez sa femme. Et cependant, les poings plongés serrés dans la toison laineuse du bélier puant le suint, il a cherché à s'échapper de la caverne où clame la polyphémie, assourdi par cette langue multiple privée d'œil et droguée par le vin. Délivré une fois, ou deux, ou cent, il revient à la fin dans le tissage du langage, dans la trame régulière du poème, enchaîné. L'empirisme, déjà, se visitait comme le monde, annoncé par les agences de voyage, vendu bon marché, raconté de festin en festin, ramené brusquement aux Enfers fantastiques peuplés d'ombres et de larves vaines qui s'évanouissent dans le silence et qui pleurent, déjà. Notre premier parent, sur la rive d'en face, assez content de son festin de fruits, parmi les arbres, nu en compagnie de sa belle femelle, s'occupe d'abord à nommer les espèces. Le second dans la rubrique et l'autre dans le poème, tous deux banquetant, chez Alcinoüs ou dans le jardin d'Eden, disent la genèse en langue.

L'empirisme se perd dans des îles d'images lointaines ou aux Enfers denses de lémures, depuis notre origine d'hommes écrivant ou chantant, chassant des listes ou facteurs de statues qui nous servent à table. Il date d'une plus que fabuleuse Antiquité puisque ladite Antiquité nous parvient par des fables écrites ou dites en belles et bonnes langues, survivantes quoique mortes. Depuis que nous parlons, nous perdons les sens. L'empirisme immémorial revient pourtant toujours aussi longtemps que dure l'oubli, surgi de son propre tombeau, ressuscite dans un geste, une impression fugitive apparue au-dessus du tombeau de notre corps, noir, statufié, raide et froid. Nous imitons la machine, nous faisons de nos enfants des automates, nous nous enterrons sous une peau de marbre, mais cependant le spectre ressuscite dans une odeur légère, un goût rare qui évoque une émotion, une posture inattendue parmi les pratiques agraires ou marines, à travers un environnement qui se déchire ou se découd mais qui laisse parfois venir à nous l'étrange légèreté des choses mêmes.

Dans les dialogues de Platon, hymnes logiques, les tard nommés présocratiques jouent le rôle de parents, on y nomme même Parménide père. Les écoles et penseurs prennent place dans la lignée, avec les inévitables querelles de frères, sauf un. Protagoras, porteur de la turbulence sensorielle, non repéré sur l'arbre de la généalogie, sort de terre : preuve qu'il y gisait, inhumé. Sort du tombeau où on le renvoie. On l'évoque et le révoque. Preuves que, déjà, l'empirisme joue le rôle d'une ombre. Et qu'il erre dans les Enfers d'où il peut revenir. Le corps-tombeau enterre le sensible. Que signifie ce nom de Protagoras ? Avant le dialogue, avant la parole, avant le langage ?

Antique : datant d'avant notre histoire d'hommes devenus tels par le langage. Préhistorique : d'avant toutes nos traditions rapportées. Gisant parmi les morts jamais relevés, depuis plus de quatre mille ans, de la puissance du langage.

MORT

Voici le tombeau de l'empirisme, recouvert de marbre gravé. Le corps, la statue, nos savoirs ou mémoires, bibliothèques, cénotaphes, emprisonnent le fantôme en niant son existence.

Voici le tombeau de l'empirisme, ce livre, dans le sens où Ravel a mis en musique une évocation de Couperin le Grand.

Célébration et larmes. Commémoration, respect.

Datant d'avant toute langue, ruine sans reste ou presque des temps précédant l'écriture, ancêtre de la philosophie et des hommes, salut ; salut, ennemi de la philosophie et proscrit par elle, recouvert de langues et de stèles depuis l'aube des histoires, haï des réunions et dialogues, méprisé des raisonneurs, banni par la ville-pierre couvrant la campagne-terre, chassé des places publiques, hantant parfois les banquets, panache ou nuage surgi soudain des flacons, réprouvé par la voix qui blase la peau comme un tambour, sens sur verbe, verbe sur voix, voix sur peau et peau sur chair, vingt fois recouvert, ancêtre inévocable en deçà de la voix, comment te saluer en deçà du sens même ?

Silence autour du cénotaphe : musique, murmures, nuances, parfums. Nos aïeux embaumaient les momies : une ombre odorante ainsi flottait autour de la statue vide.

Sagesse. Que ton corps ne devienne ni statue ni tombeau, cadavre avant l'agonie, mort avant de mourir; évite toute anesthésie, drogue, narcotique ; prends garde à la torpille ou torpeur de langue et de philosophie ; fuis les cultures de prohibition. La sagesse émane du corps : le monde donne la sapience et les sens la reçoivent, respecte la donnée gracieuse, accueille le don.

Ethique. Immémoriale morale de la gratuité. Les données sensorielles, sans échange, se reçoivent comme un don. La grâce pénètre les pertuis du corps ouvert, elle l'inonde de sapience. La statue se ferme d'octrois ou guichets.

Elevage. Commence, petit d'homme, par les pertuis ouverts, œil, narine, pore, lèvre, pavillon, tu parleras toujours assez tôt, assuré que tu parleras. Bien assez, toujours trop. Affine ta peau, crains le marbre envahissant, aie peur de la raideur. Réveille ta barde barbare, si rude et dure que tu te battras un jour. Assez tôt, toujours trop. Deviens subtil, sapient, sagace, aigu, lucide, fin. Ne reste pas essorillé comme un chien, ni équarri comme une bête ou une poutre. Troue la statue.

Médecine. Immédiate médecine sans remède. Mille maladies viennent de ce que tu ne sais pas te taire ni vivre ailleurs qu'en une coque de paroles qui t'écorchent. La langue tue le temps, le silence d'or a plus de prix que la bouche d'or, il nous rend la durée, notre seul trésor, et fait s'épanouir les sens, effarouchés, fermés par le tonnerre du langage et l'intimidation du sens.

Goûte, écoute, hume, caresse, examine, tacite. L'esthésie élimine les anesthésies. Le gisant sous le murmure odorant meurt sous sa dose. Accueille les données, le don, refuse la dose. Car le langage ici dit le même mot et avoue. Remplace vite dose par don, par donnée : le bon vin protège de l'alcoolisme, la sapidité des mets sauve de l'obésité. Ce qui n'éveille pas les sens les drogue, l'empirisme se passe de pharmacie. Plongé dans la culture des messages, insensibilisé par eux, malade par la langue, ne cherche pas à te guérir par des formules. Drogué de paroles, énervé d'appels, ivre mort d'informations, tu fais une cure de prescriptions, tu épaissis encore ta langue. Rhinocéros, hippopotame à cuirasse en plaques, alcoolique ou drogué, statue couverte d'étiquettes, d'affiches, toutes machines aussi programmées qu'un carnet de rendez-vous. Fais une cure paisible des cinq sens. Le gratuit suffit. La statue dort ou meurt sous drogue, argent et paroles, son dieu unique en trois formes. Soins gracieux, guérison sûre, voilà le salut.

Vieux sage calme, antique et tranquille, raffiné comme une vapeur, délicat, simplement sain, robuste, l'empirisme pédagogue et médecin entraîne loin des cénotaphes ou des statues funèbres, quand la langue cherche à chanter son tombeau. Il se tient hors des bâtis gravés depuis toujours.

Salut, donateur de santé.

Alors, les invités du banquet, réveillés de la torpeur où plongent les discours, alors, tous les participants à tous les festins de l'histoire, oubliant le tragique de ces représentations, se lèvent et lèvent leurs verres en direction haute du fantôme qu'effacent les rayons du jour et qui les délivre de l'angoisse noire de la mort, font tinter les uns contre les autres les cristaux translucides où tremble et scintille la liqueur d'Yquem : santé ! Non la mort, mais la santé ! Salut, joie, tressaillement de liesse !

Salut, *ave*, joie ; cri, appel, à peine un mot volant sur voyelles, explosion d'allégresse, émanés des corps en belle santé. Premier souffle de vie ? Premier mot ? Naissance du verbe ? Salut, ô chair d'où naît le verbe. Salut, chair pleine de grâce. *Ave, gratia plena.* Fantôme ou ange ? Une grâce quitte la chair quand le verbe se fait chair.

Le donné ne vient que du langage : alors le verbe envahit le corps, emplit la chair sans laisser d'exception ni de place vide. Le verbe ne veut d'autre préalable que lui.

Et incarnatus est : le langage descend dans la chair ; elle porte le verbe, vierge. Le verbe, enfant de la Vierge, efface toute tache avant lui.

Le donné ne vient que du langage : il ne nous vient ni du monde ni des corps. Ni de ces lieux vides : le monde ne l'a pas connu ; ni de la chair virginale : corps immaculé.

Toute trace non dicible précédant la première présence du verbe équivaudrait à une tache.

Les trois dogmes : de l'Immaculée Conception, de l'empirisme logique et de la conception virginale du verbe l'effacent.

Agitant à peine l'air léger, de son aile et de sa voix, l'ange la salue pleine de grâce avant que ne vienne le verbe. Avant de la bénir, avant de la bien dire, au moment de la dire, l'envoyé la trouve occupée, saturée par la grâce. Ensuite seulement, le Seigneur s'approche d'elle, réside avec elle. Avant qu'elle n'ait conçu, avant que le verbe ne vienne en elle, avant le langage et le concept, avant la virginité sans tache requise par le verbe et produite par lui, elle, la chair, elle, la mère, elle, la femme, elle, la sensibilité corporelle, vivait pleine de grâce.

Pleine : ou de grâce ou de verbe. Après : enceinte du verbe. Avant : dense de grâce.

De grâce : de gratuité, de choses gratuites, de données.

Accueillant le donné, avant. Accueillant, après, la parole. Qu'il me soit fait selon votre parole.

Le donné ne vient que du langage : rien ne passe, n'existe ni ne se donne hors des mots, sans phrases, hors le concept. Toute sensibilité s'efface hors du concept, autour de lui, sans lui.

Comment nommer une telle conception autrement que virginale ?

La Vierge conçoit le verbe.

Elle voit, sans le dire, un pommier en fleur. Toujours éternellement couvert de fleurs. Nous n'avons jamais lu de lieux où le pommier produise des fruits. La chair promise au langage, nue sous le premier arbre, n'en a jamais cueilli, sauve de toute trace originelle du premier péché.

Comment nommer le tableau ou la scène autrement que : l'Immaculée Conception ?

Elle, la chair, elle, la mère, elle, la sensibilité corporelle, conçoit virginalement le verbe : sans que le donné l'affecte autrement que par le verbe. Avant qu'elle conçoive ainsi, elle-même fut conçue immaculée.

Le donné ne vient que du langage : le corps n'a jamais rien reçu que du verbe. Avant qu'il ne reçoive que du verbe, avant donc qu'il ne conçoive, il n'avait jamais rien reçu.

Pour comprendre le dogme de l'empirisme logique, il faut additionner celui de la conception virginale et celui de l'Immaculée Conception, et cela suffit.

Le premier dit la même chose par un même oxymoron que la somme des deux autres qui usitent l'oxymoron l'un dans un sens et l'autre dans l'autre. Ils décrivent tous trois une même situation du concept sans chair.

Il n'y a de philosophie que du langage, il n'y a de religion que du verbe.

La femme ne répond rien aux paroles de l'annonce, sauf qu'elle ignore tout et ne connaît point d'homme.

Salut, empirisme perdu le jour où le verbe se fit chair, le matin où l'ange apparut ; oublié déjà quand naquit la mère, la chair blanche et vierge.

Salut, chair pleine de grâce.

Ave, salut à voyelles pures. L'ange seul annonce là ce qui fait nous ressouvenir que le corps se remplissait de grâce avant que le verbe ne l'efface et ne rende la chair, comme en retour, immaculée.

Chair pleine de grâce dicible par l'ange seulement, par les messages ou phénomènes ténus venus incompréhensiblement du monde vers les sens.

Quand le verbe la sature, la chair perd ces antiques grâces, vieux messages incompréhensibles en langue, oublie, blanchie, la grâce.

Elle quitte la chair quand le verbe se fait chair.

On ne s'attendait point à ouïr aujourd'hui les paroles de l'Annonciation, à peine traduites, aussi claires et limpides que la thèse dite : le donné ne vient que du langage.

Retour de la femme et de la vierge mère délaissée, dans le profil déjà dessiné de la vénérable théologie réformée. Retour de l'étrangère de Nazareth.

Cette étrangère-là ne parle pas.

Ceci, que nous buvons ou mangeons, se réduit à un signe, un symbole, un mot. Le donné ne vient que du langage.

Ceci, que nous concevons, ne vient que du concept. Le verbe ne peut s'ensuivre du donné.

La chair, pauvresse, ne mange que du langage, nul ne lui donne à manger ni à boire, tout le monde ne lui donne que de bonnes paroles, elle se laisse engrosser sans parler, alors qu'elle mendiait quelque chose à manger, elle tombe enceinte en restant vierge.

Pauvre, la chair.

La philosophie de langue allemande sonne, globalement, depuis la fin du XVIIIe siècle, comme une patristique de la Réformation, une théologie de la contre-Contre-Réforme. Elle prend la place, peu à peu, de la patrologie romaine, dominante jusqu'à la fin de la Contre-Réforme, fond de référence des philosophies dites classiques. Un collège de pères chasse l'autre, cette expulsion résume, vite, l'histoire des idées dans l'université française, importatrice.

La question du langage et des sens, innocente et présentée nouvellement dans un apparat d'arguties techniques sophistiquées, cache et occupe l'antique terrain de chamaille entre les pères réformés de langues anglo-saxonnes, triomphants, et les vieux pères de la Méditerranée, grecs, surtout latins, vaincus et enfouis. Reparaissent, toutes fraîches. les querelles des espèces réelles ou de leur symbole nominal, dans la manducation du pain, à la première Cène, ou du corps virginal de la mère, dans l'incarnation du verbe, sous le décor un peu poussiéreux des questions empiristes.

L'histoire des idées paraît aussi lente que celle des plaques géantes, sous la terre, qui avancent de quelques millimètres en quelques millénaires.

Il y va toujours du banquet, de l'amour et de la conception par une femme pauvre.

Je te salue, pleine de grâce.

L'ange parle de la grâce d'une femme : charme, agrément, finesse, aménité; je m'incline devant ta beauté.

La grâce qui emplit le corps avant qu'il ne se remplisse de verbe équivaut à la beauté, dit la gratuité. Le don ne correspond à aucune obligation : le donateur ne le doit, au receveur il n'est pas dû. Il pourrait se nommer le donné. Je te salue, corps plein de données gratuites, reçues par lui comme dons du monde. Ce qui entre par les sens ou dans le corps par eux ne se paie ni en argent ni en énergie ou information, en monnaie d'aucune sorte, ainsi nous nous accordons à le nommer donné. Je te salue, chair pleine de ces dons.

Je te salue, pleine de grâce, belle ; salut pleine de gratuité sensorielle. L'ange parle en un mot d'esthétique deux fois : au sens des données, au sens de la beauté.

L'ange annonce l'unité de l'esthétique ; je te salue, ô grâce unique, charme et don, sens et agrément. Que dire de cette unité sinon la saluer ?

Dès que le verbe vient, la gratuité disparaît ; il faut chercher ce que coûte écrire ou parler, ce que le verbe achète ou rachète. Mais, avant le règne du langage, la grâce remplissait la chair sans contrepartie, unitaire, belle et gratuite. Elle quitte la chair quand le verbe se fait chair.

Voici perdue l'unicité du champ de l'esthétique.

Avant que n'advienne le verbe, la chair, de soi, regorge de grâce. Elle dort pendant la longue nuit tacite, au milieu des moissons blondes, si pleine du donné qu'elle en laisse pour les glaneuses, sommeille sous les antiques étoiles sans nom, songe en écoutant vaguement les bœufs ruminer dans le chaume craquant, rêve parmi les parfums passagers d'asphodèle qu'un arbre immense sort de son ventre, dont le dernier scion se nomme le verbe. Reposant, le sein nu, près du patriarche, lui-même lourd de sommeil, elle rêve en silence d'un enfant inconcevable, au milieu de la nuit d'été sereine aussi longue que la somme des longueurs alignées de l'enfance de tous les hommes, où le ciel éclaire à peine les ombres. La chair rêve du verbe, le langage prend racine dans les entrailles, fruit.

Saturée, comblée de donné, elle donne aux glaneuses le reste. Les pauvres, courbées sur le chaume, placent dans leur giron les épis laissés, la marge, part infime qui tombe du comble du plein saturé, le défaut ou l'excès du donné.

Dès l'aurore, la femme reçoit une bénédiction. L'ange salue : femme bénie, bien dite. Elle reçoit son nom et l'assurance que ce nom s'adapte exactement à elle : bien dite, Marie bénie. L'ange qui donne le salut et la parole, apparition matinale, fantôme flottant dans la porte ou la fenêtre ouvertes qui battent sous le caprice du vent léger, s'évanouit bientôt. Lourde, pleine, dure, la chair accueille un ensemencement doux.

Dans la généalogie, le bon sang bifurque. Celle qui vient coucher dans le lit du patriarche, comblée de dons comme lui regorgeait de donné, moulins, greniers, ors et forges, ne donnera jamais le jour qu'à des enfants gonflés, comblés, pleins et ronds comme des boules de concret, obèses de richesses, paissant l'herbe quotidienne entre deux ruminations réussies. La vraie mère se courbe derrière les charrettes, ramasse les restes des gerbes rondes empilées sous les mères grosses, elle se contente des reliefs. La vraie mère s'ensemence de ce qui déborde du boisseau trop plein, de ce qui persiste et va pourrir au fond du silo vide. Marie, fille, petite-fille, arrière-petite-fille de glaneuses, de la lignée longue de celles qui n'ont jamais participé au banquet du donné, Marie vierge fille d'Anne, accueille, en son giron, d'un reste d'homme, à peine perceptible, tissu translucide et flottant, l'ange, ce qui demeure d'une chose quand elle disparaît, quand elle ne vous reste pas, donnée, un son, appel, salut, bénédiction, un aperçu évanouissant, un parfum vite oublié, une caresse si légère qu'aucun tissu n'a frémi, Marie, fille, petite-fille, arrière-petite-fille de la longue lignée des glaneuses au dos cassé derrière Ruth et ses chars écrasés de blé, accueille en son sein ce qui reste du reste du reste du reste... du reste des rares grains de blé dans les épis quasi vides sur les chalumeaux fragiles, la semence volante, transparente, ténue, vive, infime du verbe.

Il naît, il s'incarne. Nul n'a jamais su ni connu le secret de ce passage, ni les Evangiles ni Einstein, étonné que le monde s'ouvre à la compréhension. Mystère pour les uns, incompréhensibilité pour le second. Les cieux se remplissent de chants, l'espace, comblé de paroles, annonce la bonne nouvelle : la parole rachète la chair, le verbe achète le concret, l'occupe, le sature, de sorte que les moissons blondes préparent le pain à transformer en chair du verbe, que des vendanges lourdes va couler le vin à changer en son sang, de sorte que les étoiles indiquent dans la nuit le lieu où il naît, que la nova demeure dans les constellations et dans la mémoire, que le calendrier s'ordonne autour de l'épacte, autour du vendredi de la Passion et du dimanche où le verbe ressuscite, de sorte que les bœufs ruminants donnent le souffle au verbe vagissant, que les vents, parfums et bruits qui volent annoncent en toutes langues l'esprit, autre nomination du langage et autre ensemble de dons, ou de données réduites au verbe, en sorte que le monde plein de lui, des entrailles jusqu'aux rêves, des planètes jusqu'à l'âne, des épis et grappes jusqu'au vent, ne révèle aucun reste, aucun petit grain de mil, aucun chalumeau léger, nulle brise, nul soupir par lequel un ange mauvais, Hermès ou Michel, puisse toucher la chair.

Dans le monde antique de la chair, le verbe, doux, passait sous forme de rêve ou d'ange, une tige pour une glaneuse, reste laissé à l'abandon, dernier scion au haut de l'arbre issu des entrailles, ou fenêtre qui bat dans le grain changeant. Dans le monde moderne acheté, racheté par le langage, toute chair et toute herbe, toute pierre pèsent le poids des termes, sans tare. Espaces lacunaires ou univers plein.

Ne se pouvant glisser par la tare du reste, ce qui achète ou rachète le verbe lui-même passe donc par sa passion et sa mort : Vendredi saint spéculatif ou mort de Dieu prononcée.

Dans le monde contemporain où la science a pris la place du langage, même le langage et même le sujet sont pris, même les places absentes : sursaturation du monde par saisie de l'abstrait, en plus. La science ajuste exactement le rapport du verbe à la chose : prend la chose mieux qu'il ne l'avait fait, prend, de plus, la prise de l'algorithme à son objet.

Nous avons vécu le temps du rachat de la chair par le verbe, nous vivons celui du rachat de ce langage même par les nouvelles puissances. Le verbe meurt.

Le temps des glaneuses recommence. Trouverons-nous encore un reste passé cette mort ?

Le langage meurt. Lui ayant ravi exactitude et rigueur, la science a pris son corps glorieux. Il flotte comme un fantôme, à qui d'autres ont arraché les enchantements, l'autre versant de la gloire, ou la dictée du fait sous l'emprise de la force.

Le Vendredi saint passé, le jour du sabbat marque un temps d'arrêt. Le verbe repose dans la tombe. On le dit descendu aux Enfers, où l'on entre sans corps.

Et le lendemain du sabbat, Marie-Madeleine et l'autre Marie, mère de Jacques, accompagnées de Salomé, portant dans leurs bras des vases d'aromates, accoururent dès l'aurore au tombeau où l'on avait mis le corps du verbe, pour embaumer son cadavre. Nous ne pourrons pas, disaient-elles entre elles, déplacer la pierre qui ferme l'entrée du sépulcre, trop lourde, trop dure pour nos forces douces. Arrivées, elles la virent déjà roulée de côté. Un ange se tenait dessus, vêtu d'une robe blanche éblouissante. Ou bien : entrant dans la tombe, elles virent un jeune homme assis, du côté droit, vêtu d'une robe blanche, elles furent saisies de stupeur. Les linges, dont le suaire, plié à part dans un autre endroit, gisaient par terre.

Au matin du dimanche, alors que nul encore ne sait la Résurrection, le dur se fait doux : la pierre lourde roule sans qu'aucune force la pousse, le corps s'efface et disparaît, reste des linges, un ange au vêtement blanc, des apparences, des voix dans le jardin.

Vous cherchez ici le langage, il règne ailleurs, dans un autre monde, où il a pris un corps glorieux.

Nous savons maintenant que notre savoir, en gloire et en puissance, a pris le corps du verbe, nous savons de quoi et pourquoi le langage vient de mourir. Il ne reviendra jamais sous sa première forme, nous devons apprendre à vivre privés de sa présence réelle, dure et forte, de sa chair et de son sang.

Il a disparu sous nos yeux aveuglés.

Le philosophe écrit sous la dictée d'un archange, autre nom d'Hermès, appellation du messager inventeur de langues, ouvreur de voies. Ce qu'il écrit dépend du lieu où passe l'annonce. Socrate ou Descartes ont eu leur démon, apparaissant sur les seuils ou évoqué dans une enceinte close où brûle un feu, Héraclite attend ses dieux auprès du four où brille le rayon noir. Mais presque tous méditent sous le dit de l'Annonciation. L'ange se tient où bat la fenêtre, là où le volet s'entrouvre. Tu accoucheras dans la misère et la beauté, dit-il, et le fruit de tes entrailles aura pour nom le verbe. Le langage va venir, promis par celui qui apparaît, tenu par celui qui parle déjà.

Leçon ou image de l'annonce : l'apparition dit. Entendez : le phénomène amène le verbe, le langage porte ce qui paraît. L'ange messager ou annonciateur montre le visage de la parole, prosopopée, ou le corps du langage, mais comme il apparaît, robe blanche éblouissante, son retentissant ou discret, caresse douce, esprit léger, il doit passer pour élément de phénomène, petite perception, différentielle à peine sensible, ce que Lucrèce nomme simulacre, une jupe fine qui vole par l'air. La parole apparente dit l'annonce, l'ange, à la limite du visible et du tangible, se tenant au bord du seuil, réduit le donné au langage et dit le don, nous dirons les anges doux. Le corps, le visage de l'ange occupent exactement le lieu où le paraître se fait parole et réciproquement.

L'Annonciation demeure intérieure au dit. Elle part de l'apparence, la porte dans le ventre de la femme, pour donner au verbe un corps de chair. Qui écrit reçoit l'archange, bord extrême du phénomène où celui-ci se fond avec l'extrême bord du dire, puis cherche à remplir le volume d'autre chose que de vent. Il conçoit, il a besoin d'un ventre, il cherche une femme. Miracle s'il réussit, noël et joie sur la terre entière.

Tout dépend, alors, du ventre, tout dépend de cette femme. Qui écrit se débat dans le vent, si elle ne vient pas.

Un archange rare garde le tombeau, rare parce qu'il inverse l'annonce. Le verbe ne se fera plus chair, la chair du verbe a souffert, meurt, disparaît. Il ne va plus venir, et s'absente : voici le creux vide où gisait son cadavre. Mort, d'abord ; évanoui, encore ; avant son agonie, supplicié. Mains et pieds brisés, os rompus, il a perdu la dureté, sa puissance ; flagellé, visage et peau déchirés, couvert de sueur, de crachats, de fiel, de lie, de vinaigre, son charme l'a fui ; dérisoirement couronné d'épines, il a laissé la royauté. Les trois forces du verbe le laissent. Le corps du langage gît dans la tombe.

Et voilà qu'au matin du dimanche, les femmes voient la place déserte. Même le corps mort a disparu. L'ange n'annonce plus, les femmes ne conçoivent pas, elles passent, il reste, se réduit au reste : il demeure du langage une robe blanche éblouissante, un son qui retentit dans la boîte-tombe, trois femmes portant des vases d'aromates, deux hommes sur le chemin d'Emmaüs goûtant le dernier repas, Thomas touchant des dix doigts la plaie ouverte au flanc du corps apparu, reste l'archange évanouissant des cinq sens, témoin qu'un jour le verbe chair, fils de la femme, vint parmi nous, mourut, s'évanouit, mais ressuscite.

Nul ne dit ce que les femmes firent des aromates. La même Marie-Madeleine en avait répandu sur le corps du verbe vivant ; s'approchant de lui, un flacon d'albâtre plein de nard précieux à la main, elle le verse sur sa tête disent les uns, sur ses pieds disent les autres, elle oint le corps du langage et l'essuie avec ses cheveux. La senteur du parfum remplit la maison.

Lazare se tenait là, ressuscité naguère d'entre les morts, menacé de mort encore; ou bien : Simon le lépreux présidait à la table, hôte maudit, lui aussi; le verbe prenait là son repas, condamné, bientôt livré. Dernier festin précédant de peu la dernière Cène, festin au parfum et cène au sang et au vin compris ensemble, et l'un après l'autre, dans le récit de la Passion, repas chez Lazare ou Simon, où les invités, dont Judas l'Iscariote, protestent : « On aurait pu vendre ce nard, disent-ils, et en distribuer le prix aux pauvres. – Laissez-la faire, répond le verbe, elle embaume mon corps comme pour ma sépulture, comme pour m'ensevelir. Ce qu'elle a fait, on le dira plus tard à sa mémoire. »

Le parfum versé sur le verbe vivant répand son odeur dans l'espace. Les femmes ne peuvent embaumer d'aromates son corps mort, absent même du tombeau.

Nard ou valériane, armoise et angélique, thym, vanille, sarriette, origan, cinnamome et benjoin, hysope ou coriandre, mélisse, myrrhe, gingembre, marjolaine, beaux mots non embaumés, mots de senteur ou de saveur eux-mêmes sans saveur ni odeur, quelle femme porteuse de vase verse sur leurs pieds rythmés quel subtil mélange pour qu'ils répandent leur fragrance dans l'espace ? Le miracle survient pendant la vie rare, exceptionnelle du verbe; le plus souvent, au long cours de l'histoire et du temps, il s'absente, et les femmes, portant les vases, même celle qui jadis a réussi à oindre le langage, ne savent que faire de leurs aromates. Cependant, on a pu sentir, jadis, autrefois, en ces temps-là, une langue odorante par la main de Marie-Madeleine. Femme, viens répandre sur ma phrase nard et valériane, armoise ou angélique, thym, vanille, gingembre ou marjolaine, sans toi ton compagnon ne peut écrire parfumé.

L'odeur du nard, tenu par elle, s'éloigne du mot nard, tenu par lui, la vie survient, pour l'un et pour l'autre, esprit odoriférant, de se verser l'un sur l'autre, de se confondre, et la mort de se séparer. Verbe absent et vase clos, langage vivant et flacon répandu.

L'argent n'a pas d'odeur, il aurait fallu vendre le mélange et en distribuer le prix. Judas estime à trois cents deniers la valeur du parfum de luxe, on estime à trente pièces d'argent la valeur du verbe livré. Avez-vous vu estimation chiffrée du rachat par lui du monde et des hommes ? A-t-il payé en nature, en vie et corps et sang ? Mais quel prix du sang ?

Le verbe n'a pas d'odeur, il faut l'oindre ; l'argent n'en a jamais.

Le langage des odeurs disparaît, chassé par la compétence des algorithmes, la chimie des parfums aligne ses calculs et ses molécules.

Le verbe tire sa chair du ventre de la femme. On ne lui connaît pas de surnom. Je t'appelle Christ, lui a dit Pierre. L'homme dit, la femme fait : il tire son nom de l'onction, baume versé par la femme, parfum essuyé par ses cheveux. Je t'appelle Pierre, dit-il, en référence à la roche dure sur quoi bâtir. Pendant l'avant-dernier festin avant le jour où il fut livré, l'oint du Seigneur fut réellement oint par Marie-Madeleine. Il se nommait Christ, son corps le devint, en référence à cette onction, au repas de Béthanie.

Christ ? Cela signifie oint. Mais encore ?

Christ signifie : touché légèrement, effleuré. Quelqu'un s'approche au plus près voisinage et frôle. Alors une femme s'approcha de lui, elle essuya ses pieds avec ses cheveux. Voile doux.

Signifie : touché plus durement, piqué même ou égratigné, plus : éraflé ou écorché. Ainsi, plus tard, le fouet flagellera le corps du verbe, la lance le percera, scarifié de mille blessures.

Signifie donc : marqué. Blasé.

Marqué : différent, désigné pour le supplice, victime.

Dans les troupeaux bondissants de gazelles, l'hyène ou le tigre choisissent celle qui porte une marque.

Marqué : le corps du verbe, du langage, porte sur lui la trace ou l'éraflure de l'écriture. La vie et mort du verbe mettent ensemble l'écrit et le dit.

Marqué sur le corps, marqué sur le suaire, dans des linges épars, pliés, roulés, délaissés dans le tombeau. Toiles, voiles, peaux, parchemins écrits pour notre mémoire, restes tactiles lisibles.

Signifie encore : frotté, enduit. Alors une femme s'approcha de lui et versa sur sa tête un parfum. Frotté : elle l'essuya. Enduit : elle l'oignit. L'enduit comme toile et voile et autre peau.

Signifie : enduit de couleurs, de dessins, de dessins colorés, teint, peint, badigeonné ou tatoué. Le verbe porte l'encre, teinture ou peinture de l'écriture, abstraite sur son corps et donc concrète, non représentative, iconoclaste sur son visage et donc iconophile. L'onction, courte, divise le tatouage, le restreint, mais le commence, elle peut passer pour élément de tatouage. Christ : bariolé du Seigneur. Enduit de vin, de sang, de crachats, de fiel, de vinaigre.

Signifie : enduit de parfum, d'ambroisie, de poison. Alors la femme venue près de lui l'enduisit de nard précieux. La senteur du parfum remplit la maison, pendant le festin de Lazare, ressuscité d'entre les morts, pendant le festin du verbe, avant sa passion, sa mort, sa résurrection, pendant le festin de mort et d'immortalité.

L'odeur marque de loin et les lions rugissants qui rôdent cherchant qui dévorer accourent, attirés par qui est enduit. Le parfum porte la mort et se fait poison funeste et puanteur mortelle.

Signifie donc : enduit, souillé, sali. Oint par Marie-Madeleine, sali par la pécheresse.

L'argent n'a pas d'odeur. Vendez le nard. Distribuez trois cents deniers en pièces à la foule. N'approchez pas le flacon d'albâtre, éloignez le parfum, évitez l'onction. Judas, déjà, pour la première fois, veut sauver le

Sauveur. Evitez de lui donner la senteur qui le marque et le fait remarquer. L'argent, anonyme, ne désigne personne et s'éparpille aisément dans les mains de la multitude, pièces éparses en substitut des membres écartelés. Ne désignez point le corps à la vindicte publique par l'enduit odorant, vendez, vendez avant même que le parfum ait touché ou effleuré ou stigmatisé le corps.

Judas tente de sauver le verbe de la souillure ou salissure, de l'inévitable virage du parfum en poison. Du coup, du contrecoup plutôt, quand le poison se changera de nouveau en parfum, passé la résurrection, il prendra la souillure sur lui. Pour la deuxième fois, gloire, louange à Judas.

Signifie enfin : enduit, graissé, oint comme un roi ; comme un prêtre, sacré.

Autour de la table deux ressuscités mangent, le verbe et Lazare, deux victimes, Judas et le verbe, deux femmes, Marthe, la servante, et Marie-Madeleine, qui l'oint avant l'ensevelissement et ne pourra pas l'embaumer après sa résurrection, Marie-Madeleine qui fait vraiment du Christ le Christ. Qui le marque pour la mort quand Judas cherche à le sauver.

Autour de la table circulent les plats, l'onction, l'argent, les mots, la mort. Scène tragique.

Touché, piqué, marqué, signé, enduit, peint, odorant, voici au bilan ce que signifie Christ. Mort barbouillé, transpercé.

Le verbe a pris chair d'une femme vierge, une femme pécheresse lui donne le tangible et le visible et le lisible et l'odoriférant, au cours du festin où Marthe sert le vin et le pain qu'on goûte. A l'entour de la table tragique où s'asseyent le langage, l'argent et la mort, Marie, sans y prendre siège, tient une place très ancienne et décalée, celle du sensible. Marie, première, donne la chair, Marie, seconde, donne les sens.

Elle institue l'extrême-onction.

Chrétien : corps tatoué, dessiné, enduit, bariolé, piqueté, tangible, touché, sensible, peint de tons divers, comme une carte, couvert de sueur, d'un suaire, d'odeurs et de parfums. Oint.

Chrême : huile mêlée de baume qui sert à l'onction, mais encore : ciment ou mortier qui sert à bâtir. Tel et tel se nomment Pierre, mais, pour construire avec des pierres, il faut, de plus et au moins, un lien, un ciment qui unisse et mélange, ce lien ou chrême nomment le chrétien. Nomination grecque du lien que le latin conserve dans le mot religion.

L'onction se fait par un mélange et le produit, pas de mélange sans lien.

Le Christ va mourir en raison de l'onction qui l'a fait en réalité celui que son nom désigne. Oint : marqué, visible, tangible, odorant. Il va mourir à cause des sens.

Autour de la table circulent l'argent et les mots, à mort. Lazare et Judas, condamnés, entourent le verbe, condamné aussi, jouant à qui meurt et à qui reviendra, présents, absents, substituables et non substituables. L'argent remplace le langage, qui remplace le corps, qui remplace le pain, jeux de transformation sur la scène tragique, où l'on cherche un autre monde.

Les femmes se tiennent loin de la table et hors le tragique, hors la scène des substitutions ou transsubstantiations. Porteuses d'urnes, flacon d'albâtre ou vase d'aromates, porteuses de plats ou d'amphores, pain et vin, elles travaillent sans faire d'histoires.

Chaque repas tourne autour de la mort, comme les gradins du théâtre. Au moment de mourir, Socrate parlait encore, le verbe lui-même meurt maintenant.

Marthe servant le vin et le pain, Marie versant le vase d'albâtre ont quitté le théâtre depuis toujours, elles vaquent alentour, travaillant à ce qui ne se dit jamais, le goût et l'odorat, sans parole. Les femmes, présentes, accourent à la tombe, passé l'œuvre de mort, porteuses de vases.

Dernière scène, dernier repas : quand la chair n'existe plus, reste le pain, quand le sang ne coule plus, le vin demeure. Avant-dernier acte ou repas, chez Lazare, assez loin de la mort pour qu'on y parle de sépulture et qu'on y voie la résurrection, comme si la distance au point fatal de symétrie permettait d'élargir la vision de l'autre côté : le verbe évoque aussi la mémoire, on redira plus tard, en souvenir, dit-il, ce que cette femme a fait.

Nous l'avons peu redit, nous avons gardé souvenir de la Cène, nous nous rappelons mal le repas précédent. Nous oublions toujours les femmes, ceux et celles qui ne vivent pas dans le théâtre tragique, celles et ceux qui ne font pas d'histoires ni ne participent jamais à l'action. Il n'y a d'histoire que du langage.

Nous perdons les sens.

Que reste-t-il, derechef, quand le verbe se retire, que reste-t-il de l'onction, du parfum, de l'enduit, que demeure-t-il du Christ ?

Au fond de la tombe des linges épars, toiles, voiles, tissus, et le suaire, roulé à part un peu plus loin. La boîte noire du sépulcre vide, inondée de lumière, lorsque la pierre a roulé. Un dernier repas du côté Emmaüs. Le jardin-paradis.

Quand le langage meurt et entre, ailleurs, dans sa gloire, il reste ce livre.

Je te salue, pleine de grâce.

La grâce dit le donné, même mot, même chose, elle dit l'agrément, même mot encore : beauté reçue gratuitement, récepteurs émerveillés.

Dit-elle vraiment le donné ?

Non. Le don intervient dans un échange, il attend un contre-don, il bâtit une logique, dessine un circuit, raconte une histoire, commence une représentation, pratiqués depuis les âges anthropologiques. Non. La grâce échappe au don, à ladite logique, elle fait exception au temps des représentations.

La grâce équivaut à un pardon.

Nous sommes entrés jadis dans les temps du don et dans sa logique par achat et rachat, l'échange battant ces temps-là, calculant les écarts et les valences. La grâce indique un monde ou un espace en dehors de ce temps-là.

Monde inconnu de nous, incompréhensible en langues, oublié depuis le paradis où passent les anges, utopie où l'économie suspend sa loi d'airain.

Je te salue, agréable, disant de ton gré, de bon gré, son agrément au salut; je te salue, gratuité pure avant les temps du don.

Je te salue, pleine de grâce.

Le corps reçoit la gratuité. Le monde la donne, désintéressé, il ne demande pas qu'on lui rende, ni n'attend de contre-don, n'a pas de balance, ni ne fait de bilan. Nos sens ne lui rétrocèdent rien, ne peuvent rien restituer à la source des beautés données. Que pourrait rendre l'œil au soleil ou le palais à la vigne d'Yquem ?

Le donné vient du langage : celui-ci fait la tare au donné, il constitue un contre-don au monde. Le verbe rachète le fruit que la chair a cueilli sur l'arbre du monde.

Mais la grâce. L'esthétique, sensible et beauté au champ unitaire, paraît faire exception aux lois d'airain de l'échange-don.

Dieu ne triche ni ne gagne, ne joue ni n'échange, Dieu, en ce sens, ne calcule pas. Il ne tient aucun compte, ni économe, ni économiste, les lois qu'il donne au monde dessinent un lieu de gratuité. Les lois de l'univers ne s'écrivent pas en partie double.

Source universelle et infinie pour nous, le soleil ne tarit pas. Ou plutôt : quand il mourra, nos sens auront perdu dès l'aurore leur place au soleil.

Le corps reçoit, sans devoir le payer, le donné. La source du don ou, mieux, de la grâce, Dieu, le monde, le milieu, air, eau, soleil, comment les nommer? sont désintéressés.

Ils donnent universellement, toujours, tout, à tous, partout, sans exception, arrêt ni lacune.

Ils donnent à la sensation pure, sans concept.

Ils donnent nécessairement, et le donné n'a pas toujours pour fin la subsistance ni la connaissance ni la satisfaction : superflu parfois, redoutable aussi bien, il arrive que nos cultures le laissent. Ils donnent sans finalité, sans que nul puisse avoir de représentation pour une telle fin.

Les quatre canons répétés dans les classes sur le jugement de goût valent pour la grâce : on pouvait s'y attendre quand elle désigne la beauté; mais ils valent aussi pour elle quand il s'agit du donné. L'unicité de l'esthétique se démontre aisément.

Le monde, beau, offre gratuitement le sensible.

Philosophie émerveillée de l'intarissable, l'empirisme suppose le monde beau et infinis ses trésors. Le meilleur n'a pas de prix. Au diable, l'avarice; Dieu, généreux, ne compute pas, le monde abonde. Nous pouvons toujours puiser à la source la boisson d'immortalité, irréversiblement, à profusion, sans que le niveau baisse jamais.

Les dieux s'immiscent au banquet des mortels. Habillés en chemineaux, gueux mendiant au long des routes, Hermès et Jupiter, en bordée, cognent à la porte de Baucis et Philémon, vivant dans une cabane où vieillit leur amour, enfant de pauvreté. Les misérables mortels, de leurs mains tremblantes et ridées, donnent à boire et à manger aux immortels insatiables. Même dans la gêne, il leur reste encore le jambon qui s'enfume dans l'âtre, pendu à un clou sur le mur noir du cantou. Même pauvre le monde donne même à qui n'en a pas besoin. A boire, maintenant. A la santé des amours vieilles et des dieux en guenilles, à la santé de l'immortalité, des anges venus, hypocrites et méconnaissables, des hôtes archanges, hermès ou ychim. On verse, on boit, le niveau ne varie pas. Plus on consomme, moins il en reste, à l'ordinaire. Ici, chez Philémon, et ce jour-là, on vit la somme demeurer stable et constante. Miracle.

Miracle ? Nous entrons au festin des dieux où l'ambroisie rend immortel par son goût et son volume inépuisables. Nous laissons les banquets aux dons, aux échanges, du don de dom Juan au don de la chair du verbe, toutes les cènes à prix d'or, de sang et de mort, où le Château-d'Yquem 1947 vaut une fortune, toutes les cènes à contre-don, où l'amour, à bas prix, se rachète, nous entrons au repas de la grâce, salut, Baucis, pleine de grâce, l'ange Hermès dit Jupiter ou Philémon avec toi, nous voici à la table immortelle, au paradis où les fruits suffisent, dans le jardin supralapsaire où l'abondance coule sans temps, banquet fondamental, originel, sans prédécesseur possible, gratuit. Dans le monde tel quel.

Le vin d'Yquem coule de fût en verre ou de bouteille en bouche, et quand un niveau monte l'autre s'abaisse comme n'importe quelle eau dans un vase. Une balance intervient là où un plateau descend quand le second se lève. Si les niveaux ne changent pas quand le temps et l'eau coulent, la balance disparaît.

Il faut une stabilité : ce qui passe là ne reste pas ici, ce qui demeure ici ne passe pas là. Il faut des invariants, des constantes. Nul ne peut agir sans eux, ni penser sans leur principe, rien ne peut exister sans leur somme.

Une balance tient l'exacte économie du monde. Qui a mis le vin en bouteilles ne s'attend point à des futailles pleines. Qui le concentre dans sa cave assoiffe l'espace alentour. Il organise la rareté. L'empirisme s'émerveille de la profusion, philosophie des sources, l'économie la supprime, calcule des échanges équilibrés. Le festin de Philémon au miracle d'Hermès, le banquet d'Adam à la foison des fruits, méconnaissant la balance, précèdent l'économie.

Un tonneau de grâce remplit mille verres sans épuiser son étiage.

Il faut du stable et des constantes. Ce qui passe là égale ce qui ne demeure pas ici. Tous les déséquilibres cachent une équation, une équivalence, même les transformations le font. D'où la science, qui organise les mille et mille manières d'écrire le signe égale. Qui se fonde, donc, sur d'inévitables principes de conservation. La cène de Philémon au vase inépuisable, l'utopie du jardin aux produits surabondants racontent l'absurdité, au moins double, du mouvement perpétuel. Par ignorance des équivalences, des invariances, des bilans. Elles précèdent la science.

Une tête inventive remplit d'inventions mille têtes voisines attentives sans épuiser son propre torrent d'invention.

Il faut de l'invariance. Le vin dans le verre n'est pas celui de la carafe. Impossible que celui-ci soit celui-là, qu'il soit celui-ci et qu'il ne le soit pas, en même temps et sous le même rapport. Il ne s'agit pas seulement de boire ni de calculer la vendange de l'année, il s'agit de parler. De conjuguer le dangereux verbe être et de jouer avec la négation. Si tu veux parler, il faut passer des contrats stables avec les autres et les choses : le principe d'identité vaut ici équivalence ou conservation, équilibre et stabilité. Il fonde la logique et tout langage possible.

Le banquet gracieux de l'empirisme a lieu avant le don, l'échange et le contre-don ; avant l'économie et la rareté qu'elle organise ; avant la science, par la perpétuité de la source qui coule ; avant la logique et le langage, ce qu'il fallait démontrer.

Il suppose dans la bouteille, encore, le vin vidé du verre, déjà. Il suppose un monde plein de grâce avant que ne vienne le verbe qui rachète tout par le moyen de la balance. Il suppose un temps si ancien que nous l'avons oublié, un temps si impossible que nous ne pouvons le penser ni le dire.

Au jardin premier, l'arbre du péché avait la forme et la fonction d'une balance : la chute, bien nommée, devait se compenser par une élévation. Sur la balance de la croix. Au paradis a lieu le mouvement perpétuel de toute espèce.

Salut, Eva, pleine de grâce, Ave.

Qui paie, au jardin des sens, la lumière dans les yeux, le florilège autour des lèvres, l'incarnat satiné de la peau, la légèreté spirituelle des odeurs amenées par le vent, les voix primaires dans le feuillage ?

Salut, Eva, Marie, à l'amour gratuit.

Beauté sensible, désir, sans équivalents, amour sans balance.

Les mortels ou immortels buvaient du vin ou de l'ambroisie, autrefois, dans les banquets, à l'est de la mer Méditerranée. Ces ancêtres sèchent sous terre, hommes ou dieux. Au cours des repas, en Grèce moderne, les contemporains boivent un médiocre résiné, qu'ils appellent : mélange. Mélange du fruit de la vigne avec le sang du pin. Le vin de jadis mêlait, dans les cratères, l'eau claire au sirop lourd tiré des amphores. Nous ne buvons jamais que des mixtes, même venus d'Yquem.

Nous avons du mal à parler des mélanges, ou à raisonner sur eux. Ils résistent aux principes. L'analyste en a horreur. Donnez-lui un verre d'eau sucrée, demandez-lui où gît le sucre et où se trouve l'eau : il se distribue en elle qui se distribue en lui. Où se trouve la résine dans le vin ? Elle se mêle à lui qui se mêle à elle. Où se trouve l'eau dans le sirop, où le sémillon dans le sauvignon ? Les identités branlent, leur site se perd dans des voisinages flous, la contradiction hésite même devant le confus.

Invitons à boire logiciens, linguistes et grammairiens, mélangeons les boissons, trinquons à la confusion.

Hermès se tient là, debout, ange qui passe, les pieds pleins d'ailes, devant l'amour vieillard qui va bientôt nouer ses branchages, ramure de Baucis enlacée dans les rameaux de Philémon, le vin mêlé coule dans les gobelets, glisse en se tordant de l'amphore à la cruche, du cratère au verre, fait ramper son corps long aux écailles de rubis, en se fondant à d'autres serpentins. Hermès verse son caducée : schéma clair et distinct des flux confluents, dessin ou graphe inverse de la balance. Buvons au caducée d'Hermès, à la confluence, à la confusion. Peut-on la penser, peut-on raisonner sur les corps mêlés ?

S'agit-il d'un autre temps ?

L'empiriste espère et croit en la ressource. Il ignore le rare, le manque, la fatigue, l'épuisement. Se moque du second principe, rit de la chute, ne paie ni ne parle.

Il hante les banquets. Le festin organise l'expérience cruciale de sa philosophie, constitue la forme excellente de son expression. Pour une raison hors la dégustation. Le soleil donne gratuitement lumière, formes, couleurs, chaleur, puissance, encore ; le tonnerre et le vent offrent des parfums et des bruits, sans contrepartie, encore ; l'écorce et la roche ne font pas payer, encore, le tact de leur grain ; a-t-on jamais goûté à boire ou manger sans débourser ni liard ni louis depuis le paradis ? Voilà le lieu de rareté, d'où vient l'information, vieux lieu des dieux, où l'économie, loi du monde, triomphe, où règnent l'échange et ses représentations, comique ou tragique, où passent les discours, organisés, distribués, réglés, hiérarchisés, où tournent les conversations, échanges raffinés de discours et dialogues, voilà en précision la table du don.

L'empiriste y entre comme au centre de sa croix, venant chercher la gratuité où nul ne l'a rencontrée depuis le jardin de l'Eden. Il entre, gracieux, au lectisterne des statues : dieux couchés, à l'équilibre, ripaillant dans les victuailles, sur la place centrale des villes, pendant que les habitants meurent de la peste et de famine.

Lieu où règne la rareté, où l'économie fait triompher sa loi d'airain, lieu des discours raffinés, de l'information et de la science maintenant, car maintenant le prix, le rare, la fortune viennent du savoir, car aujourd'hui moins que demain nous mangerons et boirons du savoir, le banquet de ce jour nourrit jusqu'à la nausée à peine un dixième de l'humanité, panthéon de dieux défendus par une barrière de feu apocalyptique, lieu de rareté, d'économie, de langage et de science bien défini par les armes atomiques, entouré de mourants affamés, privés de tout et multipliant leurs enfants, comme il arrive toujours à la pauvreté, lieu où les rassasiés dissertent savamment sur le donné par le langage... Demandez au malnutri hors le banquet si le donné se distingue, oui ou non, de la parole, donnez-lui du pain, donnez-lui des mots, cela sépare simplement la vie de la mort. Sa vie de sa mort. Notre vie rassasiée de sa mort affamée.

La question finit sur la gratuité. Sur l'économie et la rareté. Sur l'organisation de la rareté. Sur l'organisation du festin. Sur la division de l'espace en deux aires : celle du banquet entourée des buissons et des haies où courent, nus, les faméliques. Là, on mange et boit à satiété parce qu'on sait, parce qu'on sait parler, calculer, peser, penser ; ici, dans la nuit vague et chaotique, errent ceux qui meurent de faim pour ne savoir ni ne pouvoir participer à la conversation, au festin de paroles ni aux lois du don.

Quand donc entra la grâce en cet espace ?

Battez les chemins et les haies, faites-les entrer tous au festin de noce.

Le lieu de la philosophie, en ces temps-ci comme aux temps de l'histoire ou du mythe, demeure le banquet : il équivaut maintenant au monde. Immense mouroir de dénutrition où agonisent des ombres, sur lequel se découpe la table de rareté ou d'abondance où quelques obèses vomissent leurs excès. Oui, le festin des dieux descendus sur terre indique le sens du terme mortel.

Quand donc le mortel et l'immortel, ensemble à la même table, oublieux de la balance, mangeront-ils, comme on dit en France, à l'œil? En payant aussi peu cher que le regard nourri de jour.

L'empirisme entre au festin des statues, couchées au zéro d'équilibre, comme le champion de la gratuité.

Il se souvient de l'alliance du sensible et du gratuit, relique vénérable de langue, portée par le salut des anges. Il se souvient du jardin d'Eden, du paradis suffisant, pays où coulent d'abondance le miel et le lait, du désert où tombe la manne, de la cabane où les amphores versent comme des sources.

Il s'étonne d'un monde peuplé de balances, de discours réglés à plusieurs pesées, d'un temps où tout se paie, pain et eau, bientôt l'air pour respirer ou le silence propice au sommeil et à l'existence privée, vieilles données gratuites. Il s'étonne que l'économie dicte la loi du monde, sans grâce.

Il entre au festin des sens, seule philosophie sans économie, pleine de grâce, frémissante de vie, criante de vie.

L'économie a horreur du donné gratuit, réputé faste ou gaspillage. Elle attaque le sensible. De la grâce, elle détruit la beauté, puis elle investit la gratuité. Tout a un prix, dit-elle.

Dit-elle. Parler, dire, écrire : évaluer. Penser ou peser, même mot, même chose.

Et si le mot vendait, rachetait à prix ou fixe ou flottant, négociable, changeant selon les zones de l'espace ou les moments de la conversation, chaque donnée, gratuite jadis, et maintenant réduite, par le contre-don du mot, à une donnée? La langue paie-t-elle en monnaie de mots l'état des choses? Achetons-nous le monde au moyen du langage?

Et si le verbe venait parmi nous pour racheter le monde?

L'économie vend de la vue, des signaux sonores, peuple l'espace de bruits et d'images en chassant les voix et les spectacles gratuits pour faire croire que le donné vient du langage, elle fait commerce d'esthétique et d'anesthésie, remplace la grâce. La balance de rareté remplace le caducée d'abondance. On pourrait la saluer, dénuée de gratuité.

Pourtant, à voir le soleil, on dirait bien qu'il donne, sans prix. Le corps va vers lui, les bêtes, les plantes aussi, les tiges s'inclinent, sa source intarissable fait un flux irréversible sans retour. Sans remboursement ni dette.

Et pourtant il chauffe.

Et pourtant elle tourne, disait Galilée, fondant la science moderne, devant les tribunaux d'Eglise, en culture froide.

Et pourtant il chauffe, dit la mémoire du gratuit perdu, empiriste, devant le tribunal ou la balance d'économie, de thermodynamique et de langue, dans notre culture chaude.

La sensation, gratuite, ne se paie en aucune monnaie. Ne la nommez jamais donnée : nul n'a l'obligation d'un contre-don. Ne l'appelez pas perception : qui joue, ici, le rôle du contribuable et le contre-rôle de l'imposteur ?

A son banquet s'assoient les parasites : ils savent qu'ils reçoivent et ne rendent pas, nous les connaissons déjà. Ils paient en langue et font croire que le donné passe par là. Dom Juan préside à ce festin qui ne rembourse ni les gages ni les dettes ni ne sait tenir parole. Tous ignorent la balance, l'équivalence, vivant de et dans l'écart à l'équilibre, inclinaison jamais rachetée. Ainsi naît le monde chez Lucrèce, ainsi commence le temps dans le chaos de la Genèse, ainsi s'ouvre l'histoire, par exemple un récit de Rome fondée, s'écartant du sacré.

Depuis longtemps je cherche la grâce. Ou un objet qu'on ne puisse nommer enjeu, ni fétiche, ni marchandise. Non le don : la grâce. Non la pesanteur : la grâce. Non la nature : la grâce.

Non point la physique, non point la science et leurs lois de valence. Mais la métaphysique, au-delà d'elles.

En écart d'équilibre par rapport à elles. Mais la philosophie : sagesse, amour qui disent, aussi, la grâce. Salut, philosophie, pleine de grâce.

NAISSANCE

Qui boit l'un de ces breuvages que l'industrie impose et répand comme le déluge avale des termes et peut connaître ce qui passe par sa bouche, intégralement. Cela y passe comme un langage, écrit sur l'étiquette courte. Tout ce qui gît dans la boîte de métal ou de plastique s'énonce sur le papier, tout ce qui s'imprime en dehors des parois se trouve au-dedans des parois. Ces deux propositions ne laissent aucun reste. La marque annonce une suite finie, assez brève : boire analyse comme lire ; l'écriteau et le carton contiennent la même série de mots ou de corps : rafraîchissement de formules, breuvage d'abstraction, pharmacie. La loi oblige. Impose la loyauté de la publicité. La loi, écrite, astreint à l'étiquette, écrite, qui fait boire de l'écrit. Breuvage ou drogue, même décret. Le sens commence et s'arrête au langage. Anesthésie, bouche gourde. Potion.

Qui boit de bon vin ne saurait parler de marque, ne peut dire intégralement ce qui passe ou reste dans son palais. S'y dessine une carte finement détaillée, une moire, sans mots canonisés pour la désigner ni phrases pour la décrire, sauf lexique débile, dont tout le monde se moque, faute d'expérience. Sur l'étiquette figurent le dessin du château ou le nom de l'enclos, l'indication du vignoble ou de son site. S'il fallait y énoncer ce que contient le vin, la liste s'allongerait d'autant qu'on estime le vin, le papier recouvrirait la bouteille, la cave, la vigne, la surface du paysage, comme une carte fidèle point par point. L'excellence ouvre une suite descriptive dont on imagine qu'elle court à l'infini. Boire enveloppe cette liste et ce temps interminable : la singularité du cru, de la date et du flacon lui-même enroule cette immense série sur un lieu réduit, exactement sommaire. Le concret gît dans cette densité ou le réel en cette sommation, comme une essence singulière : non pas une pureté uniforme, reproductible par répétition, analyse ou industrie, mais un mélange nombreux à implications serrées. Goûter attend le déploiement de cette dense et dure involution, le déroulement de la boule enroulée sur soi, moment délectable où l'oiseau ouvre rondement la queue et se pavane, inimitable. Virtuellement inanalysable, un flux mêlé laisse là où il passe ou reste un peu un méticuleux tatouage, aurore boréale, taille moirée, constellation d'ocelles variés, sous un orage fastueux, un ensemble multiple et disparate, non standard, qui signe l'essence singulière. Après avoir reçu ce détail, le sujet juge frigide ou anesthésiée sa bouche passée, lisse et pure sous le passage des flux imitables, ou vite analysés.

Les livres ennuyeux de la bibliothèque citent les livres de la bibliothèque : copistes, composites, analytiques. Les bons livres viennent d'ailleurs et vont vers la librairie. Dès leur arrivée, les mauvais les environnent et les dépècent, les analysent, pour montrer qu'on les a écrits aussi au moyen des livres de la librairie. Les méchants auteurs détestent les bons et tentent de se les rendre semblables. Cherchent à dire qu'un bon livre fait seulement la somme de ses analyses.

On aura longtemps fait croire aux enfants qu'il existe des bibliothèques à volume infini, que nul ne peut se délivrer de leur labyrinthe, qu'on trouve des maçons qui savent bâtir des tours de Babel sans fin. Bref, que le langage emprisonne dans des murs qui interdisent, en le mimant, le monde.

Or nous construisons fini, durant notre vie brève, et d'autant plus fini que nous bâtissons avec du déjà bâti. Aucun couloir croisé construit de mains d'hommes ne peut enfermer aucun homme plus d'un temps relativement court. Le coin du mur s'arrête là, le creux de la baie ne se découvre jamais, fractal. On peut errer sur la mer pendant tout le temps de l'histoire, qui cherche assez longtemps l'ouverture du labyrinthe la trouve. Le donné singulier ne cesse jamais. Nul ne sort du monde, n'importe qui se délivre aisément de la bibliothèque ; on peut entrer sans fin dans un objet, on finit assez vite un livre.

L'œuvre d'art, parfois, s'implique sur soi, nombreuse, comme interminable, produisant un temps d'histoire : comme une essence singulière inintégrable. Les grands nombres s'intercalent entre fini et infini. On dirait, dans les bibliothèques de philosophie, qu'ils diagonalisent et résolvent les antinomies.

Ledit breuvage industriel passe dans la bouche comme les listes de livres ennuyeux et la laisse frigide : pure, identique, analytique, reproductible. Elle reconnaît sans peine sa drogue fabriquée exprès pour la reconnaissance. Le bon vin, inimitable, trompe même les connaisseurs. Désert sous le soleil ou forêt aux feuilles toutes diverses.

Le chien, habitué au réflexe, vient à la voix de son maître et souffre atrocement s'il ne l'entend plus, salive comme un automate à la vue et au son de la boîte en métal, sachant ce qu'il attend et ce qui l'attend, sa drogue.

L'attendu crée l'anesthésie. L'esthétique goûte l'improbable. Si tu veux vivre libre, bois singulier. Si tu veux vivre singulier, bois libre.

Emprise dans la chair sans la chair, le langage passe dans la bouche en la laissant vierge. Le verbe se conçoit dans la chair en laissant intacte sa virginité.

Les mets sans goût anesthésient la langue comme le langage. Le langage anesthésie la bouche comme font les breuvages industriels ou les drogues pharmaceutiques. Bouche d'or des beau-disants, métallique et frigide. Le langage demande tout à la bouche et ne lui donne ni ne lui laisse rien, comme un parasite.

Le goût est un baiser que la bouche se donne par l'intermédiaire de l'aliment de goût. Tout à coup, elle se reconnaît, a conscience de soi, existe pour soi.

Issu d'elle, comme son enfant, le langage lui demande naissance, assistance, il ne lui accorde rien en retour. Le goûter longuement lui donne l'existence. L'homme de goût existe là où le porte-voix, dégoûté, engourdi, reste frigide.

Je goûte donc j'existe localement.

L'objet du goût existe, concret, singulier, autrement qu'en une suite finie, courte, de termes techniques. Il porte et cède le détail virtuellement infini qui fait soupçonner, deviner le réel, l'objet du monde. Le sujet du goût, maintenant, existe localement, dans la bouche et son voisinage, qui, sans goût, n'existerait pas, vierge, frigide et parlière. Le goût fait exister ou non le sujet local et l'objet singulier : telle boisson inimitable et tel alentour de chair bouche, joue, palais, centre et bord de langue, plus tout l'odorat déployé.

Voici achevé le banquet des banquets, sans que nous en ayons reconnu les invités. Comme nul n'a pris, tour à tour, la parole, nous ne savons pas qui se tenait là. Qui parle se nomme, qui se nomme a droit à la parole : un mot dit le sujet qui dit des mots; ou bien : celui qui dit des mots finit par dire un nom qui dit le sujet.

Au banquet nombreux où de nombreux banquets ont donné leur écot, les assistants goûtaient pour construire leur identité. Autour de l'Yquem, au départ, siégeaient, en tout, trois langues ou trois bouches seulement, trois sans doute pour une personne, l'organe qui parle, celui qui reçoit la liqueur, celui qui donne et prend le baiser : festin de vin où l'on discourt d'amour. L'Yquem goûté fait exister le palais, l'odorat, la couture qui faufile la bouche au nez, bien des glacis à l'entour du masque. Qui s'assoit autour de la table? Des loups : de velours noir, de satin blanc, d'autres en soie vieux rose, d'autres enfin moirés, tigrés, zébrés, mêlés, de toutes formes et couleurs. Le vin, à chacun, finit par faire une tête.

Tout au long de la table qui file, loin, loups et masques bougent, boivent, évanescents. Faces sans nuques, têtes sans ceintures scapulaires, serviettes flottantes devant une poitrine vide.

Je goûte donc existe un fragment de corps : bouche, masque, tête, loup. Une maquette pour ORL. Je sens donc se forment des plaques. L'empirisme présente un cogito local.

Les sens construisent le corps par morceaux, à partir de leur exercice. Nous portons les germes de notre bâti. L'empirisme prévoit le diasparagmos d'Orphée, la vie finit ainsi qu'elle a commencé. On ajoute des cordes au luth, à la lyre, puis elles cassent ou se détendent, la musique accorde les arts qui enfin font sécession, les Muses s'entretiennent en paix, ensuite les femmes thraces s'égaillent, hurlantes, dans la montagne. Assez d'images, il y va du corps. Autour de ses germes sensoriels, il se construit de proche en proche, de voisinage en voisinage, acquiert une vue qu'il perd vite s'il ne l'exerce pas dans le lointain, le détail, l'instantané, le coloris ou la nuance, colle la vue à l'oreille, se souvient de la naissance de l'ouïe et de qui la lui a donnée, dans quelles circonstances délicieuses ou déchirantes il a senti pousser sa triple langue... le haillon se monte lieu par lieu, pièce à pièce, corps-guenille bien ou mal cousu, loques vaguement attachées, flottantes, à la hâte faufilées... individu divisible, membres toujours épars.

Le sujet ne fait pas bloc, il a des succursales; ne siège pas en un seul point, mais forme un bouquet de vicariances. Je n'existe pas d'un coup, globalement, émergeant à l'existence par l'acte de penser ou de parler... ou plutôt : si je pense ou si je parle, j'existe, oui, en totalité, sans faire le détail, bloc tenu, cohérent, mais localement frigide, statue froide qui entre au banquet pour y discourir, qui s'y couche comme un dieu au lectisterne, mais qui laisse éternellement la coupe pleine, robot à bouche anesthésiée, à parties de métal ou de marbre, blasées, vides, trouées, bouchées, manquantes. Je parle donc j'existe globalement, oui, mais virginalement. Toujours la virginité accompagne le verbe. J'existe en bloc, mais à parties fantomatiques. Toujours l'ange annonce le verbe. Non, je n'existe pas dans les localités. Tout se concentre dans la capitale, villages morts. On dirait la carte de ces pays où l'Etat règne seul. Synthèse sans lieux, donc facile, statue lisse.

Diasparagmos pour l'ordinaire mort, pour l'usuelle vie aussi. Flottent autour de la table banale des corps à demi-bouche, des ombres privées de peau, ceux-ci obturés aux pertuis de l'ouïe, ceux-là sans odorat, mâles manchots, femmes sans tact, tous corps à membres fantômes, humanité mutilée, dont le siège est réservé pour le banquet, passant leur temps à dire je. Je parle. Dressé devant la chaise pour discourir sur l'amour, je lève le verre toujours plein ou vide. Chaque statue brisée a son unité globale, pense et parle bellement, mais tombe en ruine malgré l'unité capitale. On dirait que les invités au festin furent ramassés dans des champs de fouilles : devant la nappe blanche, toute une statuaire tronquée. Sujets globaux venus des villes et des campagnes, sous le soleil, semblables aux ombres blêmes floues dans les Enfers autour d'Eurydice. Parler, penser fait aisément l'économie d'une difficile construction.

A la suite de la musique, Eurydice construit, en marchant lentement, son corps par plaques et morceaux, commençant aux terminaux esthétiques ou germes sensoriels, suit la lyre ou la totalité des arts, de ces Beaux-Arts dont nulle culture ne peut se passer, nécessaires comme le monde à la construction ou modelage de l'ensemble vivant, une oreille sort de l'ombre, le membre fantôme se fait chair, le pavillon et le rocher s'incarnent, le tympan se tend, toute une forge s'organise, avec ses enclumes et marteaux, une bouche d'ombre sort de l'ombre, un flot de fleurs descend déjà des lèvres, le palais va se coudre, au banquet, à l'oreille déjà incarnée, la peau large se faufile sur les îlots déjà émergés, la langue s'érige hors du virtuel frigide où elle s'enroulait avant de naître ou d'apparaître, la formation des pièces, une à une, exige des jointures çà et là, ponts, rabats, ourlets, passages de plaque à plaque, de germe à germe, transitions ou vicariances, parfums doux comme des âmes, goûts soyeux comme des caresses, nuances chantantes, accords en vitrail, danse, danse, donnant temps par temps des synthèses locales, par éclats de joie, Eurydice, sortant des Enfers, invitée au banquet de ses nouvelles noces, dégage ses formes hors des ombres de l'anesthésie, de la pharmacie sociale, de la drogue langagière, qui tiennent la chair vierge dans l'impuissance ou la frigidité, se délivre du labyrinthe en passant sur des ponts chancelants, comble ses puits, sort de l'hôtellerie aux dîners banals afin d'habiter la maison propre de son corps, se défait de sa prison, ressuscite de la mort sensorielle, l'usuelle vie.

Jamais assuré de se bâtir assez lié, le je ainsi construit par pièces menace de se défaire au vent, de s'effondrer, de se dissoudre sous la pluie ; le corps à peine dénudé de la cape fantôme qui l'enveloppait au sortir des Enfers ne peut supporter je ne sais quoi, la vue d'Orphée, une pierre dure sur le chemin, un vin trop capiteux, une caresse ardente, le nu féminin émergé du chaos souterrain s'efface par morceaux dans les Enfers à nouveau, premier diasparagmos, comme le corps masculin de son joueur de lyre disparaîtra par morceaux sur la montagne bulgare, sous les regards et par les griffes des femmes thraces, Bacchantes dansantes, comme le mien, le tien, modelés le long d'un labyrinthe pareil, à la suite d'une pareille lyre, se déliteront dans l'usuel diasparagmos, retombée des pièces éparses, disparates, et débâti de leurs coutures, effondrement des morceaux précédant le passage à la poussière. Reste parfois une tête : la tête d'Orphée descend le fil du fleuve en continuant de chanter, de parler, suivant les courants de la mer vers les îles, elle dit : je parle donc je suis. Cogito capital étranger à la débandade du corps, donnant l'existence ou l'unité, mais comme un fantôme intègre des membres fantômes. Je chante, je parle, je pense, tête d'ange sur un nuage, ou de prophète sur un plateau d'argent.

Statues et revenants mènent grand bruit dans les banquets.

Le corps se construit comme le livre se compose et les pages s'associent comme les pièces et les plaques. Tout cousu de peau, d'abord, nu dans son sac noué, comme habillé, feuille à feuille, chausses, écharpes et culottes, par pièces de peau assemblées ou vêtements divers juxtaposés ou empilés, cousus, se recouvrant mais parfois laissant des hiatus, car des lieux répugnent entre eux. La peau ne fait pas synthèse mais faufil, collage ou rapiècement. Ce qu'on a nommé autrefois l'association des idées vaut moins pour lesdites idées que pour les fragments de corps ou de derme. Mal ficelés, vaguement noués, en guenilles, si l'on veut : morceaux repris de sparadrap. Chaque fois qu'on vous dira : système pour un quelconque vivant, vous devrez entendre : manteau d'Arlequin. On monte un livre comme un tact ou une robe.

L'empirisme, couturier, bâtit localement, pense par prolongements, de proche voisinage en proximité vicinale, de singularité en singularité, de germe en nappe, de puits en pont, dessine des cartes fines par chemins de chèvres, cartographie le corps, le monde, les patrons : découpe, épingle, coud. Subtil et raffiné, il aime le détail et fabrique fragile. Topologue, il a le sens des bords et des fils, des surfaces et des retournements, jamais assuré qu'à moins d'un pas d'ici les choses ou états de choses demeurent les mêmes, tisserand de variétés, au détail.

Le verbe au contraire ne fait pas le détail, il occupe instantanément l'espace homogène : la voix porte et retentit au loin. Cymbale dans son thorax de résonance, elle monte comme une colonne au-dessus de la gorge, cône tourbillonnant, devant, pointe plantée derrière la luette, trompette, clairon qui s'annonce et vole dans le volume tout autour et le rend unitaire sous l'emprise de sa force vibrante, donnant au corps une synthèse hâtive et large, globale et pressée, dominante. L'acoustique par ses accords efface les coutures précédentes et les fait oublier.

Le sujet parlant tremble dans l'espace de la géométrie et y dessine des chaînes de raison longues, simples, faciles, munies de leur loi, frayant, par le son, un chemin droit dans un monde isotrope. Maître et possessif, il suppose que le global, lointain, ne diffère pas du local, prochain. La raison, là, reste dans les mêmes rapports que la parole, ici.

L'empirisme couturier de peau a la même relation à la topologie que le verbe sonore entretient avec la géométrie. Les deux derniers nommés dominent et cachent les premiers. Le rationaliste du verbe, maçon, architecte, logicien et géomètre, construit. L'empiriste-tailleur travaille les reprises, les ourlets, préfère le flou au dur, et le pli à l'articulation. Non, le corps ne se construit pas tout de suite, il se plie et se déploie, fronces et bouillons, il s'étend comme un paysage.

Subtil, aigu, sagace. Le couturier précède le joueur de lyre, qui précède le cuisinier. L'habit se faufile sur le corps fantôme comme un voile ou une pèlerine. Le revenant, sur un coup de gong, de cymbale, un roulement de caisse sèche, entre au banquet. Sans ce tonnerre acoustique, il tomberait en lambeaux, dérisoire, masque et cape. Le son donne une synthèse brève et temporaire. Il faut du bruit aux fantômes pour se soutenir dans la vie, ce pour quoi notre inculture sans cesse tonitrue. En dansant sur la musique de la lyre ou de la voix, la robe hâtive peut se faire chair, par le support du verbe. Faites danser souvent les petits enfants.

Les invités, statues, ombres larvaires, habillées, masquées, bruissant de langues, entrent au banquet de la vie, où l'orchestre prépare l'espace harmonique, risquant de retomber en pièces à la dernière mesure.

Ils mangent et boivent, sagaces ou non.

L'empirisme, échanson et cuisinier, connaît plus de recettes que de lois, car celles-ci valent pour les états de choses homogènes, très rares, et celles-là pour les mixtes, fréquents jusqu'à l'usuel. Il a cuit le menu du banquet où des mélanges mangent des mélanges pour subsister comme mélanges : ceci est mon corps. Où des corps mêlés boivent des corps mêlés : ceci est mon sang.

Le corps se compose comme un livre : topologie de la couture, les pièces s'associent en se faufilant, d'abord ; géométrie des sons, ensuite, première synthèse globale par le support du verbe ; et, derechef, topologie des mixtes, le cuisinier raffine sur le voisinage des pièces entre elles. Il sait dissoudre des liquides dans des fluides, ou des solides, aussi mal cohérents que des chairs, dans des sauces courtes ou longues, pour obtenir des liaisons insensibles. Où s'achève la viande et où commence le ragoût, même le goût, parfois, le repère mal. Le corps sait mal où commencent un sens, un lieu, une pièce et où s'achèvent un autre sens, un second lieu, une plaque proche. Le corps tigré, mêlé se fait de nuances voisines. Il va d'un sens à un sens insensiblement. Ainsi Van Eyck, dit-on, plaça sur le glacis subtil montrant la cuisse d'Eve, au polyptyque, visible à Gand, de *l'Agneau mystique*, quinze couches successives dégradées, en nuances différentes de couleur rose. Ainsi fit le Créateur. Ainsi chacun perçoit sa jambe. Et sa bouche quand il goûte. L'Yquem peint le palais de fresques et de polyptyques aux glacis portant cent dégradés. L'œil s'y perd comme s'il regardait à perte de vue ; la bouche goûte jusqu'à dissolution du goût ; la langue y manque de langues, nous n'avons pas quinze mots pour le vieux rose, notre lexique tremble ou bégaie, les experts inventent des termes à eux, privés, intransmissibles. A la seizième couche, Van Eyck a cru voir bouger la femme. De même, en écrasant des gemmes pour mêler de nouvelles couleurs, il pensait les créer sur la toile. Et Van Eyck créa la femme. Le spectre continu, différentiel, insensible, qui tatoue invisiblement des lieux et les lie par rubans transitionnels, noués, fugitifs, colle notre corps ou en mélange les parties plus qu'il ne le bâtit ou n'en fait la synthèse. Ainsi le bon torero ne se reconnaît point à d'excellentes passes, mais à la liaison longue de figures fondues, aux retours du taureau dans la faena. Heureux les corps fondus. Le banquet aide à effacer ledit tatouage par fusion ou confusion des voisinages, à gommer son bariolage en conservant son efficacité. Ainsi Van Eyck joue à Dieu et le toréador avec la vie, chacun rêvant de liaisons parfaites. Ainsi le cuisinier.

Art fragile et temporaire comme un parfum, empirisme fluide, philosophies passagères, oubliées ou méprisées, laissées à la cuisine. Nul ne veut avouer qu'il vit à la cuisine, en famille. Et cependant, le corps se lie en ces lieux. L'empirisme dévalué, délicieux se tait. Pourtant il accompagne la vie, derrière le théâtre. Le banquet se divise en deux : la représentation et l'office. Décidez maintenant où se passe l'important, à la fabrique ou devant le décor ? Dans les sauces ou les discours ? Le masque ou la vie ?

L'empirisme éduque les gens fréquentables, vivants, au corps souple et lié, reconnaissables dès les premières mesures de valse. Il n'instruit pas beaucoup, sans doute, et n'induit ni de hautes connaissances ni de beaux discours. Mais il donne les petits bonheurs qui forment la tonalité continue de la vie, l'aise du corps, le fondu de la démarche, l'adaptation, les armes simples pour la lutte quotidienne contre les bataillons de la mort occupant le théâtre. La mort, toujours, rôde au banquet. Du côté de la représentation : tonnerre, tambours, la statue annonce l'agonie des dominateurs, dominatrice elle-même. L'empirisme se réfugie à la cuisine, avec les marmitons barbouillés de sauce et les soubrettes, brunettes piquantes au tablier blanc. Un peu sage, simple d'esprit même, il écoute les discours d'après boire, prend peur des acteurs joviaux et sonores, histrions, prostitués, impériaux, décorés. Il a peur de la philosophie, des sciences et des lois, préfère se retirer. Quitter la table avant la fin.

A la cuisine, il apprend à n'avoir pas horreur de l'impur, il met le doigt dans la soupe. Il apprend le mélangé ; sur la table impeccable règne le séparé. Sur le théâtre, la loi commande ; à l'office, on se contente des recettes. A la représentation, le verbe et la raison tonnent ; derrière, le raisonnable suffit. Et si la grossièreté dominait le monde, comme un roi inattentif et capricieux ? Et si une finesse réservée, attentive aux détails locaux, aimant les nuances, n'avait plus de place que derrière le décor ? Empirisme poli, rationalisme uni. Le premier ne dit pas, ne fait pas d'histoire. Il préfère la vie.

Le monde au soleil ressemble au banquet ou à une cour des miracles. Unijambistes, borgnes, châtrés, têtes lisses privées de bouche ou de nez, en haillons non pas de tunique mais de peau ou de sens, écorchés, hommes-troncs, nuques ou crânes sans oreilles, aveugles, culs-de-jatte et manchots, frigides, impuissants, boiteux, paralytiques, voilà qui mange à table, voici pour qui le festin bat son plein, passants, badauds, entrants, sortants, occupés à se soûler, anesthésiés d'un sens ou munis d'un membre fantôme, corps non finis, mal bâtis, peu éduqués, inconscients de nos trous, manques, mauvais raccords, tous rattrapés, rachetés, compensés, complétés par une hâtive orthopédie, jambes de bois, prothèses, bandages, mains de plastique ou nez de cuir, dentiers, crochets, godemichés, dissimulant sous l'artifice l'espace de néant, cachant l'engourdissement sous l'obésité, chacun criant, verbeux, hurlant son existence ou essayant d'imposer son langage, disant sur l'agora sa catégorie, croyant accomplir le miracle d'un corps uni, fini, harmonieux, plein, complet, par l'émission de la parole publiée, mais racontant parfois, comme un aveu vite échappé, que, depuis l'aurore des temps, nos corps souffrent, découpés. Miracle du langage à la table des miracles : je parle, je parle, entendez bien que j'existe. Charivari, fracas, noise couvrant le fractionnement tragique des estropiés. Chacun voit des chapeaux, des manteaux et fait confiance au verbe. Mais les habits ne cachent pas la peau, ils montrent au contraire ses rapiéçages et coutures. Tous nus.

Je goûte, existe ma bouche. Je sens, donc un morceau advient à l'existence. Une absence blanche se trouvait au lieu que le sensible fait naître. En mon corps, tunique de néant, se pose l'être. L'être rapièce le néant. Le topologue varie sur le cogito d'Arlequin. Les bords de ma langue n'avaient pas d'existence avant d'émerger sous la nappe d'un Margaux ; les pans larges du corps propre restent blancs ; la cénesthésie vide souffre ou jouit de cette multiple naissance, création continuée. Une langue nouvelle pousse. Advient un tact, une vraie main à cinq vrais doigts, une paume bien à moi. Il me pousse un haut de dos, un pavillon immense et neuf, un rocher finement détaillé, un regard inattendu ; cette peau improbable m'enveloppe où des zones voient, entendent, tressaillent, s'involuent à l'intérieur, profondément. Ce voisinage n'existait pas, il naît. Il exista une fois, il existe d'une autre manière et cent fois, s'endort et ressuscite. Naît, veut renaître, sait bientôt le faire, connaît sa hauteur d'exigence. Apprend que s'abaisser désormais à sentir peu ou mal ou vil le ramènerait à son premier néant. Existe, exige, s'érige.

Grandit et se renforce. Reste doux pour mieux sentir, devient fort pour se maintenir. Sait, peut traverser le tunnel de néant où il gisait jadis ; la douceur du sensible l'endurcit. L'apprentissage consiste à lier les fragilités qui garantissent la finesse réceptive à la puissance qui donne l'endurance. Assez d'images, il y va de l'érection. Mais à condition de la généraliser bien. Elle décrit le phénomène usuel, local et global, du sentir, loin de se cantonner à des organes qui n'ont de beaux noms en aucune langue. Telle partition apparaît hors de son néant blanc, comme Vénus au-dessus de la mer noiseuse, grandit, existe, agit, pousse comme un bourgeon, ou dort en attendant la prochaine fête. Je sens, donc la plaque s'érige. La construction du corps suit un ensemble d'érections. Vous parliez d'amour au banquet : vous nous donniez sans le savoir le modèle de ce qui se passe dans votre bouche et sur vos lèvres.

Le petit monstre hideux que les physiologistes dessinent en cartographiant les terminaisons nerveuses par les localisations qu'elles projettent dans l'espace cérébral, grosses lèvres, énorme langue, tronc petit, gants de boxe à chaque doigt, oreilles de lièvre... érige exactement ses récepteurs. L'homoncule sort ses antennes, il les déploie, hérissé de tumescences. Modèle des masques ou modelages qui suivent la cénesthésie, qui expriment en précision le corps senti, et que nous comprenons rarement, nous, gens de verbe. Le bâti topologique du sentir, pièce par pièce, correspond, manteau d'Arlequin pour tunique pareille, à l'espace bigarré, nué, tigré, ocellé, en quasi-damiers, des localisations cérébrales. Nous n'avons pas besoin de trépan pour reconnaître ce tapis varié, le monde sensible y suffit, et notre peau diaprée – ou la bouche qui s'érige devant un vin qui fait la queue de paon. Oiseau constellé comme un cerveau.

Selon notre finesse, nos talents et les circonstances, change l'apparence de la fête à la table des miracles. Les deux tableaux ci-devant recensaient les manques et les caches des invités : à la couleur des pièces de néant, domino couleur d'invisible, comme aurait dit François Couperin le Grand. Voici celui des pièces d'être, dominos ou arlequins à cent couleurs.

Entrent et s'assoient, se lèvent, sortent, boivent, mangent, crient et chantent celui-ci à grosse bouche parmi des saints-jean-gueules-d'or, des sortes de lièvres à petits yeux et hautes oreilles, inutiles et pliantes, des hiboux étonnés au regard immense, immobile, studieux et sot, dans des orbites cernées, des fourmiliers à longue langue poisseuse, quelques primates aux bras interminables qui accèdent aisément à tous les plats, des mantes religieuses à maigres pattes articulées, comme artificielles, et toute la famille requin et tigre à qui des dents terrifiantes assurent le haut bout, flanquée des pachydermes froids et lents à peau cuirassée, cent lapins faibles et fuyants ou rats increvables... Chacun érige sa spécialité, celle qui fait de lui une espèce infime, chacun exhibe son domino à couleur gagnante... grands regards surplombant d'immenses membres, ô ma mère-grand, que vous avez de grandes dents... Voici le printemps, voici la fête aux métamorphoses, aux miracles quotidiens du sentir, chacun, rieur, surpris, ému, voit surgir une pousse nouvelle, ressuscite en son ente de verdure, couronné, ceint, chaussé de feuillage, colliers de fleurs issus de la peau, bracelets nés du tact velouté, corolles en chapelets tombant de la bouche, vrilles de vigne parfumées autour du nez, branches ou ceps touffus prolongeant les doigts ou les pieds, troncs buissonnants, faunes, gnomes, tritons, sorcières, diablesses enfourchant le premier bois venu, tous trinquant dans le tintamarre à la gloire des vins nés dans la gloire de l'automne.

Et si les contes, bottes de sept lieues, bête changée en belle, peau d'âne, pantoufle de vair, petite sirène au bas du corps engoncé, engourdi dans une gaine d'écailles glauques, ogre sentant la chair fraîche, et si les fêtes galantes, bals masqués, comédies arlequines, les visions et les sabbats ne peignaient à couleurs vives que les ruines perdues, oubliées, délitées du sensible, dont la culture langagière ou la religion du verbe ne laissent plus saisir la qualité ?

Saint Antoine, prêtre du verbe, ermite dans le désert lisse et homogène sous l'immuable soleil, espace où rien de neuf ne peut apparaître sous la lumière métallique de midi, vivant dans les pierres à perte de vue, nourri de pain et d'eau à longueur de jour, ivre de jeûne, psalmodiant le texte à toute heure, yeux usés sur le Livre, langue engourdie de verbe et de croûtes dures, sent sa peau d'anachorète logique s'horripiler soudain sous les caresses nombreuses, tacites, du multiple traçant là sa moire. Le paradis perdu, jardin des sens, disparate, à fruits et bêtes et diables et femme, revient dans le désert unitaire du verbe qui ne l'a jamais ni compris ni reçu, mais le perçoit comme un enfer qui le tente : banquet revenant au milieu du régime, festin du sensible fantomatique dans le règne du langage.

Le saint vit et lit aujourd'hui, dans la ville, parmi le béton à perte de vue, nourri de régime pour estomac faible et de mets privés de goût par l'industrie agro-alimentaire ou pharmaceutique, se déplace dans la lumière unitaire de l'électricité qui empêche même la nuit d'amener du nouveau dans le jour, respire les seules senteurs de l'essence et du kérosène, et surtout ne connaît plus que l'écriture, mots-images couvrant de toutes parts la cité désertique, murs, écrans, panneaux, boutiques, véhicules, bientôt le ciel, le saint existe enfin dans le verbe seul, qui exige pour une telle existence des ascètes qui n'aient plus de science que de lui : logiques, médias, grammaires, annonces, formules, codes... information en tous sens, cénobites qui démontrent que le gris de la ville et la fadeur dont ils s'abreuvent ne les piquent jamais mieux que les phrases et la syntaxe. Victoire de la raison : l'abricot n'a plus d'autre goût que le mot qui entre en bouche pour le dire.

La ville se peuple d'ermites qui n'ont qu'une langue.

Qui ne peut dire le sensible autrement que monstrueusement ou anormalement ou infernalement.

L'abominable tératologie, aux tentations de saint Antoine, vient d'accouplements étranges : nus à culs de pots, mufles entés sur des élytres, baleines florales, bifurcation de règnes divers, les corps mêlés se greffent mal. Et pourtant ils se mélangent !

Ces chimères se réduisent à des mots, juxtaposés par

des traits d'union : imaginations logiques, grammaire des sens, digitale. Incapable de suivre le fil, le mouvement, la cohésion, le continu, l'histoire, le spectre dégradé, la chair, le mélange du sensible, la langue décrit en phrases-valises les délicieux glacis qui le baignent. Quinze monstres se contredisent dans la cuisse rose d'Eve.

Impuissant à la dire, le verbe la maudit.

Breughel, Bosch, Flaubert : banquets traduits en langue, par mots, grammaire, érudition et dictionnaire, cauchemars de malédiction, bêtes constructibles par ordinateur. De même, dans les symposiums d'aujourd'hui, nous entendons que *p* implique *q* se substitue joliment à l'Yquem qui se pavane.

Nulle culture n'atteignit au degré d'ascétisme qu'impose aujourd'hui ladite civilisation de consommation, notre banquet.

Le langage y domine trois fois : l'administration règne par la composante performative du verbe ; les médias dominent par sa composante de séduction ; la science maîtrise par sa composante vraie. Le verbe trismégiste produit une classe dominante abstraite, ivre de codes : légiste, informatique, rigoureuse, trois fois efficace, et ainsi productrice d'un monde.

Jamais ceux qui tinrent le pouvoir, au cours de l'histoire, ne pratiquèrent un aussi haut degré d'austérité. Nos princes habitent le discours. De droit, de rhétorique imagée, de science. Ne mangent ni ne boivent, ne se promènent doucement ni ne connaissent les Beaux-Arts. Mais où sont les fêtes d'antan, au Trianon ou à Versailles ?

Saint Antoine triomphe, plie l'humanité, sujette, au verbe, la met à l'eau et au pain sec de l'abstraction, ne lui laisse le donné qu'à travers les trois canaux du langage, dans le désert incorporel des villes administratives, informées, techniciennes. Il commande, fascine, dit vrai. Il va refaire le monde par programme.

Du coup, nous vivons au milieu d'une immense et collective tentation de saint Antoine. Pour créer une culture, il faut un corps et des sens. La langue ou l'intelligence artificielle produisent une sous-culture, par manque de corps. Le sensible revient ombre têtue, infernale, à travers l'abstraction imposée, dans les images et le langage, défiguré par le gâchis du mépris. Assises au festin, les statues ou robots rêvent de listes et d'icônes. Anachorètes épuisés, le soir, de travail formel et solitaire, nous cherchons un sommeil rare, gorgés de crimes à l'encre rouge, familiers fascinés des gens au pouvoir, abreuvés de coucheries gymnastes, repus de ripailles dégouttantes de couleurs, de tout un banquet instantané, chimérique, évanoui sur la pression d'une touche. Ce sous-festin perpétuel et méprisable, imaginaire, ouvert par la pression langagière, qui l'a mieux dit que celui qui signe du nom attendu : San-Antonio ?

Dans les flacons, autour des lèvres, gît la culture. Et le savoir au bout de tous les comptes : l'intelligence et la sagesse. *Homo sapiens,* homme qui sait goûter. Sagace : qui sait humer. Toutes choses qui se perdent par la force des logiques ou grammaires, mornes, folles, quand elles se privent de corps.

VISITE

PAYSAGE (LOCAL) - DÉPAYSEMENT (GLOBAL) - MÉTHODE ET RANDONNÉE (GLOBAL ET LOCAL) - CIRCONSTANCES - LE LIEU MÊLÉ

PAYSAGE (LOCAL)

Et si le paganisme, si le polythéisme construisaient mêmement un monde en haillons au moyen de pièces pareilles à celles qui montent le bâti du corps ? Comme si le monde ne différait pas, en sa surface apparente, de la peau : paysage-guenille qui s'habille par morceaux. Ci vulgaire, là superbe. Le *pagus,* canton, département, partition de sol ou d'espace, fait la pièce du pays, l'élément de paysage : carré de luzerne, vignoble, lopin, petite prairie, un jardin assez propre et le clos attenant, la place du hameau, le mail. Dans le *pagus*, tenure du paysan, quartier de sa noblesse vieille, se fixent de rustiques divinités. Là reposent les dieux : dans le creux de la haie, sous l'ombre de l'orme.

Le paysan cohabite avec son dieu païen dans l'élément de paysage.

Paysan païen, l'antique langue en a gardé souvenir : rappelez-vous les restanques d'avant le maquis, les champs clos d'avant les travaux connexes, le damier qu'on ne pouvait nommer panorama : topologie d'une carte assemblée par plaques disparates, diversement colorées, emboîtées bizarrement, pèlerine dépenaillée de vignes, prés, labours, bosquets, lieux-dits, ruines du polythéisme effacé dès la naissance du verbe. Si vous avez vu l'habit d'Arlequin de ma mère la Terre, vous connaissez l'Antiquité. Elle disparaît peu à peu, manteau blanc et redevenu virginal, champs ouverts où le maïs, monotone et consternant, occupe l'espace jusqu'à l'horizon, laid, verdâtre. Le langage et le monothéisme rendent homogène le haillon païen, la technique passe sur les reposoirs : destruction des vieux dieux vicinaux, abolition de la tenure et des limites. L'empirisme respecte et fait vivre cent divinités locales, il adorera même celle du verbe. Le monothéisme rend possible l'intervention technicienne globale : pour former un espace isotrope, il a fallu d'abord tuer les idoles. Rien de nouveau sous le soleil, à travers le Middle West. Paysans chassés, paysage détruit.

Le corps s'assemble par membres épars, une robe se monte par pièces et coutures, faut-il croire que le paysage habille le corps de ma mère la Terre, les demi-dieux du panthéon païen piquant des bijoux, çà et là, pour sa parure ? Le paysan voile-t-il ou viole-t-il ce corps ? Ne demandez plus comment on voit un paysage, question d'enfant gâté qui n'a jamais travaillé, cherchez comment le jardinier l'a dessiné ; comment l'agriculteur, depuis des milliers d'années, l'a composé lentement pour le peintre qui le fait voir au philosophe, dans les musées ou les livres.

Il l'a composé *pagus* par *pagus*. Or ce même mot latin, de vieille langue agraire, ainsi que le verbe *pango* nous dictent ou donnent la page, celle que, ce matin, je laboure en sillons réguliers, au soc du style, petit découpage où se fixe, où se plante, où s'établit l'existence de qui écrit, où il la chante. Pré, hameau, luzerne, jardin ou bourgade, lieu-dit de ses travaux, heurs et habitat, où il n'a jamais pu vivre sans la compagnie d'un dieu. Il faut un dieu par page, au moins, pour qu'elle existe, pour qu'elle aide à exister qui, lentement, la fait : il ne laisse jamais une page sans y avoir aménagé le sanctuaire secret qu'il prie humblement celui qui lit ou passe de saluer en s'arrêtant un moment. Un dieu repose ici, caché, invisible. La page où tant de temps se concentre ne porte tant d'écriture dense que pour qu'il advienne, qu'il établisse là sa demeure et son foyer. Si vous cherchez un peu, vous le trouverez. Priez-le un instant, pour vous-même et pour le paysan du lieu-dit.

Comme le paysan, l'écrivain compose. Habite longuement page ou lopin, y honore le reposoir, travaille aux limites, au mur du champ clos qui le sépare du sanctuaire voisin et, parfois, médite sur le paysage, vu à mi-vallon : il faudra, l'an prochain, planter un peuplier, un cèdre, un if, dans les hauts de la combe entre le cimetière et l'étang, pour que, dans trente ans, un supplément de perfection enchante le passant, étourdi ou méditant sur la perception et la nature. Un dieu obliquement placé accorde parfois vingt lieux-dits locaux et clos selon une harmonie modeste : le manteau circonstancié se monte.

Pas de paysage, pas d'œuvre ni d'histoire sans accidents ou événements singuliers diffusant autour d'eux quelque emprise cantonale, inattendue pour qui vient du voisinage. La singularité qui les touche s'y rapporte difficilement. Il faut du travail et du temps pour tracer les chemins vicinaux qui séparent ou enchaînent, cousent ou mêlent ces circonstances voisines. Le temps coule sur ces routes. Appelons circonstance un état ou, mieux, un équilibre local entouré d'une zone irrégulière ou capricieuse d'influence, étoile à festons ou écarts asymétriques, boule épineuse en tout non nécessaire. Sur le pourtour de la boule circonstancielle, d'autres se pressent, tangentes, exactement contingentes : ce dernier mot signifie qu'elles se touchent entre elles et ensemble sans loi contraignante. Le paysage, l'œuvre, l'histoire intègrent partiellement ces circonstances contingentes et font alors tableau, parc ou jardin, morceau choisi, période ou intervalle. L'intégration globale, route droite perçant la forêt, en appelle à la méthode ou à la science.

Hameau, maisons serrées autour du clocher, avec le cimetière ; vallon à ligne longue inclinée, soulignée par des haies descendant la combe ; lac couronné de points d'orgue concentriques ; plateau éventé courant on ne sait où... tableau. Le voyageur raconte et dit le détail, ses suffocations et découvertes, la randonnée le long du chemin vicinal, cite les contingences et percole comme le temps. Le marin se perd dans la baie de Kekova aux golfes multiples, calanques, îlots, défilés, plages étroites et conches, bifurcations étranges, darses et murs, il ne voit d'elle que des scènes, il n'en comprend le plan que sur la table du quart et rêve d'une œuvre où chaque livre met en pages ou en tableaux une perspective de baie, totale, belle, suffisante, ouvrant et cachant l'événement de son voisinage, montrant et couvrant le géométral global, espéré comme une divine surprise ou repoussé comme une tâche trop large. Mais le niveau constant des eaux condamne le marin à l'abstraction ou aux astres, pour voir. Il marche à plat. Le temps de l'œuvre, inattendu et attendu, percole tout au long de la route de circumnavigation ou mieux de randonnée, haute et basse, aventureuse et nouée dans le volume de l'espace, à reprises, retrouvailles et nouveautés, à visions grandioses soudaines.

Quel monde forme le haillon patiemment cousu des milliers de pages labourées, derrière, et des milliers qu'on espère, devant, quel pays embellissent-elles, de quelle terre dressent-elles une carte, de quel corps composent-elles l'habit ? Peau tigrée, zébrée, striée de qui écrit, rayée de lignes et de lettres, morceaux de corps, plaques de derme, champs de paysage, pages d'une autre terre désirée, paradis.

Comment coller cette carte sur le paysage ou sur le terrain de la chair mouvante, sur les pièces poussant au printemps, érectiles, pour faire fête au sensible, car chaque page s'érige ainsi ? Œuvre morte sans cet accolement, stérile sans cette accolade. Les pages ne dorment pas dans le langage, elles tirent leur vie des *pagi* : du paysage, de la chair et du monde. Quand vous rencontrez l'habit d'Arlequin de ma mère l'Œuvre, vous connaissez l'Antiquité : ce retour têtu du paganisme, du travail paysan solitaire, contraint par ses propres contingences, du paysage local patiemment modelé, cette attention aux voisinages sans lois, réalité qui brille et nous déborde à chaque moment de sa germination, cris de vie.

L'œuvre date du paysage, de l'Antiquité perdue, des sens. Rachetée d'un coup, intégrée par le verbe.

Ne cherchez pas comment on voit un paysage, composez le jardin. Connaissez l'erreur esthétique de tout soumettre à une loi : raboter l'événement local ennuie et enlaidit, monde sans paysages, livres sans pages, déserts. Otez toutes choses, vous n'y verrez plus. Voir l'espace exige du temps, ne tuez pas le temps. Evitez l'erreur symétrique de vous complaire dans le fragment. L'absence de récit ennuie, autant que la loi une, et enlaidit plus encore. Composer demande une tension entre local et global, voisin et lointain, récit et règle, l'unicité du verbe et le pluralisme inanalysable des sens, monothéisme et paganisme, l'autoroute internationale et les villages retirés, la science et les littératures. Tenez bien la bride au cheval galopant, serrez de près ses incartades, prévoyez le chemin haut et long. Surveillez précis, anticipez. La philosophie, parfois, demande des synthèses. Visitez.

Du coup, vous voyez à la fois la miniature et le panorama.

Peut-on fixer les pages-unités ?

Soit la photographie de la belle, on disait jadis son portrait, naguère sa représentation : en pied, nue, découpée, à telle échelle de taille. Agrandie jusqu'au détail, grain de la peau, molécule du grain, atome de la molécule, la belle entre en abstraction. Ainsi Gulliver, entre tous ses voyages dans ladite représentation, surprit le sein de la nourrice géante. Pour emmener la belle en voyage aisément, vous pouvez faire miniaturiser son portrait, inversement, descendre de réduction en réduction, jusqu'à pouvoir loger des milliers de belles dans un noyau de cerise. Ainsi Gulliver vit pulluler autour de son ventre-montagne des Lilliputiens en grappes d'anges ou de lilas, ainsi le peintre fait passer des foules sur un pont derrière deux visages-falaises priant. Ainsi nous savons fabriquer des puces. La belle en miniature abonde.

Superposez les représentations les unes sur les autres, agrandissements sur miniatures, en amont et en aval du premier portrait à telle échelle de taille moyenne. L'entassement peut aller à la lune ou même à l'infini puisque nul n'a vu de limites à la taille, haute ou basse, sauf pratiques. La scène montre une sorte de prisme ou cylindre astronomiquement allongé ou bien de cône ou pyramide immensément évasé. La carte ou photo du beau milieu donne à voir le portrait en pied de mademoiselle, la zone au-dessus des localités d'elle de plus en plus raffinées, la zone en dessous des vues de plus en plus cavalières, lointaines, laissant place à une foule croissante de belles.

Imaginez des chemins courant d'un portrait à un autre dans le volume de la pile, un ensemble de voies transversales au cône ou prisme, reliant entre elles les diverses dimensions d'un même lieu. Chaque ensemble de chemins, le volume qu'il définit et découpe dans ce prisme ou cône infini, entre dans d'autres dimensions que celles de l'espace ordinaire. Dimension doit se comprendre d'abord au sens de la grandeur, et ensuite dans le sens de l'invariant topologique définissant un espace à deux ou trois dimensions, ou à dimension fractionnaire. Du coup, notre vision se transforme, bouleversée. La belle entière gît à côté de ses pièces, tissus, cellules, grosses molécules, ou au milieu de ses petites sœurs jumelles ou clonées. Parmi sa composition élémentaire et ses reproductions possibles.

Ainsi la montagne repose parmi ses roches, celles-ci dans leurs cailloux, les cailloux au milieu de molécules ou débris, le tout faisant un grand mélange; l'océan rit dans et hors ses mers, hors et dans ses détroits et ses risées ; la forêt dort parmi ses bosquets, la plaine avoisine la clairière ; le *pagus* à dimension variable se compose à d'autres dans des espaces à dimensions diverses. Voici le paysage, somme mouvante de ses fragments réels, pavé de pages mélangées, dessinez donc, *pour voir,* une voie ou plusieurs *à travers* ses représentations possibles.

Une œuvre comme un parc se compose à coups d'atomes et d'océans, de gouttes d'eau et de montagnes. Le marin observe les étoiles et rêve du rivage mais il négocie la lame qui frappe la muraille avant du vaisseau et le fait disparaître sous la plume.

Pages larges et différentielles ténues.

Ici. Le paysage assemble des lieux. Une localité se dessine comme un point singulier entouré d'un voisinage : source, puits, dent de cap qui se lance hors du rivage, île, petit lac, longue ganse de ruisseau, étranglement au sommet du col, guichet obligé par la rive du fleuve léchant le pied de la colline, clairière, gué, port, événement topographique, obstacle, limite ou catastrophe ; quelqu'un choisit de vivre auprès de la singularité déjà là et la charge de la sienne propre. Qui n'a pas rêvé de s'arrêter ici, au milieu du cirque de montagnes sèches, sous le soleil, d'y monter sa tente et d'y attendre la mort ? Habitat ou niche, place du lit et de la table, autour de laquelle les traces de pas font mille festons et rinceaux, guirlandes locales de la vie courante. Ici quelqu'un vit, mange, dort, vaque à ses usages, aime, travaille, souffre et meurt. Qui passe sait aussitôt qu'il transite par un lieu, s'arrête sur le site ou devant la pierre qui le marque : ci-gît l'inconnu qui fit des taches sur le paysage et dont la dalle tombale perpétue l'occupation. Il a chargé le point singulier de son odeur, de ses déchets, de sa propriété stercoraire, travaux, goûts et couleurs, maïs et vigne, bâtisses, lignées enfantines, puis de sa dernière ordure, les cendres de son cadavre, marbre gravé du tombeau.

Le passant s'incline, visite le dieu du lieu. Où vas-tu ? En ce lieu. D'où viens-tu ? De mon site. Où passes-tu ? Par ici même. A chaque question, il faudrait un récit infini détaillé pour servir de réponse, qui ne remplirait pas le lieu, occupé par le génie d'ici, ses tons et baumes, son tact et son silence, ses dépouilles ou restes qui n'ont de nom dans aucune langue.

Le tracé d'un jardin miniaturise le paysage, assemble des lieux, sites, chambres ou places, compose des ici. Une marque facilite la tache de reconnaissance : la statuaire indique la singularité du site. Façonnez celui-ci en île ou cap, col ou lac, ganse de rivière au long d'une colline, la sculpture prend le relais, posez-la en déesse du lieu, à la place de la dalle funéraire sous laquelle gît le fondateur, mythique ou non, de ladite niche, de la page de paysage.

Qui sait un peu écrire peut dessiner un jardin.

Le chemin passe le paysage, enjambe les obstacles, catastrophes ou limites. Bouscule les dieux des lieux, va droit. Résiste aux obstructions.

Où cours-tu ? Là-bas, où coulent, dit-on, le miel et le lait. D'où viens-tu ? J'ai perdu le paradis de départ, où le père gît sous terre, la route y croise déjà et venait de plus loin. Par où passes-tu, où ne t'arrêtes-tu pas ? Comment le savoir sans le repérage et, comme le chemin va droit, sans sa mesure ? Voici l'hermès posé, le terme, la borne milliaire, ou kilométrique. Les sentiers de chèvres ou de randonnée, en montagne, se rythment par des cairns, monticules, pyramides, tumulus... Quelle vestale ou autre victime gît sous cette lapidation ?

Voici les lieux du paysage, des pierres tombales les marquent.

Voici les sites du jardin, des statues les désignent.

Voici, sur la route sinueuse, les cairns ou tumuli.

Voici, sur le droit chemin, des termes ou bornes, hermès.

Points d'accumulation munis de voisinages ou repères

de métrique, en tout cas pierres de reconnaissance pour un ici bien fondé.

Ici : singularité du monde où un individu persiste dans sa tombe. Souvenez-vous, ici, que le premier théorème de mesure advint à l'ombre du tombeau pyramidal égyptien, à l'époque de Thalès. On ne sait pas si celui-ci compara l'ombre de la tombe à la sienne propre : il fallait pour cela qu'il restât immobile comme statue, au soleil de midi.

Peut-on voir une page-somme ?

Antique, païen, le paysage précède le verbe architecte, nouveau. Le paysagiste coud, accole, assemble, essaie. L'architecte conçoit la synthèse unitaire : la pièce s'ensuit de l'ouvrage alors que le parc s'induit de la page. Un mur additionne des pierres et le bâti somme les chambres dans l'euclide du maçon, les trois dimensions, alors que l'arbre passe du tronc aux branchages ou radicelles, bifurque de l'énorme au menu et buissonne, fractal : et si chaque espèce de flore poussait dans une dimension à elle propre ? Voilà qui résiste aux assemblages simples. Un paysagiste compte avec des individus et le temps, l'architecte prend garde rarement aux voisinages, méconnaissant le pagus variable, caillou, poussière ou colline, son espace global se glisse dans la même dimension que les pièces localisées. Le Nôtre et Mansart n'habitent pas le même espace et ne pensent pas la même somme. Et le temps de la conservation ou de l'usure ne bat pas comme celui de la vie.

Quoique du verbe, l'écrivain ne se défait pas facilement du paganisme, assujetti à la page locale comme à l'infiniment petite miniature de l'intuition fragile portée par une muette sonorité, quelque immense souffle qui l'habite. Le jardinier, comme lui, pose dieux et statues, reposoirs, en chaque ocelle du parc, y élève paons et orangers, bijoux du manteau, lumières pupillaires. Deux variétés de paysans païens. Or, jamais, le Dieu unique ne fut invoqué sous l'appellation de paysager, mais on l'évoqua souvent comme architecte de l'univers. L'ordonnateur crée, comme un maître maçon, une somme. Il prend pour lui seul la visée globale et la prévision, planifie et divise.

Le jardinier laisse le monde aux yeux multipliés du paysage. Le vu, multiple, a lui-même des regards.

Estimez le travail immense des prophètes écrivains d'Israël pour construire une Bible, livre unique, en brochant leurs pages dans le monothéisme, luttant contre un peuple idolâtre qui les fait voler dans l'espace, qui les répand pour en faire un paysage, jardin perdu ou paradis, pays où coulent miel et lait, terre promise, qui s'abandonne au monde par angoisse du désert. Le prophète à la voix clamante comme le peuple élu transitent par la plaine vide et blanche pendant toute l'histoire entre deux paysages, le parc immémorial et celui de l'espérance, vie du verbe austère qui regrette ou qui promet.

Estimez le travail infini de la science pour fonder un système unitaire à travers le chaos de ses pages, nombreuses comme le sable. La connaissance bat, systole, diastole, hésite, en équilibre dans le temps, passant d'une phase à l'autre, entre l'espoir d'un univers et le pluralisme irréductible d'un monde, entre une somme systématique et la croissance irrépressible de la différence. Comme si elle ne pouvait quitter la terre ou le jardin aux mille espèces pour l'espérance d'un désert.

Estimez le travail impossible du philosophe, pris dans les systèmes architectes, logiques, désertiques, pour ressusciter le corps du paysage et le paysage des corps sous la vitrification du verbe, mais pour susciter un monde sous l'éclatement des fragments. Le bonheur veut que résiste le paysage sous l'ocre pâle du désert comme le corps à la machine ou la jeune fille au barbon, l'herbe têtue pousse sous les crevasses de l'autoroute, les anges en myriades bronchent parfois sous le règne du Dieu architecte de l'univers et le noient sous le jardin de leurs ailes ocellées, résiste le plaisir du banquet multicolore au camaïeu de gris imposé par le verbe abstrait. L'empirisme porte le souvenir inoubliable des jardins. Où Dieu soi-même entre librement parmi les espèces.

L'architecte habite la synthèse ; le philosophe la cherche même s'il la diffère longuement et passe longuement par l'empirisme et par la science pour la retarder encore, et se tient plus près du paysagiste pour apprendre de lui, pour inventer, pratiquer, projeter avec lui un concept plus flou que la somme, moins complet que la synthèse, plus fluide que l'addition, plus lâche que l'intégrale, plus vivant que le système, plus changeant que le concept même... l'édifice fait totalité, comme le concept, le verbe, la loi de science, le paysage assemble : ébauche, patron, car les dieux locaux résistent beaucoup à l'effort fédérateur, ensemble, groupage, collection, regroupement, paquet, remembrement restant l'opération la plus exacte en souvenir du corps d'Eurydice et du temps interminable nécessaire pour sortir de l'ombre infernale. Les champs dessinent les membres qui se cousent ou se nouent, confluents, qui se jettent l'un dans l'autre comme les tributaires font. Nœuds fluides, coulants, comme ceux d'une écharpe vague adaptée au mouvement et qui donne une grâce subtile, aérienne, cette unité mouvante et instantanée qu'on appelle élégance.

Quand les sciences de la vie usent des termes de système, elles les empruntent à d'autres savoirs, musique, mécanique ou astronomie, qui n'ont jamais compris le temps, alors qu'elles ont sous les yeux un paysage à remembrer, pièces collées avec des sparadraps croisés, nœuds d'écharpe. Elles devraient chercher, comme ici, des sous-totaux, des confluences mouvantes. Elles pensent durement un objet mou. L'architecte conçoit la dureté, le paysagiste remembre la mollesse du vivant.

Le paysage dit exactement la page des pages, par redoublement ou exponentiation des *pagi*. Un livre peut se fermer, s'achever, labyrinthe, puits ou prison ; la page des pages paysagère, toujours ouverte, étalée, libre, lisible, étendue, déployée, découverte, manifeste et patente, ne cache jamais une page par une autre, voici le livre à poursuivre, fragile. La parure de la terre ne ment pas.

Pango, j'écris sur la page, *pango,* je chante, l'hymne commence par un aveu païen, *pange, lingua, gloriosi corporis mysterium,* chante, ô langue, le mystère du corps glorieux, *sanguinisque preciosi,* et du sang précieux, corps mort et sang versé pour le rachat du monde, *in mundi pretium.* L'hymne médiévale affiche *pange* tout en haut de la page, fixe le paganisme avant la langue, avant le verbe, son roi. Le verbe donne son corps et son sang pour le prix du monde ; le langage achète le monde au prix du corps et du sang.

Nobis datus, nobis natus : le monde ne nous donne plus le donné, nous recevons le verbe comme donné, le langage nous le donne, *sparso verbi semine,* il ensemence le monde. La chair se fait verbe, le verbe se fait chair.

Il a racheté, d'un coup, tout le démembrement lamentable du sol, du monde et du corps, offre publique d'achat sur toutes pages. Vous ne trouverez plus un seul petit coin, un buisson laissé, une pierre sur le chemin ou au milieu du champ, un insecte, une mouillère qui ne se recouvrent de leurs catégories. Le verbe a fait le recouvrement universel des pages, de n'importe quelle taille, somme ou atome, intégrale ou évanouissante. Le paysage recule à la place d'avant la langue et sa gloire : *pange, lingua, gloriosi...*

Le paganisme se réduit à une vieille carte, *antiquum documentum,* antique document ; grimoire illisible non écrit ; archaïque leçon, exemple, instruction, éducation en ruine ; non transmise ou mal transmise puisque sans langue, ni écrite ni parlée : document exactement préhistorique laissant la place au rite nouveau. Le langage fait nouveauté, cette instruction date de l'Antiquité.

Ce livre-ci, page par page, découvre justement

l'antique document, recherche son ancienne leçon sous toutes les archives dites nouvelles du verbe.

Les sens, pris en défaut, manquent, *sensuum defectui*. La langue chante les sens pour énoncer leurs fautes. Ils se trompent non seulement devant le verbe, mais surtout devant le corps du verbe, sa chair et son sang. La langue prend les sens en défaut dans le corps même. L'antique document tombe en lambeaux. Et la philosophie, quand elle enseignera ou éduquera, commencera sa première leçon en prenant les sens mêmes en flagrant délit d'erreur aux mêmes lieux.

La foi dans le verbe ponte ces manques-là, supplée ces défauts. Il les remembre, puisqu'il est lui-même corps et sang.

La victoire du langage sur un empirisme toujours détruit redit des rites nouveaux mais un peu bien antiques...

Bienheureux temps où l'oreille entendait que l'adorateur, dans son temple, le laboureur, dans sa pièce de boulbène, l'écrivain, sur sa page, travaillaient aux mêmes lieux, et où l'œil le voyait.

Ce lieu date d'un temps si reculé qu'on le disait antique dès l'Antiquité.

Nous n'annonçons jamais de nouveauté que du verbe : avent, venue, baptême, Epiphanie, paraboles, Passion et Résurrection. Nous avons façonné notre culture pour qu'elle retentisse à la naissance du langage ou à ses renaissances, en quelque langue qu'elles s'annoncent : en grec, hébreu, latin, parlers romans puis anglo-saxons. Chacune prend la relève et retentit à nouveau, persuadée de se lever à l'aurore. Chaque langue croit prendre la place du langage comme toute ethnie à quelque moment de l'histoire s'assure d'avoir la dimension de l'humanité.

Chaque langue célèbre la naissance du langage dans le ton de son arrière-monde. Annonce le logos en mathématicienne ou métaphysicienne, selon la voix, la loi et le rapport dans un espace dessiné, réglé, calculé, mesuré, connu, embelli par lui... Dit la ruagh, esprit, vent, souffle, voix passant sur les eaux le jour zéro de la Genèse, préliminaire créateur. Affirme qu'au commencement était le verbe... Décrit le langage positivement ou logiquement ou empiriquement ou scientifiquement par algorithmes, équations, codes, formules, en tout cas exclut de la philosophie ce qui ne se rapporte pas à lui... La même bonne nouvelle vibre toujours, le logos ordonne et comprend, le souffle plane sur les eaux primordiales, vient le verbe pour le rachat et la reprise, le langage supplée le donné, les dits présocratiques, prophètes, prêtres, savants, philosophes récents, s'alignent strictement à la variation de mode près, religieux, métaphysique, ontologique, positif (historique, logique, formel, mécanique même), nul ne se lasse d'annoncer qu'il écrit ou parle, qu'advient enfin parmi nous le royaume du langage. Notre culture occidentale ne dit que lui, façonnée par lui, entre en résonance ou harmoniques avec lui seulement, loge en lui. Nous prenons une vue vive de cette loi constante aujourd'hui parce qu'aujourd'hui nous commençons à le perdre. Nous percevons le dernier frémissement du choc multimillénaire qui nous fit naître en même temps que le langage, au moment où il connaît son agonie. Notre culture, née de lui, modelée par lui, vibrante en lui et avec lui, ne sut que se réjouir de cette bouleversante émergence et crie encore la bonne nouvelle en toutes langues : mythiques ou pieuses, abstraites, savantes. Nous n'en revenions pas, nous en sortons ce matin.

Sous cette nouveauté, stable, qui résume et que célèbre notre culture, se découvre l'Antiquité. Non pas certes celle que relatent les livres d'histoire, plongés dans la nouveauté du verbe, quelque époque ou intervalle qu'ils rapportent, mais celle du corps et du paysage, pages composées d'ocelles morts et vus par des yeux aveuglés. L'ancienneté gît sous le recouvrement transparent du verbe, engloutie dans son déluge clair. Peut-on découvrir quelque lieu sous cet investissement, quelque chair désoccupée ? Avant le rite circulaire de la nouveauté, avant la grande année liturgique de la philosophie, rondes qui repassent sans laisser rien d'autre que des avents, existait-il un paysage ?

Un pays cultivé montre des lieux, hauts ou secrets, immédiatement visibles comme des stations. Un équilibre règne ici. Arrêtons-nous, plantons la tente, fondons des murs, attendons paisiblement l'heure mortelle, évidemment plus douce en cette assiette. Ici se pose la thèse, nom grec de la statue latine. En ce lieu, une fenêtre paraît s'ouvrir, d'où tombe une lumière, où la quiétude se diffuse. Le paysage noue des parcours à de tels arrêts, ensemencé de berceaux, haltes, pauses longues, tombeaux ou ports, granité de reposoirs. Autour de ces nombrils ou germes, plis ou singularités, le voisinage habitable lance des bras, rayons ou chemins pour l'irrigation du lieu, ainsi festonné de sentiers vicinaux, directions issues d'ici qui reviennent ici, constellation de sens, petit échangeur. La définition du lieu demanderait des frontières, or il s'organise comme un nœud, ouvert et fermé, comme une étoile, ou un corps vivant. Animaux qui habitons des maisons, nous ne les posons ni fondons n'importe où, mais seulement ici, dans cet entourage où dorment les dieux et d'où ils brillent, hospitaliers, de lieu à lieu sévères et incomparables quoique prochains. Notre corps singulier muni d'un voisinage capricieux qui nous défend et alimente, comme une cuirasse poreuse, qui peut nous étouffer aussi, s'adapte volontiers ou bienheureusement à un ici local pareil. Le lieu, la maison et le corps dessinent des noyaux et pseudopodes analogues. Existence et emprise de la divinité vicinale, pénates semblables à la niche animale. Et le paysage remembre les sites munis de leur alentour, que la voix défend ou annonce comme le chant du rossignol la nuit. La langue monte du paysage marbré comme ensemble de cris délimitant vaguement ces lieux garnis de voisinages irréguliers, d'autant plus larges parfois que l'organe porte. Des points singuliers une brillance émane ou un nuage d'odeurs ou une rumeur ou une couronne d'épines. Les cinq sens concourent aux contours : de l'habitat, de la localité, comme du corps lui-même. Celui-ci pue, crie, griffe, brille pour se définir aussi, ou caresse, embaume, enchante, éclaire pour accueillir. De même le corps de ma mère la Terre, remembré en paysage, germes, nombrils, sites et voisinages, composé doucement au sortir des Enfers souterrains, depuis les ères géologiques où la pangée ne portait aucun œil pour la voir, émergé des eaux, plissé, bousculé, cassé, haussé, recouvert, érodé, livré aux glaces et transgressions marines, conquis par une flore changeante et adaptable, méconnaissable sous ses habits nouveaux, piétiné bientôt par des vivants clairvoyants, chatoie, miroite, pétille, éblouit. La haute antiquité du paysage, cent fois façonné de forces inertes, cultivé millénairement par ses paysans, païenne, nous regarde la voir dans un formidable silence.

Le paysage conclut les variations sur la notion de variété : mince ou épaisse, légère ou lourde, inerte, vivante, sensible, sociale, touchant aux bords communs ou séparés de l'air et du sous-sol, aux voisinages lointains ou connectés du collectif et de l'aise individuelle, variété multiplement contingente en ce sens, le paysage équilibre, originalement pour chaque sous-total, d'innombrables contraintes astronomiques, physiques, d'histoire naturelle et humaine, en un tableau merveilleusement singulier rayonnant à son tour de voies vicinales. Nous habitons un lieu intéressant de cette variété, couche gauche longue à former, vite déchirée, presque toujours en haillons : paysage aussi rare qu'un corps totalement construit. Nous dormons souvent dans ses manques ou lacunes.

Le paysage commence quand chaque science exacte ou humaine se tait.

Fragile se révèle la face fractale de la terre, si souvent

ravagée. La terre lève vers le ciel le visage de ses ravages, toutes sortes de populations l'ont changée en vallée de larmes, armées, industrie, tourisme, invasions. Saccagée par ceux qui passent sans demeurer, nous n'en voyons que les ruines. Nous n'avons jamais eu sous les yeux que les restes d'une terre dévastée, nous vivons parmi des souvenirs.

Comme le corps, la peau, le sensible ou l'empirisme, le paysage s'habille en guenilles rapiécées. Frêle, perdu aussi souvent et depuis aussi longtemps que le paradis même, il se retrouve ou se découvre par lambeaux. Morceaux d'ici, débris de lieux. Le paradis verdit comme un jardin paysager.

En certaine langue morte si proche qu'elle vit encore en la nôtre, la dévastation ou le ravage se disent par le mot population. Quelle terre allons-nous bientôt voir sous la croissance immense des populations ? Entreprise délicate que de peupler un paysage. Quels nouveaux saccages nous préparent les méthodes qui courent droit devant sans voir lieux ni voisinages ni chemins élégamment noués, désormais rectifiés ?

Pitié pour la terre frêle déchirée ou recouverte de restes violents et d'ordures immondes.

On appelle découverte, pour la mine et la minière, la poussée, puis l'enlèvement de l'humus végétal ou arable, des sablons et tuf, manteau plus ou moins épais qui gît au-dessus du sable, de la pierre, du métal à exploiter, diamant, minerai.

Rien ne paraît plus humble que la terre ; quand le verbe a voulu dire l'humilité, il a choisi l'humus, le terreau, ce visage du paysage que nous ne voyons jamais quand nous passons ou restons, occupés de passions et d'affaires. L'herbe, les haies, la forêt, les fleurs le cachent au plus clairvoyant, et celui qui porte attention aux choses profondes l'enlève pour atteindre le cuivre ou l'or. Il se terre sous le phénomène floral, se fond dans le verbe, le réel sous-jacent l'élimine. Nos plus grandes philosophies méconnaissent l'humilité.

La retrouvent l'attention et aussi la nostalgie qu'inspirent des vies, aveugles, passant à côté du monde, notre seul bien : ainsi le survol de la Sibérie, de nuit, par temps clair, ne laisse apercevoir aucune lumière. La lucidité vient cependant, comme si, soudain, s'ouvrait une porte, comme si une naissance passait par le pertuis d'humilité.

... Au Brésil, sur les hauteurs de Congonhas; en Turquie, dans les ruines de Pinara; et au milieu de l'Entre-deux-Mers...

Le vignoble baignait dans les premières lumières de septembre, la gloire d'août finissait. Nous entrons dans les collines douces comme dans un autre monde; règne un intense silence; l'air, immobile, porte les tons et la clarté. Des taies dures nous tombent des yeux : l'épaisseur ordinaire de la terre s'élève, tout monte vers le soleil, il inonde tout de quiétude. Nous n'avons jamais vu de bleu ni de vert, nous n'avons jamais vu de vigne, le visible se tient là, tranquille et serein, tangible et tacite, spirituel ou embaumé. Les chemins courant le long des rangées ne vont nulle part, ils participent du jardin comme des guirlandes. La terre, brune, les ceps, chauds, les grappes noires et odorantes, les échoppes, basses, les pierres du lieu, les arbres rares, tous les petits détails singuliers, familiers ou méconnaissables montent, ensemble, sans ombre, avec nous, doucement, vers le ciel, comme au jour d'avant notre baptême.

Le paysage, en lévitant, nos corps, naissant, se découvrent, dans le lieu : œuvre commune du voyant et du vigneron qui, depuis mille ans, ici, prépare le vu, paradis entre deux fleuves.

Le soleil éclate en cent étoiles scintillantes à travers le branchage mouvant du pommier dans le vent devant la fenêtre, constellations blondes, fauves, cuivre, dorées, jaune paille, orangées, ocre, sable ou isabelle pâle, multipliant les rayons droits, centrés, courts, aigus et vifs comme un trille; l'été des Indiens a gommé la palette des verts : oubliés le tilleul, l'amande, l'émeraude, céladon, pomme, bouteille, olive, nuances reposantes dans l'accablement d'août, le feuillage des érables s'ensemence de garance, carmin, cinabre, corail, écarlate et coquelicot, brique et ponceau, tango, bordeaux, cramoisi, sanguine et rubis, les glacis, riches de rouges, grenats, pourpres ou vermeils, donnent au monde une chair incarnate sous un ciel au bleu surnaturel où le vent jette sa transparence laminaire et sèche de sorte que se tordent les branchages devant la lumière solaire et la diffusent en fragments tremblants, bain, ivresse, furie ; existe-t-il une idée ou des mots qui vaillent cette minute d'éblouissement ?

Ramené brutalement aux couleurs élémentaires, naine jaune du soleil, arbres flambants, parfait bleu ciel, l'espace tombe dans une beauté fondamentale qui écrase, comme en Grèce ou en Provence. Expulsé de ses finesses, le corps, aveuglé, fuit vers l'abstrait, peintre ou géomètre. Il inventera le graphisme blanc et noir, le concept sans couleur ni forme, la conscience ou la démonstration, il se jettera dans les arrière-mondes.

Enfant du Midi, à la vieille jeunesse abstraite, j'ai appris à préférer la Flandre ou le nord de la France, les mystères des mers embrumées, lieux où la lumière se perd sous vapeurs basses et astres absents, plaine grise et floue, texture noire des troncs rares, mais où la lueur soudain sature des pièges discrets, enchante le concret local, clairière ou cuisine, non par définition sèche, mais en suspendant les objets dans un bain de brillance légère : perle gris-rose évanoui ou émeraude chaste sur coussin de velours, cerises et melons enchâssés comme béryls ou jade sur plats d'argent doux, longues étoffes de robe aux coloris fondus dans l'épaisseur, natures dites mortes mais à l'état naissant, portraits où le regard se retourne, le spectateur se soumettant à la lucidité d'un œil gemme, tons brisés en ocelles menus, azur, lavande, indigo, pastel, turquoise, pervenche, myosotis, marine, outre-mer. Peu de langues connaissent le mot vergogne, il faut des nuances pudiques pour emmener gentiment les choses à l'existence, des tendresses aquitaines.

Voici vingt ans, les pêcheurs hauturiers devaient présenter à réquisition un lot complet de cartes marines et leurs instruments de navigation en bon état de marche. Question d'assurance, de sécurité, cette obligation tient-elle toujours ?

Un jour de ces temps-là, ces outils parurent en trop bon état aux yeux de l'inspecteur. Les cartes vierges, blanches, neuves se rangeaient superbement, sans aucun pli, dans une grande armoire à tiroirs peinte et dont la clé, qu'on eut d'abord du mal à trouver, forçait un peu par trop de rouille. Toute la technique obligée disparaissait sous la peinture. Cela faisait un peu présentation. Le bord entier avait fourbi, entretenu, les caprices de la loi, un peu comme on repasse l'étendard, pour le faire voir : pavillon haut. Le drapeau ne sert qu'à cela.

Vous n'utilisez jamais ces choses ! s'exclama, bourru, le fonctionnaire du contrôle. L'homme de mer perdit sa fausse contenance, il se mit à branler d'une jambe sur l'autre, hésitant. Le premier choisit de sourire, il avait envie de savoir et promit de ne pas punir. Allons, comment faites-vous pour trouver Mourmansk ou Terre-Neuve, aux deux saisons de la morue ? La réponse prit du temps ; il fallut s'asseoir, déboucher quelque vieille bouteille, arranger les verres, s'entretenir d'abord longuement des enfants, les vaisseaux de haut bord ne se rendent pas tout de suite. Il faut toujours parlementer avant de se mettre à parler. Voyons, comment y allez-vous ?

Il faut imaginer une campagne sans poteaux indicateurs. Quel paysan se tromperait pour aller visiter la ferme d'à côté ? Il tourne à gauche à la fin du buisson toujours vert, il va droit jusqu'au noyer, descend le long du mur de pierre et, là, voit, au fond de la combe, le toit rouge du voisin disparaître un peu sous les cèdres. Ces questions ne se posent pas. On apprend les réponses en même temps qu'on apprend à marcher, parler ou voir.

Ainsi on allait à Saint-Pierre : va vers le soleil couchant tant que telle petite algue flotte, mets sur la gauche, un peu, quand tout devient très bleu, vous ne pouvez pas vous tromper, il y a les parages préférés des marsouins, ceux où un fort courant constant porte au nord, ceux où le vent dominant souffle bas, en petites rafales, où la houle passe, toujours courte, puis l'immense carré gris, ensuite l'endroit où l'on coupe la route des grands bahuts, quand on les a vus, le premier banc gît là, sous le vent. Sillonné, parfois, par les blanchons du fleuve.

Le capitaine devenait intarissable, il aurait tout dit, jusqu'à la nuit close. Et ce qu'il décrivait là, qu'il voyait depuis son adolescence, qu'il observait se transformer à mesure qu'il y passait, qu'il n'avait vraiment appris de la bouche de personne, puisque ses deux patrons successifs ne mâchaient pas un mot de la sainte journée, mais montraient de la main, parfois, au moment de virer ou de changer d'allure, tout ce qu'il étalait d'un coup, devant la table et sur la nappe de dentelle tachée de rhum, cette superficie de la mer moirée, cette surface composite aussi différenciée que nos vieilles campagnes, par carrés de luzerne, petits bosquets, mouillères, rangs de vigne sous poiriers, tout ce qu'il décrivait de détails décisifs, couleurs, poissons, vent, ciel, battement de houle, oui, tout cela reconstituait exactement l'antique document, une encyclopédie engloutie, comme la grande cathédrale. Ce jour, mourait un savoir, l'empirisme rendait l'âme. Ecoutons maintenant sa rumeur monter des eaux.

Là où l'ancien savant ne percevait que du monotone, le patron voyait évidemment un corps strié, nué, tigré, chiné, zébré, exactement différencié, une surface où il repérait les régions locales, où le point, à chaque instant et sous le brouillard même, se trouvait déjà fait ; là où l'ancien savant ne voyait que de l'instable, le patron percevait un espace qui ne changeait que peu.

Mais pourquoi ce jour un savoir inspectait-il l'autre, le contrôlait-il, avait-il pouvoir de le sanctionner, de le faire obéir ? Dans le plus vieux dialogue de la philosophie moderne, celui de la raison et des sens, quelque nom qu'on lui donne, la raison arraisonne le plus vieux savoir du monde et le coule bas. Le jour de ces derniers aveux sonnait le temps de l'ethnologie des vaincus. On n'en fera plus qu'un roman à la mode ou une science humaine à succès dans les villes universitaires, où l'on va chercher la langue du peuple chez les sauvages.

On apprend dès la prime enfance que la science peut rendre l'invisible visible. Et, de fait, la carte marine fait ressortir les profondeurs, indique à distance le rocher caché sous le brouillard. Les instruments visités par le contrôleur font mieux encore, ils annoncent la côte, dessinent le fond de la mer, à la rigueur calculent un point automatiquement. Nous nous inclinons tous devant de telles performances, mais il faut s'incliner, de plus, face à l'inspecteur. Pourquoi la raison seule ne suffit-elle pas, pourquoi choisit-elle la force pour imposer raison ? Comment, surtout, rend-elle, en retour, le visible invisible ? Ce corps moiré, stable et changeant comme une prairie d'alpage au printemps, cet espace reconnaissable et mélangé disparaissent. Oui, la superficie des océans, leur paysage s'effacent et s'engloutissent.

On apprend dès la prime enfance que les sens trompent. On ne dit pas les sens de qui. L'inspecteur ne voit rien sur les hautes prairies où paissent les frégates, la raison sur la surface de la mer n'aperçoit que du monotone, le patron, lui, voit clair, précis et détaillé. Les sens trompent rarement quand on les exerce, la raison se trompe souvent quand elle n'a pas suivi d'entraînement. Ces principes, pareils de part et d'autre, doivent juger pareillement partout.

Les sens ne trompent pas. Le palais d'un fin goûteur juge plus précisément que mille machines, la machine la plus fine se fait de la chair d'un vivant, l'intelligence artificielle ne faiblit que par manque de corps, tel organe de tel insecte ou serpent perçoit des mélanges à l'échelle moléculaire. On ne juge jamais que scientifiquement de l'empirisme, et si l'on se mettait à juger empiriquement du rationalisme ? La mise en doute que pratiqua Descartes ne se réduit pas à un exercice d'écolier ni à une ascèse solitaire. De cet immense mouvement d'histoire, la force encore se mêla. Le visible s'en alla, s'évanouit dans l'invisible. On méprisa les qualités. Un autre invisible vint vers nos yeux. Nul ne vit plus le moiré de la mer, tout le monde chercha le lointain, le profond et les rendit sensibles. On peut dire qu'on effaça l'immédiat, le prochain. Et le patron à la morue n'eut rien à dire. La mer devint vierge.

Ainsi les fabricants de cartes purent dire qu'ils avaient découvert l'Amérique, le faire croire et en prendre la gloire, alors que cent pêcheurs, suivant les chemins tracés du moiré, l'avaient touchée sans le clamer haut dans l'histoire. Le triomphe du verbe écrit produisit une catastrophe perceptive. L'âge de la science refit des iconoclastes au niveau des sens et détruisit de fond en comble un savoir prodigieux au voisinage du perçu. Nous n'en conservons que des ruines, vestiges, fossiles.

Nous avons assez raffiné aujourd'hui le côté des raisons et des sciences pour comprendre enfin à quel point de finesse savante peuvent atteindre les sens. Après des siècles de cartes simples, celles de l'inspecteur, ou de cartes violentes qui effacent la perception différentielle du patron, pour lui substituer un papier blanc semé de chiffres sporadiques, levons la carte immédiate de ceux qu'on a nommés les pratiques des lieux, levons la scénographie superficielle des mers : nuée, tigrée, chinée, zébrée, damassée.

Je n'avais jamais vu la mer avant la nuit de La Rochelle, où, après des heures passées à écouter le vieux morutier, nous avons laissé le carré enfumé, en désordre, et la nappe de dentelle toute constellée de cendres, de taches d'éclaboussures.

Mon pays resta jusqu'à naguère planté de vignes en rangs assez espacés, quoique proches, pour recevoir entre eux, selon les années, le maïs ou le blé. Le long de la vigne, un prunier, le plus souvent, des pêches, jaunes ou blanches, un cerisier, alternés, rythmaient la suite des ceps. Le vin retenait parfois le savoureux du pêcher à deux chairs ou l'odeur des cerises, les bœufs trouvaient de l'ombre où se garer du travail et des mouches, leur conducteur y dormant déjà, couché le visage sous le chapeau et les genoux croisés. Voici trente ou quarante ans, je ne sais quelle main dite invisible arracha l'immense jardin, les enfants ne savent plus comment se quadrillait depuis longtemps la plaine de Garonne. Elle dessinait un tapis composite et diapré ; le maïs, par centaines d'hectares arrosés par jets d'eau tournants, lui donne maintenant à imiter le Middle West américain. Cent paysans vivaient là où il ne passe plus qu'un chauffeur, rare, assis sur cent chevaux, devenu producteur, comme on dit dans les journaux, de matière première, d'une seule de préférence et brute de surcroît. La monoculture et l'économie ont concouru aux deux dernières guerres pour éliminer la paysannerie et gommer le paysage.

Ils ont reçu les mêmes coups et agressions que la ville et la langue. Les urbanistes à la Haussmann ont fait passer un boulevard droit en détruisant, non loin de la Seine, vingt chapelles gothiques et dix hôtels Renaissance : la troupe charge et le canon tire mieux. Linné dit en un mot latin ou grec trois cents appellations vernaculaires pour une plante ou une bête. Vernaculaire : adjectif savant qui désigne le populaire, déclaré ainsi non instruit ; on remarque ici le mot *verna,* esclave né à la maison, ignorant, vulgaire, parlant, mal, le patois local de la ferme. Quand paraît un terme savant dans la mode ou l'usage, qui compte le nombre des mots, œuvres longues du peuple et des temps, qu'il détruit, en les remplaçant sur la page ? Avenue rectiligne de sens recouvrant le paysage. On ne dit jamais d'un pays qu'il se trouve lui-même dépaysé : on pourrait le dire presque de la terre entière. Comment qualifier, de même, nos langues et nos villes ?

Lacis complexe de ruelles sombres et torses ; verbes ou noms variables de hameaux à villages, propres à colorier un atlas ; vignes en lignes portant des notes changeantes d'arbres fruitiers, formant spectre ou partition : obstructions antiques de l'empirisme, opposées savamment au passage du global abstrait, posées sur les circonstances locales.

A travers le désert vert, le chauffeur n'a qu'un travail et une idée, seul dans la monoculture.

Ils avaient commencé par le plus difficile, fin, fragile : par les problèmes à mille contraintes et à cent inconnues, évidemment non linéaires. Dix variétés de fruits, de légumes et de bêtes, la vigne à vin et la treille aux raisins blancs, les oies et leur foie, les pintades criardes couchant dans les branches, les techniques demandées par l'inerte : sol et météores, le vivant : flore et faune, le social : travaux, familles, fêtes et rites, plus la chasse, l'amour et les champignons, cent occupations, mille idées, vingt dieux, plus encore d'ignorances pas toujours apprivoisées, les douleurs et les sottises : monde mixte, bigarré, chamarré, dans la tête comme sur la terre, culture semblable à s'y méprendre aux *Essais* – champs juxtaposés, brefs ou longs, au bonheur la chance, comme les chapitres, citant Hésiode ou les cognassiers, Virgile ou les coudriers, voisinages rares, artistes, introduisant une vue amère, sèche ou astringente dans trop de monotonie douce. L'intelligence jouit en discernant la variété, cultivons le varié pour que l'intelligence vive, active. Tout miroite et change sous le soleil ennuagé dans le ciel volubile d'avril ; Dieu disparaît un peu derrière les saints et les anges. Polyculture, polythéisme.

Monoculture. Rien de nouveau sous le soleil seul. Les rangs interminables, homogènes, repoussent ou effacent le moiré; l'isotrope exclut l'inattendu; l'agronome chasse l'agricole; peu de lois se substituent à ces permutations pointillistes par petites touches. A la place de la culture, règnent la chimie et l'administration, le profit et les écritures. Un panorama rationnel ou abstrait expulse mille paysages, en spectres combinatoires.

Sous nos yeux étalées, deux visions de la raison ou de l'intelligence présentent leur spectacle.

Les difficultés non linéaires à mille contraintes s'effondrent bientôt devant les longues chaînes de blé, de maïs, toutes simples et faciles. L'unique prend la place du multiple. Et le désordre pur, face à l'ordre homogène, chasse les mélanges raffinés. Entendez par ce chaos la solution industrielle, par l'agitation ou la chaleur. Le moteur demande au désordre moléculaire l'ordonnance unique du monde vu d'avion. La facilité, la voilà deux fois : la dentelle fragile maintenue à haut prix de discernement et à grand nombre d'hommes passe, à gauche, du varié à l'unitaire et, en face, du variable au désordonné. Elle va, deux fois, aux limites symétriques. Le paysage, difficile, mêlé, gît entre ces bornes.

Arrivons-nous, ce jour, à une ère troisième, où nous dînerons aux noces du global et du local, sans expulser du festin nuptial ceux qui furent méprisés naguère, selon les normes, sous les noms d'empiriques ou d'abstraits? Nous considérons distinctement le segment qui va du chaos à l'ordre unitaire ou monochrome en traversant une infinité de multiplicités intermédiaires. Pourquoi opposer les bornes à ce qu'elles enserrent? Nous avons forgé les moyens, intellectuels et pratiques, de choisir aisément la solution opportune, lieu, dans le segment, adapté aux contraintes et besoins. Nous utilisons parfois un spectre combinatoire et quelquefois l'universel, nous préférons passer par l'autoroute abstraite, le boulevard global et le concept formel, le long des rangs homogènes de maïs défilant vite, mais nous aimons aussi musarder par chemins vicinaux tors, nous perdre dans le paysage, pour comprendre et savoir. Pourquoi ne pas devenir ensemble rationnels et intelligents, savants et cultivés, variables et sages ? En des cas nombreux la paix n'a lieu que par le Dieu unique, en des cas aussi nombreux mieux valent les anges. Gardons la raison monodrome dans la tolérance du paysage, la pensée non linéaire tolère la pensée linéaire, comble d'ironie, comme cas particulier.

DÉPAYSEMENT (GLOBAL)

Qui suis-je quand l'avion descend lentement dans un paysage volubile de nuages turbulents ou parmi la brume mate, sous cyclone tropical, face au blizzard où la neige vole à plat, ou au milieu de quelque fournaise sèche, et qu'une voix indifférente dans la boîte annonce en trois langues Atlanta, Christchurch, Shanghai, Copenhague ou Dakar ? Exilé, migrant, citoyen du monde, immergé dans les météores, qui, aujourd'hui, errant, pourrait sans inquiétude se poser la question cartésienne, ainsi dépaysé ?

Petit gentilhomme, paysan donc, militaire en déplacement à quelques lieues d'Allemagne, assis dans son poêle en faïence bleue, ici, enfermé, protégé de l'hiver, immobile, cherchant un point fixe, ne perdant ses appuis qu'en un songe de nage, référé dans l'espace et le temps, au milieu de ses coordonnées, devant Dieu, Descartes délectablement fait naître le verbe et le sujet jeté dessous de cette situation stable. Il mourra d'un voyage en Suède.

Nos vies instables souffrent trois dépaysements au moins, après passage en trois bifurcations dures. Nous avons dû laisser le pays, la tuile rouge pour l'ardoise noire et le zinc gris, une langue et son accent pour celle qui dit autrement oui. Descartes n'a jamais changé d'idiome, né au centre du français légal, et n'a jamais porté en lui cette voix double qui, toujours, fait trembler un doute. Puis nous avons dû laisser un peu la France centrée : nous avons appris à aimer le Pô, la Sprée ou la Tamise à l'égal de la Garonne et de la Seine, après trois guerres à millions de morts ; et puis le Saint-Laurent, l'Amazone, le Congo et le Huanghe. D'autres langues entrent dans le corps et font tout autrement vibrer la tête quand les yeux se perdent dans les champs de glace ou de riz. Nous ne nous souvenons plus du bonheur perdu d'être : être ici, stable et constant, dans l'entourage familier du paysage, groupe et métier séculaires, bord de rivière, gravier, roseaux, inondations, cressonnières, saules et peupliers, lise, couleuvres, patois aux accents chantants, noms propres doux, usages, coutumes, ô délectation muette d'être moi. Dépaysés deux fois, par changement de paysage puis par errance en de nombreux pays, émigrants continuels ou feu sans lieu, il nous indiffère douloureusement, détachés désormais, d'habiter la banquise ou le Pacifique, dans une île ou sur un désert, pourvu que nous servions, le matin, la page.

Le feu volant, perdu, errant, follet, instable, éperdu, rapide, inquiet à l'âme usée, râpée, rodée, rabotée, réduite à rien, élimée, aux noms et prénoms anéantis à force de prononciations à gorges étranges, ramené a *nemo,* personne, au corps presque transparent, tant de regards l'ont traversé, aux gestes liquides par adaptation à mille habitudes, le feu inexistant, dansant, remplit son lieu, non le poêle mais la page, son dernier paysage.

Ce dépaysement vrai, le troisième, concerne désormais l'humanité. Elle perd son lieu et son moi, comme moi, détachée de ses pays et de la terre entière. Pas seulement pour ses déplacements fluctuants et ses mélanges au bonheur la chance, commencés dès avant le néolithique, mais par son émigration globale et nouvelle de l'espace vers les signes, du paysage vers l'image, de ses langues vers les codes et des cultures vers la science. Elle laisse les places du travail : mines, carrières, fleuves, chantiers, prairies, labours, pour des intérieurs sans fenêtres ; elle mue son corps musculaire et ses doigts calleux et gourds en système nerveux méconnaissant tout rapport physique à l'espace dehors, assise pour compter. N'habitera bientôt que les schémas, messages et nombres, toute digitale. Nouvelle humanité sans terre, aveugle enfin à ce que nous nommions jadis le réel, droguée ou lucide, qui le dira ? Nouvelle terre, sans paysage, dépaysée, elle-même ?

Pour avoir intensément vécu et pensé trois dépaysements pareils, pour avoir vu cent paysages tour à tour dépaysés, entrons-nous désormais dans l'universel ? L'habitons-nous comme nous nous mouvons, errants, sur le globe terraqué, comme nous savons graver une page valable pour toute pièce du monde ?

La mathématique seule avait su nous fournir de l'universel. Or elle enseigne, au moins depuis un siècle, que le global se réduit souvent à du local enflé. D'où de nouvelles prudences : qui se prétend universel cache qu'il a gagné la dernière guerre, par langue ou force, singulier qui se répand, particulier gonflant de sa voix les canaux de publicité. La phrase dite sage du roi Salomon : rien de nouveau sous le soleil, chante la victoire d'un astre interdisant dans son espace désertique tout changement qui lui porterait de l'ombre. Or le soleil, petite naine jaune assez proche de sa nova mortelle, avoisine des milliards d'étoiles pareilles, diverses, étranges même. Dit de roitelet local.

L'errance fait passer de paysage en paysage, les pages volent sur leur erre. A quelle haute généralité les longues chaînes de raison, de lignes sur la page, de blé ou de vigne sur la face de la terre, font-elles, à leur tour, obstruction ? A quel éclair rapide, à quel message foudroyant, les autoroutes mêmes, les lignes aériennes, les satellites de communication, au pouvoir de si peu d'hommes, s'opposent-ils ? A quel gracieux aveu d'amour ? A quel partage loyal de pouvoir ?

Nous avions appris déjà un tel abus de dominance pour l'idée ou le nom d'homme, ramenés à une singularité proposée pour modèle parce qu'elle avait triomphé dans d'abominables batailles et qu'elle faisait à son tour obstruction à toute autre langue ou notion. Sur ces abus, les sciences exactes pour une fois ne disent rien d'autre que les humaines.

Qui comprendra le Huanghe, l'angoisse chinoise devant l'inondation et ses ravages sur la plaine au lœss, s'il n'a passé des nuits âpres sur la Garonne en mal d'avril, gonflée à faire peur, qui peut parler aux Bambaras, paysans-bateliers dans la boucle du Niger, s'il ne sait la communion du fleuve et de la rive dans son propre paysage de naissance et de travail, comment les mariniers du Saint-Laurent le reconnaîtraient-ils, malgré les glaces en débâcle faisant obstacle à son adaptation... l'expérience fait que les localités parcourues s'additionnent à un local déjà vécu, alors que l'universel passe, ne retenant de partout que l'universel, global si local qu'il oublie tous les autres lieux : grands principes fermés sur leur volonté de puissance. Le corps somme lentement les gestes nécessaires pour vivre sur le Huanghe, le Niger ou le Saint-Laurent, il se métisse. L'errant, l'exilé, adapté, roulé en toutes eaux, doué de si peu d'identité qu'il reconnaît se nommer personne, somme en son corps passages, paysages, coutumes, langues, il les mélange : mûlatre, quarteron, hybride, mâtiné, octavon... eaux mêlées des fleuves du monde battant dans ses artères.

De même que la hideuse, la mortelle passion de l'appartenance, responsable d'à peu près tous les crimes historiques, n'a jamais fait l'objet d'aucune étude, puisque même ceux qui étudient ont besoin d'appartenir à : une secte, une langue de bois, un parti, une discipline scientifique, en tout un groupe de pression, pour tenir un site inaccessible à toute critique possible, de même le mélange corporel et le mixte en général restent inconnus à la philosophie, discours pour la séparation et pour la pureté, fermé dans la hideuse et mortelle passion de l'appartenance.

Qui suis-je? Personne. Qui suis-je encore? Métis, octavon, mélange aussi précis et raffiné que les codes qui spécifient les choses en dessinant un spectre combiné de bandes et de nombres. Les dépaysements, brouillant les appartenances, mais fixant les sommes sur une très vieille expérience locale retenue, ont fait de mon corps apparent et fluctuant un spectre long, tigré, rayé, nué, moiré, bigarré, chiné, damassé, addition fine de mille exercices; mon sang réel doit pouvoir s'exprimer par un code analogue. Ce tissu bariolé, ô merveille, sert de métaphore ironique à Platon, pour définir la démocratie et se moquer d'elle, au huitième livre de sa *République*. Une bigarrure d'autres ne saurait être un être. Qui suis-je? Ce bariolage nué. Donc toujours quelque chose me rapproche d'un homme : geste ou couleur, rite et sourire, manière de naviguer ou de se courber sur la terre, usages, travaux. Il nous manque une grande philosophie des mélanges et métissages, de l'identité somme ou combination des altérités : le discours et l'abstraction retardent sur le corps qui sait faire et pratique ce que la bouche ne peut dire. Qui suis-je? Que veut dire ce curieux verbe pour le dépaysé, mélangé, métissé, pour l'errant qui s'adapte? Que peut-il signifier en dehors de la mortelle appartenance?

La philosophie à venir du mélange connecte le global et le local, iréniquement, et suppose une autre ontologie.

MÉTHODE ET RANDONNÉE (GLOBAL ET LOCAL)

Le paysage assemble des lieux, page de pages. Le désert, sans feu ni lieu, conduit vers le global, rien de nouveau n'apparaissant jamais dans l'espace homogène. La méthode traverse le désert, le paysage la gêne, tout lieu lui fait obstacle. La voie qui passe le paysage se nomme randonnée.

Dans le lexique ancien de la chasse, courir à randon signifiait forcer le gibier : poursuivre, par exemple, un cerf à cheval, dans le circuit qu'il accomplit à partir du lieu de lancement jusqu'à la mise à mort. Impétueuse, rapide, la course devait changer de direction souvent car la bête, par sautes brusques et imprévisibles, cherchait à dépister la meute. Les chiens, pourtant, relançaient sans cesse dans la bonne direction la musique, les cavaliers, tout le fracas de la chasse à courre. Randon, en équilibre au milieu de la Manche ou du fleuve Saint-Laurent, se partagea entre les langues française et anglaise. Dans l'une, randonnée finit par signifier une promenade un peu longue et difficile, dans l'autre, *random,* en souvenir de la course irrégulière et imprévue du gibier, veut dire hasard. J'aimerais user de randonnée dans un sens proche de son origine, où il s'augmenterait de quelques tirages au sort pour le choix de la direction prise et pour la longueur du fragment parcouru. Les météores, les parages mauvais, les courants déviants font souvent de *l'Odyssée* une randonnée. Ulysse sort de la meilleure voie par un concours de circonstances.

Une méthode dessine un parcours, un chemin, une voie. Où allons-nous, d'où partons-nous et par où passons-nous, questions à poser pour connaître et pour vivre, de théorie ou de pratique, de tribulations et d'amour. Pourquoi se presser, exploiter ou employer le temps, comment le prendre ? Mais nous ne le maîtrisons pas tout le temps.

Voici d'abord des voies droites. Celle qui délivre au plus tôt le voyageur peureux de la forêt où il s'engage, celle que suit la lumière sans masse et foudroyante, autant dire la voie cartésienne. Enchaînement de chaînons dans la chaîne, suite ou série de proportions, algèbre structurée par la relation d'ordre. Voie droite signifie partout maximisée, les règles de la Méthode font régner les superlatifs. Premièrement, de ne comprendre rien de plus... que ce qui se présenterait si clairement et si distinctement à mon esprit que je n'eusse aucune occasion de le mettre en doute. Diviser, deuxièmement, chacune des difficultés, en autant de parcelles qu'il se pourrait et qu'il serait requis pour les mieux résoudre. Suivre, troisièmement, l'ordre des plus simples aux plus composées. Faire partout, enfin, revues et dénombrements si généraux et si entiers que je fusse assuré de ne rien omettre. On dirait bien une fonction critère qu'on maximise sous contraintes. Leibniz n'avait pas tort de se gausser d'une telle accumulation de souhaits litaniques, mais n'avait pas raison cependant de manquer à lire ici un dessin dont il avait tenté de formuler la loi. Car entasser ainsi superlatifs sur comparatifs consiste à proposer une stratégie extrémale. A minimiser les contraintes du doute, de la difficulté, de la composition, de l'omission, pour tracer la voie optimale, voie leibnizienne par excellence, *de maximis et minimis*. Descartes, qui n'aimait pas l'infinitésimal, amène à rien le minimum : aucune occasion, rien omettre, s'il ne peut, et pour cause, amener le maximum à quelque chose. Et c'est ainsi que la lumière court, pour inonder métaphoriquement l'intuition de clarté, qu'elle court le meilleur chemin, et c'est ainsi que l'égaré sort du bois, par la voie droite, la plus courte, ainsi, dira Leibniz, le monde vient à l'existence, comme chutent les corps. Au meilleur résultat par les moindres dépenses : pour, aussi bien, gérer son patrimoine en bon père de famille, gagner le plus en déboursant le moins. Economie des lois de la nature, ou lois supposées naturelles de l'économie. L'âge classique, ici, a triomphé, nous ne connaissons plus que cette stratégie, la directissime, devenue raison. Que nous voyagions par terre, mer ou air, que nous apprenions les mathématiques, par axiomes et déductions, que nous exploitions notre temps ou celui des autres, que nous entrions en conflit ou en guerre, nous appliquons toujours la tactique des *extrema,* par où nous nous vantons d'optimiser nos pratiques. La raison, l'efficacité, l'investissement, la violence gisent ensemble sous cette loi économique, j'entends par économie ce rapport stratégique *extremum-optimum*. Elle devient notre norme : quand la morale passe à la connaissance, l'ensemble classique des voies de notre rationnel et de nos rectitudes. D'une certaine manière, nous ramenons le plus possible à zéro toute perturbation, toute fluctuation, qui nous écarterait peu ou beaucoup de ce chemin, que l'ensemble de notre culture nous fait lire comme nécessaire.

Voilà le talweg de notre culture rationaliste.

Mais nous sommes aussi héritiers de voies non économes, qui ne se soucient pas de cet équilibre extrémalisé. On peut supposer qu'Ulysse ait été un cartésien avant la lettre. Que dès l'appareillage, une fois Troie prise, détruite et saccagée, il ait pensé au plus court son chemin vers Ithaque, le creux de son désir, qu'il ait ainsi décidé, projeté sa navigation de retour. Elle ne devait pas suivre, sans doute, la ligne droite, mille contraintes interdisaient, traversaient ce tracé. Mais le marin habile devait, lui aussi, optimiser le parcours : suivre ici telle côte, éviter alors tels parages, prendre là tel vent régulier, embouquer ailleurs ce détroit, mouiller tranquillement plus loin dans la saison, et ainsi de suite, ruser avec les contraintes. D'où une route sinueuse, certes, où les obstacles définissent des tours, mais une route élue par ruse parmi les contours possibles. Et pourtant non. Voici que *l'Odyssée* dessine des chemins en dehors de cet ordre, des voies de gaspillage. Le vaisseau s'approche de Pénélope et il s'en écarte d'autant, il tombe dans la bonne route mais s'en éloigne le plus souvent. La courbe festonnée de sa navigation déborde la voie normale. Ainsi découvre-t-elle des terres inconnues, ainsi invente-t-elle quand échoue la ruse.

La méthode trace bien un parcours, chemin à travers un espace. Sait d'où elle part et où elle va. Entre ces deux situations, le tracé méthodique passe au milieu et n'échappe pas aux définitions extrémales, sous contraintes bien entendu. Or le chemin odysséen ne se dit jamais ou, du moins, rarement méthodique, en ce sens canonisé avant l'âge classique par la philosophie platonicienne, où la dichotomie passe bien aussi par le milieu, où l'articulation cherche l'économie. Le chemin odysséen ne peut pas se dire méthode, mais exode. Exode au sens où le chemin s'écarte du chemin, où la voie prend l'extérieur de la voie. Où le tracé pris et suivi, localement, sinon choisi, fait exception à la norme à choisir. L'exode mosaïque marque un extérieur différent : Moïse sort d'Egypte avec son peuple ; soumis aux contraintes du désert, il ne parvient jamais à la Terre promise. De sorte que le chemin lui-même, le chemin quelconque, reste hors de son départ et hors de l'arrivée : ouvert au voisinage de ses termes. Ulysse part en exode autrement, il quitte Troie et revient à Ithaque, où il rentre, où il reprend ses droits de royauté, où il ferme la boucle. L'exode, les écarts, ne jouent pas sur les lieux de stabilité, mais sur le chemin lui-même. Quand vous aurez une méthode, vous direz donc : parcours de la méthode, redondance. Mais quand il s'agit d'un exode, vous pouvez dire : discours de l'exode, équivalence. Le discours fait écart par rapport au parcours, de même que l'exode s'éloigne du milieu, de l'équilibre, de l'extrême méthodique.

Ulysse donc se soumet aux fluctuations : celles de la mer et du vent, fluctuations des flots. Balancelle à la bonace, aux tornades, aux tourbillons de Charybde et Scylla. Hors du chemin normal, il s'immobilise, encalminé ou saisi par d'autres stabilités. Comme s'il existait du stable écarté par rapport à la voie normale elle-même stable et bien définie dans son cours. Comme si un fleuve, éloigné de son lit ordinaire, rencontrait un plateau où il formerait lac, où il demeurerait un certain temps avant de regagner sa chute prévisible. Comme s'il existait un ordre hors d'ordre, ou des équilibres originaux ou singuliers hors de la route-milieu équilibrée. Attracteurs étranges. Comme s'il existait des types d'ordre imprévisibles par rapport à la loi normale, d'équilibre, à la loi ordinaire de l'ordre. Comme si la fluctuation au hasard, tempêtes inattendues ou déferlements stochastiquement répandus par l'espace hauturier, amenait tout à coup à (la formation d')une localité temporairement stable, une île où naît un autre temps, local, oublieux de l'ancien, de l'ordinaire, oublieux du temps du parcours. Ecartées par rapport à la voie méthodique, ces îles forment ordre par fluctuation, un autre ordre qu'on peut bien nommer exodique. Jamais vous n'en trouverez sur le parcours de la méthode, elles gisent hors des équilibres globaux de l'épistémê, exodiques, exotiques, ergodiques. La méthode minimise les contraintes, les annule ; l'exode se plonge dans leur désordre.

Je ne raconte plus, pour notre amusement, l'histoire d'un vieillard, pis, d'un vieillard aveugle. Je tiens un discours scientifique, un discours en rupture d'épistémologie, un discours scientifique non épistémologique ; il rompt avec deux millénaires de méthode. Ou plutôt, ce vieux racontar est saturé d'un savoir autre et prodigieux. Nouveau. Non pas un racontar et non pas une histoire, mais le discours d'exode que je cherche, et très exactement le divertissement, la voie de diversion du très rusé Ulysse qui gardait dans son sac l'ensemble des tours et détours de la nouvelle science, la théorie de la connaissance aveugle, ou de l'évidence adèle de ces évidences cachées par plusieurs siècles de méthode. Par des millénaires de méthode inutile. Inutile en vue du nouveau.

Ulysse a un rapport intéressant aux attracteurs étranges distribués sur son pseudo-chemin. Il cherche à éviter les séductions sonores des Sirènes, craint les puits tourbillonnants de Charybde et Scylla ; passe à l'écart et, pour le coup, cherche la ligne droite. Mais se jette, est jeté aux pieds de Nausicaa, fille à la balle. Séducteur, dit-on, et rusé, sûrement, Ulysse n'est jamais que séduit ou indéfiniment séductible, par Circé ou d'autres, séduit c'est-à-dire conduit hors sa voie, hors chemin droit, normal ou d'ordre. Et parce qu'il le sait bouche parfois ses oreilles. Parce qu'il sait qu'à la bifurcation, il se pousse vers la mauvaise branche de la fourche, fasciné par elle, dévoyé.

On raconte qu'Hercule choisit toujours la bonne branche, la vertu non le vice. D'où ceci que le vice a la face d'Ulysse ou de la ruse, que la vertu a celle de la force. Hercule, dieu classique vertueux, puissant, fort, héroïque, optimise ses voies, comme le font nos sciences, nos pratiques et morales. Et s'il se permet d'écarter un fleuve de son lit normal, il le fait pour le bon motif, nettoyer le fumier entassé dans des écuries sales. Toujours la bonne stratégie, invariablement vainqueur. Mais, que je sache, il tue : tue le lion, tue l'hydre, le sanglier, le taureau, les oiseaux. Tue le vivant et meurt sur le bûcher, au milieu de la double flamme, du bois, de sa tunique empoisonnée. Hercule a toujours la méthode et la bonne, la meilleure stratégie, le bon choix devant la bifurcation, parfait militaire : donc le plus fort, celui qui a toujours raison ; il gagne, vainc, tue, méthode optimisée de la violence maximale, chemin de l'équilibre vers la mort. Je soupçonne au contraire Ulysse de différer son retour à Ithaque où l'attend le carnage sanglant à côté du lit conjugal, et de le différer en choisissant, *volens nolens,* à la bifurcation, une autre voie que la voie optimale, en découvrant d'autres stabilités que l'équilibre général. Le savoir ruse avec la mort, son exode forme un ensemble d'anabases : quitter la côte, éviter le talweg, remonter par rapport à l'irréversible, s'écarter autant qu'on le peut de la voie la plus courte. Donc ne pas ramener à zéro l'effet des fluctuations. La vie fait confiance au hasard qui, lui, répugne à la raison.

Discours d'exode, *l'Odyssée*, récit, devient alors une encyclopédie du savoir. Les enfants grecs apprenaient là leur culture et leurs techniques, de la cuisine à la réparation des vaisseaux, leur histoire, mythes et géographie. Les enfants grecs : Platon enfant, Théodore et Eudoxe enfants. Ils y lisaient la dynamique inventive de l'anabase. Non pas, comme nous le croyons, une science archaïque et sauvage, mais un savoir très raffiné, que nous commençons à concevoir. Non pas une méthode par la voie la plus courte, mais un chemin long, contourné, dentelé, bigarré. Par là, ils se préparaient à démontrer la rationalité de l'irrationnel, par exemple, ou à cartographier les terres inconnues.

Je regrette, aussitôt que dit, le terme encyclopédie, que, justement, les Grecs avaient peu formé. Que le savoir dessine un cycle enfermé dans un cercle, que la pédagogie boucle un cycle de cycles, les Grecs auraient dû nous le dire, s'ils l'avaient un moment pensé, eux pour qui le cercle figurait justement l'optimal. Or ils ne l'ont pas dit. Et ils ne l'ont pas dit par la vertu de l'exode homérique. Le schéma d'encyclopédie convient, sur ce point-ci, au tracé des méthodes. Celui-ci court sur la plus courte voie de même que le cycle, ou le cercle, extrémal, qui clôture la plus grande surface par la courbe la plus petite. Le stock, le capital ou l'accumulation de savoir suivent les mêmes lois que son fonctionnement, les mêmes lois économiques. En ce sens, toute encyclopédie demeure méthodique, voilà deux notions maximales. L'exode premier du savoir grec tient un discours non économique, court des voies longues, des voies intéressantes, en tant que l'intérêt suppose un intervalle, une distance, un écart qui ne se ramène pas au zéro, des intersections, des interférences. Ici le savoir se disperse et se distribue, mais ne s'intègre pas dans une totalité, non conçu sous figure optimale. Toujours en écart à lui-même. Dès que le savoir se ramène à la méthode et à l'encyclopédie, à la droite et au cercle, le voici aussitôt envahi par la redondance : en ordre et à la norme, répétitif. Il attire les lois locales des rendements décroissants. *L'Odyssée* donc ne dessine pas une encyclopédie, mais une scalénopédie. Scalène, comme on dit un triangle scalène, non isocèle, non droit, non équilatéral, non équilibré en quelque partie, scalène signifie boiteux, comme Héphaïstos, inventeur et mari d'Aphrodite, boiteux comme certains parents d'Œdipe, ou qui a mal aux pieds, comme lui ; scalène décrit un chemin oblique, tortueux, compliqué. Baroque, tout comme l'époque où fut conçue mais non réalisée l'encyclopédie. Ulysse emprunte des routes scalènes et ainsi découvre et invente, routes de grécité, celles des cultures non redondantes. Des cultures à histoire. A histoire non recyclée, non recyclable dans un modèle équilibré ou préconçu, dans un modèle aux deux sens de ce mot, et théorique et optimal. L'exode dit le tout premier des mots d'une histoire. Il y a des cultures où elle forme un scénario qui répète une législation, une structure, présentes dans leur évidence ou enfouies et à mettre au jour, un scénario typé, un parcours méthodique. Nous commençons à les savoir construire, ces schémas ne nous manquent plus. Vinrent une ou deux cultures où l'histoire se délivra de cet équilibre, et se mit à fluctuer hors des cycles, à bifurquer hors des schémas répétitifs, à se laisser aller à des chemins scalènes. Ulysse naviguant au bonheur la chance quitte les savoirs clos et les histoires corsetées de structures, il invente le savoir inventif et l'histoire ouverte, nouveau temps.

Les petites mers n'exigent pas les mêmes marins que les grands océans. Elles obligent Ulysse à une maintenance et une habileté manœuvrière que l'amiral Christophe Colomb, astronome, ignore. *L'Odyssée* enseigne un savoir que celui de la Renaissance, à l'enseigne de la caravelle, démarrant à l'ouvert des Colonnes d'Hercule, méprise et oublie.

Concorde passe l'eau en deux heures ; de Cap Canaveral ou de Kourou, les fusées s'arrachent à la pesanteur terrestre, vers l'espace, la Lune ou Vénus. Nous voyons un autre espace, à travers la vitre de tout véhicule. Changerons-nous de savoir ?

La houle atlantique s'allonge assez pour tenir toute nef dans sa longueur d'onde ; aussi hautes ou déferlantes que se présentent les lames, elles s'espacent pour que la barque ou le paquebot, le porte-avions ou la frégate, le cargo se couchent et dorment dans une sorte de berceau. Féroce, l'océan demeure maniable. Les mers étroites à houle courte, Irlande, Egée, Iroise, mettent en danger cruel de casser toute nef de quelque taille, caïque ou caboteur : la quille râpe des tas de cailloux à crêtes serrées. L'élément d'espace change, les creux ne se limitent pas des mêmes murs.

La randonnée odysséenne en vue des terres ne requiert ni la même force ou patience ni les mêmes talents que la route des Indes ou l'aventure américaine. A longues journées sur d'immenses largeurs par houle très ample, la marche droite reste requise et possible. Ulysse tente et cède, prend un tour et le lâche, court de l'abri sous le vent de ce cap vers telle rade foraine, tient compte de cent contraintes, doit ruser. S'il va droit, il fera naufrage. Au début du dernier siècle encore, Chateaubriand, gonflé d'ire contre son patron, a dû pourtant passer des mois à gagner la Tunisie, partant d'Egypte ; il a fui dix fois et cherché vingt refuges. Voici trente ans, dans les mêmes parages, malgré des milliers de chevaux, mon bateau, désemparé, a fui aussi. Vu d'avion, l'océan semble simple, ridé, rayé, à grands traits ; l'Iroise ou la mer Egée, par grand frais, paraissent nuées, tigrées, localement ocellées, bouleversées, quelque horrible mélange. Ulysse embarque dans ce corps mêlé à mille variables, Colomb taille la route par la simplicité hauturière : longue chaîne de raisons faciles, mille courts détours de ruses difficiles.

Quand une contrainte ou variable l'emporte de si loin sur toutes les autres qu'on peut tenir pour négligeables celles-ci, une ligne droite ou courbe simple se dessine et tout se clarifie. Otez toutes choses pour n'en plus voir qu'une ; ce qu'on néglige tombe comme du détail. On peut devoir ou vouloir tenir compte, au contraire, de cent contraintes, il arrive que leur filet saisisse ou ligote : la maille aux fils courant dans de multiples sens figure un lieu de mer noué de houle, une turbulence de vents croisés, une cellule circonstancielle à autant de dimensions; en cette singularité, Ulysse perd la tête linéaire.

L'avait-il jamais eue? Descartes ou Bacon, après Colomb, nous l'ont donnée, nous la perdons aujourd'hui. Ou plutôt, sans la perdre nous en prenons une seconde qui nous fait revenir à Ulysse sans mépris. Nous considérons la tête linéaire comme un peu raide et grossière, efficace et optimale naguère, un peu passée aujourd'hui.

Ulysse, de la rame ou de la pelle à grains, paysan ou marin, pratique une industrie non linéaire devant la nécessité aux cent contraintes; l'intelligence aux multiples détours, habileté manœuvrière, invention rapide et vive d'expédients adaptés aux circonstances accourant sur elle en foules et rafales, naît de la mer Egée, entre autres mers courtes, ou du paysage agraire à parcelles singulières, ensembles de cellules ou marqueterie de lieux modelés par la brise sautant brusquement d'un lit à quelque autre, les courants capricieux, les brisants partout semés, sirènes et météores. Ces monstres gouvernent les parages comme les hamadryades les arbres. Les circonstances font les lieux; ils demandent une intelligence, qui habite les lieux et les peuple de dieux qui président aux circonstances.

La nécessité du paysan et du marin antiques – entendez par Antiquité l'âge au cours duquel l'humanité a tiré subsistance d'un tel ensemble de cellules non standard, âge qui s'achève dans certains pays de France après la Seconde Guerre mondiale et qui peut subsister ailleurs aujourd'hui –, la nécessité multiple, non massive, locale, non globale, variable, s'impose par lois courantes et gifles de hasard mêlées, elle ressemble à s'y méprendre au caractère étrange des femmes ou à la conduite sociale de certaines villes : humeur des météores, coups de tête des tyrans, lubies politiques... Les baies, les bosquets, les grottes et plages se soumettent à des caprices fluctuants et bigarrés d'héroïnes adorables et redoutées. Le paysage montre la même complexité que le fameux passage du

Nord-Ouest et pour les mêmes raisons : la nature et la culture y présentent la même structure. Il faut ruser avec le courant comme contre une femme, prendre un tour au coup de vent comme devant le désaveu du roi, devenir soi-même multiple face à l'hydre de la foule ou de l'ouragan, ou n'être personne pour mieux résister au destin. Dès qu'il a mille visages ou variables, il peut apparaître sous le masque d'une déesse, d'une loi, naturelle ou politique, d'un tempérament, l'essentiel restant la multiplicité, non son apparence. Multiples détours sur le chemin, apparitions nombreuses devant le regard, lieux innombrables sur terre ou sur mer, mille ruses de l'astuce.

La maîtrise classique sur le monde et les choses choisit une seule contrainte ou variable et tient les autres pour nulles. La volonté garde le cap, passe l'océan par la loxodromie ou l'arc de grand cercle et la forêt en ligne droite, rien ne distingue le local du global. L'âge des grands voyages suppose une dissolution du paysage, la levée d'immenses cartes, le mépris têtu de la circonstance, le monothéisme et la suprématie de la volonté sur l'intelligence. Savant, marin, philosophe ou voyageur prennent la tête linéaire et la confondent avec la raison. Beau forçage, hautes victoires : la nécessité non linéaire, inattendue ou méconnaissable, aux cent visages et mille détours, entre dans l'oubli avec l'intelligence correspondante et le paysage antique et polythéiste. Il faut dire que, sur l'Atlantique, à la saison des alizés, n'importe qui, sur douze mètres de bois, vent arrière, passe à l'Ouest sans effort et risque de confondre le régime stable d'une seule variable avec sa maîtrise et possession d'une nature lisse. On louera sa résolution et son entêtement plus que son adaptabilité. Gare au retour.

Qui eût pu croire, au cours de l'Antiquité, à l'existence d'une loi universelle, alors qu'aucun olivier ne se tord pareillement et qu'aucun coup de vent ne ressemble à celui de la veille ? Avant d'imaginer une possibilité telle, Platon doit concevoir un espace lisse, sans couleur, invisible et insensible. Avant de se convertir à son existence, le peuple hébreu court le désert, espace non varié, isotrope et homogène. Les mathématiques naissent à l'ombre des pyramides, soleil unique marquant la trace de la mort ou de l'autre monde sur le sable uni. L'intuition s'oblige à voir sans accidents. Un seul Dieu encore fait la renaissance de la science.

L'œil voit le paysage ou l'espace : perçoit l'un et oublie l'autre. La cartographie antique exprime le danger du voyage, la multitude des obstacles, la difficulté de voir globalement quand on se trouve plongé dans un paysage varié. La forêt cartésienne, au contraire, devient un ensemble dont la course droite du passeur laisse les espèces et variétés : il ne s'inclinera plus devant le rameau d'or. On n'hydrographie pas chaque vague. Franchir la frontière du local, la limite ou catastrophe de la clairière où tout le groupe se croit enfermé demande parfois des siècles, quelques génies et les dites crises de l'histoire.

Les choses que nous appelons entendement et sensibilité, raison même, cases secrètes dans le sujet du connaître dont nul n'a jamais démontré l'existence ni repéré le lieu, où les manuels et les traités rapportent que se font les opérations qui changent le détail en synthèse ou les œuvres de la subsomption, ne se réduiraient-elles pas simplement à des couches ou strates de mémoire, à des monuments de cultures passées ou perdues par l'histoire ? Nous pouvons voir l'Atlantique avec le regard qui fait le point au sextant ou l'œil méticuleux du vieil homme de mer, rien ne détermine à nous dire empiriques ou abstraits dans l'un ou l'autre cas. Notre long aveuglement à bien lire la risée quand elle s'imprime sur la page marine vient-il d'un manque à concevoir la turbulence fractale ou d'une insensibilité à recevoir les petites gifles rangées dans les larges bourrasques du grain ? On a dit depuis longtemps la vue modèle de la connaissance et toutes nos langues le disent encore, et si elle portait ses souvenirs et ses oublis ?

Nous entrons dans un troisième état qui déstabilise les deux autres : le paysage peut passer pour un modèle abstrait, formel, au même titre que l'espace uniforme de la géométrie ou de la mécanique classiques, dont l'abstraction nous paraît un peu bien hâtive et grossière et dont les vertus concrètes et pratiques nous frappent surtout. Euclide vient du côté du maçon et Lagrange avec l'ingénieur. La vue locale et singulière n'apparaît pas comme un détail accidentel à écarter, la vision globale ne fait pas seule la loi. Nous ne comprendrions plus pourquoi la première appartiendrait à l'ordre du sensible, l'abstrait a sa finesse, par opposition à l'autre, située du côté de l'entendement, le concret a sa géométrie. Toutes deux passent à nos yeux pour des vues aussi concrètes ou abstraites que des données peuvent le devenir. La distribution des multiplicités, digitales, homogènes ou diverses, l'emporte sur la distinction du senti et du conçu ou tend à l'effacer, faisant croire à tous que tout se joue au niveau du langage.

Quand nous faisons le tour du monde en quelques heures et que nous accédons à certains astres plus vite qu'aux îles voici cent ans, nous pensons qu'un voyage détaillé autour d'un jardin potager peut nous réserver autant d'informations surprenantes. Quand l'univers s'élargit, revient le paysage. Nous équilibrons mieux le monde et le lieu, quand l'Antiquité ou ce qu'ainsi j'appelle, étouffée de local, ne pouvait parvenir au global et quand l'âge moderne méprisait volontairement toute obstruction locale aux lois globales. Du coup, nous rééquilibrons ce que nos prédécesseurs nommaient empirique et abstrait, le sensible et l'intellectuel, les données ou la synthèse. Sans doute faudra-t-il vite redéfinir l'abstrait comme tel, en le distinguant avec soin de l'homologuer partout lisse.

En outre, tout grand changement de savoir ou d'intuition, de rapport au monde, correspond à une crise sur le concept ou la réalité de la nécessité, vieille comparse redoutable de nos luttes millénaires. Elle ne nous écrase plus ni de sa loi universelle ni de ses gifles multiples, inattendues ou prévisibles. Elle a quitté la bataille, après les années cinquante, en plein milieu du siècle, et le combat cessa sans que nous l'ayons vraiment su. Beaucoup donnent encore des coups dans le vide et s'arment jusqu'aux dents pour la dernière guerre. Celle-ci n'aura plus lieu. Oui, nous avons gagné. N'excédons pas la victoire. Le vieil impératif de maîtrise se retourne maintenant comme en feed-back sur notre maîtrise définitivement acquise. Nous avons transformé les choses, nous devons les comprendre, ou plutôt : nous comprenions les choses pour les posséder ou transformer à notre guise, nous avons à les comprendre pour les protéger. Passer la forêt sans considérer les arbres, sans voir ce que nous faisons aux arbres par l'opération de passer, nous paraît aujourd'hui inculte et grossier. Nous retrouvons le local par la nécessité que nous faisons peser sur lui. Notre antique adversité a changé de camp : elle réside en nos politiques. Nous avons à régler la loi de nos volontés collectives devenues aussi globales et incompréhensibles que les lois du monde, jadis.

De ces coups-là nous reconsidérons à nouveaux frais Ulysse et Colomb, l'ancien et le moderne, les pères du troisième état si nouveau.

Ulysse devait avoir mille tours dans son sac, pour l'imprévu et l'improvisation ; qui manque de prévision doit bien se contenter de la prévoyance. La prévision suppose la vision d'un espace global, homogène, sur quoi se dessine la loi ; la prévoyance implique le paysage, l'intuition d'un espace historié à cellules circonstancielles, ensemble de localités ; le prévoyant ne sait ce que lui réserve demain la cellule voisine, d'où ce sac aux cent tours, sur le flanc ou dans la tête. Or la circonstance fait qu'il lui manque un tour, l'événement prend Ulysse de court, telle conjoncture plus rare le laissant mal préparé, désemparé. Sort-il de la route ? Non, il faudrait qu'il y eût cette route dessinée comme la loi sur l'espace global et lisse, ligne droite dans la forêt ou loxodromie à travers l'océan. Non, Ulysse ajoute came ou ganse ou boucle à sa route, qui comptera comme nouveau tour dans son sac et dessinera une nouvelle circonstance dans le paysage. L'itinéraire festonne en autant de détours que le marin prend de bitures sur le câble de son sac, que sa mémoire conserve de cas tordus, que l'espace s'enrichit de lieux inattendus, que le panthéon buissonne de dieux, que le récit bifurque en épisodes. L'adjectif polymécaniste fait le titre de la circumnavigation ou la qualité de l'intelligence ou l'erre du poème : la vision d'un espace et sa fabrication. Au bilan de vie, Ulysse gagne et perd, à chances jouées, pas toutes jouables, au coup par coup, à la bifurcation éventuelle, jet de dés au carrefour. Festons et buissons : paysage. Détours et bifurcations : limites et sommets des cellules de circonstances. Ulysse suit exactement les géodésiques de son espace, de son lieu paysager, ainsi se dessine sa tête, non linéaire. Ainsi se rencontrent les dieux.

Bacon, Descartes, Colomb laissent le sac à malices : pas d'astuce ni de ruse. La raison délaisse l'intelligence pour la volonté. La Méditerranée, cultures et peuples non linéaires, laisse place à l'Atlantique nouvelle et à la linéarité. La méthode passe la forêt en tenant les arbres pour nuls ; elle traverse la grande mer. Ainsi l'agriculteur laboure pour tuer toute plante ou racine et solliciter pour la culture d'une seule une réaction du champ qui la fait régner sans partage ; il méprise pour sauvage l'homme des bois, connaisseur d'arbres et de lianes, lieu par lieu et temps par temps, pouvant se repérer dans la forêt sans chemin ni boussole, par repères si instruits qu'ils deviennent instinctifs. Sortir du bois par le chemin droit sans rien voir équivaut à se délivrer de la sauvagerie. Ces deux rapports aux lieux et à l'espace marquent encore aujourd'hui la distance entre un homme de science et celui qu'on appelle, par mépris, littéraire ou poète, sauvage, distance entre le paysage et le panorama.

Dessinons une randonnée aux mille détours et connexions, polytrope, polymécaniste, le sac à malices d'Ulysse. Elle ressemble à un labyrinthe, comme si le héros, crétois, avait tracé sur mer le dédale de la terre. La méthode droite, impatiente des longueurs, traverse et bouscule ce lacis enchevêtré en suivant son optimum ou maximum. La randonnée tombe en désuétude, adaptative ou empirique, la méthode se disant volontaire et abstraite : l'une dans la rectitude, l'autre torse et gauche.

De quel droit préjuge-t-on d'un seul côté du corps ce qui va au plus court ? Au nom de quelles valeurs sauvages et enfouies condamne-t-on le variable et connexe comme gauche et le sens constant comme droit ? Celui-ci, mal nommé, ne tourne jamais à main droite.

Or la randonnée nous paraît ressembler maintenant à une puce à portes et franchissements ou à l'un des circuits que nous fabriquons aujourd'hui pour optimiser nos calculs ou stratégies formelles. La nouvelle industrie, cartésienne certes mais aussi odysséenne, réunit pratique et abstraction en ce que l'ordinateur peut se dire outil universel : instrument construit et concret sous la main, mais d'application ouverte et indéfinie comme un théorème. Le terme circuit remplacera-t-il dans notre paradis méthodique le mot voie droite ? Or la randonnée ressemble encore à ces courbes passant par tous les points du plan – universelles ? –, dont toute courbe concevable peut se définir comme un découpage local. Introduisez là quelques tirages au sort, le terme randonnée se justifiera mieux encore.

Dessinons un parcours intéressant quittant son talweg optimal et se mettant à explorer un lieu : ne résout pas de façon prévisible, mais cherche ; semble vaguer ; non volontaire ou sûr de soi, mais exactement inquiet, hors de son équilibre et sans repos ; en quête, aux aguets, court l'étendue, sonde, prospecte, reconnaît, bat la campagne, sautille çà et là ; peu de choses dans l'espace échappent à son balayage ; qui suit ou invente ce parcours se met en risque de tout perdre ou d'inventer; s'il découvre, on dira de sa route qu'elle a quitté le talweg pour des attracteurs étranges.

Si vous trouvez une méthode féconde, allez tout droit un moment. Elle produit. Vous concevez bientôt la classe des questions qu'elle résout. Arrêtez-vous car vous courez à l'ennui : raideur, vieillesse et sottise rapides. Sauf que la répétition et les fruits, rendant la place canonique, la font ressembler à ce qu'on reconnaît : argent, pouvoir, savoir, choses déjà faites. Mortes, imitables, désirables. L'idée, cependant, au début, merveilleuse, promettait vie.

Jetez-vous à côté. Gardez la ou les méthodes reconnaissables en secours, en cas de maladie, misère, fatigue, repartez en randonnée. Explorez l'espace, mouche qui vole, cerf aux abois, promeneur toujours chassé du chemin usuel par les chiens de garde grondant autour des lieux confortables. Voyez votre propre électro-encéphalogramme qui sautille en tous sens et balaie la page. Errez comme une pensée, faites luire l'œil par toutes directions, improvisez. De l'improvisation, la vue s'étonne. Considérez l'inquiétude comme une fortune, l'assurance comme pauvreté. Quittez l'équilibre, le creux du sentier, battez les haies d'où s'envolent les oiseaux. Parfaite expression populaire : débrouillez-vous. Elle suppose un écheveau brouillé, certain désordre et cette confiance vitale dans l'événement rencontré impromptu qui détermine les naïfs, solitaires, amoureux ou esthètes, en pleine santé.

Cette hygiène de recherche nous distingue des machines et nous rapproche de ce que sait faire le corps. Celui-ci plus que l'esprit nous sépare de l'artifice.

La méthode repose, le dimanche; la randonnée, tous les jours, sauve la vie. Si vous avez besoin de victoire, de place prévue, de batailles, banques ou institutions, passez par la première. L'autre reste pour le temps et l'intelligence, la santé de la pensée, liberté, paix : création de lieux imprévus.

Mais courez les deux, n'en condamnez aucune ; l'amateur de paysages a parfois besoin de l'autoroute. Quittez donc la pensée sauvage qui, indûment, privilégiait le droit. S'orienter dans la pensée ne laisse le choix que de prendre à l'est.

Même les vaisseaux spatiaux ne suivent pas une voie simple, ni droite, monotone ni cartésienne. Ils ne vont pas vers la Lune, Mars, Vénus ou la comète de Halley par les voies de la méthode, comme l'égaré se hâte d'échapper à la forêt, au plus vite, droit devant, à cap constant. Une batterie d'ordinateurs surveille sans cesse, contrôle, rectifie en temps réel leur direction, de sorte qu'ils dessinent un parcours assez brisé dans le détail. S'ils conservaient toujours le même cap, ils divergeraient, s'égareraient au milieu des astres. Le dialogue des ordinateurs, à terre et en vol, laisse aux archives des tables longues de nombres.

Souvenez-vous de Jules Verne. Le bon vieux rêveur se trompe assez peu, au total. Il va aux minuties de l'entreprise, situe bien le point de départ, prévoit l'amerrissage d'arrivée ; naïf sans doute, jamais ridicule ; l'analyse sociale, comique, reste vraie cependant : le projet astronautique pèse trop lourd pour qu'on le laisse à d'autres qu'à des militaires ; le Gun Club de Baltimore rassemble un cercle de vieux tueurs. Jules Verne a erré sur un point, sur la ligne droite, soulignons son erreur, canonique et mémorable. La *Columbiad,* dédiée à Christophe Colomb, monstrueuse bombarde, fichée en terre comme un puits, chargée de tonnes de fulmicoton, tire droit, droit dans le système, droit dans l'image, rate le réel.

Les vaisseaux de ce jour vont au but en bifurquant souvent. Laissons la question de la déflagration initiale et de sa décomposition en étages pour éviter que le vaisseau ne fonde avant même de partir, ne regardons que le cap. L'obus veut aller droit au but, le vaisseau négocie, hésite, bronche. La bombe, confiante, glisse dans un système lisse, sans se préoccuper de l'état local, et se hâte, comme le voyageur perdu peureux n'a que faire des bigarrures chamarrées du paysage où il passe. Les vaisseaux de l'espace, plus attentifs, observent leur position : nous les observons, nous ne les laissons pas voler seuls. Nous ne savons pas leur donner un cap assez précis dès leur départ, nous craignons qu'ils ne divergent grandement si nous les abandonnons à leur direction initiale. Nous nous méfions de la mémoire et d'un système très complexe.

Autrement dit, l'obus de Verne, pour une légère faute de tir, n'ira pas autour de la Lune, il y a de meilleures probabilités pour qu'il parte dans une promenade erratique et ornementale : cette aventure arrive à tout voyageur perdu qui s'obstine à marcher droit devant au milieu du bois suivant le précepte de la méthode : il diverge et dévie de façon croissante. Or donc l'obus parti droit dans la théorie, tiré dans un système simple, s'égare sûrement, lorsque nos vaisseaux, prudents, méticuleux, s'orientent directement dans le phénomène et par lui. Les tables de nombres, ici recueillies, ressemblent aux vieilles tables d'observation, alphonsines et tolédanes, que les lois de l'astronomie moderne nous faisaient juger très empiriques.

Pour une fois le calcul tombe du côté du phénomène et de la pratique, et tous trois s'écartent du système simple et stable, des principes et des lois générales. Que l'ordinateur dessine, comme il sait le faire, le paysage indiqué par les tables de nombres et traversé par les vaisseaux, on y contemplerait un corps mêlé, chiné, tigré, zébré, damassé, si différent du vide abstrait que méprise l'obus canonique. Le paysage revient, inattendu, dans le vide ou le système, comme un arc-en-ciel dans un pré. Le vaisseau court de voisinage en voisinage comme s'il rencontrait plus de chicanes que de transparence. Qui eût cru la géographie si proche de la mécanique ?

La géographie a pour objet le paysage. On a dit de lui qu'il montre et cache la physique : la géographie donc n'aurait pour objet qu'un décor. Honteuse d'un statut aussi flottant, elle tente de se fonder en pénétrant les entrailles du sol pour trouver, dans la boîte noire, les profondeurs et simplicités mesurables de la géologie puis de la géophysique, sciences de plus en plus exactes à mesure qu'on descend et qu'on ne perçoit plus qu'au moyen d'appareils; préfère encore l'invisible au visible et la grande faille entre les plaques d'Atlantique au sol tourmenté de l'Islande, celle-là expliquant celui-ci; remontant vers le visible, côte dentelée ou roche ciselée par la rafale ou la vague, se remet à la contingence des voisinages sans toujours voir qu'ils portent autant de concepts puissants et abstraits que le simple, général et caché. Une mappemonde même, dessinant la carte d'identité de la terre comme l'empreinte du pouce forme la nôtre propre, peut devenir le modèle de méditations hautement formelles. Encore un coup, l'esthétique constitue un savoir, ici topologique, sans toujours devoir faire appel à une réalité qu'elle recouvre. Appel nécessaire certes, mais non suffisant. Si nous retrouvons le paysage dans le système des trois corps et sous ses équations inintégrables, nous n'avons plus à croire qu'un système en épuise la leçon. Rien de profond comme lui, le visage et la peau.

Voici la place exacte du paysage ou du métier de géographe, sur une nouvelle carte où se dessinent les sciences exactes, vaste océan, et la physique : systèmes, manipulations et lois, immense mer dans la vaste plaine d'eau, et la géophysique, mer moyenne au sein de l'immense... là le paléomagnétisme parmi la théorie des champs... ici, l'écologie dans la théorie des vivants... à mesure qu'on découpe des sous-ensembles plus pointus dans les plus larges, sans négliger chevauchements ni interférences produisant une distinction compliquée, les sciences exactes lentement s'évanouissent dans les humaines... les vivants travaillent et changent l'inerte, les collectifs façonnent et transforment les environnements inertes et vivants qu'ils habitent et où ils passent... écologie, sociologie rurale... détroits et golfes dessinés par de nouvelles mers, et mers derechef appartenant au grand océan des sciences dites non dures, nous venons de franchir la passe par la géographie. Si on la définit comme l'intersection de dix ou vingt savoirs, on dit d'elle ce que d'autres sciences ou toutes peuvent dire d'elles-mêmes, on n'a pas désigné sa singularité. Elle nous transporte, en fait, d'un savoir majeur à celui d'en face par le passage du Nord-Ouest. Le carillon des sciences dures finit, en elle, par se taire, quand celui des sciences humaines commence à peine. En son lieu presque silencieux gît le paysage.

Etat intermédiaire d'où partent d'un côté les estimes et mesures et de l'autre les histoires, promises toutes deux aux grandes mers de l'encyclopédie, état mêlé, le paysage, immédiat et fragile, fonde nos connaissances, théorie et pratique. Comme il nous alimente et nous réjouit, pomone et flore, nous ne le soupçonnions pas transcendantal, et comme nous pouvons le détruire, nous ne l'imaginions pas fondamental. Mélange à voisinages contingents où les informations savantes confluent et se taisent par tempérament réciproque, concret, abstrait tout autant qu'on veut, il donne le modèle des modèles : quel schéma ne se réduit point à une coupe simplifiée du paysage ? Comme si le concret le plus immédiat se retrouvait au comble de l'abstrait, comme si l'abstrait le plus pur se lisait immédiatement.

A preuve que cette nouvelle carte des savoirs reproduit l'ancienne, du monde, ou une vue actuelle du passage du Nord-Ouest : grands océans invaginés en mers, puis détroits et golfes ou baies, semis d'archipels et îles redessinant l'immense en petit, glaces variables par prise et fonte projetant dans le temps les complexités de l'espace, chevauchements et culs-de-sac, passages fiables et obstacles, paysage mêlé à l'état fluctuant, état intermédiaire et complexe entre deux plaines d'eau où les routes s'assurent, constantes, méthodiques.

On peut venir de loin par la loxodromie ou l'arc de grand cercle vers la mer de Beaufort ou le détroit de Davis, mais, entre ces deux lieux, la randonnée s'impose. On peut venir de la physique vers le paysage ou de la sociologie ou de l'histoire à son détail local, mais, arrivé là, s'impose la randonnée. Soit à méditer ce modèle de méthodes simples et faciles connectées soudain à un écheveau.

On a donné le nom de géographes à ceux qui écrivent sur la terre : à propos d'elle, à son sujet, seulement, car les paysans seuls le font sur elle, vraiment. Mieux vaudrait appeler géographie l'écriture de la terre sur elle-même. Car les choses, résistantes, dures, aiguës, élastiques, meubles, se marquent, se creusent, s'usent entre elles. Notre style, exceptionnel, utilise cette propriété générale. Ce que la terre donne à voir résulte de ce qu'on devrait nommer marqueterie réciproque des choses.

Entraînées par les torrents et leur poids, arrêtées par des obstacles ou leur forme, les pierres descendent et cassent, gravent longuement leur chute ou leur roulage dans le talweg. Le sable en foule dans le lit du vent lime la montagne. La glace fendille et brise les cailloux et les arbres, les falaises et la terre de la plaine, ainsi fait la sécheresse. Qui écrit ? L'eau, la neige, le retour de la douceur, l'ophite, le granit, l'équilibre, la densité, la force, le soleil, la flore et la faune. Celle-là couvre, celle-ci tache. Sur quoi écrivent-ils ? Sur la neige et l'eau, sur la faune ou la flore, sur le marbre et le gel. Ce que la terre donne à voir résulte des rides qu'elle se donne à elle-même. Page.

Ce que nous donnons à remarquer aux autres s'ensuit de l'érosion que les autres et les choses laissent sur le visage et la peau, ou du rétrécissement du squelette plus dur, charpente usée qui menace ruine. Que nous écrivions, que nous servions de support à la gravure, notre cas ne diffère pas des choses usuelles de la géographie.

Les composants de la chair s'usent entre eux : biographie.

Talwegs, érosion, rides, ces scarifications réciproques forment une horloge. Le paysage dessiné, marqué par l'usure que chaque chose fait subir à son voisinage et que son environnement lui donne, s'ensemence et s'encombre de souvenirs, collection de restes, monuments, mémoire. On peut dater chaque lieu par ces creusements mutuels, par ces ruines, à la lettre par ces détails : ce qui demeure des tailles. L'antiquité du paysage vient de ce qu'il porte et montre et bat ce temps-là, l'horloge de l'usure et de la taille des choses dures entre elles, la durée. Ainsi la géographie, écriture de la terre sur soi-même, précède l'histoire et toute préhistoire imaginable, elle la conditionne ici et maintenant, accédant au temps fondamental des choses, marqué par la trace de chacune sur d'autres et de quelques autres sur chacune, et bientôt par la trace des hommes, sillons, dragages et style.

Or le rapport du verbe au monde laisse moins de traces qu'un effleurement. Le doux ne touche pas au dur, il le laisse intact. La nomination ne creuse pas, ne pose pas de sceau sur le nommé. L'eau du baptême, le chrême de l'onction miment la caresse douce de l'appellation, la circoncision mimant plutôt la morsure dure de la biographie, celle-ci du côté des choses, ceux-là du côté de la parole, l'une définitive comme une singularité dans le paysage antique, les autres labiles ou temporaires comme des contrats. Les duretés se gravent entre elles et ce rapport institue leur durée. Le doux par rapport aux choses ignore la durée, ce pour quoi nous annonçons toujours la nouveauté du verbe.

La géographie, science dure des choses dures, a rapport à la durée ; l'histoire, postérieure, légère et nouvelle, suit le verbe. Elle commence avec l'écriture, gravure du doux sur le dur, temps inédit et neuf.

Ulysse et Colomb, Bougainville ou Cook partagent ensemble avec toutes les populations de la mer la chance rare d'habiter en même temps que de passer.

Nul ne sait le lieu s'il n'a bâti dessus, dur ; il a creusé là sa tombe, car le mur prend appui dans la fosse de fondation, de fécondité, de trésor et de funérailles ; entoure de chaises les premiers fossés, voici la cathédrale ; va laisser en ce lieu sa sueur, la peau des mains, son temps, une mémoire en chaux et sable, et le porche courbé comme le creux de son inquiétude. La maison, squelette décharné puis habillé, paré, immobile, durcit son corps en s'appuyant sur son cadavre et sa fatigue, voit le paysage de ses baies immenses ; ainsi dans certains cimetières les dalles funèbres s'adornent de maisonnettes où derrière les fenêtres pourrissent des bouquets. Corps stable accroché à un lieu de terre comme à une chair. Celui-là ne saura jamais s'il a construit en l'honneur du dieu local ou s'il a cédé à l'ambition dérisoire d'une modeste apothéose.

Bâtir puis habiter enseigne que l'emprise du construit va au carré de marronniers, blancs sur la gauche en regardant le ruisseau et roses de l'autre main, à partir d'où le terrain cède, en pente rapide, à des espaces étrangers, presque intouchables. Nous n'y passons pas, en respect des dieux voisins. Topologie de l'immédiat et du médiat, bestiale, païenne, vitale, où le voisinage du voisinage paraît vite aussi étrange que l'immensément lointain. Le casanier ou paysan que la langue créole décore du nom d'habitant se trouve aussi à l'aise ou mal à l'aise aux bords de sa commune ou paroisse que sur les confins de l'univers. Il vit sur une tache large et bariolée dont les contours épousent souplement les accidents du relief et les circonstances de l'histoire, environnée, à intervalle médiocre, d'une couronne mince et homogène, géométrique, où la distance qui sépare l'Australie de la mer Blanche tend rapidement vers zéro. Il peut devenir, du coup, un voyageur intrépide, indifférent à s'établir près de Seattle, Manille ou Tombouctou, dès l'instant qu'il a quitté son lieu. Pour l'habitant de la maison enracinée dans la mort divine et colorant le voisinage de son emprise, comme pour son jumeau errant d'aéroport en aéroport, tout gît équidistant du paradis, où les écarts éclatent.

L'espace euclidien du maçon se fonde sur l'espace topologique de l'habitant. Ou bien : autour de l'emprise épicurienne du jardin et dès qu'on en franchit le porche de sortie, commence la couronne ou le tore de l'univers stoïcien des causes isotropes ou séries harmoniques, lieu de communication. Ou bien : la boule dense de concret où l'habitat touche ses voisinages et où le bâti mesure ses divisions déborde la vie de son détail surabondant, alors qu'on peut comprendre en trois minutes les lois qui gouvernent l'espace restant. Ou encore : le pavé singulier bariolé du site troue un volume vide, infini, simple et ennuyeux, traversé par les flèches vectorielles des parcours. Mieux : le paysage où la randonnée passe en chemins festonnés, ganses, boucles ou détours, remembre les pavés ou boules; les voies extrémales de la méthode traversent l'univers homogène de la communication. Enfin : pourquoi diable un monde exclurait-il l'autre?

Question : où sommes-nous? *Ubi?* Nous, habitants, stables, statues latines, thèses grecques, positions, situations, affirmations logiques. Réponse : dans le jardin, cellule circonstancielle de paysage. Non, je ne vois que désert, élément redondant d'univers, par où je passe. Où sommes-nous? Ici, en un lieu. Singulier, environné de voisinages, localité festonnée de rinceaux. Nous venons d'un tel lieu, nous nous en souvenons, notre corps, animalement, ressent cette mémoire, nous allons vers lui, le corps tressaille de cette espérance, même si nous traversons un espace lisse à nudité vectorielle, même si nous suivons l'autoroute crevant des lieux jonchés d'ordures.

La revendication du corps, double, de l'animal immobile et mouvant, à niche complexe, variée, instable, agitée, inerte, vive, verbale, touche le passage du local au global. Il demande à la fois course et repos. Il cherche à naviguer.

Je chante le bonheur que donne un bateau touchant aux ports après avoir raboté l'océan comme planche noueuse, le plaisir délicieux de l'étrange au voisinage duquel on s'endort dans du familier. Chine, banquise, Tropiques, visités dans son propre habitat. Non, les marins ne voyagent pas ; ce pour quoi eux seuls se risquèrent dans les grandes découvertes. Ils regagnent chaque soir le même trou et le même hamac, quel ignorant aurait le front d'opposer vie maritime et stabilité paysanne, comme errance et immobilité ? Bateau : petit hameau de quelques feux dans une faible coque. L'homme de mer ne bouge pas, soudé à la barre, incorporé au bâtiment, nez à la proue, hanche vers l'arrière, moustaches autour de l'étrave et cheveu de flamme battant à la pomme du mât. Son village va. Paraît courir sur un espace étrange, mais le bâtiment agraire s'immerge aussi dans une couronne vague. Amarré à quatre un beau soir, le matelot part en bordée comme le fermier sort pour la chasse, tout assuré qu'il rentrera bientôt souper à la même gamelle tiède, qu'il retrouvera des odeurs fixes et la mesure des coursives. Nautonier casanier.

Le voyage commence quand on brûle ses vaisseaux, l'aventure débute avec le naufrage. Alors seulement les dieux quittent le marin qui les abandonne, alors il casse la cabane à vingt mille lieues de chez soi comme le paysan conscrit laisse la ferme pour la guerre. A Dieu vat. Mais avant, il a vu sans dépense. Comme au théâtre ou au cinéma ou dans un album d'images. Bien assis dans le tangage, lové dans le roulis, bercé des eaux maternelles, derrière le sabord lavé par la vague, il regarde, sauf. Il racontera.

Il emmène avec lui, dans la mer ou le ciel euclidiens, sa niche topologique et volubile.

Nous nous attachons au lieu, odorant, savoureux, coloré, nous plantons l'habitat ici même, mais ils ne forment que notre demi-niche, comme une sorte de terrain mort, semé de tombeaux, rythmé de fondations. Nous nous détachons et gagnons l'autre demi-niche, de l'autre côté des bords ; elle n'a pas de limites. Noyau, rubans. Nous dormons tout aussi bien sur les chemins, passionnés de laisser l'équilibre statuaire, d'abandonner la thèse, en faveur d'écarts. Oublier la maison, début de la métaphysique, de ce qui existe au-delà ; mais comme la peur prend au ventre, l'aventurier construit son bateau. Il ne quitte pas le berceau. Le premier objet vraiment métaphysique promet l'ailleurs sans laisser l'ici. Invente un équilibre mouvant, une stabilité autour de ses fluctuations, mais aussi un déplacement dans la demi-niche ouverte de la demi-niche close, une manière d'agitation fixe. Tant que la caravelle branle sous les pieds, l'assurance n'a pas fui. L'au-delà se révèle quand les souliers brûlent dans le feu, avec les habits et les habitudes, les poutres de la vieille carriole et la maison du berger. Tu trouveras si et seulement si tu ne te retournes pas vers la statue de la philosophie vieille.

Ainsi la terre donne à voir les traces collectives de cette niche-somme à noyaux ou têtes rayonnant de fils. Nous ne pouvons nous passer de jardins ni de voyages, tempérant l'austérité parfois désespérée de ceux-ci par les délices de ceux-là, ou l'ennui dans les plantes par le saut outre les buissons. L'errance fait partie du territoire humain ; l'histoire compose le bâti stable, l'inclinaison du bateau et l'aventure métaphysique. Les paysans qui demeurent là oublient volontiers la longue émigration de leurs parents venus toujours d'ailleurs, les voyageurs veulent se souvenir de leurs pères enracinés à la glèbe. La niche intégrale des collectifs humains, terre, eau, globe terraqué, additionne les jardins aux exodes, mélange les circumnavigations aux îles, prolonge les vallées heureuses ou piégées en erres interminables, chasse les voleurs de pommes pour en faire des coureurs. Du parc jaillissent en étoile scalène des voies infinies, sans doute accumule-t-il les énergies, souvenirs, faune, flore et pomone venus d'elles. L'espace à voir lucidement ressemble à s'y méprendre à un support de la pensée, ensemencé de cellules étroites et denses à dessins frangés munies d'axones gigantesques et filiformes qui la prolongent et la connectent au proche et au loin. Il n'y a rien dans l'intellect que vous ne puissiez voir dans le monde : des lieux disciplinaires qui résultent souvent d'erres atypiques et d'où l'on exclut ceux qui ont envie de reprendre la route, méthodique ou exodique. Mêmes dessins, semblables destins, décidez où se trouve l'abstrait ou le concret, en jetant une pièce en l'air.

L'univers et le lieu se connectent en un nœud difficile à former comme à penser. D'une part le local voit sur ses frontières des obstructions, rendant inaccessibles les voisinages ; la voie extrémale au contraire ne connaît aucun obstacle et ne reconnaît aucun lieu. Le paysage assemble les *pagi,* l'univers fait passer les vecteurs, la vraie difficulté restant de coudre des singularités locales sur la voie globale ou de tracer des chemins aisés dans le paysage. D'où la tentation de verser dans une culture ou dans l'autre, multiplicité des récits, des sens ou des hameaux, unicité savante, formelle, rapide, traversière, en réputant l'une antique et l'autre moderne.

L'adjectif grec catholique signifie universel, mais ceux qui en usent oublient le plus souvent ce sens pour dire, au contraire, une religion avec rites de saints, vierges et martyrs, un monothéisme figuratif plongé dans des millions d'anges. Ce souvenir de l'origine linguistique et le sens aujourd'hui courant, associés ensemble, montrent une synthèse rare et délicate, source d'arts et de beauté, entre l'unité absente avec qui entretenir un dialogue intime ou un rapport d'amour soumis et ce paysage païen revenu, semé de lieux, statues, stations, reposoirs et voisinages, légèrement incliné cependant par le champ unitaire ; entre local et global, existences et loi, le

Dieu unique et le prochain. Cette union ou communion difficile où la tolérance conserve le polythéisme expose le catholicisme à se voir constamment déchiré entre un monothéisme exclusif et désertique, l'univers de l'espace vide dont il porte le nom – rien de nouveau sous un soleil pareil –, et le pullulement des disparates païens, petits rites feuillus dans un printemps variable, et donc à travailler sans cesse, héroïquement, dans l'incompréhension générale, au nœud paradoxal – et tout à coup, si contemporain – de l'infiniment lointain et du proche : amour de Dieu et du voisin.

Je contemple maintenant le double commandement de la religion chrétienne et la double personne qu'il demande d'aimer. Aimer l'universel absent, le proche singulier. Le voisinage du prochain apaise la férocité du monothéisme, violence radicale qui vide l'espace au profit d'une seule loi. L'ensemble inattendu des rapprochements repeuple cet espace de singularités bariolées. Je contemple l'asymétrie toute raisonnable de la loi de raison et des circonstances environnantes, pour un quelconque donné.

Balance inégale, à fléau incliné : la justice ne sépare pas ici le vrai du faux, le juste de l'injuste, la raison de l'irraison ; le dualisme, le duel viennent de s'évanouir. La balance fait un écart de paix. J'aime l'absence de celui à qui seul ont été remises la puissance et la gloire, qui se résument au crime et au crime seul, ici, j'aime la présence immédiate de celui qui ne tient de l'espace que mon propre voisinage. La paix descend, deux fois. L'universel et le singulier avec qui je communique sont duaux et non pas duels. Dieu gît-il dans le prolongement, de proche en proche, du prochain ? Quel rapport celui-ci entretient-il avec Dieu ?

Je contemple l'étrange prescience de ce que nos sciences commencent d'apprendre : figure ancienne de la toute nouvelle raison appelée antiquement bonne nouvelle. La raison universelle se tempère sous la poussée des sciences locales. Topologie, fluctuations, petits écarts et circonstances, mélanges, les singularités reviennent en foule dans l'espace vide et monotone de la loi. Or, nous ne pouvons pas, nous ne devons pas écarter la raison, la rigueur, ni les exactitudes pures. Et cependant nous devons accueillir ce local surpeuplé. Voici une raison réconciliée : Dieu et le prochain, la raison pure et parfaite plus les singularités vicinales. Systèmes et mélanges font le monde.

Qui aurait cru que la raison et le pathétique, ensemble, nous conduiraient aujourd'hui à cette asymétrie, leçon du vieux commandement chrétien ?

Nous devons revoir ou revisiter la connexion du global et du local. La méthode passe le panorama, uniforme univers. La randonnée traverse les lieux, paysages.

Voici une boule à contours flous, événement singulier, turbulence ou tourbillon. Vers ce lieu ou à partir de lui converge ou diverge une étoile de chemins méthodiques transformés en ruelles complexes après franchissement des contours.

Nommons-les circonstances, appelons échangeurs les points de connexion.

CIRCONSTANCES

L'ombrage d'un arbre ; pour toute chose, l'ombre, selon le soleil, les nuages, le vent ; la taille de l'arbre et sa forme dépendant à leur tour de ses ombres. Les pieds emmêlés, surimprimés, qui ont pataugé autour de la source, pas perdus, rendez-vous des égarés. La margelle d'un puits et son emprise sur la plaine où elle appelle les troupeaux et les gardiens. Les abords de la bâtisse, les accès vers le pont. Les haies sur le talus portant ou non une rangée d'arbustes environnant le champ clos. Marches qui protègent le royaume. Sonorités qui annoncent une importance : la suite entourant le puissant intercepte les nouvelles. Glacis. Le parvis des gentils, celui où se présente Notre-Dame. Faubourg, banlieue ou ancien lieu de ban, à la périphérie des villes. Seuils où l'intimité respire à couvert. Aréoles. Reflets, matité, brillance ; rumeurs ; touffeurs émanées d'un lieu de flamme ou de glace, fraîcheurs ; parfums exhalés. Suivre le gibier à la trace, découvrir l'île avant de la voir, deviner à des marques fluctuantes alentour. Intuitions qui saisissent les entourages légers. Le jardin aux morts jouxtant les murs de l'église, avec des places vides. La foule qui se presse autour des portiques, le soir, au stade. Clameurs. Le marnage sur la côte plate où la terre et l'eau se partagent la place, suivant la lunaison, la brise, le trimestre et les syzygies. L'éclat solaire si large que nous habitons dans l'étoile et non à immense distance de bords intouchables. Halo de lune, Saturne aux anneaux. Manteau aqueux, chevelure gazeuse autour de certains objets célestes, queue de poussières cométaires. Gloire précédant le corps, le nu, les saints, les astres, le visage, œil, peau, pensée, gloire aux paroles nouvelles qui font tomber de cheval. Puissance large de la haine, sur le terrain et dans l'histoire, ressentiment à l'odeur compacte. Prière entre sexes, attraction vers le maelström, voix dans les parages aux Sirènes. Ceintures. Eaux rapides folles en amont des cascatelles, avenues de turbulences en aval. Nos fragilités se défendent par une double ou triple peau invisible, cuirasse qui repousse un agresseur même doux. Ivresse à longue portée lancée par une intelligence productive, une œuvre d'art, le charme. Vertige. Corolles qui tombent des lèvres de celle qui va dire oui. Emotion, silence qui suivent et précèdent l'événement. Flocons de neige dans les troubles de l'air, vols d'archanges devant Dieu, pétales planant dans l'ombrage de l'arbre.

Ecorces, membranes, murailles poreuses, peaux, couronnes, nuances, auréoles, dans l'espace, le temps, les champs de force, les phases, causes, prétextes, conditions... entourages, écarts, flottements, voisinages de la définition stricte : lieux où passent les messages sensibles, circonstances.

Logique. – Le principe de raison rend compte de quelque existant en affirmant de lui qu'il existe plutôt. Et, singulièrement, plutôt que rien. Or exister plutôt fait redondance et répète, par verbe et adverbe, un décalage ou un excès, l'écart à l'équilibre. L'existence dit cet écart, puisque le radical exprime la statique, et plutôt quantifie vaguement la tare. Comme si le fléau d'une balance ne se tenait pas exactement plain. L'existence indique un état hors de l'état zéro, ou, mieux, un hors-état. La science grecque, nommée depuis sa fondation épistémê, dit, par là, au contraire, l'équilibre, une sorte d'au-dessus de l'état. Le mot système dit en gros la même chose. L'opposition traditionnelle, l'étrangeté plutôt de l'existence et de l'épistémê deviennent lisibles clairement. Le quelque chose en général fait un écart, que la science amène strictement à zéro. Le savoir rigoureux ou précis dessine le fléau de l'existence. Ou son état. Sa réduction à l'équilibre. Sa suppression. La science considère l'existence comme une tare. Balance de justesse et de justice, d'équilibre et de politique, morale et mortelle. Dès lors l'existence dit un mode étranger à celui de la science.

Je pense donc j'existe, contradiction dans les termes. Je pense : je pèse, j'appuie sur un socle, une base, une assiette, immobile et fixe, en repos ; j'existe, me voici tiré de l'équilibre, en écart par rapport au repos, déjà quasi mobile, exactement inquiet. Ou bien, tautologie : je pèse donc la balance bronche.

Aristote place le principe d'identité au fondement de la nécessité de la science. Dès sa formulation première, celui-ci se définit par rapport à la contradiction. Il est impossible que le même attribut appartienne et n'appartienne pas en même temps au même sujet, sous le même rapport, sans préjudice de toutes les autres déterminations qui peuvent être ajoutées pour parer aux autres difficultés logiques. Laissons un moment le caractère attributif de la définition aristotélicienne et disons, avec Leibniz, par exemple, ce qui est A ne saurait être non-A, en même temps, sous le même rapport, etc. Toujours la double négation, l'identité comme l'impossibilité contemporaine d'elle-même et de son contraire, ou bien de son contradictoire. Observons au passage que le terme grec, pour les déterminations qui se peuvent casuellement ajouter, *diorismo* marque évidemment quelque chose comme une limite. La rencontre de A et de non-A se décrit soigneusement par un ensemble d'identités : dans le même temps, sous le même rapport, en général, sous condition des mêmes déterminations. Curieuse nécessité qui ne peut s'imposer que sous un univers complet de conditions. Le principe d'identité advient si et seulement si d'autres identités se trouvent observées : de temps, de rapport, de déterminations en général. Curieuse définition qui requiert comme condition le défini soi-même. Le principe premier se réduirait-il à une pétition de principe ? A une boucle sur l'identité même ?

Dès lors, on peut reprendre Aristote et Leibniz en disant : dans les mêmes circonstances, il est impossible que ce qui est A soit non-A. On remarque aussitôt que le fameux principe, dont l'universalité ou la nécessité prétendue s'effrite sous la poussée des conditions, en avoisine un autre, plus familier, celui du déterminisme : dans les mêmes circonstances, les mêmes causes produisent les mêmes effets. Or, comme tout le monde ignore le statut des causes et des effets, comme la philosophie de la causalité peut aussi bien se mettre entre parenthèses que la logique attributive, plus haut, il reste que : dans les mêmes circonstances, les mêmes x produisent les mêmes y. Ou mieux : par l'identité des circonstances, il y a identité, ou stabilité de l'expérience, possibilité de la répéter à loisir. Ou : par un découpage identique, les expérimentations demeurent invariantes. Ainsi, dans les deux cas, physique, ici, métaphysique, là, l'identité formelle de A quelconque, ou l'identité de fait ou de phénomène, celle de l'expérience, n'ont lieu que sous l'expresse condition de ramener à l'identique l'ensemble ou un ensemble de ce qui les entoure. Dans les deux cas, l'identité des circonstances passe en première ligne, comme conditionnelle, en théorie comme en pratique. Sans elle, pas de logique, pas de manipulation ni de philosophie.

La philosophie a travaillé à rayer cette condition, à la détourner ou renverser. L'histoire de la philosophie ou des sciences nous la fait oublier pour maintenir indépendante et isolée l'universalité de ces principes nécessaires. Leibniz, donc, reprend Aristote et redéfinit d'abord les vérités de fait et celles de raison. Parmi celles-ci, les vérités primitives de raison ne font que répéter la même chose, sans rien nous apprendre. Ou affirmatives : A est A, ou négatives : ce qui est A ne saurait être non-A, pour la même proposition. Cela dit, reste à faire des expériences. Dans le domaine de la logique et de l'algèbre, discours purs, comme on dit, le fonctionnement des principes reste distinct et clair, sous condition, bien entendu, de ne jamais varier sur les propositions, ce qui est bien l'identité de la circonstance, pour tout langage. Mais tout change très vite, et même sans quitter les mathématiques : il suffit de plonger le discours dans l'espace et le temps, géométrie ou mécanique. Et, par là, tout le reste. Supposons, disait-il, qu'il existe une multiplicité d'états de choses, et que ces états n'enveloppent rien d'opposé : on peut dire alors qu'ils existent simultanément. Chez Aristote, la contradiction ou l'identité ne peuvent se définir que sous condition minimale de simultanéité : en même temps. Leibniz renverse le dire d'Aristote et définit le simultané comme un état de choses où la contradiction n'est ni présente ni enveloppée. Ce renversement paraît décisif.

Il permet de définir l'espace et le temps. Non comme des conditions aux principes, mais, au contraire, comme produits par eux. L'espace devient l'ordre des coexistences, l'ordre des simultanés, ou l'ordre des non-contradictoires puisqu'ils ne sauraient exister simultanément. Inversement, le temps devient l'ordre des choses non simultanées, qui peuvent donc être contradictoires. Celles qui se sont produites l'année passée enveloppent ou impliquent des états opposés d'une même chose, par rapport à celles qui se produisent cette année. Il suffit d'inverser la condition pour la produire par le conditionné. Il ne peut y avoir de contradiction que s'il y a simultanéité. S'il n'y a pas simultanéité, alors il peut exister une contradiction. Dès lors le temps, ordre des successifs, entre dans l'ordre impliqué du contradictoire. Inversez à nouveau la proposition et vous obtenez : s'il y a du contradictoire, alors il y a du temps. Voilà Hegel soi-même. Qui oublie en passant que l'objet peut impliquer du contradictoire, dans le temps. Il passe du possible au nécessaire, de la condition nécessaire à la condition nécessaire et suffisante. Et la dialectique se met à produire l'histoire. A peu de frais.

L'inversion, double, de la condition sur les principes lance un temps monodrome où l'objet ne demeure jamais le même. Alors le redoublement de la négation ne revient pas forcément à la position. Le travail du négatif transforme l'essence de A. Le vieux langage à deux valeurs descend alors dans les objets, vivants ou historiques. Il les produit. Et le réel est rationnel, le rationnel est réel.

Cette astuce a refoulé toutes les conditions du principe. Elle en a choisi une, le temps, et s'en sert pour occulter les autres. Par un renversement subtil, les principes produisent le temps ou l'histoire. Donc l'histoire s'autoproduit dans et par les principes et, par là, supprime les autres conditions. Il n'y a plus même rapport, ni les autres déterminations, ni l'ensemble des circonstances : rabattues sur le temps, elles sont produites, à leur tour, par le fonctionnement du contradictoire et de l'identité. Tout disparaît dans la machine de la logique disjonctive ou binaire. Par le biais du temps et de l'histoire, inversés de la condition au conditionné, comme du possible au nécessaire, la raison produit le fait. La raison équivaut à l'existence, identiquement, et dynamiquement la produit. L'impérialisme du rationnel absorbe dans le logos les écarts à l'équilibre de l'existence.

Or le réel passe le rationnel. Par aléas résiduels, ce sur quoi je n'ai pas ou ne pourrai jamais avoir d'information, l'insu, la profusion, le bruit, le grand nombre et la différence.

Dès lors, il reste vrai qu'il n'y a et que nul ne peut concevoir d'identité ou de contradiction que sous condition de la circonstance. De lieu, de temps, de position, de site, de rapport, sans préjuger des autres innombrables déterminations ou limites. Que la philosophie des circonstances conditionne les principes premiers sans lesquels nul ne peut ni penser, ni parler, ni transformer le monde. Que seules des erreurs de logique, pétitions de principe, et une hypocrisie induite par l'instinct du pouvoir ont pu renverser cette condition, et la faire produire par les principes rationnels qu'elle conditionne. L'existence ne se déduit pas de l'identité, comme les logiques modales ne se produisent pas par une logique à double valeur.

Tout au contraire. L'existence, écart à l'équilibre, se réfère aux circonstances. La circonstance fait l'ensemble, sans bilan ni compte possible, des existences mêmes, des écarts, tares ou inclinaisons du fléau, l'ensemble des « plutôt », comme dit le principe de la raison, ou de ce qui se tient hors état.

Cet ensemble innombrable, réel et rumeur du réel, entoure, comme courbes de niveau, éloignées ou à son plus près voisinage, le sommet d'un col singulier. En ce point très exceptionnel, ont lieu l'équilibre, l'égalité, la congruence, le parallélisme ou tout ce qu'on voudra du même genre, savoir l'identité. A=A ou A≡A. Stabilité rare au sommet du col, environnée de circonstances. L'identité, la contradiction, rarissimes, sont d'exceptionnelles singularités ultrastructurales sur les variétés infinies des écarts, décalages, tares, et ainsi de suite, existences et circonstances. La philosophie n'a jamais aperçu, voulu voir, que ces crêtes, en faisant monter la crue de la terreur, pour noyer le relief. Ceux qui se hissent sur ces îles disent qu'ils commandent à la fureur des flots, pauvres naufragés.

Le langage institutionnel, la logique et la science, archipels ou miracles improbables sur la multiplicité des écarts à l'équilibre ou à la règle, sur la polymorphie des circonstances, ne produisent rien, mais au contraire sont conditionnés. Non par une autre règle, mais par son absence. Que vous disiez, en effet, infrastructure ou superstructure, cela revient toujours à une ultrastructure. Les maxima ou minima équivalent à des extréma. Des cols, des sommets, des îles.

Le paysage, pages entourées de randonnées, devient un modèle logique, et la logique, inversement, redessine le paysage.

Grammaire. – Les grammaires classiques distinguaient, en leur syntaxe, les propositions subordonnées complétives des circonstancielles. Les premières posent un lien direct du sujet à l'objet ou l'inverse, centrées sur l'un ou l'autre ou sur les deux. Action, passivité, discours ou pensée : tout le programme de la classe de philosophie. Les circonstancielles, dites secondaires, décalent ce centrage et décrivent le temps, le lieu, la condition, la conséquence, le concessif ou comparable ou causal, et ainsi de suite. Dès qu'il voyait une rose, il croyait le printemps revenu; le fleuve avait grossi au point qu'on ne pouvait le traverser à gué; je le pourrais si je le voulais ou quand et parce que je le voudrais ou à l'endroit que je choisis. Le monde plus quelques émotions reviennent en foule autour de l'axe austère maigrement complétif. On supprime ce multiple en le ramenant à l'identité ou à la répétition : dans les mêmes circonstances, les mêmes... complétez vous-même.

Dans la morphologie usuelle des mêmes grammaires, les adjectifs ni les adverbes ne jouissent d'une grande réputation. Point trop n'en faut, disait-on. Toujours Dieu, jamais les anges – une circonstance d'anges, dit Tertullien ; allez à l'essentiel, ne flânez pas. Style et philosophie en blanc et noir, jaquette et plastron, pensée, action, science et transformation du monde : nous n'avons pas une minute à perdre. Or l'adjectif nous jette à côté, dévoyé, séducteur, bifurquant, diverti. Exactement parasite : bruit de trop, dévorant à côté du maître la part du maître substantif; encombrante bestiole. L'adverbe fait faire un écart à l'action, lui fait perdre son équilibre. Tous deux dénotent les circonstances, bordent et concrétisent l'acte, la personne ou la chose. Un petit détour s'amorce par les coins, les moments, les qualités ou restrictions, les météores ; et si nous prenions notre temps ? Si rare, si précieux, asservi, souvent, libéré, miraculeusement, superbe, extatique, jamais monotone, à côté de nous, écarté, secret, disponible, riche, plein, savoureux, gratuit, mêlé.

Comme l'adverbe ou l'adjectif, la proposition circonstancielle ajoute du sensuel ou sensible feuillus au sens ascète ou puritain ou rigoriste du sensé. Quand on veut dire loyalement le sensible, mieux vaut une épithète de Colette que dix démonstrations de logicien ; ou la visite, mieux, la création circonstanciée d'un jardin.

Les philosophies universitaires manquent à le dire dans leur alignement complétif ou attributif, par l'exclusive accordée aux verbes et aux noms : à l'abominable verbe être, inconnue ou cancer, à la prédication, immobile, à la dichotomie aux têtes de bouc... ennui des résultats duels aux rimes riches : réalisme-idéalisme, empirisme-formalisme, dialectique-analytique... raideur des substantifs : ontologie, phénoménologie, épistémologie, molo, nolo, tolo, rimes intérieures, peut-on penser vrai en écrivant si laid ? Je plaide coupable.

Visitez l'environnement. Parcourez les circonstances en couronnes flottantes autour de l'instance ou substance, autour de l'axe de l'acte. Usitez ce qui se jette de côté. Décrivez le parasitaire dans les signaux, le collectif ou le vivant : il mange à la place voisine. Etudiez les voisinages, parcourez les chemins vicinaux qui entourent et forment le paysage. Considérez les fluctuations, écarts ou inclinaisons, dans les estimes ou concepts de la science. Les atomes, parfois, se jettent à côté. Ne méprisez pas les interférences ni les passages. Hermès, souvent, sur son chemin, bifurque. Et se détache. Voyez les flux mélangés ainsi que les lieux de l'échange, vous comprendrez mieux le temps. Hermès trouve peu à peu sa langue et ses messages, bruits et musique, paysages ou chemins, savoir et sagesse. Il se jette à côté, aux lieux, ici, où les sens bruissent et tremblent, turbulence voisine du corps, sensation. Il aime et connaît l'endroit où le lieu s'écarte du lieu pour aller à l'univers, où celui-ci s'écarte de la loi pour s'invaginer en singularité : circonstance.

Statique. – Une statue se pose sur un socle et n'en bouge plus. Immobilité, repos, fixité : thèse.

Une balance entre en repos par un rapport d'égalité ou d'échange entre ses bras, plateaux et poids, elle annule tout mouvement virtuel de chacun en le compensant par celui de l'autre : équilibre.

Une toupie, planétaire de poche, demeure debout, statue vibrante, balance tourbillonnante, par sa rotation rapide, ainsi la Terre, les astres, en tout le système solaire, restent constants dans leurs variations à périodes composites. On dira système en général quand un ensemble complexe et mouvant s'ordonne autour d'un invariant.

Statue ou thèse : uniques ; équilibre : dualité ; système : pluralité.

Mouvement nul, déplacements autour de la position : rotation, trajectoire, orbite, vibrations, rythmes, compositions diverses.

Temps réversible.

Nous pensons par thèses, affirmations, équilibres, systèmes, le terme penser, littéralement, signifie peser, soupeser. Je pense donc existe une balance. Je ne pourrais pas penser sans elle. Il existe une statue ou un système. Une thèse, une antithèse, un point autour duquel le fléau résout leur échange ou accord ou ne résout pas leurs inégalités. S'il branle ou bronche, pensé-je encore? S'il manque de constance, fluctue, s'il s'écarte sans cesse du stable... Montaigne dit excellemment le voisinage de la non-pensée par cette balance double du doute et le branle pérenne du monde comme il va. Je ne peux penser sans me référer à des stabilités en général. Le principe de l'équilibre traduit dans la réalité des choses l'affirmation du je pense et son exigence de constance du côté du sujet. Sujet, objet, je ne sais; je sais en tout cas que la langue dit toujours la même chose, nous ne savons rien de plus. J'affirme : cela tient ferme sur sa base, thèse ou statue, pensée, table ou cuvette. Je pense : je pèse sur cette base. Qui, je ? Aucune importance.

Le travail de la pensée ou de l'histoire porte le front de la stabilité dans des champs où à première vue elle n'a ni lieu ni temps. L'impensable égale l'instable. Le non-connaissable équivaut à la fluctuation. La condition dite ou non dite de la science reste l'identité. Il faut pouvoir redire le dit, retrouver la statue à la même place, reconnaître la thèse, ferme, affirmée, sans changement, répéter l'expérience, stable comme un terme, déterminée, déterministe.

Dès lors, ledit travail consiste à reconnaître le stable dans l'instable, l'équilibre dans le mouvement, la toupie droite quoique tourbillonnante, le système stable bien qu'animé de rythmes à inégalités diverses, l'invariant dans la variation.

Je pense si et seulement si je vais porter mon inquiétude dans les lieux où la pesée comporte des risques.

Dans la chaleur qui agite les moindres éléments; parmi les fluides non consistants et les turbulences; sur l'inclinaison des atomes; au milieu des météores; dans les qualités purement sensibles; parmi les mélanges et les paysages; dans les sciences humaines et l'histoire. Le programme de travail pour la pensée suit le fameux passage du Nord-Ouest. Randonnée plus que méthode. Erres, voyages, dangers.

L'exemple du fleuve nous réjouit : parti d'une source ou de plusieurs, il descend le talweg vers la mer ou le lac, nous dirions à première vue qu'il court, turbulent ou tranquille, vers son équilibre; vraie pour chaque goutte d'eau, peut-on soutenir cette affirmation pour le fleuve? Il bouge, certes, mais il repose, stable, dans son lit, admirablement nommé. Paraît courir, mais dort en quelque façon. Si quelque Hercule passant là, si des travaux de génie civil pour quelque raison détournent son cours, il y reviendra. Le fleuve creuse une stabilité globale, du début à l'embouchure. Homéorrhèse. Suivons-nous le cours d'une rivière telle dans la formation embryonnaire, de la fécondation à la naissance, et le lit d'un fleuve pareil, jusqu'à l'heure de la mort?

Exemple illustre parmi cent autres, pour l'avancée pensante : porter l'inquiétude, cet écart au repos, parmi les choses évidemment inquiètes, dont l'équilibre semble impensable. Là nous attend, souvent, le hasard qui oppose son désordre à notre identité : avec raison ou sans raison, qui peut le savoir? Qui peut deviner, avant de penser, sans se croire Dieu, que le réel est rationnel et inversement? Penser consiste sans doute à errer, inquiet, dans un lieu où ce principe ne se dit pas encore.

Seine ou Garonne montrent l'homéorrhèse; ni le Yukon ni le Mackenzie ne la font voir. Ils s'écartent sans cesse de l'équilibre. Coulent tantôt à cent bras, tantôt ne coulent pas, gelés, bloqués, barrés d'obstacles et de graves, ont un lit à l'aube, dix à midi, vingt à un autre moment et à un même endroit, ou à un autre endroit et au même moment. Battent-ils un autre temps ? On dirait qu'ils écrivent sur la terre ou le paysage tout le programme des circonstances : constances, instabilités, consistances, inconsistances, circonstances.

Quel ordre emportent-ils en leurs fluctuations ? Il faut porter l'effort de la pensée sous ces latitudes : chemins fixes dans un milieu aléatoire ou chemins aléatoires dans un lieu déterminé. Le temps ne coule plus comme l'eau, mais percole comme elle.

Mécanique céleste. – Laplace déduit les mouvements célestes de la loi newtonienne et ainsi fait du monde un système. Il n'a pas besoin d'autre hypothèse. Et cependant une autre idée que l'attraction domine son exposition. Tout le monde se souvient du fameux texte de *la République* où Platon décrit une toupie. Elle repose en équilibre sur son pied, mais se meut sous le rapport de tous les points hors de cet axe. Platon trouve contradictoire ce mouvement associé au repos, inséparablement. Il ne dit pas que le pied peut bouger, avancer, reculer, que l'axe peut nuter, etc. Cette contradiction définit, aux yeux des mécaniciens modernes, un nouvel équilibre, une constance par le mouvement, une invariance par les variations, une immobilité par la mobilité. Dans la préface à la deuxième partie de sa *Mécanique céleste,* Laplace s'adonne à cent variations linguistiques sur le couple en question : les objets célestes montrent des oscillations, librations, nutations, vibrations, périodes, inégalités annuelles, séculaires, multiséculaires, pouvant aller à neuf cents ans, etc., autour de l'équilibre.

Le système du monde peut se nommer ainsi non pas seulement par la déduction de toutes les apparences – le mot phénoménologie prend son origine dans les observations astronomiques – à partir d'une loi, mais par sa stabilité. Un grand nombre d'objets demeurent ensemble en équilibre. Or ils se meuvent (et pourtant elle bouge). Oui, mais toutes les anomalies apparentes, nutations ou librations, se ramènent au repos, toutes les variations par le temps se rétablissent. Constance. L'harmonie du monde vient de la composition de mouvements vibratoires : ensemble de toupies en équilibre périodique. Un son, après tout, indique bien une constante pour les mouvements complexes d'une corde, d'une plaque ou d'un tuyau d'air.

D'autre part les objets célestes ne se présentent pas de manière homogène ; la terre a un noyau solide, recouvert par endroits d'une loupe liquide, océans et mers, enveloppé en tout d'une masse gazeuse, l'atmosphère, trois états qui la font un peu bien visqueuse. La toupie de Platon se meut de la même façon, en tous points solide. Le manteau des mers peut glisser, prendre des mouvements rythmiques propres, qui, en retour, peuvent influencer les rythmes du solide mouvant. L'enveloppe atmosphérique se traverse de vibrations aussi dont nous n'avons pas encore trouvé la période, si elle existe.

La question du mouvement donne lieu à la loi de constance.

Celle de la composition donne lieu au concept de consistance.

La consistance caractérise le solide, mais aussi le raisonnement déductif rigoureux, la non-contradiction d'un système. Dans la mécanique céleste à la façon de Laplace, la mathématique correspond au monde comme deux systèmes consistants. Mais pour le solide, on hésite et branle. La mécanique du solide donne assez de garanties ; pour le manteau aqueux, on peut s'avancer à une théorie des marées ; on laissera les météores, le feu et l'air. Trop complexes pour entrer dans le système.

Mais portant le cadre de sa formation. En état de régime, celui que nous lui connaissons, le monde suit le temps réversible, celui du balancier : rien ne changerait ni dans les équations ni dans les phénomènes rythmés si le temps se comptait à rebours. Question nouvelle : comment ce système se forma-t-il, comment parvint-il à ce régime d'équilibre par ses mouvements ? Laplace passe de la cosmologie à la cosmogonie dans la *Note VII* conjointe à l'*Exposition du système du monde*. Observez le langage comme Laplace observe les planètes : « exposer » tire hors de l'équilibre l'ensemble des choses qui s'y posent, « système » ou composition. L'astronome raisonne et ouvre une rubrique ; cinq circonstances générales caractérisent, dit Auguste Comte après lui [1], la constitution du système solaire : les circulations, rotations et satellites suivent tous la direction Occident-Orient, jamais l'autre, ils s'orientent très exactement ; les orbites montrent toutes une excentricité, quoique faible, dans des plans qui s'écartent les uns des autres, quoique peu.

Il s'agit bien de circonstances : phénomènes non compris dans la définition stricte du système, non déductibles de l'équilibre général, à l'écart. Nulle balance ne compense les directions générales par des mouvements que je dirais occidentés, ni les écarts à l'équilibre, excentricités ou inclinaisons, par des obliquités symétriques. Le temps réversible n'intègre pas dans une somme rythmée ces exceptions. Le *clinamen* de Lucrèce revient, en de gigantesques dimensions. Il nous lance dans le temps de la genèse, irréversible lui, le temps du feu : dans la cosmogonie, le soleil laisse son rôle de masse centrale pour retrouver celui de foyer. La distance spatiale ou temporelle qui nous sépare de lui, nébuleuse originelle, ne se compte pas sur les forces mais par le refroidissement. D'où l'histoire linéaire sur laquelle va rouler le système circulaire : les circonstances en question, fossiles de la nébuleuse chaude en rotation, conditions initiales au double sens des mathématiques, pour les équations, et du système mécanique, pour l'évolution, entourent bien les constances ou équilibres de leur déséquilibre donné, de leur manque de consistance.

1. Auguste Comte, *Cours de philosophie positive*, 27ᵉ leçon, Hermann, t. 1, p. 434. Voir encore le mot *circonstance* usité pour la marée : *Id.*, *Ibid.* : 25ᵉ leçon, pp. 405 et 406.

En se refroidissant le système devient plus dur, moins visqueux. L'histoire et le temps irréversibles plongent dans des substances bizarres. Ils naissent des circonstances.

Thermodynamique. – Carnot distingue les machines à feu de celles qui ne reçoivent pas leur mouvement de la chaleur. Erreur : les hommes autant que les bêtes de somme, les chutes d'eau comme les courants d'air prennent toujours leur force à la chaleur et en dernière instance au soleil. La théorie mécanique étudie les dernières et les explique, dit-il, par des principes généraux applicables en toute circonstance.

Une telle théorie complète, globale et locale, manque pour les machines à feu. Elles n'ont point encore trouvé leur Lagrange pour le système ni leur Bélidor pour le génie des arts et manufactures. Or, pour atteindre à la généralité désirable, il faut que les principes se rendent indépendants du mécanisme utilisé. Lagrange ne parle pas de Bélidor. Carnot ne dit mot des applications ni des circonstances.

Il raisonne pour toute machine à feu imaginable, quelle que soit la substance mise en œuvre, quelle que soit la manière dont on agisse sur elle. La substance a perdu de son importance.

« Or la production du mouvement dans les machines à vapeur est toujours accompagnée d'une circonstance sur laquelle nous devons fixer l'attention. » Accompagnée : celui qui va de compagnie chemine à côté ; sans beaucoup d'importance, il se réfère à l'instance, qui va principalement. On pourrait dire : le mouvement, sa production continueraient si on le retirait. D'où son nom de circonstance, il se tient alentour. Le texte avait pourtant dit qu'il éviterait les dites circonstances, en voici une cependant.

Il s'agit du « rétablissement d'équilibre dans le calorique, c'est-à-dire son passage d'un corps où la température est plus ou moins élevée à un autre où elle est plus basse ». Carnot découvre ici les deux sources, chaude et froide, et le transport de la chaleur de l'une à l'autre. La production de la puissance motrice vient de ce transport, équivalant à un rétablissement d'équilibre entre les deux sources, équilibre supposé rompu par la combustion ou toute autre action. Le terme circonstance prend un sens excellent et décrit bien le processus.

Voici deux corps en équilibre, non par leur masse ni leur poids, mais sous le nouveau rapport de la chaleur. Comme rien au monde ne peut se dire neutre sous le rapport de la chaleur, on peut dire celle-ci universelle. Premier état : stabilité, thèse ou stance. L'un des corps ou l'une des substances entre en combustion, il se met, du coup, en écart à l'équilibre. Instabilité. On ose à peine dire que les deux sources, face à face, chaude et froide, et en écart pour cette raison, font antithèse entre elles. Pour que la stabilité ou synthèse revienne, un transport doit avoir lieu d'un corps ou source à l'autre, ici transport de chaleur, comme d'eau ou d'air ailleurs, ou de tare. Il se fait ; il produit du mouvement. Or la combustion continue, dans le corps chaud, l'écart à l'équilibre se reproduit, le transport se perpétue, chacun a reconnu un cycle célèbre, qu'on voudra bien nommer exactement la circonstance. Equilibre donné, rompu, reconduit et circulairement repris et défait.

La circonstance devient tout le moteur. La substance n'a plus d'importance : on la brûle au foyer.

Mais elle dit deux fois un cycle ou cercle : non seulement celui de la rupture et reprise de stabilité, mais la définition ou clôture du processus. Car le second principe, découvert aussi par Carnot en ces lieux, interdit toute dialectique, celle-ci se réduisant à un mouvement perpétuel absurde ou trivial, ou, mieux, à une erreur de connexion entre local et global. Elle se fait universelle à peu de frais.

A méditer, un siècle plus tard, sur les deux sources, l'équilibre et le mouvement, l'élan, Bergson, comme tous les savants qui le précèdent et le suivent, tombe sur la question de l'ouvert et du clos, conditionnelle. La description de Carnot, son cycle d'équilibres et de ruptures ou circonstance vaut dans un système fermé, fermé par un entourage, au sein duquel un autre équilibre se forme en fin de compte. L'enceinte close pourrait aussi se nommer circonstance, pour cette raison. La question, laissée par Bergson et reprise aujourd'hui dans les sciences comme ici, consiste à connecter le clos et l'ouvert, le local et un autre local ou un début de global, à prolonger les équilibres sur des écarts ou porte-à-faux, en franchissant le seuil ou la cloison de la circonstance. Que se passe-t-il là, je veux dire : à côté ?

La circonstance dit à merveille le travail productif du local et son mouvement temporaire, espace et temps ; plus la périphérie qui le ferme et au sein de laquelle un équilibre enfin s'établit et règne ; plus l'ensemble des fluctuations entourant les fenêtres ouvertes sur la membrane ou peau ou frontière ou enceinte ou clôture. Que s'échange-t-il là, je veux dire : au voisinage de ce regard ?

Va, le soleil toujours poudroie à quelque trou...

La circonstance entre en science alors qu'on l'en éliminait ; elle entre en philosophie comme sa présente question ; la voici dans le sensible : le définit-elle aussi ?

Voir : de l'ouvert ou du clos, du local ou du global, des îles ou des chemins de visite, du mélange... Voir : d'un œil ouvert ou clos, œil-île et regard-chemin, organe local ou perception large, tissus ou voiles par où passent et s'échangent photons, enzymes, d'autres éléments.

Zoologie. – Les vertébrés ont des yeux. La taupe en montre de très petits, à peine apparents. L'aspalax, taupe persane, n'en a pas, non plus que le protée, petit reptile aquatique, vivant dans les eaux souterraines profondes. Les vertébrés ont des dents : non la baleine, ni le fourmilier ; les oiseaux montrent un bec cornu. Les vertébrés ont tous des oreilles, sans exception. Cela s'explique : le son se propage universellement, non la lumière : locale la vue, globale l'ouïe. Lamarck avait écrit un mémoire sur la matière du son et ses vibrations. Nous aurons à revenir au banquet des oiseaux.

La vie fait voir un plan d'ensemble, dit Lamarck, progressivement composé, perfectionné ou compliqué par et dans le temps. Mais une cause étrangère a traversé çà et là l'exécution de ce plan, sans néanmoins le détruire : elle a donné lieu aux lacunes réelles de la série ou aux anomalies des systèmes d'organes. Cette cause réside dans les circonstances où se sont trouvés les différents animaux : climats, sols, lieux et milieux, fluides ambiants ou environnants, météores... Se déplaçant, les bêtes changent.

Le plan de la vie se déroule dans l'ordre et la généralité, comme une loi globale. Or, si nous décrivons dans le détail local les organes des animaux, nous ne retrouvons pas toujours cette marche de composition croissante. Les circonstances lui ont fait obstacle et ont introduit des accidents, variations, écarts, irrégularités dans son déroulement, qui, dès lors, montre désordre et contingence. Lamarck se donne à penser la connexion du local et du global comme le problème le plus large posé par les vivants : la simplicité de la loi se trouve déviée ou perturbée, çà et là ; les circonstances donnent lieu.

Les circonstances disent la multiplicité irréductible à l'unité : non pas en nombre seulement, mais en site, forme, temps, couleur ou nuance, matière, phase, voisinages... contingence. Quand on peut, on les amène à rien, annule ou exclut : règne de la logique aux mains pures. Otez toutes choses que j'y voie : je vois à condition de regarder toujours le même. Rien de nouveau sous le soleil. « Dans les mêmes circonstances » forme un bel oxymoron, dirait-on vraiment circonstances si elles se présentaient mêmement ? Et, dans ce cas, la loi ou l'unité, déjà, se montrerait.

Elles peuvent résister, de leur chaos feuillu, bariolage face à la règle. Tout l'effort de la pensée passée a consisté à négocier la multiplicité du point de vue de l'unité ou de la loi. Négociation à la fois rationnelle et irrationnelle, même au sein des processus de la raison. Il entre du dégoût, parfois, dans les méthodes et protocoles. Acclimater, apprivoiser les circonstances ou, décidément, les exclure, en tout cas bien les distinguer du savoir pensable – et les considérer avec horreur ou bienveillance suivant la santé de sa peau ; objet ou obstacle, selon.

Voyez fonctionner cette négociation, comme si le savoir signait des conventions successives avec un adversaire de plus en plus prégnant. Nous venons de lire le contrat de l'expulsion complète : il ne faudra pas rire quand la logique parlera du sensible – ou la grammaire. Voyez l'approche intelligente et méticuleuse des cas complexes d'équilibre où les écarts s'annulent ou se compensent dans un temps lui-même compensé, voyez le maintien circonstanciel de certains écarts. Voyez Laplace grouper les circonstances non réductibles aux lois périodiques et réversibles et placer toutes les déviations et tous les écarts dans une hypothèse extérieure à la science alors convenue, et accélérer, de ce fait, la formation paradoxale d'une cosmogonie. Voyez Carnot trouvant un équilibre dans un cycle et un nouveau déséquilibre dans cet équilibre fermé, admirez-le quand il invente le moteur dans la circonstance même. Négociations raffinées à la pointe aiguë du savoir et du non-savoir : les circonstances, toujours présentes là, formeraient-elles l'objet privilégié de leur contact ?

Voyez Lamarck négocier encore. La vie, pour lui, fait plan, loi, unité, ordre. Chaque savant se considère du côté de l'ordre et de la loi, comme chaque politique, au fond comme tout homme. Position commune : ce qui signifie générale, globale, vulgaire et stupide. Le savoir que je pratique fait règle. Lamarck : la vie déroule son plan unique, de composition croissante. Pourquoi des irrégularités ? Groupez-les, rejetez-les dans un autre ordre : le monde, le milieu, climats et météores, bref, les conditions de la vie, l'environnement inerte et vivant aussi ; les circonstances retrouvées raient ou moirent de leur multiplicité l'espace et le temps dans lesquels la vie, unitaire, plonge. Elle négocie les circonstances à son tour, s'y adapte car elle ne peut les annuler ni les tenir pour rien ni les préjuger mêmes toujours et partout ni les grouper en classes. Elle plonge dans leur mélange et change. Elle visite un monde bariolé. Lamarck énonce des lois : de grands changements dans les besoins produisent de grands changements dans les actions et, si ces actions durent, elles donnent lieu à des habitudes qui produisent de nouveaux organes, transformés. Autrement dit : dans d'autres circonstances, les mêmes causes produisent d'autres effets. Vrai ? Faux ?

Vous retrouverez des dents cachées dans les mâchoires du fœtus de la baleine, et leur rainure dans le bec des oiseaux : la loi garde sa trace. L'aspalax conserve sous la peau des vestiges d'œil, de même le protée, cet organe fossilisé n'ayant plus accès même à la lumière. Mais les oiseaux vivent dans des circonstances qui leur ôtent la mastication et les taupes rôdent dans des fosses profondes.

Que Lamarck se trompe ou non n'a pas d'importance, l'essentiel restant de le voir distinguer un monde bariolé, circonstanciel et multiplicitaire d'une vie unitaire et déroulant son plan légal. Celle-ci descend dans celui-là, comme ailleurs l'esprit dans l'histoire, d'où la variété des avatars locaux.

A son tour, la biologie avance en négociant les multiplicités. Le nuage circonstanciel, hors la vie chez Lamarck, entre en elle, de quelque manière, chez Darwin et ses successeurs : le mélange hante la génétique et son matériel. La vie produit de soi des circonstances qu'elle ne faisait que refléter. La négociation continue, fine, habile. Elle sépare moins le global, côté vie, du local, côté monde. Mutation et sélection approchent mieux la connexion du local et du global.

La pensée visite les circonstances, loin que l'esprit souffre leur enfer.

Amour. – Julien vient de prendre la main de Mme de Rénal : « Les heures qu'on passa sous ce grand tilleul, que la tradition du pays dit planté par Charles le Téméraire, furent pour elle une époque de bonheur. Elle écoutait avec délices les gémissements du vent dans l'épais feuillage du tilleul, et le bruit de quelques gouttes rares qui commençaient à tomber sur ses feuilles les plus basses. Julien ne remarqua pas une circonstance qui l'eût bien rassuré; Mme de Rénal, qui avait été obligée de lui ôter sa main, parce qu'elle se leva pour aider sa cousine à relever un vase de fleurs que le vent venait de renverser à leurs pieds, fut à peine assise de nouveau, qu'elle lui rendit sa main presque sans difficulté, et comme si déjà c'eût été entre eux une chose convenue. »

Ils se tiennent comme un groupe statuaire : chacun assis, une main dans une main, le vase posé, système en équilibre. Or une saute de vent jette à terre le pot de fleurs : l'objet le plus bas quitte son assiette, les deux femmes laissent leurs sièges et se lèvent, les mains se dénouent, les trois éléments du système perdent l'équilibre sur le hasard de la risée. On peut dire imprévisible la bouffée de brise. Or de cette circonstance même s'ensuit l'assurance vraie. Le vase retrouve sa base; au lieu de partir se coucher, les deux amies se rassoient; les mains reprennent contact. Même équilibre qu'avant le vent, cependant tout différent : la convention a émergé de la circonstance. Un nouvel ordre naît des aléas de l'air. Les deux mains venues au contact par une convention physique, ou littérale, reviennent ensemble signer une convention contractuelle. La brise apporte le contact, en poussant, par une petite gifle improbable, les femmes, le vase et les mains vers l'inquiétude, hors du repos. La circonstance dessine un équilibre plus un écart venu du pourtour.

A la périphérie du système, son ombre : l'épais feuillage du tilleul; plus une couronne de bruit : gémissements du vent dans les branches, crépitement des gouttes de pluie sur les rameaux bas. La circonstance émet sa rumeur de fond à partir d'un halo. Louise écoute avec délices le murmure. De cet environnement vient le vent, de ce brouhaha vient le déséquilibre, la convention contractuelle résulte du bruit de fond.

Suivons la genèse de la convention. Revenons en arrière, au même endroits le soir, sous le tilleul, la veille. « Julien parlait avec action ; en gesticulant il toucha la main de Mme de Rénal qui était appuyée sur le dos d'une de ces chaises de bois peint que l'on place dans les jardins. Cette main se retira bien vite... » Le premier contact a lieu par hasard, sans intention ni projet d'aucune part, le garçon faisant force gestes. Le mot abstrait n'en dit pas plus que le mot concret : la contingence décrit exactement un contact, comme si la rencontre tactile ou matérielle amenait avec elle l'occasion, le fortuit, l'accidentel et l'incertain. Dire que le contact a lieu par accident fait donc redondance. Quand Cournot définit le hasard comme l'intersection de deux séries causales indépendantes, il décrit seulement le terme de contingence, il ne sort pas du mot lui-même ou de son sens. Deux suites se rencontrent, deux mains se touchent, deux cours se croisent : voici un concours de circonstances. Que la main se retire vite signifie que le geste improbable ne pouvait donner lieu à un état. La rencontre ne peut se reproduire ni n'aboutit à un équilibre.

Le mouvement va de la contingence à la convention. De celle-ci à celle-là l'écart à peine se voit car les deux mots ont à peu près le même sens : deux mains, après la rencontre, vont venir au concours. Du hasard à l'intention, le chemin, ironiquement, passe encore par le hasard : la conjonction ou coïncidence fortuite se transforme en convention par la saute de vent qui confirme l'équilibre. Comble de dérision pour qui, lisant et mimant Bonaparte, suit implacablement sa volonté, un but, le devoir, l'ambition sans relâche ni faille, l'égalité, toutes ces choses. L'aléa découpe en pizzicati différentiels la courbe volontaire qui ne croit qu'en son arc, alors que la chance intègre des hasards menus.

La circonstance dit excellemment trois choses : l'entourage flou des sujets, objets ou substances, plus éloigné encore que l'accidentel ; des aléas très fortement imprévisibles ; une histoire délicate de repos et d'équilibres, d'inquiétudes et retours à l'état, d'écarts vers l'environnement fluctuant. Donc le tilleul et son feuillage épais, l'obscurité profonde quand vient le soir, les nuages, le vent, les météores, la risée brusque poussant le vase, la gesticulation des mains et bras autour du corps, le bruit de la pluie, l'éclat vocal venu de qui s'émeut, le silence conventionnel.

Autour de la substance stable se distribuent les attributs, impliqués dans le sujet substantiel. Autour des attributs, les accidents peuvent varier. La circonstance flotte en troisième couronne. De cet anneau lointain fond soudain un détail qui perturbe la substance stable ou le système et ne les change pas ou les change ; et, s'il le fait, les transforme beaucoup, un peu ou totalement. Le nuage circonstanciel, en tore labile, bombarde le centre d'éléments imperceptibles, négligeables, éliminés ; quelquefois, cependant, décisifs. A méconnaître cette couronne, la philosophie ressemblerait encore à un compte d'avant l'invention des grands nombres, à une médecine antérieure aux microbes et virus, à une mécanique ignorante des atomes ou particules, à un message sans information ni bruit. Le nuage ou tore de circonstances s'approche parfois du noyau substantiel et l'efface ainsi que son cortège dépendant d'attributs et d'accidents ; il peut aussi noyer les séries dites causales. La multiplicité empêche qu'on décide du sujet ou de l'objet comme le brouillard du matin aveugle la vallée, comme les ronces naissant dans les haies se répandent dans le paysage devenu maquis ou désert quand nul ne remue plus les champs découpés.

Les gémissements du vent et la pluie commençante, la gesticulation du garçon troublent la chaîne exacte du projet volontaire ou l'inclinent ou la font bifurquer; ainsi la boue, le sommeil et le feuillage des arbustes cachent la grande stratégie de Waterloo devant les yeux de qui passe le chemin.

Entre l'instant contingent ou la fortuite caresse et la main accordée sous le sceau de la convention, une journée s'écoule : de multiples déséquilibres marquent d'écarts menus cette attente. Elle perd la tête, il sent son cœur battant; la voix de l'une s'altère, il parle en tremblant; l'excès de l'émotion le met hors de lui. Comme un fleuve sorti de son lit, le récit va chercher d'autres stabilités, arrache de l'assiette tout ce qui va en trouver une nouvelle. Un ensemble se réorganise comme par vibrations, les sons, des paroles et du cœur, les mouvements, le vent : une tempête s'annonce, la brise chaude promène les nuages dans le ciel, les deux amies, comme les nuées, se promènent : randonnée.

Imaginez plusieurs billes au repos dans leur logement, comme on voit en certains jeux d'enfants; un choc ou quelques vibrations les font sortir du sillon ou des puits où elles dorment, et vous devez par inclinaisons fines et subtiles en réunir deux dans un creux prescrit. La randonnée des billes dans le plan suit un parcours intéressant quoique imprévisible : si peu régi par des lois simples que chaque essai, sans doute, se distingue de tous, original et impossible à répéter. Le bombardement circonstanciel rend toute situation singulière alors que le parcours méthodique traverse un désert homogène. Ainsi les heures qui s'écoulent de la contingence à la convention, marquées d'écarts à l'équilibre ou d'états éperdus, instables, battants, se chargent de singularités : regards, arythmie du cœur, toute action, ce jour-là, paraît singulière, imprévisible, rare, unique.

Le système parvient à son assiette finale par rafales de petites gifles fortuites qui font perdre à chaque élément sa stabilité locale et les précipitent tous vers un repos renforcé.

Moment après moment, la vie avance, glorieusement improbable. Programmée, sans doute, volontaire, ambitieuse, tendue, dans un tel cas, mais plongeant dans un nuage turbulent de sollicitations qu'il faudrait appeler météorologiques. Lucides à la couronne volubile des circonstances, nous comprenons ou connaissons mieux, le bonheur quotidien croît, l'aventure se tient là.

En ce halo, tore ou bord, le global branche ses connexions avec le local et inversement. Pour qu'une loi générale s'applique, ici et maintenant, de façon répétitive et prévisible, nous exigeons tout d'abord les mêmes circonstances : preuve que nous nous méfions d'elles et qu'elles constituent l'ensemble des conditions pour ladite expérience. Elles pourraient troubler le fil de l'enchaînement causal ; en d'autres circonstances, les mêmes causes ne produiraient pas les mêmes effets. Des éléments venus de ladite couronne ont le pouvoir de perturber le système déterministe et de le faire bifurquer vers d'autres conséquences. En d'autres mots, le principe même du déterminisme implique, dans ses conditions initiales, sa propre généralisation, ou, mieux, montre le monde dans lequel il se plonge et comment il l'émonde pour le traverser. La série légale transite par la couronne avant de parvenir au lieu et y négocie son passage. Ainsi les rayons du soleil franchissent la ceinture de Van Allen et l'atmosphère, courants, nuages, humidité, avant de nous toucher, transformés par ces obstacles ou filtres. Changez notablement ce manteau, la vie sur terre périt. Le déterminisme comme l'identité pourraient se concevoir comme des états stables, au fond de quelque creux : chaque puits a sa margelle, son entourage, la plaine environnante où les circulations pourraient se diriger dans la direction d'autres lieux bas.

Ou comme des états rares, au sommet de quelque îles : chaque côte a ses récifs, ses abords, la mer fluctuante où les navigations pourraient aller vers d'autres archipels.

Les routes rayonnent autour des villes, venant des cités lointaines et voisines ou allant vers elles ; formant treillis sur le sol, elles drainent les éléments de l'espace. Elles entraînent circulations et flux à la périphérie où se font les mélanges, triages échanges, marchés. La capitale, tête ou centre, semble vivre de ces écorces, comme si un équilibre avait lieu sur un plateau ou dans un creux, acropole environnée d'une ceinture fluctuante qui bombarde l'état, le détruit, le réassure, en tout le fait varier. On peut ou non marquer les points ou lieux des triages et mélanges, les échangeurs ; on peut ou non isoler le site du centre, les échanges pouvant prendre tout l'espace. Pas de capitale ? Voici au moins le palais. Pas de château central ? Voilà le roi ou secrétaire général. Les cavaliers annonciateurs croisent les émissaires sur les marches du royaume ou celles du trône, mais la tête solitaire du président lui-même porte-t-elle autre chose que des milliards de neurones et d'axones bruissant de messages comme n'importe quel carrefour et perpétuant les échanges ? La couronne des circonstances et les échangeurs envahissent le lieu ; où trouver maintenant le sujet, la substance, substrat, centre ou capitale ? Iris porte une écharpe flottante, on reconnaît Hermès à des serpents croisés : espace annelé des communications, totalement décentré, envahissant le centre.

Le global – matière, énergie, information... loi – advient à une localité – cellule, corps, ville... élément de paysage – par son entourage – membrane, peau, murailles périphériques, frontières... circonstances – où il négocie son transit ou passage par un échangeur.

Echangeur. Une voie permet de se mouvoir sur une bande et selon une ligne. La méthode résulte d'un calcul d'optimisation. Allez droit mais surtout : ne multipliez pas les sens et directions sans nécessité, choisissez. Entre plusieurs voies possibles, il faut en élire une et s'y tenir. Or avant ce choix même, ajoutez qu'il faut élire aussi une dimension et une seule et s'y tenir. Ne vous dispersez pas dans le plan ni dans le volume : le voyageur perdu dans le bois erre dans la clairière et grimpe aux arbres pour ne voir que du feuillage. La bifurcation aussi bien que la boucle ou ganse définit un plan par deux droites ou une surface par deux courbes : le mobile s'éparpille. Même chose dans le détail très petit : l'optimisation exige une ligne lisse et non des bandes à trous et bosses où le mobile se défait par une multiplicité de déplacements minuscules dans le même espace : cahots.

Or donc l'échangeur fait passer la ligne à deux et, pour éviter le carrefour au même plan, à trois dimensions, en son efflorescence. Gauche, droite, entre, boude, ganse, courbe, haut et bas, dessus, dessous, le nœud explore le lieu. Randonnée ordonnée. Ici l'optimisation n'exige pas de traverser vite mais de se faufiler entre : au lieu d'annuler l'espace, le déplacement le crée ou le fait abonder. Jamais nous n'aurions cru le ciel aussi volumineux avant d'avoir vu l'aurore boréale y dessiner ses festons : le dessin célèbre et fait l'immensité; jamais nous n'aurions cru notre lopin si grand avant d'y bâtir : le projet y loge cent détails, décoratifs et utiles. La voie passe entre deux voies et ce faisant ménage d'autres entrevoies. Le nœud pratique des lieux par où peuvent s'engager mille nouveaux nœuds. Le transport du message donne lieu à de nouveaux messages. L'espace foisonne.

Le foisonnement devient une condition de l'analyse ou un résultat de son exercice. Délier fait foisonner. Chacun sait que le transport ou la manipulation par pelles ou grues d'un tas de sable ne cesse d'en faire gonfler le volume. Les cahots créent des interstices entre les grains comme les nœuds en trouvent entre les liens. Quelle différence sépare un échangeur de routes et le réseau des voies qui couvre un pays? Le foisonnement seulement, le vide des intervalles. Bien que l'inflation ne jouisse d'aucun crédit parmi les penseurs, nul n'analyse sans délier pourtant, nul ne peut délier sans donner du jeu aux écarts, ni ne desserre sans faire gonfler. On écrit, tantôt, un volume sur une page, trois tomes à propos d'une ligne, une somme pour un mot.

Le nœud ou échangeur invente le local par un foisonnement pareil, analytique même. Il invente des intervalles entre les bornes desquels la voie passe ; du coup, passant par un interstice, le passage lui-même en fait naître de nouveaux : entre sa rive et la borne. Retournant sur soi, la voie donc ouvre de nouvelles voies de retour. L'implication abonde et se multiplie de soi-même. Crée son espace, ses voisinages et intervalles, ouverts et fermés, frontières et continuité, remplit donc ce volume que le fil tendu nie en le traversant, abstrait. L'épissure fait boule ou poupée. Tresse, pomme, rose, bouquet, tête de more ou d'alouette, cul de porc et queue de rat : émergence d'une chose dans un lieu. Je ne prends plus pour des images les noms de nœuds : qui dira ce qu'une tête ou une rose doit aux invaginations de mille voies ? Elles bourgeonnent.

L'opération inverse du foisonnement serre. Or un nœud bien fait peut se souquer autant qu'il plaît en restant dénouable. L'analyse n'a pas besoin de déliateur : le vieux langage fait défaut, on peut serrer en demeurant analytique. L'œuvre excellente serre de même : crée son espace, remplit un volume, foisonne sans vide. On y voit bien que la motion globale par sa force fait des poches et que les implications locales cherchent plus outre par leur richesse : comme un paysage du monde.

Comme l'organe d'un corps. A visiter des atlas d'anatomie ou d'embryologie, l'œil hésite à reconnaître des échangeurs ou nœuds serrés, foisonnants, à toute échelle de taille, remplissant de leurs fourches ou plis, ganses et boucles, enveloppements ou déchirures, fenêtres, un volume local.

Toute chose, inerte, vivante, ouvragée, peut-elle se définir comme une turbulence qui s'ordonnerait en échangeur ?

Il ne sert, au début, qu'au passage, encore global. Bientôt, dans quelque coin où la circulation se fait plus rare, se forme une sorte de garage ; de longues files de camions, la nuit, reposent dans le tourbillon, les chauffeurs y dorment malgré le vacarme. La police a construit, dans une île, des guérites, pour les épaves et ses propres services. Des arbres ont poussé dans les cercles d'herbe au creux des ganses et virages, où les oiseaux nichent ; là, des groupes de clochards ont trouvé leur paradis, protégés du monde par la circonstance turbulente, frontières qu'on ne passe que sous risque de mort. Ils y vivent, boivent, copulent et font de petits commerces avec les grands routiers sous l'œil paterne de la loi. L'échangeur s'entoure maintenant d'une haute palissade opaque protégeant l'entourage du bruit, de sorte que l'on voit des véhicules sortir ou entrer par des portes ou fenêtres pratiquées sur la plaque de la palissade, la somme des sorties n'égale plus celle des entrées dans une boîte qui devient de plus en plus noire, assistons-nous à l'émergence d'un lieu comparable à une ruche, à une ville, un palais, organisme, cellule ?... L'échangeur a inventé un lieu par tissage, nœud et passages, il en recrée un nouveau par arrêts ou emboles, ces stabilités créant d'autres échanges qui...

Une main crée avec du fil ou câble un œil ou regard par où passer, pratique donc un intervalle distinct. Clair, autrement dit non engagé ni brouillé, le fil passe autant de fois qu'il veut ou peut dans tous les sens ou dimensions inventés par le passage même. Et le geste réitère l'œil ouvert et le chemin-milieu. Voilà de l'analyse, mais elle lie sans délier, ou se prépare à délier en liant serré, de façon claire et distincte. Le nœud crée du lieu en multipliant ces milieux distinctement et clairement. Ici l'analyse construit loin de détruire, la dichotomie ou coupure se trouvant sans cesse réparée. L'entre y surabonde qu'on rapproche au lieu d'écarteler.

Ce geste de tisserande ou de tricot, de matelotage nous vient de la nuit des temps et du corps : même les oiseaux du ciel, par le bec ou avec les pattes, savent nouer ou tisser en nichant. Voici les origines enfouies de la topologie, donc de la géométrie, débuts où la vue s'évanouit dans le toucher, où le toucher, sensible et délicat, voit le relief, le lisse et le séparé : origines précédant d'une ère entière la venue de la parole.

Main et regard s'adonnent par la ligature, le tissage ou les nœuds à connecter le lointain et le proche ou à réaliser des variétés planes ou volumineuses, serrées ou lâches, denses ou rares, à partir d'une simple ligne. Le lieu se met à foisonner par cet élément même qui le nie quand il court le global, économiquement. Il s'attache à d'autres lieux de proche en proche comme le point d'amure passe à la bouline et par elle à toute la voilure du vaisseau en partance pour le bout du monde.

Par leur dessin topologique, leurs frottements et leur force, en distinction et clarté, les nœuds soudent le local au global et réciproquement.

Nous parlons à plusieurs voix. Le monde se voit comme localités entourées de leur voisinage, circonstances, connectées entre elles par des échangeurs qui eux-mêmes deviennent des lieux, liés entre eux par des voies qui rayonnent dans le global, dont on ne sait décider le statut plus ou moins local. Ces propositions valent pour l'inerte, le vivant, simple ou complexe, les cent espèces de collectifs, l'œuvre et la pensée, formelle ou belle, entourées de conditions ou de guirlandes ; nous devrions nous avancer vers une théorie globale des échangeurs et circonstances, voisinages et mélanges, couronnes d'échanges autour du lieu ocellé, valable pour le paysage mais cherchant l'universalité. Où se trouve, là, le passage du local au global ?

Or le sensible dont parle ce livre, en se défendant paradoxalement de le réduire à la parole – la science expérimentale aussi n'a dû sa naissance et son existence, sa réussite à saisir les choses elles-mêmes et à concevoir leurs lois, qu'à une défense paradoxale analogue contre l'emprise impérialiste d'une philosophie du langage, imposant au Moyen Age ses raideurs –, or le sensible en général est identiquement la présence constante et la fluctuation de circonstances changeantes dans la couronne ou auréole avoisinant le corps, autour de ses limites ou bords, au-delà et en deçà de la peau ou superficie, nuage actif, aura dans laquelle ont lieu les mélanges, triages, bifurcations, échanges, changements de dimension, passages de l'énergie à l'information, attachements et dénouements, bref tout ce qui connecte l'individu local et singulier aux lois globales du monde et aux flottements divers de la niche mobile. Par le sensible, ce lieu rare et imprévisible apprivoise ou acclimate les règnes de la chaleur, de la lumière, du choc, etc. La pesanteur même ou l'attraction universelle passant par sa posture distribue la symétrie du sensorium et sculpte un corps qui prendrait sans doute une forme radiale en son absence. Dans ce tourbillon périphérique où se multiplient les échangeurs, eux-mêmes tourbillonnaires en quelque façon, se noue notre rapport mouvant au monde : assiette stable, audaces instables, petites gifles fortuites qu'il délivre à la périphérie, métastabilité de notre vie qu'il faudrait désormais nommer circonstable.

Sensible a un sens comparable à celui des adjectifs suivis d'une même terminaison. Il montre un changement de sens toujours possible. L'aiguille aimantée jouit ainsi de sensibilité : vibre et tente des équilibres autour d'un gisement fragile. Par sollicitations menues et venues de partout, en qualité, dimension ou intensité, sur toutes longueurs d'ondes, la sensibilité tremble, fluctue et balaie de sa randonnée dansante les espaces par où les choses, le monde, et les autres la bombardent ou l'appellent. Ainsi l'électro-encéphalogramme semble chercher partout dans une étendue blanche les appels éventuels, son balayage passe et repasse comme une attention flottante et complète, ouverte, intelligente parce que instable : si un épi reste à glaner çà ou là, son mouvement, circonspect, inconstant, ne le manquera pas. Mille cils vibratiles fourmillent aléatoirement autour d'attracteurs étranges. L'acte comme la pensée, fascinés, élisent un but et une orbite ; le sensible, ouvert comme une étoile ou quasi fermé comme un nœud à tous les sens, mobile en toutes dimensions et balayant les azimuts du voisinage, s'adonne, infatigablement, à sa randonnée dansante, échangeur en fonction jusqu'à l'heure plate de la mort.

Le terme visite et le verbe visiter signifient d'abord vue et voir ; il s'y ajoute un parcours, qui visite va voir, et quelque active insistance, il examine et scrute, montre bienveillance ou autorité. Le porteur de regard, dans la philosophie traditionnelle, en général ne bouge : voit, assis, par la fenêtre, un arbre en fleur. Statue posée sur des affirmations et des thèses. Or nous veillons, en arrêt, assez rarement, notre niche écologique comprend mille mouvements, il peut même arriver que nous fassions le tour du monde par admiration pour le visible. La terre tourne, notre poste global de vigie a laissé la stabilité depuis longtemps, le soleil même, donateur de la lumière, mobile, court, apparemment, vers un autre lieu de l'univers. L'observateur, dans la plupart des cas, se déplace, loin ou près, avec plus ou moins de vitesse, et fait au moins le tour de l'observé. Le corps se meut, le bateau, le vaisseau de l'espace, notre planète, les photons marquent même la limite de rapidité ; le monde passe du paysage au panorama, du local à un universel, la randonnée se change en méthode et celle-ci en celle-là. Dieu sans doute voyait monde et choses, nous les visitons : non seulement à cause du site occupé par le corps ; non seulement au moyen des outils, instruments et machines ; mais aussi intellectuellement : chaque

:xpérimentation ou théorème, livre une vue ... faut aller chercher, autre déplacement. L'encyclopédie, si elle existe, se visite comme le monde, s'il existe. Et la vitesse de la lumière limite tout autant le visible que le connaissable ou que nos réussites techniques. Ainsi l'acte de visiter vaut d'un coup pour l'empirique, la machine et l'abstraction. La visite qui se termine n'a pas voulu les séparer.

Elle n'a pas séparé non plus la recherche, le contrôle ou l'inspection, tours légaux ou juridiques pris parfois par l'examen vétilleux et insistant jusqu'au détail. Ainsi les bâtiments de guerre ont le droit de visite sur les vaisseaux marchands, selon certaines conventions et circonstances. Elle n'a pas séparé le sens savant de celui qu'imposent la force ou le droit ; ni les objets de la visite : paysages, corps vivants, personnes à qui l'on doit rendre celle qu'on a reçue d'elles. Nous venons de traverser encore le passage du Nord-Ouest, de l'observation brute ou médicale à l'échange social et même au Dieu de la théologie quand il veut se manifester : premier sens attesté du verbe visiter.

Les déplacements pour voir empruntent des chemins, carrefours, échangeurs, afin que l'examen entre dans le détail ou passe à une synopsis globale : changements de dimension, de sens et direction. Or le sensible, en général, tient ensemble tous les sens, comme un nœud ou échangeur généralisé, toutes les dimensions et tous les contenus. Entendez par contenus les divers terrains par où passe la visite : lieux, monde, statues et jardins, déserts, océans et mers, météores, pays et dépaysements, le changement du pré en page, le dit concret ou la prétendue abstraction, la loi, le droit, l'hymne médiévale et les commandements d'amour, la topologie des nœuds et le spectre des couleurs... la visite explore et détaille tous les sens du sensible impliqués ou serrés dans son nœud. Comment pourrait-on voir la capacité compacte des sens si on les séparait ? Nous l'avons visitée sans dissocier les sens du mot visite. Seule la langue analytique délie le nœud : alors elle perd le sensible. Elle ne peut pas gagner deux fois, dans l'élément séparable et la somme connexe.

Comment faire cependant pour ne pas les délier ? Nous aurions pu les visiter en groupe : il ne visite jamais que lui-même et son bruit, quoiqu'il aperçoive parfois quelques bribes de ce qu'il vient voir. Il aurait fallu donner des noms propres à tous les participants au voyage et, comme on dit, à tous un caractère ou une identité. Chaque personnage, sous ce titre ou cette nomination, aurait discouru, et, comme à l'ordinaire, d'un contenu. Avez-vous ouï quelqu'un sortir parfois de sa leçon ? On aurait donné un nom latin à qui pérore sur la page, un prénom chrétien à celui qui dévoile l'antique document, un nom juif à celui qui décrit le désert au soleil, un titre universitaire au topologue et à l'astronome, un Grec eût récité *l'Odyssée*, un Gascon eût chanté la Garonne et Stendhal, revenu, sous la frondaison, eût dit les amours de Louise, un soir de vent. Platon n'écrit pas autrement. Lesdits contenus se délient par corps, chaque corps portant la parole comme un panneau de bois sur les épaules où son discours s'écrirait. Calliclès vocifère du Calliclès, autre nom de la violence, le bel Alcibiade conteste et dérange, comme un fils de riche mal élevé, Socrate exemplifie et coupe, instituteur de la petite classe, Théétète meurt en géomètre, nul ne sort de son numéro. Colloque. Sujet : le sensible. Un psychanalyste n'y parle que de son établissement, un tenant de l'école analytique discourt du sens ou du non-sens du discours, le marxiste de service entend ne pas sortir de la lutte des classes, chacun donne sa discipline, aucun corps dénommé ne dépasse le tombeau de planche ou de marbre sur lequel se grave son appartenance. Placez dans cette boîte une cassette préenregistrée dans la boîte de l'appartenance, la présidence du colloque appuie sur les touches du tableau pour actionner le départ des bandes, et tout s'annonce pour le mieux dans le meilleur des colloques, les diverses disciplines scientifiques s'expriment. L'analyse des contenus se délie déjà par les corps séparés, la somme ou ensemble des corps équivalant à la somme ou ensemble des langues. Les corps, du coup, sortent du jeu. Le sensible se dit par colloque ou langue. Socrate et compagnie meurent bien avant le *Phédon* : dès qu'ils tiennent colloque sur le sensible.

L'esprit voit, le langage voit, le corps visite. Il excède toujours son site, par déplacement. Le sujet voit, le corps visite, dépasse son lieu et sort de son rôle ou de sa parole. Autrement dit : aucun corps n'a jamais senti et seulement senti l'odeur unique d'une rose. L'entendement, peut-être, la langue, sûrement, réalisent cette performance d'isolement ou sélection. Le corps sent une rose et mille odeurs alentour en même temps qu'il touche de la laine, voit un paysage multiple et frémit sous les vagues du son, en même temps qu'il refuse tout ce bariolage sensible pour imaginer à son aise, se recueillir abstraitement ou tomber en extase, travailler activement ou interpréter de dix manières son état sans cesser de l'éprouver. Le corps sort du corps dans tous les sens, le sensible noue ce nœud-là, le sensible ou le corps ne demeurent jamais dans le même terrain ou contenu mais plongent et vivent dans un échangeur perpétuel, turbulence, tourbillon, circonstances, maintenus tels jusqu'à l'instant de la mort, où le nœud se dénoue, se délie et s'analyse, où la turbulence défait son lien et s'évanouit dans les flux. Le corps excède le corps ou défaille, ce moi-là dépasse le moi, l'identité se délivre à chaque instant de telle appartenance, je sens donc je passe, caméléon, dans une multiplicité bariolée, deviens métis, quarteron, mulâtre, octavon, hybride. Comment dire le moi sensible en nommant un locuteur fixe par discipline ou rôle dans une science ou un colloque? Le moi sensible bifurque et change de sens, ondoyant et divers, perdant le moi, moins haïssable qu'introuvable. Si je suis légion, comment donner des partitions et à qui? La parole glisse, défaille, coule de la description au récit ou du raisonnement à l'évocation, loyalement fidèle à l'état des choses que le corps vit et connaît, visite l'échangeur, le nœud, le tourbillon, les circonstances...

Dès le donné massif et flottant du sensible, la philosophie ne se partage pas : ni par corps – voilà des statues –, ni par noms – voilà des masques funèbres –, ni par rôles dans des dialogues ou colloques – théâtre, politique inutiles –, ni par disciplines – voici la science. La philosophie garde ce trésor infiniment précieux, encore à découvrir malgré des millénaires d'attention fervente : la densité du sens noué sur soi et déployé dans le monde, cherchant sans la trouver une autre parole patiemment repoussée.

Nous avons visité la compacité du donné.

LE LIEU MÊLÉ

Le Livre des fondations a dessiné naguère un paysage moiré, nué, tigré, zébré, bigarré, damassé, exactement historié, nommé lieu transcendantal de l'histoire, constitué de morceaux et de pièces, de localités. Ici se battent le maître et l'esclave, ou les bleus contre les verts, un stade se ferme où la lutte se circonscrit ; aux portes du stade s'ouvrent les guichets, il faut payer pour entrer ; celui qui gagne, à l'intérieur, le bleu ou le vert, l'esclave ou le maître, diffère de celui qui gagne sur le bord parce qu'il tient la caisse : sa loi ne se règle pas sur la lutte ni sur la partie. Le jeu change de règle selon le lieu. A se déplacer dans le paysage moiré, on le trouve hétérogène pour les règles et les lois, tissu de localités singulières. Il arrive, bien sûr, des moments longs d'homogénéité où une loi unique se propage assez loin, mais au bilan, assez rarement. Les lois ne se généralisent pas en général. Pendant que les Sabins, philosophes, se fascinent à la lutte locale du maître et de l'esclave, au stade, les Romains, rapides, enlèvent leurs Sabines. La loi de la rue diffère de la règle du jeu sur le pré. Le stade découpe un morceau d'espace, son bord fait passer à un tout autre élément, les rues avoisinantes en font un troisième ; trois lois règnent sur ce damier, la lutte, l'impôt, l'enlèvement.

Ce lieu nué, zébré, mélangé reparaît en ce livre qui ne parle que de lui, le décrit, essaie de le mieux voir et de le faire voir. Espace transcendantal, à nouveau : moire diverse, différenciée, où jouent mille formes et couleurs, de tous reliefs imaginables, constellée de taches, parcourue de courbes, longues, courtes, fermées, ouvertes, interrompues, trouée de puits, de vallées, plissée de cols et de protubérances, variable ; il faut imaginer cette variété à plusieurs dimensions, la surcharger de propriétés. Un voyage s'y change en aventure, aux rencontres nombreuses et aux péripéties très inattendues, la vue s'y change en visite. Le paysage s'y découvre, magnifique, sous les espaces lisses et homogènes, supports de la loi, où erre la raison pure, comme le conditionnel de ces volumes unis. Espace transcendantal chamarré, conditionnel mais non général.

Le terme transcendantal signifie général dans la tradition qui précède Kant : celui-ci lui donne les sens de conditionnel et général à la fois. Kant décrit l'habitat de la science classique, ses conditions de possibilité dans le sujet ; or la fondation dans ce sujet du monde newtonien aux lois universelles tirées de l'expérience touche à la même généralité que ces lois.

Nous avons quitté ou perdu un tel habitat ; une même science n'offre plus le même consensus aux sujets ; le conditionnel figure dans l'éventail des circonstances variées. Nous avons appris à douter de certaine généralité, nous n'avons pas souvent retrouvé, ni avec la même aise, d'autres lois universelles. Newton avait eu de la chance, tombé sur un cas heureux : nous ne prenons plus le gros lot pour l'ensemble des nombres.

Le global nous paraît un local enflé : ainsi l'espace

d'Euclide ou le temps de la mécanique ou celui qui se rythme de la série numérique ; le soleil, sous lequel rien de nouveau n'arrivait, brille, naine jaune, dans un petit canton, où la révolution copernicienne a remué quelque voisinage ; le Dieu unique a-t-il couru la même chance parmi les petits dieux singuliers, aussi nombreux que les archanges, trônes et dominations ? Le général dissimule un local en inflation, dans les unités, le monde et le ciel ; mais pour le moi aussi bien : je suis légion et le resterai longtemps. Peut-on appeler ce constat révolution astrophysique ?

Nous voyons un pudding de localités, un haillon, un damier damassé ; s'il existe un transcendantal, nous ne pouvons le décrire que comme rapiéçage de lieux singuliers. Certes le général, cas peu fréquent, arrive parfois, mais, par bonheur, comme un numéro gagnant : sous cet événement lisse, le conditionnel reste un lieu tacheté de pages locales, un paysage circonstancié. Ce lieu nué, moiré, chamarré gît sous le transcendantal kantien, qui le recouvre de son verbe : particularité dilatée de cette moire générale, raison qui ne savait pas sa chance. Nous voyons l'espace lisse, homogène, solaire, théologal, verbal, comme une inflation soudaine, extension ou érection, voie droite. La multiplicité bigarrée, non standard, hyper-abstraite sous l'usuelle abstraction simplifiée, devient, si j'ose dire, le cas général.

Cette moire générale vibre sous nos yeux, éblouit de sa richesse et de sa nouveauté inépuisable : nuances infinies, étranges reliefs, monts et sapes, vallons ou partages, événements inattendus sur des plateaux monotones... Et si nous la nommions la variété universelle ?

Lieu transcendantal de l'histoire au *Livre des fondations* où Rome, bourgade ou *pagus* local, étale son empire sur l'univers méditerranéen ; lieu transcendantal de la géographie au cours de la visite qui se termine ici ; ce lieu moiré se voit, se touche sur la peau, tatouée, ocellée, plaine souple du sens commun, fond des sens où se mêlent leurs singularités ; se découvre ou s'implique en l'état des choses, toiles, voilages, variétés ; se déploie dans la somme des arts que nous appelons la musique, maison multiple des Muses ; le voici lorsque s'ouvre la queue de paon du goûter ou l'éventail rutilant des bouquets ; le voici, en tout, corps propre qui se monte à grand renfort de coutures, haillon à manques et recouvrements ; le voici paysage païen, tissu, guenille, formé de *pagi* divers collés au sparadrap, antique document visible sur terre et sur mer, et qu'on peut rencontrer, en sondant l'espace ; le voici marqué sur les pages du livre, écrit tout exprès pour le redessiner, de la peau, mues, de l'écoute, frémissements, du goût, éventails, de la vue, paysages, voici le sensoriel, en tout, le sens commun. Voici le fond de l'empirie.

Ce transcendantal, ce conditionnel si formel, si abstrait, cet ensemble varié à singularités qui fait le fond des sciences, ne gît pas, semble-t-il, dans le sujet – nous ne connaissons pas le chemin qui mène là –, ne vibre pas dans nos langues, mais constitue, tout simplement, le lieu commun que découvre l'exercice des sens, quand ils essaient d'oublier les anesthésies du langage et les contraintes sociales du savoir.

Le transcendantal se présente comme notre monde : le plus abstrait en même temps qu'immédiat. Le réel, touché, goûté, vu, entendu, ressemble à s'y méprendre, comme un jumeau, à l'apex de l'abstraction. On dirait bien que le langage et le savoir retardent le moment de ces noces, comme guichets obligés où nous devons remplir d'infinies formalités.

Après les noces du corps et de l'entendement, nous chanterons celles de l'espace et du temps.

JOIE

VITRAIL - GUÉRISON EN FRANCE - SIGNATURE

VITRAIL

On peut mourir de chaud ou de froid. Quoique le plus beau des objets sortis des mains humaines et aussi un peu sacré, un bateau ne forme jamais qu'une coque de tôle, dont le soleil incendie l'extérieur, qu'il embrase à l'intérieur. Au milieu du port de Djibouti ou dans l'axe de la mer Rouge, non loin du cap Guardafui, à l'ouest d'Aden, au plus fort de la chaude saison, quand l'aube écrase, déjà, que la nuit ne laisse aucun répit, et que, de plus, il faut cuire son pain à bord, le travail à fond de cale, aux chaudières ou à côté du four étouffe. Le dehors n'offre pas plus de confort. Dans les années cinquante, au moins un matelot partait à l'hôpital chaque jour pour réhydratation, quand le navire touchait terre; il fallait séparer ceux qui se battaient au couteau, ivres de feu. Dans quelle eau se baigner? Celle des soutes ou de la mer brûlait la peau. Nous prenions de mauvaises angines en visitant les bâtiments de ligne américains, munis de climatiseurs. Nous dédaignions ce luxe-là et les corps ignorants des conditions terribles du monde. Ceux qui reposent dans le confort n'imaginent pas, trop puissants, le mépris où les tiennent ceux qui vivent durement, tant le réel a de prix. Les officiers, mous, dans le carré tenu au frais, feuilletaient, en buvant glacé, une revue géographique et jetaient un regard distrait à la terre rouge brique au-delà du sabord. Ainsi vint le nouveau monde, doux abri pour les peaux frêles.

Le vent laminaire, uni, sans trouble, peigne la plaine canadienne sous l'immobile soleil d'hiver, ciel bleu sombre immaculé. La clémence vient avec la neige. Sinon, les couteaux : perce-oreilles, taille-nez, balafre-joues, déchirants. Ils entrent jusqu'au squelette, les os se défont, le corps tombe : le froid, la mort; la mort, le froid.

Certaines sensations concernent l'épiderme, dans les régions bien tempérées que les courants marins adoucissent, d'autres vont aux muscles et les bousculent, certaines encore inquiètent le système des nerfs, gonflent les veines ou les annulent, glacées, les plus formidables attaquent le dernier donjon : l'ossature. Il faut avoir eu froid au-delà de l'os, jusqu'à l'axe de l'épine dorsale, pour savoir qu'on n'usite pas là une image de langage. Le dur se liquéfie, on tombe, la police montée ramasse. Certains jours de colère au Québec, le signal public immobilise chacun à l'intérieur, où qu'il se trouve, sous peine de mort, dehors. Sur les chemins, autour des villages, à l'aube, en Sibérie, quelques cadavres barrent la marche : passés directement de la drogue dure d'alcool, prise pour oublier la drogue politique, au raidissement par le froid : os humiliés dans la vallée où les larmes mêmes gèlent.

Comment nos ancêtres ont-ils pu subsister, du Labrador au Wisconsin, devant des feux de bois? Tous les enfants nés à l'entrée de l'automne mouraient. Sur la baie James, le bas des fondations destinées au barrage sur la Grande-Rivière, mur si lourd qu'il fait trembler la terre, a découvert des restes d'habitats indiens, presque aussi anciens que le néolithique. Notre peau, devenue si frêle dans le froid, nous empêche de comprendre ces corps nus glissés dans des peaux de bêtes sous la mitraille du blizzard. Devant ces cendres se redécouvre l'ancien monde, dont nous sommes abrités, fragiles.

La chaleur inspire la peur, le froid l'angoisse pure. On meurt moins de l'eau, en mer, que, par accident, du vent qui l'émeut, on peut y mourir de froid ; mais avant de tomber au dernier frisson qui secoue la tenue de vie et qui fait lâcher prise, la peur vient et tue. Elle devance la glace, comme son signal. On a vu, sous les hautes latitudes, dans le gris rêveur de l'Arctique, de longues baleinières garnies de cadavres encore assis à leur banc de nage, paumes à l'aviron, parés à souquer, fixes, raides, yeux ouverts, les flancs de l'esquif pleins à craquer de vivres et de fourrures, tout allait bien à bord ; morts d'épouvante, les fantômes glissent sur la mer calme, naufragés de la peur blanche. Je mourrai de froid, j'ai peur du blanc, j'aime l'hiver.

J'ai eu froid à l'agonie, sans aller plus loin que les monts d'Auvergne. Un de mes livres y mourut du printemps, écrit à cette altitude : mains gourdes, grelottant sous sept couvertures rêches, les pieds durs et morts, tête brûlante sous un bonnet hâtivement tricoté, dans une chambre sans chauffage, sous la pluie amère d'avril mêlée de neige et de bise aigre. Un livre sur Platon, mathématiques et connaissance ensemble, a été pétrifié au bout de trois cents pages, comme une suite de statues, sous l'immobilité frigorifiée, tremblante, de tous mes sens. Il n'y a rien dans la connaissance qui n'ait été d'abord laissé libre par les sens. Si ceux-ci se raidissent, adieu les mathématiques. La rigueur de la tête requiert un dos qui ne frissonne pas. Le soleil, ce printemps-là, se cachait derrière ces montagnes qui m'empêchaient de voir mes amours, au-delà de l'être. Qui peut dire Platon dans le froid ? La condition sensible du travail de connaissance gît dans une chambre chaude, le transcendantal rougit dans le poêle, je l'appris de mes os humiliés.

Chaud-froid. Assis devant les briques brûlantes, les bras noués autour des jambes réunies, nu, couvert de sueur, immobile, près de la suffocation ; plus calme, adapté à la fournaise, croyant nager dans son eau, comme enveloppé d'un suaire, yeux clos, enfoncé dans la torpeur humide, écoutant d'une oreille lointaine les propos vagues des voisins, noyé dans la chaleur mais loin du sommeil ; soudain, après la douche glacée, plongeant dans la piscine-banquise, voici que la peau s'objective : se décolle, se détache, flotte dans l'eau comme un manteau, séparée, à distance de corps ; le sujet se recroqueville, dedans, inquiet mais tranquille, dense comme un petit diamant noir au centre du plexus, laissant tout le reste devenir, indépendant de lui, un objet posé dans le monde, là, stable, immobile, à l'aise, souple dans le liquide, bienheureux.

Nous avons quitté le paradis pour l'arbre de la connaissance ; à cause d'elle et pour mimer Dieu, nous ne reviendrons jamais dans le jardin au bord du fleuve. Pendant des nuits entières, dans la plaine autour de la moyenne Garonne, par un peu moins de quarante-cinq degrés de latitude Nord et un peu plus de l'origine, en longitude, milieu des pays tempérés, la température s'allège tant, après que les pruniers ou pêchers ont perdu leurs fleurs, que la peau, nue, ne sait pas décider s'il fait chaud ou froid et même doux ou frais, tiède. Le corps ne recherche pas de vêtement, il passe, dans le noir, angélique. Il faut une brise qui trace sur lui une moire pour qu'il voie qu'il court dehors. Pour quelle raison avoir quitté ce jardin où les eaux bruissent ?

Le réveil a lieu dans le bain de la peau et du lit, englouti dans l'épaisseur commune à la chair et à la laine ; le drap continue l'épiderme, le corps se répand dans ses plis et poches douces. Une pointe émerge de l'ombre, de la chaleur, de l'étrangeté, fin du parcours sous l'eau, la nage heurte une rive où un courant la pousse. Les os et tendons des mollets au milieu, ceux des cuisses au-dedans, le creux double des reins pique sous la poussée d'un étirement heureux, dans le plexus solaire passe un aliment sans poids, la symétrie se pose, tranquille. L'intérieur, vécu, exploré, connu dans l'aveuglement du sommeil, se replie, s'invagine pour laisser place à l'extérieur, le mou dehors va devoir monter sur le théâtre pour jouer la dureté.

S'endormir mime le oui, l'éveil verse au non. Plonger, consentir; se hisser à la côte rocheuse. Naître chaque matin à la naissance du jour. Joie.

Le corps ne se conduit pas, et de loin, en simple récepteur passif. Que la philosophie ne l'offre pas au donné du monde assis ou avachi, mou et laid, récemment devenu répugnant. Il s'exerce, s'entraîne, quasi de soi, aime le mouvement, y va volontiers, se réjouit d'entrer en action, saute, court ou danse, ne se connaît soi-même, immédiatement et sans langage, que dans et par son emportement, découvre son existence dans le feu musculaire, à bout de souffle, aux limites de la fatigue.

Il respire. Le souffle, involontaire et volontaire à volonté, peut changer, plastique, se transformer en actionnant comme un soufflet de forge. Passé le cri déchirant de l'inspiration natale, premier soupir, le corps se met à aimer respirer, premier plaisir. Il aime tant à le faire qu'il cherche à perdre haleine et à la rattraper, comme une femme désirée qui fuit et joue à reparaître, il aime à passer au deuxième souffle et à recommencer, pour atteindre, en paliers successifs, haletants, un rythme nouveau, un autre monde, espace où tout devient facile. Rien de plus large que la bonté du thorax. Le premier appel de la Genèse, à l'aube du monde, au-dessus du tohu-bohu, dit Dieu *ruagh,* allitération rauque du souffle, au fond du palais, dans le creux de la gorge avant la langue, avant la racine de la langue, là où le halètement racle et reconnaît le divin; *ruagh,* haleine, souffle, vent, brise d'esprit, à bout de course, dominant la chamade du cœur.

La mort a pour avant-coureurs l'étouffement, l'étranglement, qui ont pour avant-coureur l'angoisse qui coupe le souffle.

Le saut, élément de course d'abord, fait le second plaisir du corps après le souffle, passé les vieilles relevailles et les joies des premiers pas. L'animal se rase, il rassemble en plis ses ressorts. La prise d'élan, immobile ou, au contraire, rapide, noue le virtuel du vol, le blanc de son apex, sa décision, sa certitude dans l'espérance, son inquiétude, une mise en porte à faux. L'élan, plus délectable que l'envol, donne à la densité musculaire un frisson aigu plus allègre que le déploiement, comme si la puissance, à terre, l'emportait en force sur l'acte, en l'air, promesse d'ivresse plus enivrante que l'extase. L'extase, exactement parlant, termine les petits sauts répétés, à ras de terre, de la course longue, le jet vif de l'entre-deux, ou le lancer de la balle au panier, l'arrêt du gardien de but, en haut, vers la lucarne, mais surtout les lentes épousailles du ventre et du dos avec le fil tendu au milieu du sautoir. Qui n'a vu, de ses yeux, un ange? La tradition définit l'ange comme un corps qui peut faire immédiatement tout ce que l'esprit conçoit, projette ou désire. S'il pense, par exemple, qu'il se pose là-bas, il s'y trouve tout aussitôt. L'archange que je vis se nommait Tracanelli, le nom importe, s'il me lit, je le salue, et, pour une fois, ce n'est pas l'ange qui salue. Il volait, sans effort apparent, au-dessus de la barre, fin, délié, long souple, des ailes plein les bras qui venaient de lâcher la perche spirituel. Rien ne se ressentait dans l'envol, dans l'élan, de l'attraction terrestre, dont l'action universelle paraissait un moment suspendue : miracle séraphique. Pas de force, pas de sueur, on s'étonnait qu'il retombât. Un ange passait, dans le grand silence du stade.

Je n'ai pas choisi Hermès comme totem, emblème ou théorème pour des raisons spéculatives seulement ou par cette prévision d'histoire, nécessaire en philosophie, qui me fit dire, voici déjà un quart de siècle, que s'ouvrait l'ère où il dominerait Prométhée, alors que celui-ci tenait le monde et les pensées depuis plus de cent ans. Je l'ai pris pour enseigne aussi parce qu'il vole, premier ange, ailes aux pieds. Hermès précède l'ange du silence qui passe, comme l'ange qui passe dans notre silence laisse un reste d'Hermès. Il passe, il court, vole et saute.

Dessinez toujours les ailes sur les pieds : les membres inférieurs lancent le vol. Quelle erreur d'attacher au dos ces larges envergures ! Dans le noir dense des muscles bas, l'extase se prépare, frémit et tremble avant d'y aller. La mort vient comme un effondrement, on tombe, la tension principale des jambes où se ressent la vie se relâche.

Vous qui faites profession de parler, professeurs, acteurs, avocats, toutes sortes de rhéteurs, vous dont le métier quotidien passe par le chant, qui devez porter votre voix hors du corps pour en remplir un espace jusqu'au mur du fond et qui avez à soulever une colonne vibrante au-dessus de la gorge comme un tourbillon de feu, sonorités intenses et inflexions exquises, sachez que tout vient de l'assise, de l'assiette, de la tenue à la terre, de la sustentation, de la prise animale du sol par la plante des pieds, de l'accrochage solide à de longues racines par les orteils, que je ne sais quelle source brûlante vient de je ne sais quel courant chthonien et que tout monte le long des colonnes musculaires des jambes, des cuisses, des fesses et de l'abdomen, que cette voix qui crie ou qui dit, qui signifie, doit son inspiration profonde à cette fondation, et que vous ressemblez ce jour, ce soir ou cette nuit à l'antique Pythie qui ne pouvait dire ou signifier qu'au-dessus des vapeurs émanées du ventre de la terre, vous pouvez les capter avec les membres inférieurs : la voix vole si les ailes du verbe vous poussent aux chevilles ; vous reconnaîtrez que vous pouvez parler, chanter, incarner le verbe dans votre corps au bonheur des genoux et des métatarses. La musique, le sens, comme l'extase sont issus de ces ressorts. La voix volante vient de la terre, par le corps-volcan. L'âme vente de plain-pied.

Rien de gai comme de sauter sur un lit élastique et

dur. Tout enfant a usé de ce plaisir jusqu'à l'écroulement du sommier, mauvais souvenir. Extase double de l'effort musculaire aux cuisses et mollets, saut puissant, presque métallique, et de l'arrêt en haut, qui semble éternel, où le corps fait des figures, entre en représentation.

Rien n'a fait de mon frère un frère que ce plaisir pris à deux. Jamais de la vie, t'en souviens-tu, nous n'avons tant ri. En haut, nous nous faisions des mines. En bas, il était rare que le lit nous reçût harmoniquement, l'un pouvait s'écrouler, privé d'élan, alors que l'autre fusait en l'air comme une étoile. Délicieux apprentissage des circonstances.

La civilisation fait parfois quelques progrès : existe-t-il sur terre un objet plus merveilleux, la technique humaine a-t-elle jamais réalisé un appareil plus divin que le trampoline ? Plaignez-moi, jeunes gens, plaignez l'homme assez malheureux pour avoir manqué, par charge d'années, l'éducation trampolinienne.

Deux femmes, belles, sculpturales, taille fine, seins droits, fesses fermes, jambes dures, dans le maillot une pièce strict bleu marine frappé de l'écusson national (elles font partie de l'équipe olympique de plongeon) s'entraînent sur le trampoline, comme tous les jours, elles sautent ensemble, face à face, comme mon frère et moi, autrefois, elles font des figures en haut de leur vol, lentement, décomposant avec attention gestes et postures, symétriquement, comme par imitation, comme si une glace les séparait, elles s'entraînent en s'entrevoyant.

Comme tout s'enchaîne pour elles dans l'habitude et la virtuosité, sauts vissés, carpés, saut de l'ange ou périlleux, elles s'ennuient un peu de ce machinal, même difficile, elles parlent. Je ne sais de quoi, mais elles paraissent intéressées, passionnées, discutent comme si de rien n'était, indifférentes. Un dialogue à plus de deux mètres de haut, où les corps qui s'entretiennent volent, immobiles, dans des positions acrobatiques et naturelles, fait savoir comment les anges parlent. Elles causaient d'amour, sûrement, gaiement, comme les petits *putti* rient et chahutent. Voilà d'où vient la parole.

Il existe encore, dieu merci, de ces manèges simples garnis de chaînes qui tiennent un petit siège où on prend place seul. Tout autour, on peut compter parfois vingt-cinq de ces fauteuils pendus. La machine, comme une toupie, tourne, les chaînes s'inclinent et cherchent l'horizontale, en couronne autour du manège, par la force centrifuge; celui qui est assis perd sa gravité. Il croit voler, en apesanteur. Il a échangé une force contre une autre, il pèse autrement, faux vol, deuxième chaîne, sur le pas-volant.

Le vrai commence lorsque mon amie assise devant moi et dans mon orbe se laisse tirer dans mes bras, ou pousser avec mes pieds : elle part en épicycle et, en retour, je recule ou régresse, planètes aberrantes dans le système circulaire ensoleillé. Je perds la pesanteur mais aussi la simple et sotte centrifugeuse, les mouvements me paraissent venir de la force amie et de la mienne, de notre exclusive relation : elle m'attire, me lance, me reprend, m'intercepte, je la laisse, la retrouve, délicate, échevelée, à peine corporelle, je vole si elle veut, elle vole si je veux, nous volons à volonté, sans dépenser beaucoup de peine, à loisir, au doigt et à l'œil, légers, nos rapports seuls créent notre extase, nous n'existons que par nous seuls, le reste a disparu, ici se révèle l'amour séraphique.

Or notre bande comptait six ou sept gamins plus affamés de foire que d'étude, le manège se tenait sur le gravier entre nos maisons et Garonne. En route, en vol. Par paquets de trois ou de quatre, nous nous agglutinions, nous nous lâchions, nous éclations comme une bombe, l'un surgissait à quatre pattes, l'autre glissait couché sur le dos, celui-là roulait en boule, celui-ci, pantin, bras en croix, faisait le grand écart, serrés en rang ou séparés ou contrariés, grand soleil, rétrogradations, festons, ou tournant sur soi-même frénétiquement, nous ressemblions à des anges, *putti* qui chahutent dans les nuages par groupes ou mêlées rieurs. Plaisir beaucoup plus fort que de sauter seul, sur le lit des parents, le matin, morne chose.

J'ai revu ce manège quarante ans après dans un village montagnard, au val de Livigno, où la culture latine danse et rit, agglutinée, avoisinant pourtant le gel moral de la Haute-Engadine germanophone suisse, dans le mélange romanche, six ou sept gamins jouaient à se reprendre et à se lâcher, deux amoureux volaient, sérieux chérubins, j'ai su alors que j'étais né d'un groupe d'anges chahuteurs, occupant les nuages, passant serrés ou jaillissant tout à coup en orbe solitaire et ornementale, pour rire. Passé cinquante ans, à revoir ce spectacle, tout le savoir d'astronomie rentre dans le corps, et l'adulte redevient enfant, quand il était planète. Le gosse, devenu sérieux, fournit au penseur un corps neuf, lévitant, vivant l'amour archangélique.

Contrarier le poids par une autre force, pour faire enfin ce que l'on veut, au moyen d'une faible troisième, voilà l'esprit.

Marcher fait rythme, donne à la voix batterie, caisse sèche, timbales et chapeau chinois, marcher martèle aussi le silence. Double mesure du pas et du cœur, de la marche et du sang. Le corps demeure inconnu si nous ne l'amenons pas à cent mille pas de sa litière. Considérez les statues datant de trois siècles ou plus : larges pieds, cuisses denses; nous perdons la marche, la noblesse de l'allure venait d'elle et du portage. Le monde reste à distance de promenade, nos aïeux d'Asie ont passé Behring pour se disséminer en Amérique, tel arrière-grand-père a couru de Grenade à Moscou, grenadier de la Garde impériale. L'avion, dit-on, a rétréci le monde; tous les moyens de locomotion, au contraire, l'ont agrandi démesurément devant nos pas. Nos jambes débiles ne cherchent plus à franchir l'espace.

Mais il vaut mieux marcher en montagne pour

qu'elles redeviennent presque des bras, le corps contrefaisant le quadrumane ; grimpant des rampes raides pour sentir le pied s'agripper, les membres inférieurs jouissent de perdre un peu le portage et découvrent une autre fonction. Les pieds font les meilleures mains et les jambes les bras les plus sûrs. Toujours les muscles les plus bas ont vocation vers la hauteur, partie spirituelle, piliers, rampes d'envol, appel. Hermès porte toujours les ailes aux pieds.

Courir : troisième plaisir, somme du souffle et du saut. Quand la roue du wagon passe sur le joint de dilatation qui scande le rail, le choc rend un son qui rythme, au début, la course du train ; mais quand la vitesse croît, la roue paraît voler au-dessus du creux, silencieux, le voyage s'adoucit. Ainsi du pied sur le sol. Qui n'a pas couru croit que celui qui court met régulièrement pied à terre et, de fait, ne se trompe pas trop : le pas cite le sol précipitamment. Le coureur ne l'entend pas ainsi, mais comme le voyageur dans son wagon soudain doux. A un moment de l'entraînement, il jurerait que ses sandales ne touchent plus le sol, il vole, parallèle à l'horizon, ses membres inférieurs ont fondu dans le silence ou l'absence ; la course, vitesse ou fond, le lance dans un monde nouveau d'oiseaux planant au ras de la piste, haut et bas tout à la fois. Elle n'accélère pas la marche mais généralise le saut. Ce que la fondation du corps, les membres inférieurs, ressorts et colonnes de vie, savent faire dans le saut différentiellement, ils l'accomplissent dans la course intégralement. Ils travaillent et s'effacent, portent et s'absentent. Comme le sujet qui pense mais qui manque. Ils font sans être. Voilà ce que disent les ailes des pieds, le message d'Hermès coureur.

La jeunesse trouve plus aisé de courir que de marcher. L'âge pense plus qu'il ne sait, ou apprend à jeter béquilles et jambes.

On croit communément que le portage réduit à l'esclavage. Indiens écrasés sous l'épaisseur du jute ou Chinois pliant sous la palanche, avez-vous jamais porté ? Nous perdons le port. Nul ne connaît son corps si sa ceinture scapulaire ignore le poids, reste vierge de pression.

Un piano rend des sons, mais se courbe sous la contrainte de plusieurs tonnes, dur et doux. Le philosophe rend hommage au maître à la main déliée, mais aussi au constructeur, mais encore au déménageur.

Descendez un jour quelqu'un sur les épaules du sommet d'une montagne à la vallée, croyez d'abord mourir, le supplice des muscles qui ne savent pas travailler à la chute semble abominable ; puis, comme d'habitude, la ressource vient, le second souffle et l'assuétude à la nouvelle peine, se découvrent peu à peu des filets musculaires inconnus, angles inusités, articulations en sommeil, des pans de silence au milieu de la chair laissent entendre pour la première fois des musiques étranges mais familières, inouïes mais aussitôt reconnues, la colonne du portage, non homogène, se décompose, mobile, tout un monde naît au-dedans, s'arrange, s'adapte, échange ses responsabilités sous l'implacable écrasement, le corps devient architecture, maçonnerie mouvante, vaisseau, le squelette se fait charpente, ferme, entraits, arbalétriers, les muscles font le mur et les cloisons, tout un réseau fluide d'huisseries élastiques, les attaches tendineuses, changeant d'angle dans le temps, fournissent des fondations quasi liquides, souples, pneumatiques, adaptables à tout moment au risque de verser, le corps devient trépied, fauteuil, chaise à porteur, balancelle, arc de triomphe, cathédrale, barque, berceau et tour, fondation solide et dure pour une bâtisse, appui fluide pour le vaisseau ou le ballon, le corps, alors, se jette dessous, sait soudain ce qu'on doit jeter dessous, et comment le faire, se connaît comme jeté-dessous, *subjectus,* sujet. Je porte donc je suis.

Portefaix, porte-enseigne, porte-voix.

O bonheur large de porter sa danseuse ou son amoureuse, voler ne vaut sans savoir faire voler, l'extase se complète par la statique de l'extase, l'appel du vol. Le couple s'assemble avec gravité.

Celui qui dépose son fardeau grandit.

Porter tant de temps les sciences et les livres, de grands auteurs au corpus immense, porter tant et tant de pères, langues mortes et vivantes, savoir dur et connaissances douces, supporter la mémoire et l'histoire pendant tant de temps : au moment où la charge est enfin déposée, aux pieds, redevenir enfant. Directement heureux dans le sensible.

J'avais emmené du sommet de la montagne pleine de glace jusqu'au creux de la vallée où chantent les gaves une fille, mon enfant.

Pas de deux dans la vallée heureuse, du couple éducatif incorporé.

Mâle, sexe si faible, sais-tu porter? Seule la femme connaît, vit parfois le port incorporé, où deux âges s'additionnent.

Le souffle haletant a sonné la *ruagh* au fond de la gorge avant qu'elle ne songe à parler; le thorax s'évade, feu et vent, de son lac de larmes; le bond s'arrache au ventre de la terre; la marche concourt au pas du cœur; la course annule les muscles inférieurs sur le pied d'appel; le port vient au corps au moment où il dépose la charge de la connaissance et de la conscience de soi; alors commence la danse, intégrale des premiers plaisirs, allégresse-somme. La joie inspire, tressaille, danse. La vie danse comme un rideau de flammes, la mort raidit; l'intelligence danse, la sottise se fixe, répétitive; l'intuition danse, la logique et la mémoire programment les robots; la parole danse à sa naissance et s'effondre dans la stéréotypie; le désir danse, l'indifférence dort.

La danse règne avant le langage, comme musique du corps. Elle compte le début du temps : court et saute sur un rythme qui se répète, entre en redondance, retrouve des gestes, refait des pas, s'enroule sur elle-même, mais de temps en temps surprend par une attitude subite, le corps vient d'inventer un chiffre nouveau, la danse ensemence de l'inattendu sur le retour éternel du rythme, voici le commencement du temps.

Un corps n'est jamais né avant d'avoir dansé.

La nage répartit sur la surface de la peau la sustentation que la démarche usuelle demande à la plante des pieds seulement. La responsabilité du portage dans un milieu qui n'offrirait aucune résistance au poids s'il se concentrait sur le polygone banal passe au corps qui, soudain, entier, devient pied. Sandale, en turc, veut dire une barque. La tête, hors d'eau, dans l'air plus léger, se pose sur une peau, cuir de soulier immergé. Celle-ci, ainsi, s'exalte et négocie par menus départements la tenue faible du fluide, mais elle intègre ces petites impressions, chacun faisant confiance aux autres pour la flottaison-somme. La nage donne toute la peau, par lieux infimes et tout d'un coup. Baptême qui nous ramène avant notre naissance. Devons-nous, inversement, repenser les pieds comme modèles réduits du corps entier donnant des flotteurs à celui-ci quand le fluide se durcit ? Libérée d'une obligation, toute la peau touchera, différentielle, ne portant pas, intégrale. Donc tatouée.

Or la station debout et la marche nous imposent, par la pesanteur, la symétrie axiale qui sculpte notre forme et apparence, nous reliant tous au centre de la terre. La nage dans l'eau et la danse dans l'air nous dénouent de ce lieu commun et substituent à cette droite un point placé au lieu vague que j'avais nommé l'âme au franchissement du sabord de naissance. Toutes nos symétries changent. La brasse, la glissade ou le jeté, le plongeon nous transforment en êtres radieux – je veux dire en radiolaires. Si nous vivions dans l'eau pendant quelques millions d'années, deviendrions-nous des étoiles de mer ? On a vu bien des danseuses dont le tronc disparaissait. Cylindres posés par terre, yeux et genoux se répondant comme reins ou seins, nous voici sphères autour du point tant le fluide, volubile, oblige à la rondeur quand le solide impose le carré architectural lourd. Tout ce qui diminue la pesanteur ou l'annule ramène à ce centre qui sort de la terre pour se donner à notre autonomie, autour duquel nos mouvements dans l'eau s'enroulent et qui gouverne le saut. La tête et les tarses sur l'axe prétendent au centre, les voici à la périphérie, ni fondation ni sommet, tout se réordonne par rapport au plexus, non loin du sexe : si nous flottions ou plongions quelques millions d'années durant, deviendrions-nous un peu moins rationnels : émotifs et tendres ?

Or donc, courbé, nageant lentement dans le sein de la mère, le fœtus s'enroule autour du même point ; tourne autour de son âme avant sa naissance, la fixe à l'accouchement, la retrouve quand il nagera ou dansera, dans la féerie des mille symétries sphériques. Ne crawlez pas, ne rampez pas sur quatre pattes en vous couchant sur l'eau, ne gardez pas la symétrie axiale, posture compétitive et fière, obéissante, lovez-vous dans le liquide d'embryonnaire mémoire, à la recherche de l'âme enfouie, le vrai progrès gît là.

L'attention donne au corps un arc convexe qui place le même point au foyer, au centre du cercle. Il sort de moi et va chercher fortune dans le monde.

Le point de symétrie sphérique autour duquel nage, plongeon ou danse enroulent leur vol et dont la naissance ou passage par le pertuis ouvert dans le bateau en feu révèle l'existence ou la qualité d'âme vient à se déplacer hors du corps selon les positions, mouvements, exercices. Nous savons nous mouvoir autour de lui, pôle, depuis l'initiation fœtale, nous savons le faire naître hors de nous. Nous naissons, nous accouchons. Pôle sujet, mon âme, pôle objet, bientôt.

Le maladroit joue à la balle en la faisant circuler autour de lui, planète aberrante recevant sa loi du sujet soleil ; dissonant, raide, volontaire, commandant, celui-là n'apprendra jamais rien. Il ne sait pas faire naître. Il réfère les choses à lui. Statue, robot. Le ballon, au contraire, joue avec les adroits qui transitent, planètes errantes, autour du nouveau petit soleil, objets consonants et souples, à l'entour de la balle, sujet. Ceux-là pourront tout apprendre parce qu'ils ont abandonné leur loi propre et renoncé à soumettre toute chose, pour s'adapter, soumis et donc sujets en ce nouveau sens, à la loi de ce qui fuit, déjà, loin d'eux, en quoi ils reconnaissent leur ancienne âme. Douce au toucher, de près ; de loin, visible, sonore, parfois odorante. Ils ont accouché de la relation et de l'objet. Le point quasi-sujet devient quasi-objet, relation et bientôt chose. Ceux-là savent donner. Du coup, ils savent aussi recevoir le donné. Adroits ou attentifs, vite connaissants.

Savoir naître et faire naître, reconnaître un lieu de scissiparité, dans le corps, autour duquel le sujet s'ordonne, et qui sort du corps, et qui devient relation et objet, l'intime se plaçant à distance et s'absentant soudain de moi, généreux, où l'éloigné tout à fait étranger peut à loisir aussi recevoir le gîte, hanter le voisinage et l'intériorité. L'espace des cinq sens construit l'ensemble des distances, proches au goût et au tact, éloignées à l'ouïe, aux bouquets, à la vue, où ce lieu bouge et se repère.

Qui a joué dans sa jeunesse à des jeux collectifs a pu connaître un état de forme, personnelle, où le corps devient soudain angélique et réussit tout ce qu'il entreprend : sans fatigue, sans effort apparent ni ressenti, saute plus haut, passe partout, court inlassablement, se faufile, atteint toutes les cibles. Les anges, répétons la tradition, font de leur corps ce que leur esprit décide, tout de suite. Il se souvient donc d'avoir reçu pendant quelques saisons un corps d'ange, d'être passé sans savoir comment dans un autre monde, dans un espace sans erreur ni faiblesse, où le projet le plus fou rencontre un succès aisé, gestes aigus, mouvements déliés, décision toujours fine et juste, oui, la vie à un mètre de la terre, en lévitation. La balle elle-même tire le bras au but. La musique compose pour l'auteur sans lui.

L'extase individuelle laisse une mémoire impérissable, de sport et de corps, d'intellect ou d'émotion, chose la meilleure qui survienne dans la vie, on peut même préparer son temps à recueillir de semblables apex, bonne et féconde existence ; l'extase à deux, plus rare, est laissée à la pudeur, sait-on que l'état séraphique peut survenir d'un coup à tout un groupe ?

Je me souviendrai jusqu'à mon lit de mort que cet événement foudroyant nous arriva deux fois, à cinq plus un ballon rond, ou quinze plus la balle ovale. Je me souviens surtout du silence dense qui formait le volume étroit et compact où nous dansions ensemble, d'une certaine surdité ou d'un aveuglement, nous entrions dans le monde du miracle. A l'ordinaire, quand le ballon passe – et il vole vite pour n'être pas intercepté –, il s'échange entre des mains adroites et un regard aigu et vigilant, précédé souvent d'un appel, mot, cri, brève interjection, voyelle, même un signe de la main, code convenu ou non. La balle court avec, après ces signaux, en même temps qu'eux, sur le réseau des canaux fluctuants qu'ils dessinent. Tout à coup la balle prend leur place, tous les autres signaux s'éteignent. L'équipe tout entière entre dans une boîte, une grotte un peu sombre, les clameurs des spectateurs s'éloignent comme le rivage d'une mer lointaine, l'équipe adverse danse comme un collectif d'ombres, sans force, fantômes, alors mon corps se place où la balle va passer, je la lance dans un vide qu'un autre chérubin va combler, immédiatement et à coup sûr, nous ne nous regardons plus, nous ne nous voyons plus, nous ne nous entendons plus, nous ne nous parlons ni ne nous appelons, yeux fermés, bouche close, oreilles bouchées, sans langage, monades, oui, nous nous connaissons, prévoyons, aimons, nous nous anticipons de façon fulgurante, nous ne pouvons pas nous tromper, l'équipe entière ne peut plus se tromper, enfin elle joue : non moi ni mes partenaires, mais elle, elle-même. Je tire vite à droite, je sais que tel sait que je passe là, que la balle m'y attendra. La balle va si vite qu'elle tisse entre nous des liens d'une imprenable sûreté ; comme cette sécurité n'a aucune lacune, la balle peut circuler plus vite encore, et comme elle va plus vite, elle tisse... Nul ne peut apprendre ce que signifie être ensemble s'il n'a vécu cette extase-là. Il me semble comprendre de l'intérieur, comme intuitivement, comment doit vivre la pièce ou l'élément d'un organisme. Mais, pour lui, où va le ballon, pour lui, d'où vient la balle ? Et de nouveau, où va, quelle est la balle dans un collectif qui ne joue pas ? Et qui parle, éperdument, à l'inverse des anges ?

Se rencontrent dans la vie de sublimes et rares danseuses. Qui dira l'extase muette de ce qui ressemble toujours un peu à un pas de deux ? Comment se fait-il que la main levée rencontre aussitôt l'autre main levée, que la jambe fléchisse exactement au même instant, que le pied anticipe la décision du pied, que la souplesse de la taille vienne au concours avec exactitude, que les deux corps conspirent, muets, silencieux, sans programme, chacun baissant les yeux et se laissant aller au plaisir harmonique, au rythme, à la musique : elle a pris les deux corps, les a envahis, les deux danseurs deviennent la musique faite chair, séraphiques.

Mais quand ils font l'amour avec autant de rencontres exactes et tacites, dites, où va la balle, d'où vient la musique ?

Dieu sans langue de l'accord parfait.

Rien ne vaut une grande pensée parce qu'elle ouvre un paysage grandiose en lui laissant une moire bigarrée, la miraculeuse allégresse de comprendre mieux élargit l'habitation de quiconque dort dans une chambre médiocre et aménage soudain son palais mondial ; rien ne vaut une démonstration élégante, qui ajoute la finesse à la raison ; une intuition, qui fait voler le corps à la vitesse de la pensée qu'on imagine plus rapide que la lueur ; la méditation profonde, l'altitude, la lenteur, la plaine sereine d'une sagesse; rien ne vaut l'essai ou l'attente, et si je me trompe au moins n'aurai-je fait de mal à personne, et sinon nous exulterons de joie; rien ne vaut la notion piquante, vive, en écart à l'équilibre, enchaînant son mouvement à la série longue et gauche de grains idéaux vissant leur chemin paradoxal dans l'espace aérien; au-dessus de tout vaut l'expression adaptée, langage propre, eau tranquille et transparente du style, diamant aux reflets durs et veloutés, la vie intelligente donne la chance de la liesse totale, qui entre un jour dans son temple s'agenouille et n'en désire plus sortir.

Mais le ciel d'automne bleu marine, grave comme qui a peu de jours encore à vivre et ne les gâche plus, mais la lumière cuivrée des derniers beaux après-midi, tremblante de timidité dans les arbres rouges, le frottement craquant des pas traînés dans les feuilles entrelacées à l'herbe encore verte, la brise indécidablement froide ou fraîche, extrême fin de chaleurs ou prémices d'hiver, mais les noix ouvertes et toujours amères, avec leur membrane, les raisins pourris, les pruneaux six fois cuits, caramélisés sur les claies retirées du four, l'âcreté du vin nouveau, presque aussi bleu que la peau, presque aussi vert que la pulpe des grappes, mais la haute forêt d'Auvergne dans la gloire d'octobre, la basse vigne vendangée, la quiétude surnaturelle de la campagne à la fin de septembre, plénitude où les divinités descendent, tangibles, entre le pas-encore et le déjà-plus, minutes denses où le corps saisit plus que ne ferait l'intelligence, existe-t-il une phrase qui vaille les délices du donné?

Le sujet connaissant se dilate et s'étend au corps entier, l'ancien sujet se condensait dans une abstraction simple, quelque part, effacée, inconnue, dans un lieu transparent laissant tout le reste du corps dans l'ombre; le corps maintenant connaissant devient hypercomplexe esprit, laisse l'ancien savoir, oublié, à sa simplicité brutale et le tient pour su, part vers cette conquête totale et nouvelle : je connais ou comprends par la peau tout aussi fine que l'iris ou la pupille, eux-mêmes aussi fins que l'intuition, dans le bain de sons ou de bruits, anharmonie, je comprends ou connais par la sapience, goût bien nommé enfin, art et sagesse, et par la sagacité, flair enfin revenu à sa dignité cognitive, mais je saisis et conçois aussi par muscles et attaches, os devenus transparents, stature en écart à l'équilibre dans le branle du monde, posture attentive et souple, par le rythme du cœur et la tunique des artères battant à l'encontre de ses obstacles rocheux, par l'assimilation et l'inspiration, par course et saut, marche et danse, amour, le sujet connaissant occupe enfin sa maison, sa vraie maison, toute sa maison, toute sa vieille boîte noire et sombre, par quelle cruauté imbécile l'a-t-on jadis réduit à ce trou absent, pourquoi l'avoir exclu, sans feu ni lieu, exilé du corps, expulsé, hors de chez lui, pourquoi l'avoir forcé à détester finalement son territoire ancestral et à le détruire fatalement par raison et science ? Le sujet connaissant revient chez lui, fils prodigue en voyage longtemps dans le monde vague ou les espaces abstraits, la maison s'orne de nappes blanches et de bouquets dans les vases, guirlandes aux murs, torches brûlantes, draps aux senteurs de lavande sur les lits pour les fêtes de la conversion, le sujet connaissant occupe tout le corps, siège fastueux d'une connaissance élargie et complète, assise et fondée sur la douceur et la compétence des sens, connaissance accordée aux membres et au monde, adoucie, pacifiée, prête à dire oui, délivrée du ressentiment, consentante, corps sujet, lumineux, transparent, vibrant, spirituel, souple, rapide, vif : pensant.

GUÉRISON EN FRANCE

La France produisit rarement une philosophie empiriste : elle n'en eut pas besoin, toute sensuelle. Ceux qui vivent parlent peu, ceux qui parlent ne font pas. La culture française, traditionnellement, goûte, s'occupe à goûter, y travaille. Fromages, vins, gibiers, pâtisserie, cuisine : carte d'identité que cette nature morte. Sur la nappe étincelante, des verres et des carafes transparents, vins aux jambes de rubis, chemin de table et conversation. Celle-ci émerge du haut goût. Connaît-on culture ou agriculture, hors la chinoise, qui ait tant et si longtemps raffiné son goût ? Les cultures voisines hésitent : émerveillées ou dégoûtées. Quand vous condamnez ceux qui vivent pour manger, vous qui dites manger pour vivre, avez-vous décidé pourquoi vous viviez ?

Connaît-on une culture qui ait tant et si longtemps travaillé au raffinement des parfums ? Odeurs puissantes et lourdes, jadis, subtiles et vaporeuses, naguère, la rose a remplacé le musc. Le parfum est au fumet ce que le pardon est au don ou ce que le parfait peut être au fait, la quintessence. Si le donné à notre corps se réduit au langage, que dit le pardonné ? Le bouquet, composite, réunit l'odorat et le goût, la culture française excelle à le composer.

La conversation, fluctuante, s'efface. Le bouquet ne produit pas le langage, mais lance la conversation, art consommé, parfumé, de l'esprit éphémère, fugitif, vivace. Elle se perd, flotte et disparaît dans l'air ; en ruine, en dentelles, revient, parfois, dans un éclair, comme l'art excellent du clignotement. Le paradis perdu se retrouve par éclats. Le dialogue lutte, buté, il fait ouïr le cliquetis dialectique, têtu et sot comme un couple de boucs qui cognent leurs cornes, la conversation s'éveille et s'alanguit, se noue, s'évanouit, vit en paix, dit l'intelligence vivante, ténue dans l'espace comme une petite vapeur.

Il n'y a rien dans la conversation qui n'ait été d'abord dans le bouquet. Feu d'artifice qui moire, tigre ou zèbre temporairement la nuit.

La langue se conserve dans les dictionnaires, le savoir dans des encyclopédies, l'argent dans des coffres-forts. Les signes, écrits, restent. Les arts hantent les conservatoires ou les musées, pièces précieuses, toiles, bustes, pierres, icônes, enfermés dans des boîtes défendues des voleurs. La théorie s'intéresse à ce qui demeure. A l'invariant. Il n'y a rien dans l'intellect qui n'ait été d'abord dans les sens : du sensible reste. Quoique transformé, il comporte de l'invariant. On ne s'intéresse qu'à ce qui reste du sensuel dans l'intellect, à ce qui subsiste, en général. Le verbe vole, l'écrit reste. Le bouquet ne demeure pas, ni le goût, ni le parfum, la conversation qui en dérive, art humain suprême, en nuages de signes au-dessus des amours, se perd dans l'air. Tout cela s'efface, rien ne s'y conserve ni ne s'échange longtemps, rien ne s'y compare ni ne s'y réduit à l'argent, tout s'évanouit en une inflation foudroyante. Aucun intérêt, dit la théorie comptant sur l'intérêt d'un capital qui se concentre dans des lieux ou dans la tête.

Le donné peut venir par éclats, l'art qui en dérive fuit, la langue reste comme l'argent. Flux sans stock dans le premier cas, circulation avec capital dans le second. Si le donné, donc, se réduit au langage, des banques de données se constituent aisément. On ne peut en ouvrir pour le volatil. Connaissances, sciences, langues se mettent en banques, non le sensuel fugace. Il n'y a rien dans l'intellect qui n'ait été d'abord dans les sens : cela signifie que l'intellect a recueilli ce qui reste des sens, qu'il devient donc une mémoire, un stock, une banque de données. Inversement, toute banque de données construit techniquement le rêve des philosophies classiques. Or comment appelons-nous celui qui, en place d'intelligence, porte une telle banque, la tête faite comme une ruche d'abeilles aux alvéoles étiquetés ? Un imbécile rassoté.

Il y a dans le sensuel une finesse qui ne reste pas, bouquet, conversation, cette joie qui ne demeure. D'autant plus fine et vive qu'elle passe, grossière si elle se pose.

Connaît-on une culture plus légère que la mienne, que l'univers ait plus accusée de légèreté ? Sans poids, sans prix, deux fois gracieuse. La grâce passe, trop pudique pour s'imposer. L'intellect ne reçoit pas, ne reconnaît pas la sensualité gracieuse, dont rien ne peut se déposer à la banque. D'où le mépris où ma culture est maintenant tenue. Elle ne produit aucun intérêt, ni théorique, ni social, ni bancaire, mais fuit, gratuite. Ce qui ne reste pas des sens gracieux, gratuit, léger, passager, forme notre culture ; ce qui reste des sens s'accumule comme l'argent, la théorie de la connaissance vénale, cumule et calcule. Epistémologie sans plaisir et sans grâce ; sensualité donnée. Que le donné, donc, échappe au langage, il n'y a pas de banque de données, sauf par abus de langue. Il n'y a jamais que des banques d'argent, même dans l'ordre théorique. Je ne connais donc pas de culture plus légère, plus gracieuse, moins abstraite que la mienne, moins rentière.

Même, surtout quand elle parle de ce qui ne la regarde pas, la langue française pique. Elle nomme donné ce qui vient du monde au corps, appelle perçu ce qui est reçu par nous comme venu du monde. Nous prenons ce qui nous est donné, dit-elle. Comme si nous exigions, comme si nous prélevions, à la manière d'un impôt, par une perception, le gratuit, ce qui s'offre. Etrange paradoxe. A quoi bon lever, collecter le donné, à quoi bon mettre en recouvrement des grâces ? Pourquoi cet effort, en plus ?

Nous avons recouvert le donné par le verbe, le monde, racheté, se cache sous son prix. Nous devons, maintenant, mettre en recouvrement les données, sans prix, gracieuses, gratuites.

Postérieure à la sensation, la perception reste à distance économique. Celle-là reçoit la grâce, celle-ci la paie de langage. La langue elle-même le dit et l'enseigne, ayant retenu avec exactitude son rapport au monde.

Généreux qui s'adonne à ce qui passe, oublie le compte, laisse la banque, prend le temps, trouve plaisir à l'éphémère. Le donné passe, gratuit parce que instantané. Le plaisir dure un moment, différentielle de temps. Il y a dans le sensoriel fugitif l'évanouissement infinitésimal du temps. L'esthétique fait briller l'instant ou l'enflamme, réunit l'ensemble des inchoatifs. Elle ne sait pas les sommer, ne peut ni les intégrer, ni les retenir. La banque les retient, le langage les retient, paraissent réussir, les perdent en fait. Le temps s'accumule dans les banques, mais on n'y retrouve jamais celui qu'on y a mis. Nous croyons saisir du temps au moins un sous-total, une sorte de somme, en fait nous sommes plongés dans la fluctuation chaotique de ses inchoatifs, de son émiettement. L'esthétique fait face à ce nuage, à la mer bruissante. L'intellect, le langage, la banque tentent des pseudo-intégrations des petites perceptions sensorielles de temps, non intégrables. Connaît-on une culture qui ait mieux approché cette mer ou ce nuage, ce plaisir, l'instantané ? Qui ait jamais quitté le temps ?

Courageux qui s'adonne, abandonné, à ce chaos, qui plonge en ce mélange. La peur, l'horreur ou l'économie poussent à s'en éloigner, à entrer dans la banque. Le compte veut gagner, avarice vice intellectuel. L'intellect a horreur des sens, dépensiers. Mais il fait un mauvais compte, comme tous les ladres. Si tu veux perdre ton temps, cherche à le sauver ; si tu veux le sauver, consens à le perdre. Tu ne retrouveras jamais à la banque tout le temps que tu y as placé. Il y a gelé dans des signes. Alors que le bouquet, le parfum, la nuance, la conversation qui se perdent dans l'air épousent finement les différentielles de temps, évanouissantes, coulent, passent, s'effacent, reviennent, clignotent, percolent. Les sens jouent à cache-cache avec le temps, qui se perd, se retrouve, se recouvre à un moment inattendu. Absent où on le croit, perdu où on l'a mis. Je ne connais pas de culture moins avare que la mienne, moins peureuse et moins horrifiée. Il n'y a rien dans son intelligence qui ne passe ou ne s'adapte comme si elle était un sens. Il n'y a rien dans l'intellect s'il n'est rapide, doux, vigilant, capricieux comme un sens. Le sens fait le modèle de l'intelligence, qui risque sans lui de ne rien entendre du temps.

Toutes les sagesses ont célébré l'instant, le sage laisse la mémoire, il a peu de projets, se love dans le présent, habite sa différentielle. Connaît-on une culture plus sapientiale que la mienne, légère, plongée dans l'évanouissant ? L'esthétique, plaisir des sens, raffinement, beauté des formes fugaces, fuite du temps, vie opportune, rit des morales de l'histoire. Le sage, dans l'instant, ne connaît pas de banque.

Connaît-on une culture qui ait tant et si longtemps aimé les amours raffinées ? Amabilité en ruine sous le bombardement théorique, sous la volée de la langue de bois, voilà trois générations sans pitié pour leurs amours brèves, et qui en ont laissé le bouquet pour un langage malade, les fleurs d'antan ont disparu dans la boîte noire de parole. Il n'y a rien dans la banque inconsciente qui ait un jour effleuré les sens. Le sage oublie dans l'instant la mémoire longue de sa triste enfance. Je n'ai jamais connu de culture aussi aimable. aussi libre de telles lourdeurs.

Ce peuple ne peut pas s'empêcher d'être léger. On a beau l'appesantir de savoir ou d'argent, l'alourdir d'histoire, l'assommer de langues de bois, inapte à l'ennui, ce peuple a ri et rira. Il sourit et sourira, se moque. Il n'a cure de la puissance, aime l'instant, la moyenne. Irrémédiablement léger, de culture mobile, frivole, délicate, futile, volage, superficielle même, dansante, désinvolte, floue. Nous ne sommes profonds, ni sérieux, logiques, ni abstraits, nous préférons le bouquet, la petite vapeur, et à la couleur la nuance, au confort l'élégance, à la vérité l'esprit, l'harmonie se cache derrière la grâce des appoggiatures, la construction s'enfouit sous les rinceaux, l'agrément passe devant le plaisir, le goût avant le jugement, la vie au-dessus du reste, la petite marquise en vieux rose, impertinente, devant le docte noir et laid, nous avons le superflu, qu'avons-nous besoin du nécessaire ?

S'il nous arrivait l'embarras de la richesse, de la puissance, science ou raison, nous le dissimulerions avec pudeur, légers plus que tout autre chose. Les femmes, ici légères comme l'intelligence, l'intelligence ici légère comme un sens, ont le toucher velouté, l'odorat subtil, le palais délicat, l'oreille fine, l'œil qui associe justement à l'écharpe la jupe, légères comme la colombe qui plane, augurale, grâce à la turbulence et dans la limpidité du matin, notre langue enfin doit être usitée de manière légère, repartie vive, impudeur rapide, cachez donc votre science épaisse de publicité, notre langue féminine, assourdie, voilée, se dentelle de voyelles muettes.

Ce peuple ne pourra pas s'empêcher d'être femme, sa culture montre la féminité pudique du monde.

Les lieux organisés pour y prendre la parole, bâtis en fonction du discours, avec des places d'écoute autour, favorisent le monologue, généralement : haute tribune de l'éloquence sacrée au milieu de la nef, chaire de savant spécialisé au creux de l'amphithéâtre, plateau à micros et à caméras maintenant. Silence, il parle. Il parle et, pour être entendu, obéit à quelques règles de logique et de rhétorique. Plaire et ne se contredire point, au moins.

On a connu des lieux où fleurissait le dialogue : deux personnages en quête de vérité luttent pour exclure entre eux le bruit qui les empêche de s'entendre et tentent d'inclure au milieu d'eux le sens qui naît par l'intersection de leur vocabulaire et par le nœud de leur bonne volonté. Le dialogue se joue à quatre personnes, les deux qui paraissent parler, plus le tiers exclu, leur démon, plus le tiers inclus, leur espérance, dieu qui descend au milieu d'eux.

Il y eut, à Paris, des salons, autour de certaines femmes. Nul n'y pérorait seul, aucun couple n'y dialoguait, lieux de conversation. Pas d'annonce, pas de prophétie tonnante, pas d'enseignement, mieux encore nulle discipline, rien n'a lieu de tout cela, sous la peine lourde d'ennui. Les femmes de ce temps ne toléraient pas qu'on s'ennuyât chez elles. Je ne sache pas que la philosophie, pourtant brillante au XVIIIe siècle français, pourtant mise au régime de la conversation, ait jamais consacré un terme méthodique à ce réseau multipolaire, comme elle avait consacré logique et rhétorique pour le discours ou dialectique au dialogue.

La conversation doit s'entendre comme elle est dite ou écrite, ou, encore mieux, pratiquée, sous l'égide courtoise des femmes, comme l'ensemble des conversions, la répétition fréquente de tous les retournements corporels, langagiers, théoriques des participants. On dirait la configuration du célèbre problème inintégrable des n corps : plusieurs astres s'arrangent ensemble pour obéir minute après minute à la loi d'attraction. Rien n'est plus compliqué, puisque chacun subit celle de tous et tous reçoivent celle de chacun. La conversion, rare et simple dans le cas de l'éloquence sacrée ou dans celui de la leçon scientifique, se répète ici, fréquente et complexe : multiple, rapide, instantanée. Nous n'avons jamais conceptualisé l'état hyperplatonicien de la conversation : ensemble d'applications, de traductions, d'interférences, de communications, de passages, de distributions qui dessinerait sa carte fluctuante, son labyrinthe parfois, son réseau métastable, son devenir, quand Hermès passe.

Au salon s'entretenaient le mécanicien, le médecin, le compositeur de musique et la marquise, l'économiste et le diplomate. Appelons conversation ceci que le médecin parlant au mécanicien s'oblige à dire l'homme-machine, à plonger son savoir dans celui d'autrui, mais qu'inversement ou vice versa, le mécanicien va rêver de prolonger le sien dans la physiologie, pendant que l'économiste dit la circulation en termes d'hydraulique, et ainsi de suite. La conversation est l'ensemble des applications d'un savoir dans ou sur un autre, l'ensemble de leurs conversions. Ces applications se multiplient rapidement, sans exclusion possible, les modèles courent comme le furet, cette course ou multiplication devient l'objet de la pensée, non la discipline.

L'éloquence sacrée institue, le savant spécialiste instruit, qui émettent sans recevoir, le salon ne forme pas un lieu d'enseignement et demeure sans discipline. Il produit un objet de pensée : cet ensemble de passages. Et sa condition : la tolérance. Condition et objet impensables à l'école.

L'épistémologie de la conversation est morte, je crois, quand les grandes universités ont pris le relais des foules d'église. L'école suppose un partage disciplinaire, des conflits de sectes, où recommence l'exclusion des hérétiques, par la voix ou l'idée.

Peut-on intégrer ce problème à plusieurs planètes? Oui, sous le nom de philosophie. Cette philosophie que nous méprisons sous le nom de littérature de langue française.

J'observe avec ravissement combien l'écrivain de langue française rompt avec le docte. Il a peur du pédant, redoute sa colère et son ressentiment : du coup, il fait vite rire de qui corrige les mœurs, les corps, les mots et les raisonnements. Un écrivain non correcteur invite à la liberté. J'ai assez parlé de la littérature lue du point de vue savant pour aimer à changer de site et l'ouïr parler quand elle décrit les maîtres. Elle les crible de flèches. Rabelais s'en moque, Montaigne s'en méfie, Molière les ridiculise, Marivaux les chasse, oui, notre littérature, mieux, notre culture craint les professeurs. Voyez passer la suite longue des radoteurs odieux et sots, dominateurs ratiocinants : Janotus, Marphurius, Honorius, Blazius, il s'appelle Mouillebec dans l'immortel Labiche. Entendez par les noms latins que leur langue meurt.

Entendez les noms des citations savantes avec appels de notes. L'appel consacre une langue de bois. L'écrivain de langue française rit de ces noms propres parce qu'il en a peur : ils dominent, despotiques, dévorent, vampirisent, détruisent, enlaidissent les textes et se les approprient. A montrer son savoir on caviarde sa langue. La beauté, le bonheur de l'œuvre viennent d'abord du nettoyage, de l'allégement, de cette belle libération. Ecrivez un texte nu, vous commencez de vivre libre.

Combien j'aimerais dire, en inversant, comme un doigt de gant, la perspective que la littérature, la philosophie et la pensée commencent quand le pédant part. Quand le savoir lourd se dépose. Si la langue de bois brûle. Si la prison du langage s'ouvre. Enfin libres, libres de parler à notre guise, sans règles aigres ni références canoniques, de penser à notre aise, léger, sans dogme préalable, ni critique interminable, d'écrire galamment hors de cette présence pesante. D'écrire pour une femme, plus jamais contre un correcteur.

J'ai plus appris en travaillant la terre auprès de mon père sur les bords de Garonne ou dans sa gabarre, j'ai plus appris à Pinara, sous la falaise aux cinq cents sépulcres et au théâtre d'Epidaure, seul, en survolant le Yukon et le Mackenzie ou dans une grande tempête au sud de la Crète, entre deux appels de détresse, sur la falaise de l'homme-oiseau à l'île de Pâques face au Pacifique et dos vers le volcan, j'ai plus appris en marchant lentement au soleil dans les prés d'Auvergne ou les forêts brésiliennes, au cours de voyages assoiffés de monde, que dans aucun livre jamais lu. Non, je ne méprise pas les livres, je les aime tant que je leur ai voué ma vie, j'aime ma langue au point que je lui ai donné tout mon temps, mais nous ne pouvons faire vivre une culture, une pensée, qu'en la nourrissant de ce qui n'est pas elle. La langue se ferme côté langue, close sur son exactitude, précision, rigueur, ses qualités, elle s'ouvre côté monde, inchoative et inexacte, hésitante et féconde là. Le professeur, critique, théoricien ou politique habitent du côté fermé, l'écrivain élit domicile sur ses franges ouvertes, vers les choses souvent dures.

L'esthétique joue du côté ouvert du langage, elle habite côté jardin.

J'ai plus appris en travaillant la terre comme enfant paysan, dans les chantiers de routes ou de constructions, ouvrier, maçon, cantonnier, j'ai plus appris sur les bateaux, marin d'eau douce ou amère, et dans les salons en compagnie des dernières vraies marquises, sous les huttes dans la brousse en parlant à des vieux Bambaras dont j'ignorais la langue et qui ne savaient pas la mienne, sous les lambris dorés des palais aux côtés des puissants temporaires, m'étonnant de leurs usages, dans les hôpitaux avec ceux qui souffrent, devant les autels avec ceux qui prient, dans les tourelles des canons ou devant les lance-torpilles avec ceux qui vont tuer ou mourir, au milieu d'équipes en jouant, quand la balle passe vite sans qu'on parle, dans des spectacles où tous acclament, devant des lits de mort où les yeux supplient, avec les enfants sans parole encore, j'ai plus appris au cours de mon tacite voyage dans le corps social ou le genre humain, j'ai plus appris parmi les pauvres, les simples d'esprit et les humiliés que dans aucun livre jamais lu, que par aucune parole docte.

La langue naît dans l'émotion de la rencontre, les mots naissent comme on ne les attend pas. J'ai plus appris avec toi que dans tous les livres de philosophie,

toi qui m'as donné mon corps, à qui j'offre les derniers mots de ce livre, en humble remise.

SIGNATURE

Le langage a pris la place du donné, la science prend celle du langage. Que signifie dans cet échange le mot place ?

L'histoire des sciences connaît avec retard les avatars de la critique littéraire, autre discipline d'interprétation, il suffit de changer de texte. Elle a donc ses historiens plus ou moins purs, externes ou internes, ses écoles d'interprètes, ses grandes vedettes mondiales, son théâtre. De même pour l'épistémologie, au moins dans le vieux sens français du terme. Il se forme une discipline unique, la critique en général, dont varient les objets. Au moins s'adonne-t-on sûrement à l'histoire et à la philosophie des sciences si l'on reste dans les sciences, quand on les prend pour objets.

Je confesse n'avoir jamais joui de cette sûreté. J'avais une sorte d'assurance intuitive de travailler dans ce champ, certain pourtant que je ne m'y trouvais pas. Le jugement professionnel unanime, aussi, me conduisait à penser que j'exerçais ailleurs. Où ? Je ne savais pas.

Voici l'espace que les Grecs ont commencé à délimiter, par définition et par exclusion – que nul n'entre ici s'il n'est géomètre –, que le XVIIe siècle européen a reconnu et s'est encore évertué à définir, l'espace de la science. Nous restons fascinés, depuis, par le jugement suivant : ceci appartient, cela n'appartient pas à la science, ceci dedans, cela dehors. Inclusion, exclusion, stratégie d'écoles, mais geste originairement religieux : l'aruspice autrefois découpait avec soin le terrain sacré, en dessinait les plinthes. Voici le profane, voilà le sacré. La science et la non-science mélangent aussi peu leurs terrains respectifs que le civil et le religieux, sous le risque de profanation. Or les frontières du savoir bougent, fluctuantes, les philosophies de la connaissance souffrent et se transforment de ces changements. Il arrive simplement que des choses étrangères à la science y entreront demain et qu'on en chassera ce qui en fait partie aujourd'hui. Le temps se moque des dogmes et du tiers exclu.

On reconnaît l'écolier, l'universitaire ou le prêtre à ce signe qu'ils posent la question où, celle de la place propre. En quel lieu tel discours recueille-t-il un certain consensus ? Orthodoxe, hérétique, anathème, choisis. Où habites-tu ?

L'espace de la science fascine : ce pour quoi il se compare au temple, à la zone méticuleusement découpée par le prêtre au moyen d'un bâton rituel que nul ne doit toucher. Voici l'objet, voici ce à quoi nous devons accorder une attention maximale. Un groupe entier s'accorde à cette fascination, sur cette objectivité.

Notre temps n'a pas pris encore une distance froide à l'égard de la science, non encore laïcisé par rapport à elle. L'espace de la science garde nos dernières valeurs, il exerçait sur nos pères, exerce encore sur certains de nos contemporains une attraction de l'ordre du sacré. Tout le travail d'épistémologie ou d'histoire des sciences peut se lire sous cette lueur. Nous retentissons encore de l'étonnante apparition parmi nous du savoir juste. Cela suscite l'interprétation, comme faisait la parole divine.

Depuis plus d'un quart de siècle, j'ai pris sur ce point une position laïque. Je ne considère jamais la science comme un objet ni comme un espace extérieur à décrire, analyser, juger, fonder, ville à défendre ou place à investir, temple à protéger de toute impureté, je la *suppose*. Non seulement je la suppose acquise ou admise, sue, mais je la suppose, absolument parlant. Un objet a sa place devant. Un espace nous entoure, nous pouvons nous y plonger. Mais supposer la science la met en position de sujet.

Nous savons la science de manière très nouvelle. Nous

l'avons d'abord rencontrée. Nous nous trouvions plongés en elle, ensuite. La voilà plongée en nous, maintenant. Elle a pensé hors de nous, elle pense en nous. Nous avions fait en elle notre demeure, elle a désormais sa demeure en nous.

Que mon lecteur suppose son auteur le plus savant possible ; l'auteur sait son lecteur le plus savant possible. Etaler ou montrer son savoir marque le manque à la laïcité, ou le défaut de digestion. Je ne travaille donc pas sur la science, dans mes textes la science travaille. Elle pourrait travailler sur la science : elle le fait dans les textes de science, que la philosophie peut recopier, qu'elle peut aussi juger inutile de recopier, pour des raisons de redondance et d'honnêteté. Dans mes textes, elle travaille, active, sur autre chose qu'elle.

Révolution très secrète qui ne porte aucun nom : le savoir objectif, supposé, a pris la place du sujet. Cette transformation donne lieu à un monde nouveau, à des textes nouveaux, à une autre pensée.

Nous savons la science d'une manière nouvelle : nous l'avons digérée. Jadis, une instance étrangère à elle la pensait comme objet. Elle a pris ses quartiers dans cette instance. Et donc nous l'utilisons comme siège et sujet de pensée.

Nous en usons comme nous faisons pour le langage. Le langage ne constitue pas un objet ordinaire, il habite du côté du sujet, personnel ou collectif, joue à disparaître du côté de l'objet.

Le langage a pris la place du sujet depuis notre propre aurore, depuis l'aube de la philosophie, et le commencement des religions, depuis la philosophie d'aujourd'hui. Nous avons mis des millénaires à comprendre l'apparition du langage parmi nous et en nous, notre pensée retentit encore de son étonnante venue. Le langage a pris la place du sujet depuis l'aurore du sujet.

Nos religions et nos philosophies parlent de ce coup.

Nous avions mis la science devant nous, comme un objet parmi d'autres, exceptionnel seulement par ses allures et performances. De même, nous avions mis le langage devant nous comme un objet parmi d'autres, exceptionnel seulement par sa douceur et sa transparence.

Nous mettons toujours beaucoup de temps à comprendre ce que veut dire comprendre.

Nous avons mis beaucoup de temps à digérer le langage. Venu parmi nous et en nous, le verbe habitait un monde où nul ne l'avait accueilli. Sa lumière éclairait les ténèbres et les ténèbres ne l'avaient pas reçu. Avant que le verbe pénètre notre chair, se fasse notre chair, l'espace gardait le partage de l'aveuglement et de la clarté. Avant que le verbe devienne sujet, le sacré lumineux se séparait du profane sombre que la lueur ne perçait pas. Or nous avons reçu le verbe, nous l'avons mangé, digéré ; descendu parmi nous, en nous, devenu nous-mêmes, sujet. Philosophies et religions retentissent encore depuis plus de trois millénaires à cet événement longuement incompréhensible, à ce retournement qui traverse et fait notre histoire, mieux, notre hominité.

Quelque chose d'aussi grand a changé lentement depuis les Grecs jusqu'à nos pères, a viré brusquement ces temps-ci. Nous avons enfin reçu la science, nous l'avons digérée. Elle ne dessine plus un espace extérieur, un décor théâtral de lumière et de ténèbres, champ de bataille ou terrain sacré, horreur ou attraction, expulsion ou accueil, comme si l'âge des Lumières avait répété pour elle la tragédie de la naissance et de la mort du verbe, elle entre en nous, parmi nous, se fait chair collective, individuelle, sujet de pensée, conditionnelle ou réflexive.

En moi aiguë, active, laborieuse, vigilante ; en nous et parmi nous, saturant le monde objectif et celui de nos relations. Les anciens sujets à langage deviennent de nouveaux sujets à science. Le su devient notre insu, celui-ci se structure comme un savoir.

Les religions et philosophies du langage bâtissent toujours notre demeure millénaire. Reste à dessiner la maison d'aujourd'hui.

Il ne s'agit pas d'un état de culture ou d'histoire. Certes nous savons tous, peu ou prou, de la science, comme chacun, sans doute, au Moyen Age, savait de la chrétienté, plus ou moins, vivait plongé en elle, même s'il ne marchait pas tous les jours à l'ombre de Jumièges ; certes nous vivons plongés dans la science, comme les Grecs, sans doute, au ve siècle, portaient en eux les récits chantés d'Homère ou les mythes de l'Olympe, par fragments de souvenir. Mais ces comparaisons nous amèneraient à contresens.

A voir notre savoir hors de nous, à l'apprendre par bribes, à vivre dans les objets qui naissent de lui, nous oublions qu'il gît en nous. Que, sans lui, nous ne pourrions pas l'apprendre. Nous oublions de plus en plus que nous l'oublions.

Pour le passant du Moyen Age, la chrétienté, présente, demeurait dans le souvenir, pour le Grec de l'âge classique, le panthéon restait inoubliable. Mais, pour tout le monde, le langage s'oublie. Si je pense que je parle dans une langue étrangère, je la parle mal ou ne la parle pas. Je n'y parviens réellement que si je l'oublie. Je pense rarement que je parle dans ma langue maternelle. Cet état de la conscience ou de la mémoire se reproduit mille fois plus accusé ou fondamental s'il ne s'agit plus de sa propre langue, mais de langage, du fait que nous parlons. Nous oublions presque toujours que nous parlons. Le sujet se définit par ce langage sans mémoire, quelque bas ou élevé qu'on puisse dire son état de culture, à quelque moment de l'histoire qu'il vive.

A son tour, la science perd la mémoire, de la même façon, aujourd'hui. Le sujet se définit par le savoir oublié. Nous vivons et pensons désormais de science, non point comme nous pensâmes ou vécûmes olympiques ou chrétiens, nous devenons des sujets de science comme nous étions devenus des sujets de langage depuis que nous sommes des hommes.

Parler une autre langue que celle par laquelle notre mère a fait frémir notre peau fœtale reste un événement de la culture ou de l'histoire ; notre peau se met à vibrer autrement. Passer à la science ne se réduit point à changer de langue mais s'élargit à l'événement principal d'acquérir le langage quand, brutes, nous ne l'avions pas, la peau tremble une première fois. La science n'a jamais eu, n'a pas, n'aura jamais la dimension, le poids ni le statut d'une culture : elle a écarté les cultures pour s'imposer ou a installé son emprise à côté ; la science n'a pas le statut d'une langue, mais celui du langage : elle ne transforme pas l'histoire mais l'évolution, et touche au processus d'hominisation. Universelle dans l'espace et pour les cultures, elle marque, par cet empan transhistorique, son universalité dans le temps.

Ces processus qui façonnent le sujet parlant ou sachant gisent dans un oubli autrement plus enseveli que celui dont l'histoire fait sa faim quotidienne.

Socrate demandait à un esclave enfant de lui montrer un raisonnement simple sur une figure de géométrie et concluait que l'ignorant se souvenait lorsque lui venait le savoir. Cette mémoire-là en marque seulement le premier état : quand je me souviens de ce que Socrate a dit et montré, je fais état de ces connaissances qu'on appelle scolaires. Après, nous oublions, bienheureusement, la vraie science commence. Nous serions, autrement, aussi encombrés par nos remembrances que le doris qui vient de chasser deux baleines et qui, les ayant arrimées à bâbord et à tribord, voudrait, de plus, nager pour aller vivement.

Parler consiste à oublier qu'on sait parler, veut qu'on se jette nu dans le sens ou l'objet ou le raisonnement, dans l'oubli total qu'on passe par la langue. L'éloquence vraie se moque de l'éloquence, non point par une vaine dérision des règles ou de la discipline oratoires, mais parce que, écoutant intensément le silence, elle plonge dans la piscine vive de ce qu'elle trouve à dire. Nager suppose qu'on oublie qu'on sait nager, de même marcher, courir, sauter, faire l'amour, penser. La culture se réduit à cet oubli : apprenez les façons pour ne jamais en faire, conseillaient les antiques marquises, apprenez tout le possible pour ne jamais l'étaler, votre culture n'aura de lacunes que les grossièretés dont vous vous souviendrez, qui encombreront votre langue. La citation marque l'inculture, le retard de digestion, le renvoi flatulent du dyspepsique affecté d'aérophagie.

Je pense si et seulement si je me mets à mon compte. Savoir exige son propre oubli. La pensée se moque de ses souvenirs. La science perd conscience dans la conscience du sujet savant et, par cette perte, celui-ci pense et invente.

J'ai cherché cela passionnément : que le savoir et la science s'oublient dans mes livres, écrits pour que leur perte même travaille à de nouveaux objets, pour que leur perte porte un sujet nouveau.

La question de la philosophie aujourd'hui pourrait donc se formuler ainsi : que pense-t-on quand on sait ? Que peut-on penser quand on sait comme on parle, quand on sait la science au sens où, active, vivante, elle se fond dans la pensée, au sens où l'ayant apprise, la chair l'a incorporée ?

Non point : qu'y a-t-il à penser dans la science ? La science, que je sache, objective ou collective, répond de soi à cette question.

Non point : qu'y a-t-il à penser hors d'elle ? ou : la science écartée ou réduite, que penser ?

Cela supposerait encore un espace réparti, un intérieur et un extérieur, le vieux terrain inaugural que l'aruspice précise de son bâton ; et qu'on puisse aisément mettre la science hors circuit ou entre parenthèses, geste facile quand on ne savait rien.

Ou se posent les questions valides avant et depuis notre aurore pérennes jusqu'à ce matin, comme si la science n'avait jamais eu lieu ni temps : belle voie de la métaphysique.

Ou nous considérons la science comme objet, sans évaluer jamais le savoir de qui le fait, nous questionnons savoir et connaissance, leur fondement et leur fonctionnement : belle voie de l'épistémologie.

Pour les deux belles voies dites, l'exercice, observons-le, se désigne par un préfixe : au-delà ou au-dessus. Un peu hautain ou superbe. Epistémologie ou métaphysique : au-delà de la physique, au-dessus du savoir. Combien nous admirons l'altitude des sites si savants et tellement profonds, de lieux plus retirés toujours, plus hauts que toutes nos maisons : irrattrapables surplombs.

Ou nous admettons que la science constitue notre su, qu'elle devient maintenant ce que le langage devint en nous jadis quand nous naquîmes, et nous demandons, sans hauteur ni volonté de dépasser : que reste-t-il à penser ?

Nous savons bien qu'il reste tout à penser, à reprendre à nouveaux frais, qu'il reste un monde à construire. Tout reste à faire, nous le voyons bien. Nous qui savons, qui mettons en activité la pensée qui suppose la science, qu'allons-nous faire ?

Nous avons assez dit que les sciences transformaient le monde et les corps, nous disons, déjà plus rarement, qu'elles deviennent notre destin plus encore que notre histoire ou l'ensemble de nos espérances, nous n'avons pas encore dit qu'elles disqualifient les langues et, pis, le langage, en lui substituant des algorithmes vrais. Nous ne pouvons plus parler en langue usuelle, précision et rigueur l'ont à jamais quittée pour émigrer vers le savoir aux mille disciplines, son charme et ses enchantements lui ont été ravis par les machines géantes de communication et de spectacle. Broyée, laminée entre la Babel savante et les réseaux bruissants d'information, la langue agonise, mon livre célèbre la mort du verbe.

Or depuis que nous sommes des hommes, nous n'avons su grandir qu'en faisant du verbe notre nourriture, les plus grands d'entre nous le devinrent jadis pour l'avoir magnifié. Nous avons perdu sans recours la mémoire d'un monde ouï, vu, perçu, ressenti par un corps dénué de langage. Cet animal oublié, inconnu est devenu homme en parlant et le verbe pétrit sa chair, non seulement sa chair collective d'échanges ou de perception, usage ou dominance, mais aussi et surtout sa chair corporelle : cuisses, pieds, poitrine, cou vibrent, denses de verbe. Cette période stable de l'hominisation, je ne dis pas de l'histoire, s'achève. Demain nous, bêtes à langage, ne verrons plus le monde ou les pouvoirs de la même façon.

La science déracine le langage après l'avoir ébranlé, cet événement bouleverse nos corps, le collectif et le monde. Nous commençons de voir, d'ouïr un monde, par une chair dense de science et non plus de langage, notre corps sait plus qu'il ne parle ; il parlait plus qu'il ne savait. Il sait, oublie qu'il sait, de même qu'il parlait, en oubliant qu'il le faisait. Chair, dans les deux cas, transparente et obscure. Aussi savante dans le cas de ceux qui savent peu ou mal qu'elle parlait pour les timides, inexperts, muets ou bègues. Au plus profond du subjectif, du collectif et du charnel, la substitution a lieu, la science extirpe le langage, cela explique notre temps.

Cette baisse brutale du verbe, cette perte ou cette mort nous ont, fugitivement, laissés entrevoir le monde et les autres, tels que sans doute ils ont pu être vus avant que s'incarne en nous le langage. Eclair rapide entre les deux règnes, illuminant les cinq sens.

Nous vivons aujourd'hui une crise aiguë des langues. Jadis tenues pour trésors, elles tombent en mésestime, chacun saccage la sienne, comme on a fait de la terre. Nos ancêtres paysans, dont nous retrouvons les lettres parfois, s'exprimaient avec plus d'élégance et de clarté que la classe dominante du jour. Pour la verve du récit et le goût du mot propre, j'ai plutôt perdu en passant de l'agriculture à l'université, où les langues de bois battent leur plein. Les plus connus de nos savants ne savent plus écrire et les maisons d'édition récrivent les livres desdits écrivains. Les médias propagent quelques centaines de mots et soignent la faute ou la vulgarité pour faire peuple et mieux vendre. Les poètes perdent leurs oreilles, l'intelligentsia les a chassés depuis longtemps. Les enseignants découvrent vingt cancres dans des groupes où, naguère, il ne s'en trouvait que deux ou trois, appelons cancres ceux à qui on ne peut montrer ni à lire ni à écrire, quel que soit l'effort de l'instituteur. L'artisanat de langue se fait rare, nul n'en goûte les façons. Jamais ceux qui disent ou croient tenir en main notre destin ne se montrèrent aussi barbares, appelons barbares ceux qui crient par borborygmes, appels venus souvent d'une langue dominante.

Ne lisez pas là une vieille complainte, je précise un diagnostic. Le langage s'effondre, plus encore que les langues, notre rapport au monde et aux autres et à nous-mêmes ne passe plus électivement par lui, depuis l'âge de la science.

Exemple. Si nous usons du mot étoile, nous désignons un point lumineux parmi ceux qui vibrent au-dessus de nos têtes pendant les nuits claires. Connaisseurs, nous appelions Sirius la plus grande, dans la Canicule, Véga la bleue, voisine du zénith pendant les longues soirées d'été, nous nommions tête de Méduse celle qui, instable, change même de couleur au milieu du Scorpion, Antarès. Nous devinions que le face-à-face avec Mars, dieu de la Guerre, avait valu ces deux noms à un visage où passent tant d'orages. Nous avons abandonné cette rubrique aussi vague ou arbitraire qu'un prénom de baptême ; la nuit a perdu ses géants et ses bêtes. Mais, praticiens, nous connaissions leur position, pour induire la nôtre, au crépuscule, par l'intermédiaire du sextant ; il fallait prévoir le lieu où elles s'allumeraient, de bonne heure, alors que toutes les autres restaient éclipsées par le coucher du soleil, pour observer en même temps l'horizon visible encore et le feu nouveau. Les satellites ont éteint ces signaux antiques. Exacts, désormais, précis, fidèles aux choses, nous appelons supergéante bleue l'ancienne Rigel qui gît au pied du vieil Orion et naine jaune proche de sa nova l'astre qui nous accable à midi. Plus rigoureux encore, nous écrivons des équations. La chose dite étoile naguère se classifie, se distingue et se répartit en familles nouvelles, ou s'assemble en de gigantesques galaxies, en tout cas se désigne par un corpus de codes ou de catalogues, par un ensemble de calculs et de théories. L'étoile comme telle ou nommée ainsi n'existe plus guère, l'astrophysique s'en occupe aussi peu que la biologie de la vie ou la physique de la matière. Elles ont disqualifié ces mots, en faisant disparaître ces choses. Vie, matière ou astre appartiennent moins à la philosophie ou à l'histoire qu'au vieux langage délaissé par l'exigence de précision et le dynamisme de la connaissance objective. Les RR Lyrae ou la lueur NGC 1036 ne font plus partie d'aucune langue et se détachent du langage comme les formules qu'on discute à leur propos.

Qui use du mot étoile abandonne l'exactitude ou la visée de la chose telle quelle. Des calculs ou des codes remplacent le terme. Reste de lui une carcasse vague et vide entrant lentement dans la désuétude. Nos ancêtres et nous parlions de vie, ou d'étoiles, nous n'entendrons plus ces voix-là, bonnes à graver sur les écorces d'arbre par des amoureux naïfs.

Si nous usons, de même, d'herbe, insecte, glaïeul ou fuchsia, émeraude... le raisonnement se reconduit à l'identique. Les codes savants dévorent nos vieilles langues à belles dents, captent en elles ce qui commence la cohérence ou la fidélité au réel ; ne demeure d'elles qu'un haillon flou. Nous ne trouverons plus, au bois, ce que nos pères et mères désignaient par herbe ou insecte, nous n'irons plus au bois d'où les espèces disparaissent. La science n'a pas changé la profondeur du monde, seulement, ou les relations entre hommes, par les engrais, les moteurs, l'aspirine ou la bombe atomique, mais les a transformées aussi en déréalisant les choses désignées par le langage ; nous ne pouvons plus parler. Nous aurions de la peine à trouver de la matière là où nous disons particules et noyaux, à trouver la vie là où nous disons acides ou enzymes, à trouver herbe ou blé là où buissonnent clones ou mutants de telle souche résistant à telle contrainte, obtenus par génie génétique. Les nouveaux agriculteurs de ce nouveau néolithique font proliférer par bifurcations de possibles de nouvelles forêts, dans les laboratoires, nous n'irons plus que dans ces bois-là, où les boutures s'encodent.

Depuis le commencement de notre histoire, le monde global et local, de la gloire des cieux jusqu'à ses moindres détails et replis, sillons, mouillères, petits cailloux, dormait sous les eaux du langage, inaccessible et englouti comme la grande cathédrale. Nul ne pouvait aller à l'objet sans passer par lui, comme nul ne pêche d'algue sans retirer, mais dans quel inimaginable espace, son bras ruisselant.

Tout, de même, aujourd'hui s'engloutit sous le déluge savant, rien n'échappe à l'empire de science. Rien. Ni l'herbe ni le mot herbe, ni les étoiles ni le mot étoiles, ni nos relations : nos rapports émus, nos obligations collectives, rétentions ou aveux, les humbles termes que nous échangeons sans trop nous occuper de leur sens. Amour, abus, don, dire, guerre, impôt, dévotion, voici à nouveau des objets de science soumis à des transferts de langage, où nous passons de la rhétorique à une sorte d'algèbre. Travaillant sur nos relations, les sciences humaines déracinent le langage en passant derrière lui, comme font les sciences exactes sur les objets, en lui substituant un algorithme vrai. Le langage même se soumet à équations ou formules. Pour finir, le moi, pensant autrefois, parlant naguère, oublie qu'il sait désormais. Au bilan, le langage tenait les objets du monde, les relations entre sujets, les rapports du sujet à l'objet, plus le sujet solitaire lui-même et sans doute le nous collectif : il énonce l'intégrale du monde qu'on peut encore appeler historique où nul ne pouvait grandir sans habiter dans l'intimité de sa langue ; voici que la science tient maintenant tous ces sujets ou objets, plus leurs échanges, plus le langage qui les tenait.

Le vieux parleur exact et propre se trouve écrasé entre la gigantesque croissance des algorithmes vrais qui lui ont pris sa précision et la croissance gigantesque des haillons restants, médiatisés, qui lui ont pris sa séduction.

Pourquoi avoir écrit sur les cinq sens dans une langue que tant d'algorithmes vrais ont depuis longtemps disqualifiée, sans biophysique, sans biochimie, physiologie, psycho-physiologie, acoustique, ni optique, ni logique... en se privant de la longue série d'expériences, formules, modèles, schémas, calculs analytiques ? Pourquoi écrire d'un objet qui se perd dans une langue qui meurt ?

Ou : pourquoi ne pas écrire dans les cris du cirque ?

Les trois pouvoirs de ce jour, sans contre-pouvoirs, ont pris au langage ses composantes. Les sciences ont saisi son rapport vrai à la réalité ; les médias s'emparent de sa relation séduisante à autrui ; l'administration prend sa puissance performative : ce qu'elle dit ou écrit existe et s'impose parce qu'elle l'écrit ou dit. Ces trois nouveaux pouvoirs occupent l'espace et ne connaissent de contre-pouvoirs que l'un ou l'autre des deux autres.

Reste à écrire trois sortes de livres en ces composantes de langage, si l'on aime le pouvoir sur les choses ou les hommes.

Ma vieille belle langue solide et pertinente a perdu sa puissance au profit des sciences, a laissé son charme et ses enchantements aux entreprises géantes d'information et de spectacle, laisse son dit à ceux qui dictent le fait.

Il ne reste plus d'elle que des haillons. Ce fantôme en loques garde une vague fonction esthétique. Esthétique ?

Qu'il parle donc des cinq sens, qu'il célèbre la beauté du monde.

L'aventure de la philosophie recommence, exactement au lieu d'où elle a toujours commencé.

Présentes, absentes, les sciences s'oublient dans le sujet qui, désormais, sait. Il sait, donc n'a pas besoin d'étaler son savoir. Il connaît l'adresse des banques où puiser, s'il désire se souvenir. Nous ne vivons plus à l'âge des bibliothèques rares. L'information, partout disponible, rend possible l'oubli. Elle court dans l'air que nous respirons. A quoi bon citer ou recopier une liste de disciplines ou d'articles que chacun peut se procurer en un temps presque infiniment court ? Pourquoi encombrer une liste déjà trop longue d'un nouvel item comprenant à nouveau la liste elle-même ? Quand la mémoire devient objective, le sujet pensant devient oublieux. Quand l'accès au savoir ne rencontre aucun obstacle, change le statut du savoir même. Quand le langage se transforme, tout se transforme.

La mémoire et le langage se libèrent. La première, par machines et réseaux, nous n'écrirons plus de thèses. Nous allons penser, directement, allègres, allégés des références déposées à la banque, hors du texte, hors du corps, exactement hors sujet.

Et le langage laisse trois fois ses principales composantes.

On a pu le dire mort, on peut le dire libre. Enfin dégagé de ses obligations.

Or chaque fois qu'un organe – ou une fonction – se libère d'une vieille obligation, il invente. Libérée par la station debout de l'écrasante obligation de l'appui ou de la marche, la patte ou la main change, appréhende et finit par façonner l'outil; libérée par la verticale de la nécessité vitale de saisir, la bouche ou la mâchoire ou la gueule se met à dire une parole. Or la mémoire se libère trois fois : à la venue de l'écriture, par la découverte de l'imprimerie, maintenant dans les ordinateurs. Qui dira ce que l'invention de la géométrie doit à la première, ce que l'avènement des sciences expérimentales doit à la seconde, pour quelle émergence avons-nous gagné un troisième oubli ?

Et pour quelle nouvelle disponibilité notre langage ressuscite-t-il ?

Je cherche à extraire le livre que j'écris et celui qui l'écrit des listes objectives, de la mémoire machinale, des algorithmes repérés, pour les rendre à un nouveau sujet ou pour relancer l'aventure de la philosophie. Au nouveau sujet pensant, oublieux et savant, appareillé d'intelligences artificielles et de stocks d'informations, d'écrans et de logiciels, disposant d'eux et les déposant loin de lui, détaché donc par une nouvelle distance de ses anciennes fonctions rendues aux artefacts ou aux algorithmes, je donne le premier objet venu : le donné.

Objet traditionnellement premier de la philosophie traditionnelle qui prétendait construire la connaissance à partir de lui, objet premier pour nous parce que reste de la compétence de ce qui reste du langage quand il a tout perdu, extérieur laissé de nos mémoires quand elles ont pris toutes les données. Premier donc aujourd'hui parce que dernier reste, nous n'avons plus les mêmes prétentions. Miettes du festin de langue qui se passe ailleurs.

Le sujet, oublieux, détaché, plonge dans l'inoubliable monde.

Les cinq sens, encore au départ d'une autre aventure, fantôme de réel décrit timidement dans un fantôme de langue, voilà mon essai.

J'aurais voulu le nommer : résurrection – ou renaissance.

LES CINQ SENS

Achevé d'imprimer en août 2006
sur les presses numériques de l'Imprimerie Maury S.A.S.
Z.I. des Ondes – 12100 Millau

HACHETTE LITTÉRATURES – 31, rue de Fleurus –75006 Paris
Collection n° 25 – Édition n° 04
N° d'impression : G06/40263 L
Dépôt légal : 77491-08/06
ISBN 2-01-278872-6

Imprimé en France